Revolution auf Raten
Bulgariens Weg zur Demokratie

Untersuchungen zur Gegenwartskunde Südosteuropas

Herausgegeben von Südost-Institut
Schriftleitung: Franz-Lothar Altmann
Band 32

Revolution auf Raten
Bulgariens Weg zur Demokratie

Herausgegeben von Wolfgang Höpken

R. Oldenbourg Verlag · München 1996

Die Deutsche Bibliothek – CIP-Einheitsaufnahme

Revolution auf Raten : Bulgariens Weg zur Demokratie / hrsg. von Wolfgang Höpken. – München : Oldenbourg, 1996
(Untersuchungen zur Gegenwartskunde Südosteuropas ; Bd. 32)
ISBN 3-486-56150-2
NE: Höpken, Wolfgang [Hrsg.]: GT

Druck: Druckerei Appl, Wemding
ISBN 3-486-56150-2

INHALTSVERZEICHNIS

Wolfgang Höpken

Die „unvollendete Revolution"? Bilanz der Transformation nach fünf Jahren

Einleitung

Bulgarien hat in den Diskussionen um die Transformationsprobleme der post-kommunistischen Staaten Osteuropas bislang nur eine untergeordnete Rolle gespielt. Das Interesse der Medien an den Problemen des Landes tendiert gegen null, in den akademischen Analysen der „Revolutionsverläufe" der post-kommunistischen Staatenwelt Osteuropas taucht es zumeist nur aus Gründen enzyklopädischer Vollständigkeit als Appendix auf, dem man paradigmatische Einsichten in die Strukturen und Probleme des osteuropäischen Systemwandels offensichtlich kaum entlocken zu können glaubt. Ein zumindest vordergründiger Anlaß für dieses nur untergeordnete Interesse dürfte wohl darin zu suchen sein, daß sich die bulgarischen Ereignisse zu einem für internationale Aufmerksamkeit ungünstigen Zeitpunkt abspielten und zudem durch einen bis heute im großen und ganzen eher unspektakulären Verlauf gekennzeichnet waren. Der „bulgarischen Revolution" fehlte daher der bewundernde Blick, den der Westen beispielsweise der Zähigkeit antikommunistischen Oppositionsgeistes in Polen entgegenbrachte; ihr fehlte auch der anerkennende Respekt, wie er den ungarischen Reformbemühungen mit ihrem symbolischen Einreißen des „Eisernen Vorhangs" entgegenschlug. Ihr ging der Sympathie weckende Charakter massenhaften zivilen und gleichwohl friedlichen Ungehorsams ab, wie ihn die „samtene Revolution" der Tschechen und Slowaken hervorrief. Allemal fehlte es ihr an jener spektakulären Dramatik, mit der die rumänische „Telerevolution" (A. Gabanyi) die Weltöffentlichkeit über Tage in Atem hielt, und natürlich mangelte es Bulgarien an jener weltpolitischen „Relevanz", derer sich die Veränderungen in der UdSSR bzw. Rußland sicher sein durften und dürfen. Im Ablauf der osteuropäischen Revolution war zudem auch der Zeitpunkt des bulgarischen „Umsturzes" nicht dazu angetan, dem Land in den stürmischen Monaten des Jahres 1989 mehr als nur Chronisten-Aufmerksamkeit zu sichern: Im zeitlichen Umfeld der Veränderungen in der DDR vermochte der „*deseti noemvri*" – der Tag des Sturzes Todor Živkovs am 10. November 1989 –, einen exponierten Platz auf den Titelseiten der Medien kaum zu beanspruchen, und als die Welt gewahr wurde, daß auch in Bulgarien „eine Revolution" stattgefunden hatte, da wurde dieses Ereignis schon von den dramatischen Geschehnissen in Bukarest verdrängt. „If Ceauşescu had gone in an orderly palace coup, as the Bulgarian leader Todor Zhivkov was forced to", so hat Misha Glenny wohl zu Recht gemutmaßt, „Bucharest would still be as unknown a capital as Sofia"[1]. So aber kam Bulgarien nicht mehr als der Stellenwert eines Domino-Steines in den epochalen Ereignissen des Jahres 1989 zu – wohl nicht das letzte Domino-Steinchen, zu spät gefallen aber, als daß man ihm noch als Avantgarde herausragendes Augenmerk hätte schenken müssen.

Auch das wohl wichtigste Ereignis der bulgarischen Nachkriegsgeschichte seit 1944 schien sich damit letztlich in jenes Image einzufügen, welches dem Land schon in der gesamten Epoche seiner kommunistischen (und im Grunde auch schon vor-kommunistischen) Geschichte angehangen hatte, das Image einer in jeder Hinsicht grauen Maus nämlich, die – anders als alle anderen osteuropäischen Blockstaaten – schon in den viereinhalb Jahrzehnten Sozialismus weder durch besondere systemimmanente Originalität, noch gar durch dissidentische Eruptionsversuche auf sich aufmerksam gemacht hatte. Ordnungspolitische Extravaganzen waren die Sache der bulgarischen Führungen ebensowenig gewesen wie das Austesten jener schmalen Handlungsspielräume, die Moskau seinen Vorfeldstaaten gelassen hatte. „Sonderwege", wie sie das Land etwa in der im Vergleich zu anderen osteuropäischen Staaten besonderen Förderung einer großtechnologischen Landwirtschaft mit pragmatisch geduldeten privaten Nebenerwerbswirtschaft verfolgte oder auch periodisch wiederkehrende regionalpolitische Initiativen in der Außenpolitik, waren zu marginal und systemkonform, als daß sie als Eigensinn hätten interpretiert werden können[2]. In einer mit devoter Rhetorik zum Ausdruck gebrachten Anbindung an Moskau verbanden sich das Machterhaltungsinteresse der Parteielite, die traditionelle Vorliebe Bulgariens für einseitige außenpolitische Anlehnungen an vermeintlich starke Partner und die Rücksichtnahme auf die geopolitischen und ökonomischen Strukturbedingungen des rohstoffarmen Landes zu einem innen- und außenpolitischen Konzept, das manchem als serviler Opportunismus, anderen als angesichts der vorhandenen Bedingungen einzig gangbarer Weg, als „most reasonable course of action"[3], erschien. Dort, wo das Land auffiel, da waren es eher skurrile Skandale wie die Art und Weise, in der der bulgarische Geheimdienst sich mittels des berühmt berüchtigten „bulgarischen Regenschirms" der wenigen bulgarischen Dissidenten im Ausland zu entledigen

[1] Misha Glenny: The Rebirth of History. Eastern Europe in the Age of Democracy, 2., erw. Aufl., London 1993, S. 12.

[2] Zuverlässige Überblicke über die bulgarische Nachkriegsentwicklung bis zum Ende des Kommunismus siehe bei Richard Crampton: Modern Bulgaria, Cambridge 1987, S. 145–210; John D. Bell: Domestic Politics, in: K. D. Grothusen (Hg.): Südosteuropa-Handbuch Bd. VI: Bulgarien, Göttingen 1990, S. 56–83.

[3] John D. Bell: The Bulgarien Communist Party from Blagoev to Zhivkov, Stanford 1983, S. 147.

suchte[4], durch die Verwicklung der Parteinomenklatura in Waffen- und Drogengeschäfte[5], schließlich durch die nicht minder skurrile und irrationaler Elemente nicht entbehrende Namensänderungspolitik gegenüber der türkischen Minderheit 1985, die, worauf noch zurückzukommen sein wird, mit ihren innen-, mehr aber noch mit ihren außenpolitischen Folgen zum Ende der Ära Živkov nicht unwesentlich beitragen sollte.

Auch der bisherige Verlauf des Systemwandels in Bulgarien hat das Image des Landes als eines konturenlosen „nobody“ eher noch bestätigt denn korrigiert. Der wechselhafte Verlauf der Demokratisierung mit dem anfänglichen Sieg der Ex-Kommunisten in den ersten freien Wahlen des Jahres 1990, mit einem erst danach erzwungenen Machtwechsel zugunsten der antikommunistischen Opposition, deren baldiges Scheitern als Regierungskraft und der neuerlichen Rückkehr der ehemaligen, wenn auch mutierten Kommunistischen Partei an die Macht in den jüngsten Wahlen des Jahres 1995 – dies alles schien Bulgarien im Tableau der osteuropäischen „Revolutions-Paradigmen“, ähnlich wie Serbien und Rumänien, zu einem Beispiel für jenen „balkanischen Typ“ politischen Wandels in Osteuropa zu machen, der – anders als die ostmitteleuropäischen Staaten – zu einem „geglückten“ und Erfolg versprechenden Sprung in Demokratie und Marktwirtschaft nicht in der Lage zu sein schien. Nicht so sehr die ohnehin erheblichen Probleme ökonomischer und institutioneller Transformation, sondern vor allem die vermeintliche „historical weakness of civil society“[6] sind es, die gerade in den südosteuropäischen Staaten für eine derart pessimistische Zukunftserwartung Veranlassung geben. Nicht ohne teleologische Untertöne wird dabei Bulgarien wie auch den übrigen ehemals kommunistischen Balkanstaaten ein in ihrer Geschichte wurzelndes und belastendes Erbe, ja bisweilen gar eine quasi historisch vermittelte Unfähigkeit zur Demokratisierung unterstellt. Die „longue dureé historical frontier“[7] entwicklungsgeschichtlicher Zuordnungen, die die Länder des Balkan schon immer an den Rand des europäischen „mainstream“ gerückt hatte, so wurde gemutmaßt, schien sich nahtlos auch in den Konditionen und Ergebnissen des posttotalitären Übergangs bemerkbar zu machen. Das „byzantini-

---

[4] Vgl. Georgi Markov: The Truth that Killed, London 1983.

[5] Vgl. hierzu den instruktiven Bericht des amerikanischen Kongresses: Hearing and Markup before the Committee on Foreign Affairs and its Subcommittee on Europe and the Middle East; House of Representatives, 98. Congress, 2nd Session: Bulgarian-Turkish Narcotic Connection, United States-Bulgarian Relations and International Drug Trafficking, Washington 1984.

[6] Giuseppe Di Palma: Legitimation From the Top To Civil Society. Politico-Cultural Change in Eastern Europe, in: Nancy Bermeo (Hg.): Liberalization and Democratization. Change in the Soviet Union and Eastern Europe, Baltimore 1992, S. 78.

[7] Vgl. den von Braudel entlehnten Begriff bei George Schöpflin: Postcommunism: The Problems of Democratic Construction, in: Daedalus 123 (1994) 3, S. 128.

sche" Erbe schien mit unabweisbarer Zwangsläufigkeit auch einen „byzantinischen" Post-Kommunismus zur Folge zu haben, geprägt durch die scheinbar unbezwingbare Resistenz „alter", kommunister Kräfte, durch semi-autoritäre Strukturen, durch Defizite an pluralistischer Öffentlichkeit und wirklicher politischer Partizipation, vor allem aber durch eine scheinbar endemische Neigung zum Neonationalismus[8]. Solche historischen Zuordnungen produzierten sodann auch die jeweiligen Bewertungen der bisherigen Transformationserfolge sowie die Prognosen über die langfristigen Erfolgsaussichten der jeweiligen Länder, und sie hielten für Bulgarien zumeist ähnliche schlechte Zensuren und Prognosen parat wie für Rumänien, Serbien und Albanien. Der ohnehin lange nicht mehr so optimistische Blick auf die Transformationsergebnisse Osteuropas, er schien insbesondere für diese Staaten mehr und mehr zu einem Fatalismus zu werden, der in den Ländern Südosteuropas nicht mehr als die Aussicht auf „old wine in new bottles" zu entdecken glaubte[9].

Daß historisches Erbe, auch und gerade jenes, das hinter die kommunistische Ära zurückgeht, im Sinne langfristig wirkender Dispositionen selbst für den Prozeß der gegenwärtigen Systemtransformation nicht ohne Einfluß ist, darüber dürfte wohl kaum gestritten werden. Derartige historische Prädispositionen sollten freilich auf der anderen Seite aber wohl auch nicht überstrapaziert werden. „While history is influential", so hat Valerie Bunce zu Recht gewarnt, „it is not determinative"[10]. Insbesondere die jüngste Entwicklung auch in anderen osteuropäischen Staaten, die außerhalb des „Balkan tier" liegen, mit einer auch dort mittlerweile erfolgten Rückkehr „gewendeter Kommunisten" zur Macht, mit politischer Apathie, mit mafiösen und klientelen Strukturen und zum Teil bedenklichen autoritären Tendenzen deuten letztlich an, daß die Unterschiede kultureller und historischer oder gar konfessioneller Ausgangsbedingungen, so einflußreich sie auch sein mögen, nur ein Teil jener Wandlungsprobleme sind, vor denen alle osteuropäischen Reformstaaten in gleichem Maße stehen. Zumindest als Relativierung eines voreiligen historischen Determinismus ist daher in

---

[8] Vgl. im Sinne eines solchen historisierenden Interpretationsmodells etwa George Schöpflin: Politics in Eastern Europe 1945–1992, Oxford, Cambridge 1993, bes. S. 5–37; Holm Sundhaussen: Rückkehr in die Vergangenheit oder Aufbruch in die Zukunft: Versuch einer Zwischenbilanz für die Balkanstaaten, in: derselbe (Hg.): Südosteuropa zu Beginn der Neunziger Jahre. Reformen, Krisen und Konflikte in den vormals sozialistischen Ländern, Berlin 1993, S. 211–229. Den Gefahren teleologischer Geschichtsdeterminismen erliegend jüngst: FAZ vom 27. 3. 1996 S. 8.

[9] Stephen Fischer-Galati: Eastern Europe in the Twentieth Century: Old Wine in New Bottles, in: Joseph Held (Hg.): The Columbia History of Eastern Europe in the Twentieth Century, New York 1992, S. 1–16.

[10] Valerie Bunce: Rising above the Past: The Struggle for Liberal Democracy in Eastern Europe, in: Sabrina P. Ramet (Hg.): Adaption and Transformation in Communist and Post-Communist Systems, Boulder 1992, S. 258.

der Bewertung der einzelnen Reformstaaten wohl die Mahnung in Betracht zu ziehen, wonach „historical differences between countries and their current modes of transition from Leninism are not as important as the similarities“[11]. Offenkundig sind es eine ganze Reihe an Variablen, die ihre kumulierende Wirkung auf den Verlauf des Transformationsprozesses ausüben. Soziale und politische Traditionen, vorkommunistische „Demokratieerfahrungen“, vor allem aber auch die Art und Weise der Ausgestaltung der leninistischen Herrschaft, wie auch besondere regionale Konditionen und ideologieunabhängige Strukturprobleme institutionellen Wandels autoritärer Systeme sind es, die in einem jeweils zu bestimmenden Mischungsverhältnis den Gang der Transformation bestimmen[12].

Zurück an den Anfang? Die „Revolution auf Raten“ 1989 bis 1995

Zu den herausragenden Faktoren, die Verlauf und Charakter des Systemwandels in den einzelnen Ländern Osteuropas am nachhaltigsten konditioniert haben, zählen dabei zweifelsohne die Bedingungen und Chancen, die das alte Regime der Artikulation devianten Denkens oder gar oppositionellen Verhaltens gestattete. Die Chancen der Demokratie hängen, so ist wohl zu Recht gemutmaßt worden, jeweils ganz entscheidend „vom Grad der Herausbildung zivilgesellschaftlicher Strukturen *vor* dem Umbruch ab“[13]. Nirgends jedenfalls wird diese generalisierende Feststellung deutlicher als im Falle Bulgariens. Wenn es schon ein erschwerendes Manko aller osteuropäischen Transformationsexperimente gegenüber anderen historischen Übergangsprozessen war, daß es in Osteuropa „keine gut organisierten Gegeneliten“, „keine kohärenten Gegenideologien“ und schon gar keine Parteien im Untergrund gegeben habe[14], so waren diese Vorbedingungen in Bulgarien sicherlich so ungünstig wie an-

---

[11] Ken Jowitt: The Leninist Legacy, in: Ivo Banac (Hg.): Eastern Europe in Revolution, London 1992, S. 220. Ähnlich auch Claus Offe: Der Tunnel am Ende des Lichts. Erkundungen der politischen Transformation im Neuen Osten, Frankfurt/M 1994, S. 240 ff.

[12] Vgl. in diesem Sinne auch Geoffrey Pridham: Democratic Transition in Theory and Practice. Southern European Lessons for Eastern Europe, in: G. Pridham, T. Vauhanen (Hg.): Democratization in Eastern Europe. Domestic and International Perspectives, London, New York 1994, S. 17 ff.

[13] Rainer Deppe, Helmut Dubiel, Ulrich Rödel: Einleitung, in: Dies. (Hg.): Demokratischer Umbruch in Osteuropa, Frankfurt/M 1991, S. 12, ähnlich auch: Leslie Holmes: On Communism, Post-Communism, Modernity and Post-Modernity, in: Janina Frentzel-Zagorska (Hg.): From a One-Party State to Democracy: Transition in Eastern Europe, Amsterdam, Atlanta GA 1993, S. 23 f.

[14] Klaus von Beyme: Systemwechsel in Osteuropa, Frankfurt/M 1994, S. 13.

sonsten nur in wenigen anderen Ländern Osteuropas. Eine in der Grauzone der Legalität wirkende kritische Intelligenz, eine schon in den Zeiten der alten KP-Herrschaft etablierte politische Subkultur, in der alternative Öffentlichkeit kultiviert, bürgerliche kulturelle und politische Werteorientierungen wachgehalten und auf diesem Wege gleichsam für „die Zeit danach" erprobt werden konnten, wie dies in Ungarn, Polen oder der ČSFR der Fall war, konnten sich in Bulgarien im Grunde genommen nie wirklich etablieren. Die bulgarische Intelligenz, die aufgrund der rigiden Eliminierung der dünnen bürgerlichen Mittelschicht nach 1944[15] kaum über vorkommunistische Traditionslinien verfügte und die ihren kulturellen Aufstieg und ihren Status fast völlig der kommunistischen Modernisierungspolitik verdankte, war in der gesamten kommunistischen Epoche stets „Staatsintelligenz" geblieben; selbst dort, wo sie sich in vorsichtiger Distanz zur Partei bewegte – von Dissidenz ist kaum zu sprechen –, blieb sie doch weithin Teil des Parteiestablishments[16]. Das kulturelle Kapital fiel hier, anders als in Polen, Ungarn und der Tschechoslowakei, somit als Projektion einer nicht-kommunistischen Alternative aus. Zwar hatten sich auch in Bulgarien die ideologischen Sozialisationsinstrumente in den 80er Jahren vor allem gegenüber den Jugendlichen längst erschöpft, hatte das System hier seine integrativen Kapazitäten und seine Glaubwürdigkeit aufgezehrt[17], zu einem latenten Oppositionspotential verdichtete sich dies aber bis zum Ende der 1980er Jahre nicht. Das Fehlen eines „langsam aufgebauten Pluralismus", der sich in den ostmitteleuropäischen Staaten lange vor dem Ende des Kommunismus etabliert hatte[18], mußte so auch Form und Verlauf des Umsturzes in Bulgarien prägen. In einem durch keinerlei außen- wie innenpolitisches Aufbegehren „geschulten" Bulgarien, ohne eine im systemkritischen Geiste politisierte Intelligenz, kurz: ohne die dissidentische Tradition anderer osteuropäischer Länder konnte sich auch der Übergang zur Demokratie nur anders gestalten[19]. Der Sturz der alten kommunistischen Führung stand in Bulgarien daher

---

[15] Dimitur Ludžev: Bŭlgarskata inteligencija prez 40-te godini na XX vek, in: Godišnik na Sofijskija univerzitet. Istoričeski fakultet, tom 79, 1985, S. 127ff.

[16] Vgl. Rumen Dimitrov: Tribunal ili Forum, Sofia 1992, S. 231; derselbe: Eine Revolution ohne Phantasie, aber auch ohne Verzweiflung. Prozesse und Probleme des politischen und gesellschaftlichen Wandels in Bulgarien, in: Frankfurter Rundschau 5. Juli 1993, S. 12.

[17] Dies legten, wenn auch mit gebotener Vorsichtigkeit damals noch „vertrauliche" Analysen der Soziologischen Forschungsabteilung des ZK der Bulgarischen Kommunistischen Partei nahe: Bŭlgarskata Mladež prez 80-te godini. Specifični čerti i problemi, Sofia, Juni 1986, ungedruckt, hier 72f.

[18] József Bayer: Vom latenten Pluralismus zur Demokratie, in: Rainer Deppe u. a. (Hg.): Demokratischer Umbruch in Osteuropa, S. 159.

[19] Vgl. zu Umständen des Umsturzes und des Übergangs auch ausführlicher: Margaditsch Hatschikjan: Der unsanfte Übergang: Bulgariens Weg der politischen Erneuerung, Konrad Adenauer Stiftung, Interne Studien Nr. 23/1991.

nicht am Ende eines langen und graduellen Demokratisierungsprozesses wie in Ungarn und Polen und er war auch nicht Ergebnis einer spontanen Massenbewegung wie in der DDR und der Tschechoslowakei. Nicht die im Laufe des Jahres 1989 erst mühsam Konturen gewinnende Opposition war es, die den Machtwechsel herbeiführte und damit den Systemwechsel einleitete, sondern Teile der Parteielite selbst zwangen auf dem Wege einer „Palast revolution" den zum Symbol politischer Agonie gewordenen Todor Živkov am 10. November 1989 zum Rücktritt.
Für einen solchen Schlag gegen den seit mehr als dreißig Jahren herrschenden Parteichef hatten sich auch in Bulgarien längst genügend gute Gründe angesammelt: Die sich mit einem gewissen time-lag gegenüber den ostmitteleuropäischen Staaten auch in Bulgarien zum Ende der 80er Jahre verschlechternde Wirtschaftslage, die der bis dahin funktionierenden sozialen Appeasement- Strategie bescheidener Wohlstandsmehrung die Grenzen aufzeigte; die innen- wie außenpolitisch kontraproduktiven Folgen der Assimilierungspolitik gegenüber der türkischen Minderheit, die im Lande selbst eine Quelle offenen Widerstands produziert und das Land außenpolitisch diskreditiert hatte; die Unfähigkeit der alten und überalterten Parteiführung, auf die infolge der Gorbačevschen „perestrojka" veränderten blockpolitischen Rahmenbedingungen mit einer Strategie rechtzeitiger und sichtbarer Reformen zu reagieren; schließlich auch ein schon seit längerem schwelender Elitendissens innerhalb der Parteiführung – all dies waren die Hintergründe für den Präventivschlag der „Putschisten". Mittels eines rechtzeitigen „Elitenwechsels" sollte so der Systemwechsel verhindert oder aber doch, so er sich denn unter dem Eindruck der Ereignisse im übrigen Osteuropa als unvermeidlich erweisen sollte, zumindest kontrollierbar gehalten werden. Erst nach der „Revolution von oben" kam es auch in Bulgarien zu jener Auseinandersetzung zwischen einer nunmehr rasch an Breite zunehmenden Massenbewegung und der Kommunistischen Partei, die in anderen osteuropäischen Staaten dem Sturz der Parteiführung vorausgegangen war. Die Kommunistische Partei hat sich durch diese Strategie schon und gerade in der entscheidenden ersten Phase des Umbruchs einen Machtvorsprung sichern können, der ihr das Schicksal ihrer „Bruderparteien", nämlich zunächst einmal politisch marginalisiert zu werden, ersparte. Selbst über die ersten freien Wahlen half die Strategie des von oben eingeleiteten Wandels der Kommunistische Partei noch hinweg. Der im Spektrum der übrigen osteuropäischen Länder völlig trendwidrige Sieg in den Wahlen vom Juni 1990, der der Kommunistischen Partei, nunmehr zeitgemäß gewendet zur Sozialistischen Partei (BSP), die absolute Mehrheit brachte, beendete und sanktionierte in Bulgarien, anders als in anderen Ländern Osteuropas, nicht den Machttransfer zugunsten bürgerlicher Kräfte, sondern versah die Machthaber von gestern nunmehr sogar mit der Legitimation eines demokratischen Plebiszits. Der institutionelle und personelle Ressourcenvorsprung, den die BSP in die Waagschale hatte werfen können, und eine geschickt ins Feld geführte Wahlkampfstrategie, die den Alten und den sozial Schwachen die Angst vor dem Wandel nehmen sollte, war von der immer noch um ihre

Etablierung kämpfenden Opposition nicht zu neutralisieren gewesen[20]. Die Opposition brach sich am politischen Traditionalismus und sozialen Konservatismus breiter Schichten der Bevölkerung. Die Bedingungen, die schon die Art des Umsturzes geprägt hatten, hatten auch die ersten Wahlen präjudiziert: die noch nicht überwundene Schwäche an Opposition und die Tatsache, daß sich wohl die Legitimation der alten Parteiführung erschöpft hatte, noch nicht aber das Vertrauen in die Partei vollends aufgebraucht war, die die Vergangenheit zu verantworten hatte, verhinderten den Machtwechsel.

Für den weiteren Gang der Transformation Bulgariens wurden durch die Ergebnisse der ersten Wahlen im Grunde genommen bis heute wegweisende Präjudize geschaffen. Die Niederlage der „Union der demokratischen Kräfte" (UdK) hat nämlich die antitotalitäre Fundamentalkonfrontation zwischen der BSP als dem Symbol des alten Systems und der vereinigten Opposition, die sich als einzigen Garanten des Wandels begriff, über den Zeitpunkt der ersten freien Wahlen hinaus perpetuiert. Der Regimewechsel sollte in Bulgarien nicht, wie Claus Offe im Tableau der osteuropäischen Transformationsprozesse ausgemacht zu haben glaubt, sehr rasch vor sich gehen[21], sondern ganz im Gegenteil: Die Formalisierung demokratisch-pluralistischer Verhältnisse durch freie Wahlen bildete nicht, wie anderswo, das Ende der fundamentalistisch polarisierten Auseinandersetzung zwischen KP und Opposition, sondern leitete lediglich deren zweite Phase ein.

Die UdK zeigte sich von Anfang an nicht bereit, das für sie traumatische Wahlergebnis vom Juni 1990 wirklich zu akzeptieren, und dies nicht so sehr, weil sie die Wahlen, wie sie im Anflug erster Enttäuschung, jedoch gegen die Meinungen der allermeisten internationalen Beobachter kundtat, als nicht wirklich frei erachtete, sondern weil sie ihre antitotalitäre Mission noch nicht als erfüllt ansah. In den Monaten vom Juni 1990 bis zum Jahresende holte Bulgarien daher jene Phase offener, gerade auch außerparlamentarischer Konfrontation zwischen Opposition und den „Kommunisten" nach, die in den ostmitteleuropäischen Ländern dem Sturz der KP und den Wahlen vorausgegangen war. Streiks, Studentenproteste, im Verein mit einer mit Mehrheit regierenden, jedoch zu wirklicher Reformpolitik unfähigen oder auch unwilligen BSP führten das Land im Sommer und Herbst 1990 in eine politische Paralyse und einen wirtschaftlichen Verfall, der die Bürger zunehmend in Existenznot zu bringen drohte.

Politisch gesehen jedoch zahlte sich die Konfrontationsstrategie der UdK aus: Schritt für Schritt gelang es ihr, Schneisen in die Machtbastionen der Sozialisten zu hauen und damit dem Ziel des Machtwechsels, der ihr bei den Wahlen versagt geblieben

---

20 Vgl. zu den Wahlen von 1990: Wolfgang Höpken: Wahlen in Bulgarien – ein Pyrrhussieg für die Kommunisten?, in: Südosteuropa 39 (1990) 7–8, S. 429–457.

21 Claus Offe: Der Tunnel am Ende des Lichts. Erkundungen der politischen Transformation im Neuen Osten, Frankfurt/M 1994, S. 242.

war, doch noch näher zu kommen. Die Eroberung des wichtigen Amtes des Staatspräsidenten durch den Mitbegründer und damals noch unbestrittenen Führer des Oppositionsbündnisses, Želju Želev, erwies sich als zentraler Schachzug zur langsamen Erodierung der Macht der BSP; der im November 1990 im Generalstreik erzwungene Rücktritt der BSP-Regierung unter Lukanov brachte die Opposition, wenn auch zunächst noch in einer formal überparteilichen „Expertenregierung" aller Parteien, die Beteiligung an der Macht. Als die UdK im Oktober 1991 die vorgezogenen Neuwahlen, wenn auch denkbar knapp, gewann, da schien sich die Strategie der Opposition einer auch über die Etablierung parlamentarischer Strukturen hinaus perpetuierten Fundamentalkonfrontation mit der BSP ausgezahlt zu haben. Bulgarien schien sich, wenn auch mit fast zweijähriger Verspätung, dem von den ostmitteleuropäischen Ländern vorgezeichneten mainstream bürgerlicher Transformation angeschlossen zu haben. Die UdK feierte den alles andere als überwältigenden Sieg über die BSP denn auch als endgültige Überwindung des Totalitarismus und als „historisches" Ende des Kommunismus in Bulgarien. Sie übersah dabei freilich, daß ihr Sieg viele Tücken aufwies: gerademal 70000 Stimmen mehr als die Sozialisten hatte das durch erste Abspaltungen geschwächte Oppositionsbündnis erhalten, und regierungsfähig wurde sie nur durch die Tolerierung der Partei der türkischen und muslimischen Minderheit, der „Bewegung für Rechte und Freiheit" (BRF). Nicht so sehr die Stimmengewinne für die UdK, sondern eher die Einbrüche der BSP waren es gewesen, die ihr zum Sieg verholfen hatten. Der den Parlamentswahlen folgende, äußerst knappe und nur im zweiten Wahlgang gesicherte Sieg Želevs in den ersten direkten Wahlen zum Staatspräsidentenamt demonstrierte zudem das fragile Übergewicht, das die UdK auch nach den Oktoberwahlen besaß[22].

Die UdK hat im Überschwang über die Erfüllung ihrer „antitotalitären Mission" die Anfälligkeit ihrer politischen Position jedoch völlig unterschätzt. Sie agierte, wie ihr ein solidarischer bulgarischer Kritiker vorwarf, auch als Regierungspartei „im Stile einer Opposition". In dem Selbstbewußtsein, die einzige berufene Kraft zu sein, die den antitotalitären Wandel Bulgariens konsequent zu Ende bringen könne, verfiel sie in eine Strategie gesellschaftlicher Polarisierung, die sich unter dem Schlagwort von der notwendigen „Dekommunisierung" nicht nur gegen jene objektiv noch bestehenden und von der BSP unangetastet gelassenen Relikte des alten Regimes richtete, sondern auch gemäßigte Parteigänger in den eigenen Reihen traf, die sich der Linie einer Fortführung der radikalen Konfrontation mit dem politischen Gegner nicht anzuschließen vermochten und die stärker auf einen politischen und sozialen Konsens setz-

---

[22] Vgl. zu den Wahlen vom Oktober 1991 Bojan Gjuzelev: Bulgarien zwischen Parlaments- und Präsidentenwahlen, in: Südosteuropa 41 (1992) 10, S. 613–629; Evgenij Dajnov: Bulgaria-Politics after October Elections, in: RFE/RL Research Report No. 2, 10. 1. 1992; Kjell Engelbrekt: Opposition Narrowly Defeats Socialists in National Elections, in: RFE/RL Report on Eastern Europe No. 43 vom 25. Oktober 1991, S. 1 ff.

ten. Selbst vor dem aus den eigenen Reihen kommenden Staatspräsidenten machte dieser radikale Konfrontationskurs nicht halt, und unter dem Vorwurf, der auf Konsens bedachte Staatspräsident blockiere eine konsequente Abrechnung mit der kommunistischen Vergangenheit, kam es 1993 zum Bruch der UdK mit ihrem Gründungsvater.

Mit dieser Politik, die wohl nicht weniger auf machtpolitische Scharmützel innerhalb der UdK-Elite beruhte wie auf sachlichen und strategischen Überlegungen[23], verspielte die UdK-Regierung schnell hoffnungsvolle Ansätze eines konstruktiven Wandels, durch die sie sich in der Tat von der Reformblockade der Regierung Lukanov ebenso wie von der nur auf Minimalkompromisse verpflichteten „Expertenregierung" Popov unterschied. Auf dem Gebiet der Wirtschaftsreform brachte sie innerhalb weniger Wochen mehr zustande als alle ihre Vorgänger. In den aufgrund der desolaten Wirtschaftssituation dringenden Verhandlungen mit internationalen Finanzinstitutionen konnte die UdK so den Eindruck zielstrebiger Reformpolitik erwecken und zerstörtes Vertrauen wiederherstellen. Auch der Umbau des bis dahin noch immer weithin unangetasteten Rechtssektors bildete einen wichtigen Schritt auf dem Wege der institutionellen Festigung der neuen bürgerlichen Ordnung[24]. Nicht alles war dabei Produkt einer konzisen Reformkonzeption, manches basierte auch bei der UdK nicht weniger auf populistischer Politik wie bei den Sozialisten. Die überhastete Restituierung des Grund und Bodens zugunsten der ursprünglichen Besitzer aus der Zeit vor der Kollektivierung der bulgarischen Landwirtschaft in den 1950er Jahren etwa war deutlich von dem politischen Motiv getragen, das Land, in den beiden ersten freien Wahlen eine kaum zu erschütternde Bastion der Sozialisten, für die UdK zu gewinnen. Was als Beweis für zügige Privatisierungsabsichten ausgegeben wurde und in der Tat auch bis heute der einzige Sektor konsequenter Privatisierung geblieben ist, erwies sich freilich in der Praxis als kontraproduktiver Eingriff in die Landwirtschaft mit bis heute nicht überwundenen Folgen für Produktion und Ertrag[25]. Die positiven Ansätze der Regierung Filip Dimitrov verfingen sich jedoch in der auch als Regierungspartei nicht überwundenen Selbststilisierung von der eigenen Rolle als „metaphysische Opposition des Kommunismus"[26]. Die nach den Wahlen notwendig gewordene parlamentarische Zusammenarbeit zwischen der UdK und der „türkischen" „Bewegung für Rechte und Freiheit" zeigte denn auch schon bald Risse. In Überschätzung der ei-

---

23 Vgl. hierzu Rumen Dimitrov: Bulgarien, in: K.-D. Grothusen (Hg.): Ostmittel- und Südosteuropa im Umbruch, München 1993, S. 154f.

24 Vgl. hierzu Kjell Engelbrekt: Towards the State of Law: Bulgaria, in: RFE/RL Research Report No. 27 vom 3.7. 1992, S. 4–9.

25 Vgl. Sabine Riedel: Bulgariens Landwirtschaft in der Transformation, in: Südosteuropa 43 (1994) 6–7, S. 384–402.

26 Ivan Krŭstev: 1996 – godinata na opozicijata, in: Sega Nr. 8 vom 29.2. 1996, S. 14.

genen Position hatte die UdK ihrem kleinen, aber für sie überlebensnotwendigen parlamentarischen Tolerierungspartner eine Politik zugemutet, die diese gegenüber ihrem eigenen Klientel nicht mehr glaubhaft vertreten konnte. Die rigide Privatisierungspolitik auf dem Lande und die Auflösung der Kooperativen hatte nämlich insbesondere die türkische Minderheit sozial erschüttert, die traditionell über wenig Landbesitz verfügt hatte und durch die Auflösung der Kollektivwirtschaften eines sicheren Arbeitgebers verlorengegangen war. Angesichts einer gerade im Laufe des Jahres 1992 stark zunehmenden neuerlichen Emigration von zehntausenden Türken aus eben diesen ökonomischen Gründen in die Türkei, war die BRF zum Handeln gezwungen. In einem von der Regierung Dimitrov in einer grandiosen Fehleinschätzung selbsteingebrachten Mißtrauensvotum versagte die BRF im Oktober 1993 zusammen mit der BSP die Zustimmung. Das erste Experiment einer bürgerlichen Regierung seit dem Ende des Zweiten Weltkriegs war damit nach nur einem Jahr gescheitert[27]. Noch immer ganz im Sinne eines Denkens in den Kategorien antitotalitärer Fundamentalkonfrontation gefangen, interpretierte die UdK-Führung ihren Sturz als „Verschwörung" von Sozialisten, „Türken" und deren Helfern mit dem Ziel eines roll-back des erreichten Stands des politischen und wirtschaftlichen Wandels. Sie nahm denn auch nach ihrem erzwungenen, wenn auch letztlich durch eigene Fehler selbst verschuldeten Rücktritt ihre alte und im Grunde genommen nie unterbrochene Strategie der binären Fundamentalkonfrontation mit „dem Kommunismus" wieder auf.

Angesichts der Tatsache, daß keine der beiden großen politischen Blöcke im Parlament – BSP und UdF – zu diesem Zeitpunkt aber regierungsfähig oder regierungswillig waren, glitt Bulgarien einmal mehr in die parlamentarisch-politische Paralyse ab, die Ende des Jahres 1992 erst nach etlichen gescheiterten Versuchen der Regierungsbildung mit der Formierung einer neuerlichen, formal überparteilichen „Expertenregierung" unter dem Wirtschaftshistoriker Ljuben Berov beendet wurde. Es ist dabei eines jener Paradoxa der bulgarischen Transformation, daß ausgerechnet die Regierung Berov, die alle Beobachter und wohl auch die meisten parteipolitischen Akteure lediglich als Übergangsregierung auf dem Wege zu weiteren Neuwahlen angesehen hatten, so lange amtierte wie keine Regierung vor ihr[28]. Es mögen dabei die eher niedrigen Erwartungen gewesen sein, die man an seine Regierung stellte, die seine Amtsperiode zunächst durchaus positiv aussehen ließ. Auf wechselnde Mehrheiten aus dem Kreise der Sozialisten, der Bewegung für Rechte und Freiheit sowie einem kleinen Kreis dissi-

---

[27] Vgl. hierzu Kjell Engelbrekt: Bulgaria's Cabinet Shake up: A Lasting Compromise, in: RFL-RL Research Report No. 4 vom 10. 7. 1992, S. 1–5; Sabine Riedel: Die türkische Minderheit im parlamentarischen System Bulgariens, in: Südosteuropa 42 (1993) 2, S. 100–124.

[28] Vgl. zur Regierung Berov: Rumen Dimitrov: Bulgarien 1993/94: Was ändert sich, wenn nichts geschieht?, in: Südosteuropa 43 (1994) 6–7, S. 315–335.

dentischer UdK-Abgeordneter, die den frontalen Oppositionskurs der UdK-Mehrheit nicht mittragen mochten, angewiesen, konnte Berov aber doch immerhin zu einer gewissen Beruhigung der polarisierten politischen Landschaft beitragen. Das in den Zeiten der parlamentarischen Instabilität arg gelittene internationale Image Bulgariens konnte er vor allem durch die Umschuldungsverhandlungen mit dem Internationalen Währungsfonds über die 12 Mrd. Dollar Auslandsschuld Bulgariens bessern; in der Inflationsbekämpfung gelangen ihm zunächst einige Anfangserfolge; der Außenhandel belebte sich leicht und auch der Niedergang der Industrieproduktion schien gebremst. In der Stabilisierung instabiler Verhältnisse erschöpften sich jedoch die Erfolge seiner Regierung. Durchschlagende Reformen, vor allem hinsichtlich der Privatisierung, blieben auch unter seiner Ägide aus. Für sie fehlte es dem durchaus auch über die Parteigrenzen hinweg geschätzten Berov letztlich an politischer Rückendeckung. Selbst parteilos und ohne parlamentarische Hausmacht, war er auf die Unterstützung vor allem der Sozialisten angewiesen. Diese konnten so einen nicht unerheblichen Einfluß auf die Regierungspolitik gewinnen, ohne für deren Ergebnisse und Versäumnisse verantwortlich gemacht zu werden. Die UdK-Opposition hat auch und gerade der Regierung Berov vorgeworfen, die schleichende Restauration „kommunistischer Macht" zu betreiben und sich dem Vordringen BSP-naher Kräfte in allen politischen, wirtschaftlichen und administrativen Institutionen nicht entschieden genug in den Weg zu stellen. An dieser These, die wiederum ganz dem Denken in bipolaren fundamentalistischen Konfliktschemata der UdK entsprach, wonach eben nur sie die einzig legitime nicht-kommunistische Kraft sei, ist soviel richtig, daß die Regierung Berov in der Tat in einer Reihe von Personalentscheidungen frühere Revirements zugunsten eher BSP-naher Kräfte rückgängig machte. Auch auf die immer deutlicher zutage tretende Verquickung der BSP mit dubiosen wirtschaftlichen Privatisierungsgeschäften reagierte sie kaum. Im ganzen jedoch wird der „Rekommunisierungsvorwurf" an die Adresse Berovs seiner Politik und Rolle kaum gerecht. Die Widersprüchlichkeiten seiner Politik waren letztlich Ausdruck seiner wackeligen Position. Stets auf zähes Proporzringen in Personalfragen angewiesen und am Tropf der ihn im Parlament unterstützenden Parteien hängend, und dies war angesichts der Verweigerungstaktik der meisten UdK-Abgeordneten nun mal in erster Linie die BSP, blieb ihm für eine wirklich gestaltende Politik nur wenig Raum. Etwa im Frühjahr 1994, als Berov in den wichtigsten Fragen der wirtschaftlichen Reform kaum weitergekommen war, begann sich daher abzuzeichnen, daß auch seine Regierung in einer Sackgasse enden würde. Lediglich die Tatsache, daß keine der Parteien im Parlament den Moment für Neuwahlen als günstig betrachtete, hielt seine Regierung noch am Leben[29]. Als vor allem die sich wieder rapide beschleunigende Inflation und eine be-

[29] Kjell Engelbrekt: Political Turmoil, Economic Recovery, in: Transition I (1994) 1, S. 19ff.

ständig steigende Arbeitslosigkeit die sozialen Kosten der Transformation neuerlich strapazierten und das Image der Regierungspolitik, ungeachtet mancher Teilerfolge, zu ramponieren begann, da ging vor allem die BSP im Parlament zunehmend auf Distanz zu Berov, fürchtete sie doch mit für dessen Politik verantwortlich gemacht zu werden. Da seine letztlich erschöpften Reformansätze ihm auch mittlerweile die Unterstützung des Staatspräsidenten gekostet hatten und nicht zuletzt aufgrund seiner zur gleichen Zeit immer gravierender werdenden gesundheitlichen Probleme, warf Berov Anfang September 1994 das Handtuch. Nach einer neuerlichen kurzen Übergangsregierung erlebte Bulgarien daher im Dezember 1994 die dritten Wahlen in viereinhalb Jahren.

Blickt man auf die Ergebnisse dieser Wahlen, so scheint Bulgarien wieder dort angelangt zu sein, wo es bei seinem ersten Versuch pluralistisch-parlamentarischer Wahlen im Juni 1990 schon einmal war – nämlich bei einer Regierung der Sozialisten. Obwohl alle Prognosen im Vorwege bereits deutlich einen Sieg zugunsten der BSP vorausgesagt hatten, kam die mit 43 % der Stimmen erzielte absolute Mehrheit der BSP im Parlament und vor allem ihr deutlicher Vorsprung auf die UdK von über 20 % doch für die meisten Beobachter überraschend[30]. Bei näherem Hinschauen jedoch ist der zweite Sieg der Sozialisten ebensowenig eine bloße Wiederholung ihres Erfolgs von 1990, wie auch ihre neue Regierungsgewalt keine bloße Rückkehr zum Status quo ante ist. Auch fügt sich der Sieg der BSP nicht *nur* ein in einen vermeintlich gesamtosteuropäischen Trend der politischen Nostalgie, der von der PDS über Sjuganov bis hin zu den Wahlerfolgen der ungarischen und polnischen Sozialisten oder eben der BSP reicht[31]. Anders als etwa in Ungarn oder Polen waren die Ex-Kommunisten in Bulgarien nämlich die gesamte Zeit seit 1989 über eine überaus starke, ja die stärkste politische Einzelpartei gewesen. Im neuerlichen Wahlerfolg der BSP vereinigen sich daher zwei Stimmungslagen: der politische Traditionalismus, der schon 1990 weite Schichten der bulgarischen Wählerschaft, insbesondere die Alten und die ländliche Bevölkerung an der Seite der Sozialisten gehalten hatte und der seine Ursachen letztlich in den oben angedeuteten strukturellen sozialgeschichtlichen Modernisierungsdefiziten hat, ist von der BSP sicherlich auch diesmal für den Erfolg mobilisiert worden. Hinzu gekommen ist jedoch ein in den sozialen Frustrationen zugemuteten Wandels wurzelnder Trendumschwung, der auch anderswo in

---

30 Eine vorzügliche Analyse der Wahlen vom Dezember 1994 findet sich bei Magarditsch Hatschikjan: Die Wahlen in Bulgarien, in: Konrad Adenauer Stiftung: KAS-Auslandsinformationen (1995) 1, S. 66–84; sowie Stefan Krause: Socialists at the Helm, in: Transition I (1995) 4, S. 33–38.

31 In diesem Sinne interpretiert Heinz Brahm den Sieg der BSP: Bulgarien unter sozialistischer Flagge, (= Berichte des Bundesinstituts für ostwissenschaftliche und internationale Studien 62 – 1995).

Osteuropa das längst verloren geglaubte Wählerreservoir der ex-kommunistischen Parteien wieder aktivierbar gemacht hat.

In diesem Sinne weist das Wählerprofil der Sozialisten denn auch ein zumindest graduell und im Trend anderes Gesicht auf als noch 1990. Das starke Gewicht älterer, ländlicher und von ihrem Bildungsniveau her eher unterdurchschnittlicher Schichten ist dabei immer noch unverändert; allerdings sind der BSP doch nicht zu unterschätzende Achtungserfolge auch bei jenen Wählergruppen gelungen, die früher für sie noch sehr viel schwerer zu erreichen waren. So bleibt die BSP nach wie vor bei den über 50jährigen (und hier insbesondere bei den über 60jährigen) deutlich überrepräsentiert; bei den Jungwählern zwischen 18 und 30 Jahren – früher eine sichere Bank und kaum anzutastende Festung der UdK – und vor allem bei der mittleren Altersgruppe der 40jährigen hat sie aber den Abstand zur Opposition verringern können. Gleiches gilt auch hinsichtlich der Städte: während sie das Dorf und die Kleinstädte behalten hat, konnte sie in den Mittelstädten selbst dort, wo sie sie nicht gewinnen konnte, deutlich zulegen, und selbst in den Großstädten wurde sie für die UdK zu einem ernstzunehmenden Gegner. Die jüngsten Kommunalwahlen 1995 haben diesen Triumph dabei noch einmal bestätigt. Auch hier siegte die BSP wie bei den Parlamentswahlen mit 43 % mit ähnlich deutlichem Vorsprung vor der UdK (25 %); von 255 Gemeindebürgermeistern stellte sie (bzw. die mit ihr in einem Wahlbündnis vereinigten kleineren Gruppierungen) 196, in mehr als der Hälfte der Gemeinderäte verfügt die BSP jetzt über eine absolute Mehrheit. Und ähnlich wie schon in den Parlamentswahlen konnte sie auch hier ihre Präsenz in den urbanen Agglomerationen verbessern. Die Mittelstädte – bei den letzten Kommunalwahlen noch eine Dominanz der UdK – hat die BSP diesmal in überwältigender Mehrheit erobern können und sogar in der Oppositionshochburg Sofia fiel der Sieg der UdK-Kandidaten zum Bürgermeisteramt mit 58 % deutlich ernüchternder aus als man in früherer Zeit wohl hätte erwarten können[32].

Wenngleich die starke Macht der BSP für künftige Reformen und die ordnungspolitische Entwicklung Bulgariens auch veränderte und sicherlich wohl eher retardierende Rahmenbedingungen setzt, so wäre es dennoch zu oberflächlich, wollte man in der gegenwärtigen Regierung ein reines Symbol des roll-back erkennen. Dies würde zum einen nicht nur die sachlichen Zwänge verkennen, denen sich auch eine sozialistische Mehrheitsregierung kaum entziehen kann, sprich: die alternativlose „Westorientierung" Bulgariens ebenso wie die Notwendigkeit – wie auch immer im Detail konzipierter – ökonomischer Reformen; zum zweiten würde es auch die programmatische und ideologische Differenzierung unterschätzen, die sich mittlerweile auch in der BSP entwickelt hat und die von ideologischen Hardlinern und System-Nostalgikern über „roten Managern" bis hin zu linkssozialdemokratischen Strömungen

---

[32] Vgl. die Dokumentation Ergebnisse und Berichte zu den Kommunalwahlen vom 29. Oktober und 12. November 1995, in: Südosteuropa 45 (1996) 1, S. 88 ff.

reicht. Die bisherige Politik der Regierung Videnov ist, soweit dies bereits auszumachen ist, denn auch auf eigentlich allen Gebieten von einem hohen Maß an Ambivalenz gekennzeichnet, in der sich eben gerade diese politischen Sachzwänge wie auch die innere Widersprüchlichkeit der Partei widerspiegeln. In der Wirtschaftspolitik vor allem zeigt sich diese Ambivalenz in einem Konzept, das Reformnotwendigkeiten und die Erwartungen einer Wählerschaft, der es gerade um die Dämpfung der sozialen Kosten von Reformen geht, eklektizistisch zu vereinen sucht[33]: Das Bekenntnis zu weiteren Reformen und auch erste Schritte zur „Massenprivatisierung" der noch fast völlig staatlichen Industrie auf dem Wege des „tschechischen" Voucher-Systems stehen hier neben dem Versprechen, Wirtschaftsreformen ohne weitere soziale Verschlechterungen und ohne weitere Auswirkungen auf den mit ca. 17–20% Arbeitslosen bereits strapazierten Arbeitsmarkt durchzuführen. Das Bemühen um ein Abfedern der sozialen Kosten des Übergangs vor allem für Rentner und sozial Schwache – also den wesentlichen Teil des Wählerklientels der BSP – steht neben dem Ziel der Inflationsbekämpfung und der Sanierung des durch beträchtliche innere und äußere Verschuldung belasteten Haushalts. Das verbale Votum zugunsten einer privat- und marktwirtschaftlich organisierten Wirtschaft steht neben einem immer noch beträchtlichen Staatseinfluß und der bereits jetzt beträchtlichen Rolle organisierter und zumindest teilweise eng mit der Nomenklatura der BSP vernetzten Wirtschaftsgruppen. Zweifelsohne wird die BSP dabei auf die sozialen Erwartungen ihres Wählerklientels und auch des weniger reformbereiten Flügels innerhalb der eigenen Reihen Rücksicht nehmen müssen. Jede Verzögerung konsequenter Reformen aus Rücksicht auf die sozialen Kosten dürfte auf der anderen Seite aber nicht nur die bislang noch recht gut gelungene Kooperation mit den internationalen Finanzinstitutionen belasten, sondern auch kaum dazu beitragen, daß Bulgarien, das bislang weniger als fast alle anderen osteuropäischen Staaten von ausländischen Investitionen profitierte, stärker ausländisches Interesse auf sich zieht. Die nur geringfügige Besserung der Wirtschaftsdaten im Jahre 1994, die für 1994 und 1995 zumindest wieder eine leichte Belebung der Industrieproduktion von 4–5%, jedoch kaum durchgreifend günstigere Tendenzen hinsichtlich der Inflationsentwicklung und der Arbeitslosenzahlen ausweisen, dürfte kaum ausreichen, um die konzeptionellen Gräben überbrücken zu können, die sich in diesem Wirtschaftskonzept auftun[34]. Letztlich wird sich die BSP Regierung wohl entscheiden müssen, ob sie ihr Reformbekenntnis auch in der Praxis ernst nimmt, oder ob sie notwendigen strukturellen Wandel mit

---

[33] Vgl. zu den wirtschaftspolitischen Vorstellungen der Regierung: Duma vom 26.1. 1995.

[34] Vgl. zur Entwicklung 1994/95: Kjell Engelbrekt: Political Turmoil, Economic Recovery, S. 20f.; Rumen Dimitrov: Bulgarien, in: Werner Weidenfeld (Hg.): Mittel- und Osteuropa auf dem Weg in die Europäische Union, Gütersloh 1995, S. 35ff.; Ron Synowitz: Countdown to the Banking Crisis, in: Transition I (1995) 7, S. 15ff.

Rücksicht auf ihr Wählerpotential dilatorisch behandelt. Von der wirtschaftlichen Entwicklung dürften daher auch für die mit solider parlamentarischer Mehrheit regierenden Sozialisten politische Stabilitätsgefährdungen ausgehen.

Nicht minder ambivalent nimmt sich das bislang aus, was die sozialistische Regierung an außenpolitischen Konzepten hat vernehmen lassen: Das Bekenntnis ihrer bürgerlichen Vorgänger zur politischen wie ökonomischen Westintegration hat sie dabei zwar erneuert. Vor allem die Absicht, die bislang erfolgten Schritte zur Eingliederung in die europäischen wirtschaftlichen und politischen Organisationen durch die Aufnahme in den Europarat und die seit 1993/4 entwickelten Assoziierungs- und Kooperationsformen bis zu einer völligen Aufnahme in die Europäische Union voranzutreiben, wurde von Regierungschef Videnov nach seiner Wahl erneuert. Selbst an dem Ziel einer Integration in die NATO hat Videnov grundsätzlich festgehalten. Auch die bislang erfolgreich praktizierte multilaterale Regionalpolitik Sofias, die sich um einen Ausgleich mit allen Nachbarn ohne einseitige Präferenzen bemüht hat, ist bislang konzeptionell noch nicht zur Disposition gestellt worden[35]. Trotz des schwierigen balkanpolitischen Umfelds infolge des Jugoslawienkriegs und ungeachtet zeitweiliger Spannungen mit dem Nachbarn Griechenland infolge der Anerkennung Mazedoniens war es Sofia auf diesem Gebiet in erstaunlicher Weise gelungen, das Verhältnis zu allen südosteuropäischen Nachbarn, einschließlich der Türkei, konfliktfrei zu halten und seine Regionalpolitik dennoch zugleich in außenpolitische internationale und europäische Strategien vor allem hinsichtlich des jugoslawischen Kriegsgeschehens einzubinden. Gleichwohl sind Akzentverlagerungen in der Außenpolitik seit dem Machtwechsel vom Dezember 1995 unverkennbar. Auch wenn man die nach dem Wahlsieg der Sozialisten lauter gewordenen Töne einer möglichen außenpolitischen Neuorientierung in Richtung auf eine orthodox-slawisch-„sozialistische" Achse Moskau – Sofia und möglicherweise Belgrad vorläufig als politisch randständiges Getöne nostalgischer und/oder nationalistischer Kräfte innerhalb der BSP abtut, bleibt spürbar, daß die politischen wie ökonomischen Beziehungen zu Rußland in jüngster Zeit in einer Weise akzentuiert werden wie lange nicht mehr. Angesichts der traditionellen und auch immer noch nicht unbedeutenden wirtschaftlichen Beziehungen Bulgariens zum ex-sowjetitischen Wirtschaftsraum ist eine intensivere „Ostpolitik", die eine in UdK-Zeiten fast einäugige Ausrichtung auf die USA ausbalanciert, sicherlich nicht a priori abzulehnen. Etwas anderes wäre es freilich, wenn sich dies im Sinne möglicher außen- und sicherheitspolitischer „Sonderwegskonzeptionen" entwickeln würde. Auch auf dem Felde der Außenpolitik dürfte die

---

[35] Vgl. für die Jahre 1989 bis 1992/3 die Beiträge von Ekaterina Nikova und Margaditsch Hatschikjan in diesem Band; für die jüngere Entwicklung Sabine Riedel: Bulgariens außenpolitische Optionen, in: Südosteuropa (1995) 3–4, S. 300 ff.

BSP daher vor einem Balanceakt stehen zwischen pragmatischen Notwendigkeiten und ideologischem Balast in den eigenen Reihen.
Und schließlich hat sich ohne Zweifel auch die innenpolitische Szenerie Bulgariens durch den Sieg der BSP verändert. Der von der UdK sofort beschrieene Rückmarsch in den Totalitarismus ist dabei bislang sicherlich ausgeblieben. Auch hier setzten pragmatische Sachzwänge und der bereits erreichte Stand gesellschaftlicher und politischer Pluralisierung jedem roll-back klare Grenzen. Für die innerhalb der BSP bestimmende Führungsgarde dürfte dies auch aus politischen Gründen gar nicht erstrebenswert sein. Ansätze einer Usurpation gesellschaftlicher und institutioneller Machträume durch die BSP deuten sich freilich unübersehbar an. Personelle Eingriffe in die staatlichen Medien und auch in die Justiz jedenfalls sind in diese Richtung zu werten[36]. Weniger „Re-Kommunisierung" als die schon in der Geschichte des vorkommunistischen ancien régimes als Teil des Systems und der politischen Kultur etablierte Selbstverständlichkeit, als regierende Partei auch die administrativen und politischen Institutionen des Landes für die eigene Politik zu instrumentalisieren, spiegeln sich wohl in solchen Versuchen wider. Für die Festigung zivilgesellschaftlicher Strukturen sind die negativen Folgewirkungen freilich nicht weniger gravierend.

Wahlergebnisse 1990–1995 (Angaben in % der Wählerstimmen)

	1990	1991	1995
BSP	(47.2)	(33.1)	(43.5)
UdK	(36.2)	(34.36)	(24.2)
– UdK Zentrum			(3.20)
– UdK Liberale			(2.81)
BRF	(6.0)	(3.86)	(5.4)
Bauernpartei (BZNS)			(8.0)}
Volksunion*			(6.5)
Bulgarischer Business Block			(4.7)

* = Koalition aus der „Demokratischen Partei" und der „Bauernpartei A. Mozer"

Ob sich aus der Politik der BSP-Regierung dabei ein mittelfristiger Trend zu einer semiautoritären Aushöhlung des erreichten Standes an Pluralisierung und Parlamentarisierung entwickelt, dürfte nicht zuletzt vom Ausgang der bevorstehenden Wahlen des

[36] Stefan Krause: Purges and Progress in Bulgaria, in: Transition I (1995) 18, S. 46ff.; für Angriffe auf die Justiz siehe: Sega 6. 3. 1996, S. 12f.

Staatspräsidenten abhängen. Sollte die Opposition – wonach es gegenwärtig aussieht – sich nicht auf einen gemeinsamen Kandidaten, etwa den amtierenden Präsidenten, verständigen, würden die Aussichten des von der BSP favorisierten Bewerbers auf einen solchen Sieg zweifelsohne beträchtlich steigen. Ein weiterer Sieg der Sozialisten, auch auf diesem Felde, würde das machtpolitische take-over der BSP komplettieren. Kommunalpolitik, Parlament, Regierung, Präsident, zumindest zu einem Teil auch Wirtschaft wären dann in der Hand der Sozialisten, und die Gefahren, daß auch Justiz und Öffentlichkeit dem Zugriff durch die BSP anheimfallen könnten, wären damit nicht mehr hinwegzudiskutieren. Bulgarien würde wohl auch dann nicht wieder zu einem totalitären oder „kommunistischen" Land werden, wohl aber jene Form des „Post-Kommunismus" repräsentieren, den George Schöpflin als eigenständigen Typus politischer Ordnung in Osteuropa ausgemacht hat – gekennzeichnet durch semiautoritäre Strukturen, klientele Machtverhältnisse, stark eingeschränkten autonomen Institutionen und einer nur begrenzten rechtsstaatlichen Kalkulierbarkeit[37].

Strukturelle Defizite und Probleme des Transformationsprozesses

Drei Wahlen und fünf Regierungen innerhalb von fünf Jahren lassen sich zweifelsohne als Symptom politischer und parlamentarischer Instabilität deuten. Für eine Bewertung der bisherigen „Erfolge" auf dem Wege der Systemtransformation sollte dies allein freilich nicht hinreichen, schon gar nicht lassen sich daraus Hinweise über spezifisch „balkanische" Transformationsdefizite entnehmen. Gerade hinsichtlich der strukturellen Übergangsprobleme des Systemwandels Bulgariens gehen vielmehr durchaus typische Anpassungsschwierigkeiten aller osteuropäischen Staaten und im Sinne von „langen Wellen" wirkende institutionelle und vor allem politisch-kulturelle Modernisierungserfahrungen Bulgariens zusammen.

Solche strukturellen Übergangsprobleme zeigen sich zum einen hinsichtlich des auch fünf Jahre nach dem Ende des Einparteiensystems noch immer labilen und „unfertigen" Parteiensystems. Die Ausgangsbedingungen für die Etablierung eines im Sinne von Parlamentarismus funktionalen Parteiensystems waren dabei für Bulgarien zunächst keine anderen als in den übrigen osteuropäischen Ländern auch. Wie dort war auch in Bulgarien die Auseinandersetzung mit der Herrschaftspartei von gestern zunächst nur möglich durch die Bündelung der oppositionellen Ressourcen in einer „Forumspartei", in der programmatische und ideologische Fragen hinter den einenden antitotalitären Konsens zurückzutreten hatten[38]. Der Prozeß der Herauslösung

---

37 George Schöpflin: Postcommunism, pass.

38 Klaus von Beyme: Parteiensystem und Demokratisierungsprozeß Osteuropas, in: Geschichte und Gesellschaft (1992) 3, S. 271–291.

eines wirklichen Parteiensystems aus dieser polarisierten Konfliktkonstellation hat in Bulgarien freilich ausgesprochen lange gedauert und ist im Grunde genommen selbst heute noch nicht wirklich beendet. Da in Bulgarien eben die antitotalitäre Konfrontation zumindest im Bewußtsein der Opposition nicht mit der Etablierung formaldemokratischer Strukturen beendet war, sondern quasi dauerhaft institutionalisiert wurde, hat die Opposition auch ihren organisatorischen Charakter und ihr Rollenverständnis als „antikommunistisches Bündnis“ zu erhalten gesucht. Auf lange Sicht hat dies freilich zu organisatorischen und programmatischen Defiziten geführt, die am Niedergang der UdK maßgeblich mitgewirkt haben. Die organisatorische Struktur der UdK als ein Bündnis von Einzelorganisationen hat die Union auch über die Anfangszeit hinaus im Status einer reinen „Clearing-Stelle“ der Führungseliten der Einzelparteien belassen, die sich in dem Maß als unfunktional erwies, als sich eine antitotalitäre Mobilisierung in der Bevölkerung nicht dauerhaft herstellen ließ. Die durch diese organisatorische Struktur begünstigten Machtauseinandersetzungen der einzelnen Mitgliedsparteien diskreditierten die UdK zunehmend und ließen ihre Überzeugungskraft gegenüber der von fest etablierten Parteistrukturen aus agierenden BSP zunehmend schwinden. Schon relativ früh hat sich dabei auch innerhalb der UdK Widerstand gegen die Strategie einer organisatorischen und ideologischen Perpetuierung des antitotalitären „Bewegungscharakters“ geregt, der jedoch nicht zu einer Neuorientierung führte, sondern lediglich zu organisatorischen Abspaltungen. Schon vor den Wahlen des Jahres 1991 hatten sich zwei eigene Listen von der UdK getrennt, ohne allerdings den Sprung in das Parlament zu schaffen. Die nur knappe Majorität der UdK, die nicht zuletzt dazu beitragen sollte, ihr Regierungsexperiment nach nur einem Jahr zum Scheitern zu bringen, war auch das Ergebnis dieser Abspaltung. Durch Austritt oder Ausschluß als Folge der unbewältigten organisatorischen und ideologischen Klärung über den eigenen Charakter und die eigene Rolle verlor die UdK auch einen Gutteil ihrer Abgeordneten im Parlament. Schließlich mußte sie auch vor den Wahlen 1995 den Verlust weiterer ihrer Gründungsparteien hinnehmen. Der dramatische Niedergang der UdK hat dabei die längst überfällige Klärung der organisatorischen Strukturen und des eigenen Rollenverständnisses mittlerweile unabweislich gemacht, will die UdK ihr politisches Überleben nicht gefährden. Nach wie vor tut sie sich dabei freilich schwer: in organisatorischer Hinsicht hat sie zwar jüngst endlich einen ersten Schritt getan, sich jenseits einer reinen Bündnisorganisation auch eine eigene organisatorische Struktur als UdK zuzulegen. Die UdK ist danach nicht mehr nur Dachorganisation von Mitgliedsparteien, sondern auch selbst Organisation von individuellen Mitgliedern. Ob dies ein erster Schritt auf dem Wege zur Umwandlung der UdK in eine eigene echte Partei und damit zur Aufgabe des überkommenen „Bewegungscharakters“ der UdK ist, muß allerdings bezweifelt werden. Ein solcher Schritt wäre letztlich nur denkbar, wenn die Führung der Mitgliedsparteien bereit wäre, eigene Machtpositionen aufzugeben und daß sie dies nicht ist, ist in den jüngsten Diskussionen um den künftigen Charakter der UdK mehrfach angeklungen. Aus dem hybriden Charakter zwischen „Bewegung" und Dachorganisation einerseits und Partei andererseits herausfinden, dürfte die UdK daher wohl nur um den Preis weiterer organisatorischer Abspaltungen.

Auch jenseits der UdK bleibt das Parteiensystem aber unverändert „fließend". Zwar hat es im Ergebnis der letzten Wahlen seinen bipolaren Charakter verloren, in dem sich die beiden „großen Blöcke" von UdK und BSP gegenüberstanden und nur die Partei der Türken und Muslime BRF die Rolle eines Zünglein an der Waage spielen konnte. Von den neu hinzugekommenen politischen Kräften ist freilich die eine – die Volksunion – selbst ein Parteienbündnis zwischen der aus der UdK ausgetretenen Demokratischen Partei und einer der in sich tief gespaltenen Bauernparteien; die andere neue Parlamentspartei – der „Bulgarische Business Block" – muß erst noch den Beweis erbringen, ob sich hinter ihr eine dauerhaft institutionalisierte Partei verbirgt oder nur eine zeitweilige Anlaufstation für Protestwähler. Immer noch gering ist auch die programmatische Differenzierung der einzelnen Parteien (zumindest jenseits der BSP), die häufig die gleichen ideologischen und programmatischen Positionen besetzen. Etikettierungen wie liberal oder konservativ sind dabei eher Entscheidungsakte der Führungsgruppen denn Ausdruck konkreter programmatischer und weltanschaulicher Überlegungen oder gar Reflex bestimmter sozialer Interessen. Hierin spiegelt sich letztlich der ja auch anderswo in Osteuropa noch keineswegs überwundene Umstand wider, daß sich die Etablierung politischer Parteien noch nicht auf formalisierte soziale Interessen gründen kann und daß „die bürgerliche Revolution sich vor dem Entstehen eines Bürgertums" etablieren muß[39]. Mit dem Entstehen des bulgarischen Parteiensystems nach 1989 und dem nur langsamen Heranwachsen der Opposition aus den Beschränkungen einer „Forumspartei" hat es wohl auch zu tun, daß Parteien immer noch stark elitenbestimmte Institutionen sind, die zumeist noch immer nicht über wirklich etablierte partizipative Strukturen verfügen. Es ist und bleibt zumeist ein enger Kreis intellektueller Führungscliquen, die den politischen Diskurs monopolisieren und Machtressourcen nicht selten über klientelhafte Loyalitätsbeziehungen dominieren. So sehr solche programmatische Diffusitäten und Willensbildungsdefizite dabei auch durch die Rahmenbedingungen der „antitotalitären Revolution" produziert wurden, so sehr reproduzieren sich hierin aber auch durchaus traditionelle Politikformen. Bulgarische Parteien waren (abgesehen vielleicht von der Bauernpartei in der Zwischenkriegszeit) selten Programm- und Mitgliederparteien, sondern organisatorische Instrumente einer zur politischen Klasse gewordenen „Intelligencija". Die jüngste Entwicklung setzt insofern nur einen poli-

[39] Vgl. hierzu Jadwiga Staniszkis: Dilemmata der Demokratie in Osteuropa, in: R. Deppe u. a. (Hg.): Demokratischer Umbruch, S. 326ff., das Zitat nach Rumen Dimitrov: Die Herausbildung der bulgarischen Opposition, in: Bulgarian Quarterly (1991) Summer, S. 59.

tischen Paternalismus fort, der das bürgerliche Bulgarien vor 1944 genauso prägte, wie er sich auch unter kommunistischen Vorzeichen nach 1944 am Leben hielt.
Zu den von Anfang an ins Auge fallenden und bis heute kaum veränderten Strukturelementen des bulgarischen Transformationsprozesses zählen zudem die deformierten politisch-kulturellen Rahmenbedingungen des Experiments „bulgarische Zivilgesellschaft". Und auch hier lassen sich systembedingte und daher gemeinosteuropäische Anpassungsprobleme und reproduziertes politisch-kulturelles Erbe aus leninistischer wie vor-leninistischer Zeit nur schwer auseinanderhalten. Prägendes Charakteristikum der politischen Kultur seit 1989 ist dabei vor allem die starke Ideologisierung und Fundamentalisierung des politischen Diskurses und der Konfliktaustragung. Die Polarisierung des politischen Diskurses im Sinne eines manichäischen „Wir und Sie" war in der „heißen Phase" der antitotalitären Konfrontation 1990 wohl unvermeidlich[40]. Auch sie wurde jedoch zum beständigen Element der politischen Auseinandersetzung kultiviert, gerade auch in der Strategie der UdK. Streitfragen, oft auch nachrangiger Tragweite, wurden und werden schnell fundamentalisiert, nicht selten bis hin zur Blockade politischer Entscheidungen. Stärker konsensuale Politik-Formen, wie sie beispielsweise in der Zeit der „Expertenregierungen" in Versuchen der Etablierung gemeinsamer Kommissionen der Parteien und sozialen Organisationen wie z.B. den Gewerkschaften eingerichtet wurden, waren meist nicht von langer Dauer; Repräsentanten eines stärker auf Konsensbildung ausgerichteten Politikstils wie etwa der Staatspräsident Žeju Želev wurden vom Bannstrahl fundamentalisierter Auseinandersetzungen getroffen. Die Perpetuierung eines polarisierten Diskurses über die Etablierung parlamentarischer Strukturen hinaus hat so letztlich die Fähigkeit zur Konsensbildung unter den politischen Eliten unmöglich gemacht und darüber hinaus das Enstehen eines für jede zivilgesellschaftliche Integration notwendigen „Sockels geteilter und identitätsstiftender Grundüberzeugungen"[41] erheblich behindert. Auch hier schimmern aber nicht nur die Ausgangsbedingungen mangelnder „zivilgesellschaftlicher Erfahrungen" durch, mit denen alle osteuropäischen Gesellschaften zu kämpfen haben, sondern wohl auch die Traditionen vorkommunistischer politischer Kultur. „Die innere Politik", so hatte Constantin Jireček schon Anfang der 1880er Jahre über Bulgarien geschrieben, „ist beherrscht von erbitterten Parteifehden und Intrigen aller Art (...) Da gibt es oft Tag für Tag den unglaublichsten politischen und halbpolitischen Klatsch. (...) Die Parteihäupter

---

40 Vgl. hierzu mit Beispielen aus den ersten Wahlen: Center for the Study of Democracy: Stability and Transition to Democracy in Bulgaria. Occasitional Papers No. 1, Sofia 1990, S. 10ff.; sowie Krŭsen Stančev: Nedovostvo i političeski bordi. Fenomenologija na zimnija opit ot '89–'90 godina, in: Pluralizmŭt. V načaloto na bŭlgarskoto obnovlenie 1989/1990 g., Sofia 1990, bes. S. 92f.

41 Vgl. Helmut Dubiel: Metamorphosen der Zivilgesellschaft II, in: derselbe: Ungewißheit und Politik, Frankfurt/M 1994, S. 109.

haben nicht selten einen persönlichen Haß gegeneinander (...) viele wittern fortwährend geheime Pläne und Absichten, ja ich kenne Personen, die lieber zwischen den Zeilen als in diesen lesen[42]."

Nicht zuletzt die Politikstile der neuen Eliten haben damit bislang auch nur wenig zu einer Etablierung, Internalisierung und wirklichen Akzeptanz zivilgesellschaftlicher Werte innerhalb der Bevölkerung beigetragen. Die neuen politischen Institutionen wie etwa das Parlament genießen wenig Zutrauen und gelten sogar als diskreditiert[43]. Egalitäre Grundstrukturen, die „Sehnsucht nach der contract society" (George Schöpflin) haben sich als Erbe der kommunistischen Periode beinahe ungebrochen auch über die ersten fünf post-kommunistischen Jahre erhalten können und sind, wie der jüngste Wahlerfolg der Sozialisten gezeigt hat, bei Wahlentscheidungen eine stets reproduzierbare Mentalität. Wie anderswo in Osteuropa, aber auch darüber hinaus in anderen post-autoritären Übergangsgesellschaften[44], haben auch in Bulgarien die institutionellen Neuerungen somit offensichtlich noch keine allseits akzeptierten, stabile und sich selbst reproduzierende Normen geschaffen.

So unbestreitbar solche Defizite auch sein mögen, sie sollten nicht darüber hinwegtäuschen, daß die bisherige Entwicklung auch auf eine ganze Reihe von positiven Bilanzen verweisen kann. Hierzu gehört zunächst einmal, daß selbst die Vielzahl an Wahlen auch im Sinne einer Stabilisierung formaler demokratischer Prozeduren gelesen werden kann. Geordneter Machtwechsel als Ergebnis des Wählervotums ist in Bulgarien ein wohl kaum mehr zu hintergehendes demokratisches Gut geworden, und damit hat Bulgarien auch eine zentrale Voraussetzung demokratischen Übergangs erfüllt. Das Entstehen einer demokratischen Öffentlichkeit ist ein zweiter Aspekt „gelungener" Demokratisierung. Aus einer zunächst nicht minder polarisierten Landschaft an öffentlichen Medien hat sich mittlerweile eine immer weniger parteipolitisch gebundene Öffentlichkeit entwickelt, die – zumindest gilt dies für den Bereich der Printmedien – dem Zugriff des Staates und der Parteien weitgehend entzogen ist[45]. Auch der Um-

---

42 Constantin Jirecek: Das Fürstenthum Bulgarien, Leipzig, Wien, Prag 1891, S. 196.

43 Vgl. in Zusammenfassung entsprechender Umfragen Rumen Dimitrov in: Frankfurter Rundschau vom 5. 7. 1993, S. 12.

44 Hierzu grundsätzlich Phillipe C. Schmitter; Terry Karl: The Types of Democracy Emerging in Southern and Eastern Europe and South and East America, in: Peter M. E. Volten (Hg.): Bound to Change: Consolidating Democracy in East Central Europe, New York, Prague 1992, S. 43 ff.

45 Hierzu Rumen Dimitrov: Der Aufbau demokratischer Öffentlichkeit in Osteuropa. Eine Problemskizze, in: Berliner Jahrbuch für Soziologie (1994) 4, S. 543 ff.; Stefan Krause: Purges and Progress, in: Transition 1 (1995) 18, S. 46 ff.; für die Rundfunkentwicklung mit ihren nach wie vor starken staatlichen Einflüssen vgl.: Radomir Colakov: Die neue Rundfunkordnung in Bulgarien mit vielen Widersprüchen, in: Südosteuropa 44 (1995) 3–4, S. 190 ff.

stand, daß trotz ganz erheblicher Belastungen des wirtschaftlichen Wandels, der nach offiziellen Angaben mehr als die Hälfte der Bevölkerung an die Armutsgrenze gebracht hat, die bisherige Entwicklung unter weitgehender Wahrung des sozialen Friedens vonstatten gegangen ist, gehört zu den Elementen der „bulgarischen Revolution", die auf der Haben-Seite zu verbuchen sind. Ein gleiches Fazit verdient schließlich auch der bisherige Umgang mit den ethnischen Stabilitätsbelastungen der Demokratisierung, die sich für Bulgarien nach 1989 in ähnlicher Weise gestellt haben wie für die meisten der übrigen osteuropäischen Staaten.

Nationalismus als Transformationsbelastung?

Auch in puncto Nationalismus schien Bulgarien sich nach dem Ende der kommunistischen Herrschaft 1989 dabei zunächst ganz einzufügen in das Bild „balkanischer Devianz". Dabei war es weniger die zahlenmäßige Stärke ethnischer Minderheiten, die hier Konflikte erwarten ließ, machen doch nicht-bulgarische ethnische Gruppen nicht mehr als 14 % der Gesamtbevölkerung – absolut ca. 10 Mio. Bürger – aus[46]. Es war vielmehr die durch die Politik der kommunistischen Partei betriebene Diskriminierung der Minderheiten, insbesondere der 10 %igen türkischen Minderheit, die nach dem Ende des Kommunismus auch hier die Gefahr eines Zurückschwingens nationalistischer Emotionen erwarten ließ. Der Rekurs auf das Nationale war ja schon in der Ära Živkov ein zunehmend genutztes Instrument der Loyalitätssicherung der Partei gewesen, das durchaus nicht ohne Wirkung geblieben war, auch wenn es vorhandene Legitimationsdefizite nicht hatte ausgleichen können. Mit der Assimilierungspolitik gegenüber der türkischen Minderheit seit 1985 hatte die Partei zudem endgültig ein ethnisches Problem geschaffen, das nunmehr als zu bewältigendes Erbe auch in die Zeit der Transformation hinüberwirken mußte. Ähnlich wie die meisten der anderen osteuropäischen Übergangsgesellschaften sah sich daher auch Bulgarien nach dem 10. November 1989 zeitgleicher und kumulierender ethnischer Mobilisierungsprozesse ausgesetzt: die zuvor unterdrückte ethnische Minderheit nutzte die Chance der Demokratisierung zur Mobilisierung ihrer ethnischen Ressourcen für eine Verbesserung ihrer rechtlichen und politischen Situation; in der bulgarischen Mehrheitsbevölkerung wiederum bewirkte diese ethnische Mobilisierung der Minderheit, zusammen mit den politischen und sozialen Erschütterungen des Umbruchs und tatkräftig gefördert durch eine ex-kommunistische Partei, die wie die meisten ihrer osteuropäischen Partnerorganisationen auch im Nationalismus eine Chance

[46] Die Angaben auf der Basis der Volkszählung von 1992; siehe in Bojan Gjuzelev: Die Minderheiten in Bulgarien unter Berücksichtigung der letzten Volkszählung vom Dezember 1992, in: Südosteuropa (1994) 6–7, S. 361–373.

zum politischen Überleben sah, das Aufwallen eines bulgarischen Nationalismus[47]. In diesem Mechanismus einer sich aufschaukelnden ethnischen Polarisierung unterschied sich Bulgarien durchaus nicht von anderen Übergangsgesellschaften wie etwa Rumänien oder auch Rußland. Die Folge war ein Anschwellen ethnischer Konflikte vor allem zwischen der bulgarischen und der türkischen Bevölkerung, der zwischen 1989 und 1991 mehrfach an den Rand gewaltsamer Konflikte zu drängen schien. Schon die Rücknahme der Živkovschen Diskriminierungsmaßnahmen im Dezember 1989 löste – unterstützt von nationalistischen Gruppierungen und vor allem durch die Sozialistische Partei – massive Proteste seitens der örtlichen bulgarischen Bevölkerung aus, die hierin den ersten Schritt zu einer Marginalisierung der eigenen Position, wenn nicht gar zu einer Bedrohung der territorialen Integrität des Landes sahen[48]. In umgekehrter Richtung weckten Versuche, den Stand der Restituierung elementarer Rechte der türkischen Minderheit infragezustellen bzw. den bisher rreichten Stand einer Verbesserung ihrer rechtlichen Position zurückzudrehen, mobilisierend auf die Minderheitenbevölkerung. So führte die Verweigerung regulären staatlichen Schulunterrichts in türkischer Sprache 1991 zu heftigem öffentlichem Protest der Türken und ließ die interethnischen Beziehungen zeitweilig eskalieren. Es gehört sicherlich zu den (insgesamt eher wenigen) positiven Seiten der bisherigen bulgarischen Transformationsbilanz, daß das Land es jedoch geschafft hat, den dramatisch ansteigenden ethnischen Konfliktpegel unter Kontrolle und vor allem unterhalb der Schwelle gewaltsamer Konfrontation zu halten, ja seit Anfang der neunziger Jahre sogar zu einer schrittweisen Reduzierung des akuten ethnischen Konfliktpotentials gelangt zu sein. Dafür, daß ethnische Gewaltexplosionen, anders als im Nachbarland Rumänien, allemal anders als in Jugoslawien oder im Kaukasus vermieden werden konnten, daß aber auch die politische Zuspitzung ethnischer Antagonismen sehr viel geringer ausgefallen ist, als dies zunächst hätte erwartet werden können und als dies in anderen osteuropäischen Staaten wie etwa der Slowakei oder auch in den baltischen Republiken der Fall ist, dürften mehrere Gründe verantwortlich gewesen sein. Zum einen wurden gerade in der „heißen" Phase ethnischer Polarisierung 1990/91 „consocationale" Formen gemeinsamer Konfliktminimalisierung zwischen den politischen Eliten beider ethnischer Gruppen ergriffen[49] und haben so ein Aufheizen der ethnischen Konflikte verhindert. In gemein-

[47] Vgl. Ivanka Nedeva: Democracy Building in Ethnically Diverse Societies: The Cases of Bulgaria and Romania, in: Ian M. Cutherton, Jane Leibowitz (Hg.): Minorities: The New Europe's Old Issue, Prague, Budapest 1993, S. 123–155.

[48] Stephen Ashley: Ethnic Unrest During January, in: RFE/RL Report on Eastern Europe 9.2. 1990, S. 4–11; zu den Unruhen im Gefolge der Auseinandersetzung um den Schulunterricht vgl. Duncan Perry: Ethnic Turks face Bulgarian Nationalism, in: ebenda vom 15.3. 1991, S. 5 ff.

[49] Vgl. zu den Formen und Chancen des „consocationalism" als Instrument der ethni-

samer Beratung von Repräsentanten der ethnischen Gruppen konnten Übereinkünfte erzielt werden, die von keiner Seite als Niederlage empfunden wurden. Eine wichtige mediadisierende Rolle spielte hierbei auch der in seiner ganzen Amtsführung um ethnische Befriedung bemühte Staatspräsident Želju Želev. Hierin unterscheidet sich Bulgarien erheblich von der grundsätzlich nicht unähnlichen Problemlage im benachbarten Rumänien, wo es nicht zuletzt gerade die regierende rumänische politische Elite ist, die durch ihre Haltung eher konfliktverschärfend gewirkt hat. Zur Abkühlung ethnischer Polarisierung beigetragen haben dürfte paradoxerweise zudem auch etwas, was Bulgarien von außen zumeist als Manko auf dem Wege seiner „Europäisierung" angekreidet worden ist, nämlich die insgesamt zweifelsohne eher gemäßigte Institutionalisierung ethnischer Minderheitenrechte. Schon sehr bald nach dem Ende der Ära Živkov wurde damit begonnen, die eklatantesten Verletzungen der ethnischen Rechte der türkischen Bevölkerung aus der Zeit vor dem 10. November 1989 zu korrigieren. Den Türken und anderen Muslimen wurde es gestattet, ihre ihnen von der Živkov-Administration genommenen alten Namen wiederanzunehmen – ein Recht, von dem mittlerweile der ganz überwiegende Teil der muslimischen Bevölkerung, insgesamt an die 600 000 Bürger – Gebrauch gemacht hat[50]. Auch die besonders sensible, weil mit dem Zugriff auf materielle Ressourcen und Eigentumsrechte verbundene Frage der Restituierung von Eigentum und Arbeitsplätzen jener Türken, die im Frühjahr 1989 vor dem Druck der Živkovschen Politik zeitweilig in die Türkei abgewandert waren, ihre Arbeitsplätze aufgegeben und ihr Eigentum mehr oder weniger freiwillig aufgegeben hatten, wurde, wenn auch nicht ohne Konflikte und das Gefühl der Interessenbeeinträchtigung auf beiden Seiten, reguliert. Gerade dieser elementar materielle Konflikt um Eigentum und Arbeitsplätze hatte 1990/91 die interethnischen Beziehungen extrem belastet[51]. In Gestalt eines fakultativen Schulunterrichts in türkischer Sprache wurde seit 1991 auch das Recht auf Bildung in der Muttersprache realisiert[52], freilich auf einem recht minimierten Level und in der Praxis nur ungenügend realisiert[53].

schen Konfliktminimalisierung in Osteuropa George Schöpflin: The Problem of Nationalism in the Postcommunist. Order, in: Peter M. E. Volten (Hg.): Bound to Change: Consolidating Democracy in East-Central Europe, New York, Prague 1992, S. 27–41, hier S. 36 ff.

50 Zur rechtlichen Grundlage vgl.: Deklaracija po nacionalnija vŭpros, in: Dŭržaven Zestnik (1990) Nr. 6 sowie vakon za imenata, in: ebenda (1990) Nr. 20.

51 Etničeskijat konflikt v Bŭlgarija, S. 159 ff.

52 Zur gesetzlichen Grundlage vgl. Dŭržaven vestnik (1991) Nr. 86 und 102.

53 Nur für eine Minderheit der Kinder ist danach ein türkischer Unterricht möglich, der zudem noch an eklatantem Mangel an qualifizierten türkischsprachigen Lehrern und Lehrmaterial leidet: Ilona Tomova: Etničeskija situacija, S. 10.

Alle diese Konzessionen blieben jedoch auf der individualrechtlichen Ebene und vermieden tunlichst den Eindruck kollektiver Minderheitenrechte. Verfassung und Gesetzgebung umgehen gar das Wort Minderheit und bemühen sich, der Respektierung ethnischer Rechte im normativen Rahmen der allgemeinen Menschenrechte Geltung zu verschaffen[54]. Hingegen fehlt es in der Verfassung nicht nur an einer expliziten positiven Minderheitenregelung, sondern die Verfassung ist sogar durch eine ganze Reihe von Bestimmungen geprägt, die deutlich die Appeasement-Strategie gegenüber der turkophoben Grundstimmung in weiten Kreisen der Bevölkerung verraten. Hierzu gehört das ausdrückliche Verbot ethnischer und konfessioneller Parteien (Art. 11.4) ebenso wie das Verbot, konfessionelle Vereinigungen für politische Zwecke einzusetzen, das fatal an die disziplinierenden Bestimmungen der kommunistischen Gesetzgebung gegenüber den Konfessionen erinnert. Mit einem ungewöhnlichen und übertrieben wirkenden Nachdruck wird zudem von der Verfassung gleich mehrfach der unitarische Charakter der bulgarischen Staatsnation und der Charakter Bulgariens als mononationaler Staat hervorgehoben, indem das Bulgarische zur alleinigen Amtssprache erklärt (Art. 3) und die Einrichtung autonomer Gebietskörperschaften explizit verboten wird (Art. 2)[55]. Die allein auf Individualrechte abzielenden Garantien sind zwar nicht ohne Grund aus verfassungsrechtlicher Perspektive als unzureichend für ein Land mit einer 10%igen, ganz überwiegend kompakt siedelnden Minderheit kritisiert worden[56], und auch von einzelnen Vertretern europäischer Institutionen wurden derartige Lösungsformen zwar als unzweifelhafte Verbesserung der Minderheitensituation ausdrücklich anerkannt, jedoch zugleich auch als hinter die Vorschläge der europäischen Minderheitenkonvention zurückfallend bewertet. Auf der anderen Seite aber wird man wohl anerkennen müssen, daß es gerade der Kompromißcharakter einer Individualisierung der Minderheitenrechte gewesen ist, der die Akzeptanz einer Aufwertung der ethnischen Position der türkischen Minderheit erhöht und einer weiteren ethnischen Polarisierung so die Nahrung entzogen hat. Unter Stabilitätsgesichtspunkten haben diese Rechtsbestimmungen daher bei all

---

[54] Vgl. Art. 1, 2, 6 der Verfassung für die allgemeinen Menschenrechte, Art. 36.2 für das Recht des Erlernens der eigenen Muttersprache in der Schule, Art. 44.2 für das Recht der freien Religionsausübung sowie Art. 54 und 58.2 für das Recht der kulturellen Artikulationsfreiheit unabhängig von Geschlecht, Rasse oder ethnischer Zugehörigkeit.

[55] Zur juristischen und politischen Würdigung der bulgarischen Verfassung und ihrer Minderheitenbestimmungen vgl.: Klaus Schrameyer: Die neue bulgarische Verfassung, in: Osteuropa-Recht (1992) 2–3, S. 159–180; die bulgarische Rechtsauffassung wird erläutert bei Emil Konstantinov: Pravata na licata prinadležašti kaŭm religiozni, ezikovi i etničeski malcinstva v bŭlgarskata Konstitucija ot 1991, in: Aspekti na etnokulturnata situacija v Bŭlgarija i na Balkanite, tom 2, Sofia 1992, S. 9–20.

[56] Vgl. etwa bei Georg Brunner: Nationalitätenprobleme und Minderheitenkonflikte in Osteuropa, Gütersloh 1993, S. 35 f.

ihren Grenzen zweifelsohne funktional gewirkt und den Boden für einen pragmatischen Kompromiß in der Praxis geebnet.

Ein ganz wesentlicher Grund für das Abklingen anfänglicher ethnischer Spannungen ist aber vor allem auch in dem im ganzen moderaten Verhalten der BRF zu suchen, die ungeachtet der bei allen bulgarischen Parteien anzutreffenden Neigung zur rhetorischen Theatralik in ihrer konkreten Politik in und außerhalb des Parlaments deeskalierend gewirkt hat[57]. Obwohl sie im Inneren durchaus von autoritären Strukturen nicht frei ist, hat sie in ihrem ideologischen Selbstverständnis das Aufkommen radikaler Strömungen, die auf eine Maximierung ethnisch-partikularer Forderungen abzielen (etwa in Richtung auf territoriale Autonomie) oder gar auf eine Änderung des Laizismus der Partei in Richtung auf islamistische Strukturen drängen, stets zu verhindern gewußt. Mehr noch hat sie von Anfang an ihren Charakter als eine zwar die Interessen der türkischen und muslimischen Bevölkerung in besonderer Weise repräsentierenden, jedoch zugleich über-ethnischen Partei betont – ein Anspruch, zu der sie zwar schon aus pragmatischen Gründen vom Verfassungsverbot konfessioneller und ethnischer Parteien gezwungen wurde, dem sie jedoch gerade in jüngster Zeit durchaus auch in der Praxis dadurch Geltung verschafft hat, daß Nicht-Türken an der Formulierung der Politik der BRF spürbarer als früher beteiligt sind.

Wohl nicht ohne Wirkung auf die Bereitschaft zur Reduzierung ethnischer Spannungen dürften aber auch die desaströsen Ergebnisse ethnoradikaler Politik im benachbarten Jugoslawien geblieben seien, und in gewisser Weise hat letztlich sogar jene Partei an einer Stabilisierung der ethnischen Situation mitgewirkt, die nicht nur die Eskalation der nationalen Konfrontation in den späten 1980er Jahren zu verantworten gehabt hatte, sondern die auch nach dem Ende der Ära Živkov immer wieder durchaus auf das Instrument des Nationalismus gesetzt hat, nämlich die Bulgarische Sozialistische Partei. So sehr sie nämlich auch insbesondere 1989 bis 1991 in ihrem politischen Überlebenskampf vor dem Spielen der nationalen Karte nicht zurückgescheut hatte und damit ganz wesentlich an der Forcierung der ethnischen Spannungen in den türkisch besiedelten Gebieten mitgewirkt hat, so sehr war es doch gerade ihr primär taktische und machtpolitische Kalkül, das ihr auch ein Abrücken von der Position des Nationalismus ermöglichte, als es ihren Machtinteressen entsprach. In diesem Sinne hat sie beispielsweise im Herbst 1991 beim parlamentarischen Sturz der Regierung Filip Dimitrov die Koalition mit der BRF gesucht und auch die ihr folgenden „Expertenregierung“ Berov gemeinsam mit der zuvor von ihr so sehr dämonisierten „türkischen Partei“ mitgetragen.

Extrem nationalistische Parteien, die als Gefahr für die interethnischen Beziehungen gelten dürfen, haben sich hingegen in Bulgarien – wohl zur Überraschung nicht we-

---

[57] Zur Politik der DPS in der bulgarischen Volksversammlung vgl. Sabine Riedel in: Südosteuropa (1994)11–12.

niger Beobachter – nicht wirklich etablieren können. Sie haben zwar bis heute einen nicht unerheblichen Teil des „nationalen Diskurses" mitgestalten können und insbesondere in den ersten 1–2 Jahren durch ihr Auftreten auch den Eindruck politischer Relevanz vermitteln können[58] – ein Anspruch, den sie freilich politisch bislang auch nicht annähernd haben einlösen können. In dem Fehlen politisch wirksamer extrem nationalistischer Kräfte liegt zweifelsohne ein ganz wesentlicher Unterschied zu anderen Übergangsländern in Osteuropa, einschließlich Rußlands. Bei allen drei Wahlen sind die extrem nationalistischen Parteien kläglich gescheitert, ihr Stimmenanteil blieb selbst bei den Wahlen 1991, die noch am stärksten von nationalen Antagonismen mitbeeinflußt wurden, jenseits einer Grenze, die als politisch bedenklich gelten darf. Ihre angeblichen Mitgliedszahlen aus den frühen 1990er Jahren von insgesamt etwa 7000 Mitgliedern für die beiden landesweit agierenden extrem nationalistischen Parteien der Bulgarischen Nationalradikalen Partei und der Bulgarischen Nationaldemokratischen Partei[59] haben selbst für damalige Verhältnisse ein eher bescheidenes politisches Gewicht angedeutet und beide Parteien sind seither einem politischen Dekompositionsprozeß ausgesetzt gewesen. Mochte man dieses parlamentarische Scheitern zunächst auch noch aus der das gesamte politische Leben Bulgariens beherrschenden Fundamentalkonfrontation zwischen der BSP und der hierfür nötigen Allianz aller antikommunistischen Kräfte erklären, die für nationalistische Parteien im Parteienspektrum keinen Raum mehr ließ, so hat auch das neuerliche Versagen dieser Parteien bei den letzten, schon unter den Bedingungen eines differenzierteren Parteiensystems stattfindenden Wahlen angedeutet, daß es zumindest gegenwärtig offensichtlich für diese Parteien kein nennenswertes politisches Klientel gibt. Nur dort, wo es dem extremen Nationalismus gelingt, sich mit anderen politischen Kräften zu verbinden, wie dies im Bündnis bulgarisch ethnozentrischer Kräfte mit den Sozialisten in den türkisch bewohnten Gebieten Südwestbulgariens bei den Wahlen 1991 der Fall war, hat der extreme Nationalismus bislang politisches Gewicht erlangen können.

So sehr die Fähigkeit zu einer regulierenden Steuerung der bestehenden interethnischen Spannungen auch als unbezweifelbarer Erfolg des bisherigen bulgarischen Bemühens um einen friedlichen Weg in eine pluralistische Gesellschaft zu würdigen ist, so wenig sollten aber auch die gleichsam schlummernden Gefahren des bulgarischen Nationalismus unterschätzt werden. Das bisher erfolgreiche Bemühen, ethnische Polarisierung unterhalb der Schwelle offener oder gar gewaltsamer Konfrontation zu halten, ist letztlich auch durch die besondere Kräftekonstellation der politischen Parteien begünstigt worden. Die lange Zeit bipolare Parteienkonstellation zwischen den beiden „großen" Blöcken von BSP und UDK hat zum einen der BRF ein politisches

58 Vgl. hierzu den Beitrag von Stefan Troebst in diesem Band.

59 Die Zahlen nach Duma vom 6. 11. 1990 und Otecestven vestnik vom 4. 11. 1991.

Gewicht verliehen, daß diese auch gegen die Verlockung der anderen Parteien, mit nationalistischen Emotionen Politik zu machen, korrigierend in die Waagschale hat werfen können. Hinzu kommt, daß die türkische Bevölkerung in der Person des Staatspräsidenten eine institutionelle Stütze für einen vernünftigen Umgang mit ethnischen Fragen gefunden hat. Ob sich in der bisher alles in allem konstruktiven Umgangsweise mit der nationalen Frage somit bereits politisch-kulturell internalisierte zivilgesellschaftliche Verhaltensweisen andeuten[60] oder ob diese eher günstigen konjunkturellen politischen Umständen geschuldet ist, die den Test stabiler Verstetigung erst noch zu besehen hat, muß daher gegenwärtig offen bleiben. Für eine gewisse Skepsis läßt sich dabei freilich einiges an Argumenten beibringen. Zu verweisen ist dabei zum einen zunächst einmal auf ein unverändert extrem hohes Maß an sozialer und emotionaler Distanz zwischen den verschiedenen ethnischen Gruppen in Bulgarien, insbesondere zwischen Türken und Bulgaren. Die Einstellung der bulgarischen Bevölkerung gegenüber den Türken ist immer noch von Feindbildern und negativen Stereotypen geprägt, die, auch wenn sie zur Mitte der 1990er Jahre hin eine gewisse Rationalisierung erfahren haben, als unverändert bedenklich angesehen werden müssen. Zwar fallen entsprechende bulgarische Analysen und Umfragen in dieser Hinsicht recht unterschiedlich aus und stellen bisweilen den auch spürbaren Aspekt interethnischer Annäherung bzw. Distanzminderung als freudbestimmend in den Vorgergrund. Alle Untersuchungen zeigen jedoch letztlich übereinstimmend, daß die Mehrheit der Bulgaren, und zum Teil eine ganz erdrückende Mehrheit, die Türken unverändert für religiöse Fanatiker hält, den Kontakt zu ihnen möglichst in Grenzen zu halten sucht und ihnen politisch nicht über den Weg traut[61]. Daß auch in Bulgarien die Haltung gegenüber der ebenfalls zahlenmäßig nicht eben kleinen Minderheit der Roma von einer Feindseligkeit geprägt ist, die, ähnlich wie in anderen osteuropäischen Ländern auch, zu gewaltsamen Übergriffen geführt hat[62], ist wenig überraschend, auch wenn dies alles andere als eine spezifisch bulgarische Begleiterscheinung des Transformationsprozesses ist.

Es ist aber nicht nur die Latenz der Antagonismen in der wechselseitigen Perzeption, die das Maß an bislang erreichter Befriedung der ethnischen Beziehungen fragil und stets gefährdet erscheinen läßt. Gefahrenpotentiale für den ethnischen Frieden, auf

---

60 So etwa Ivanka Nedeva: Democracy Building, S. 123 ff.

61 Vgl. die Beiträge von Krasimir Kŭnev und Petŭr Emil Mitev in diesem Band. Ergänzend, mit im Trend ähnlichen Befunden auch die empirischen Beobachtungen in: Georgi Fotev: Drugijat etnos, Sofia 1994, S. 155 ff.; Ilona Tomova: Etničeski stereotipi i prerazsudci u bŭlgarite, in: Aspekti na etnokulturnata situacija v Bŭlgarija, Sofia 1992, S. 77 ff.; Jon Anson, Elka Todorova u. a. (Hg.): Ethnicity and Politics in Bulgaria and Israel, Aldershot 1993, S. 184 f.

62 Zur Situation der Roma vgl. Etničeskata kartina v Bŭlgarija, Sofia 1993; Elena Marusiakova, Veselin Popov: Ciganite v Bŭlgarija, Sofia 1993.

den man in der bulgarischen Öffentlichkeit heute als ein „bulgarisches Modell" (nicht ohne Grund) stolz verweist, ergeben sich vielmehr eine ganze Menge: In eine solche Richtung ist beispielsweise die Art und Intensität des Diskurses um die „bulgarische nationale Frage" zu deuten, der seit dem Ende kommunistischer Reglementierungen einen nicht unbeträchtlichen Teil von Öffentlichkeit besetzt hält. „Nationale" Themen haben dabei eine Rezeption und Akzeptanz erlangt, die in früherer Zeit aus blockpolitischen und außenpolitischen Disziplinierungserwägungen heraus nur vorsichtig angedeutet werden konnten oder gar tabuisiert worden waren. Die historische und publizistische Literatur etwa zur Geschichte der „Bulgaren außerhalb Bulgariens", also zur Geschichte Mazedonien und zu Thrazien, hat mittlerweile eine kaum mehr überschaubare Fülle und trotz aller materiellen Probleme wohl auch eine erhebliche Verbreitung erreicht. Es besteht die Gefahr, daß auf diesem Wege, selbst dann, wenn diese Literatur im Gewande wissenschaftlicher Absichten daherkommt, ein Geschichtsbewußtsein gefördert wird, das die für das Entstehen zivilgesellschaftlicher politischer Kultur notwendige prinzipielle Hinterfragbarkeit und Relativierung des Nationalen letztlich unterminiert und die politisch-kulturelle Internalisierung „verfassungspatriotischer" statt ethnischer Werteorientierungen und Loyalitäten gefährdet. Auch jenseits extrem nationalistischer Positionen und Gruppierungen hat sich so ein Kanon an Auffassungen und Einstellungen etabliert, der sich als eine Art „salonfähiger Nationalismus" auch unter dem Deckmantel demokratischer Grundeinstellungen entfalten kann, der aber jederzeit auch für einen aggressiveren Nationalismus zu mobilisieren wäre[63]. Insbesondere die regierenden Sozialisten haben mehrfach, bis hin zu den jüngsten Kommunalwahlen des Jahres 1995, demonstriert, daß sie sich dieses Legitimationsinstruments zu bedienen wissen[64].

Schließlich aber ist es auch in Bulgarien vor allem die Gefahr der „Ökonomisierung ethnischer Konflikte" (Rumen Dimitrov), die so lange eine Gefahr für das erreichte Equilibrium der zwischenethnischen Beziehungen darstellt, wie die gravierenden ökonomischen und sozialen Transformationsprobleme noch nicht überwunden sind. Wie real diese Gefahren sind, das hat sich nicht zuletzt im Laufe des Jahres 1993/94 gezeigt, als die sozialen Folgen der tiefgreifenden Krise der Landwirtschaft und des Tabakanbaus in Bulgarien unmittelbar auch auf die ethnischen Beziehungen durchschlugen. Die Auflösung der Kollektivwirtschaften und die Restitutionsmaßnahmen auf dem Lande hatte nämlich gerade die türkische Bevölkerung in ihrer Existenz-

[63] Zu verweisen ist hier vor allem auf das Phänomen eines „intellektuellen Nationalismus", der gegenwärtig auch nicht ohne Einfluß auf die Politik ist; als Beispiel kann dienen der gegenwärtige Bildungs- und Hochschulminister Ilčo Dimitrov, dessen Kommentare und Publikationen aus den Jahren 1989 bis 1991 ihn als einen Repräsentanten dieses turkophoben, etablierten Nationalismus ausweisen; vgl. exemplarisch seine Aufsatzsammlung: Ilco Dimitrov: Za da ni ima, Sofia 1994.

[64] Vgl. die Dokumentation zu den Kommunalwahlen in: Südosteuropa 45 (1996) 1, S. 95 f.

grundlage getroffen. Sie, die bis dahin in den Kollektivwirtschaften ein Auskommen gefunden hatte, konnte kaum auf die Rückgabe von Land hoffen und fanden sich mit der Auflösung der Kolchosen daher nunmehr ohne Einkommen wieder[65]. Schwerer noch traf die Türken die Krise des Tabakanbaus, in die dieser durch das Zusammenwirken von Weltmarkteinflüssen und ökonomischen Umstrukturierungsproblemen geraten war. Auch hier war es vor allem die türkische Bevölkerung, die von den sozialen Folgen der Krise besonders getroffen wurde. Die Arbeitslosigkeit in den türkisch besiedelten Gebieten stieg auf ein Niveau an, das den ohnehin bereits beträchtlichen Landesdurchschnitt von mindestens 15 % noch weit übertraf[66]. Die neuerliche beträchtliche Auswanderung von Türken in die Türkei im Laufe des Jahres 1993/94[67] war eine Folge dieser ökonomischen Probleme. Es dürfte nicht zuletzt diese Abwanderungsmöglichkeit gewesen sein, die verhindert hat, daß sich derartige soziale Konflikte nicht auch zu massiven Störungen des ethnischen Gleichgewichts ausgewirkt haben. Die Gefahr, daß die längst nicht überwundenen wirtschaftlichen Stabilitätsprobleme auch zu ethnischen Konflikten führen, bleibt jedoch jederzeit bestehen. Und nicht minder bleibt auch „Nationalismus als Demokratisierungshemmnis" (Stefan Troebst) eine latente Gefahr, derer sich die bislang gelungene Zähmung ethnischen Konfliktpotentials auch weiterhin erst noch zu erwehren hat.

65 Vgl. Sabine Riedel, Bulgariens Landwirtschaft, S. 384 ff.

66 Vgl. hierzu Rumen Dimitrov: Türken, Tabak, Politik – Zur Ökonomisierung ethnischer Konflikte in Bulgarien, Ms. (1995).

67 Nach türkischen Angaben soll diese 160 000 betragen haben, was freilich wohl zu hoch gegriffen sein dürfte und die von vornherein als zeitlich befristet gedachten Aufenthalte zur kurzzeitigen Arbeitsaufnahme mitrechnet; realistischer dürften die bulgarischen Angaben sein, wonach ca. 40 000 bulgarische Türken aus vorwiegend ökonomischen Gebieten 1993/94 in die Türkei abwanderten.

Richard J. Crampton

The Historical Legacy: The Problem of Political Stability in Bulgaria before 1944

Before the First World War

Bulgaria was separated from the Ottoman empire as a result of the Russo-Turkish war of 1877–78. That war had come about after a rising in the Bulgarian lands had been rigorously repressed by the Ottoman authorities. After the war tsarist diplomatists dictated a peace at San Stefano by which a new, large Bulgarian state was to be created. That state frightened the British and to a lesser degree the Austro-Hungarian foreign offices. The San Stefano agreement was therefore thoroughly revised by the Treaty of Berlin signed by all the great European powers in Berlin on 13 July 1878. San Stefano Bulgaria was destroyed. Macedonia was returned to the rule of the Sultan with vague promises that its administration should be reformed; south of the Balkan mountains a new unit, Eastern Rumelia, was created, which was to be an autonomous province of the Ottoman empire, and all that remained of the new Bulgarian principality was to be found between the Balkan range and the Danube. The new state was to be a principality whose head, approved by the great powers, was to be technically a vassal of the Sultan.

The machinations of the great powers at Berlin immediately created a huge reserve of resentment amongst Bulgarians, both in the principality and elsewhere. Revisionism had been born. In 1885 a peaceful revolution in Plovdiv did secure the unification of Eastern Rumelia and Bulgaria, but only at the cost of a war with Serbia, albeit a brilliantly successful one for the Bulgarians, and a domestic political crisis leading to the removal of their prince, *Alexander of Battenberg*. The prince fell because the Russians had not approved of his decision to accept the union with Eastern Rumelia, and Russian agents had subsequently used the pro-Russian factions in Bulgarian politics and the Bulgarian army as levers with which to oust him, an exercise made the easier by widespread discontent with the nature of the settlement after the war. The danger of foreign adventure, albeit for the most popular of causes, and its possible effects upon internal stability had been established.

Purely domestic factors soon made clear another phenomenon which was to affect the political stability of Bulgaria between 1878 and 1944: the immutability of the political system. That system was devised in 1879 by an elected assembly meeting in the medieval capital, Tŭrnovo. The Tŭrnovo constitution was exceedingly liberal, far too much so for *Alexander of Battenberg.* Soon after his arrival in Bulgaria he found his monarchical-authoritarian impulses increasingly frustrated by the constitution, and in 1881 he decided to suspend it. His problem was to find an alternative. After two years of searching he gave up and restored the Tŭrnovo system[1]. This experience was to be repeated to some extent in the 1930s when once again the Tŭrnovo system was considered an inappropriate mechanism for running the nation's affairs but no feasible alternative could be found.

In fact the system was honoured as much in the breach as in the observance. *Alexander* had fallen to the intrigues of the Russians and their supporters in 1886, and after a year's interregnum a successor was found in *Ferdinand of Saxe-Coburg-Gotha.* Of him, however, the Russians did not approve and declined to recognise him; the other powers, not wishing to incur the wrath of the Tsar of all the Russians for the sake of a Balkan princeling, followed suit, thus exposing the new ruler to the machinations of the Russians and their Bulgarian protégés. From these he was saved by the man who had brought him to Bulgaria and who was to be his minister president until 1894, *Sefan Stambolov. Stambolov* faced constant and serious threats to the stability of the country, especially in the years before 1890, and he used ruthless measures to contain them; without doubt he saved the country from Russian domination, but equally indisputably his successes were achieved at considerable cost to the spirit if not to the letter of the Tŭrnovo constitution.

After *Stambolov's* removal from office in 1894 *Ferdinand* engineered his recognition by the powers[2] and then proceeded to concentrate political power in his own hands. By the turn of the century his 'personal régime' was firmly established. A number of factors had made this possible. One was the tendency of Bulgarian political groups to split and splinter, often becoming a series of small parties grouped around single individuals; this made it all the easier for *Ferdinand* to play one or more groups off against the others. Another contributory factor was the inordinate appetite amongst politicians for the power, patronage and wealth which came with office. This venality was

---

[1] For the early years of the new Bulgarian state see: C. E. Black: *The Establishment of Constitutional Government in Bulgaria,* (Princeton Studies in History, vol. 1) Princeton, New Jersey and London, 1943; Ilcho Dimitrov: *Knjazût, konstitutsijata i narodût: iz istorija na politicheskite borbi v Bûlgarija prez pûrvite godini sled osvobozhdenieto,* Sofia 1972; Ivan Stojanov: *Liberalnata Partija v knjazhestvo Bûlgarija, 1879–1886,* Sofia 1989; and Richard J. Crampton: *Bulgaria 1878–1918: A History,* Boulder Colorado and New York, 1983, pp. 25–174.

[2] Joachim von Königslöw: *Fürst Ferdinand von Bulgarien. Vom Beginn der Thronkandidatur bis zur Anerkennung durch die Großmächte (1886 bis 1896),* Munich 1970; for a recent and readable biography summarising existing knowledge, see Stephen Constant: *Foxy Ferdinand; Tsar of Bulgaria,* London 1979.

both a cause and a consequence of the system of clientism which had developed rapidly in the country and by which holders of ministerial offices could reward their supporters with jobs in their ministries; the recipients of these favours in turn rewarded their own henchmen with subordinate posts. A change in ministry therefore came to involve a general post in a large number of both state and local government posts. Furthermore, the making and unmaking of governments was primarily the work of the prince and almost all elections after the turn of the century were held not to test national opinion but to provide an administration engineered from above with a dependable parliamentary majority. This Bulgarian variant of political clientism and graft was known as *partisanstvo*[3].

The evolution of domestic politics since the unification of 1885 had done nothing to quench revisionist thirst, a fact which Ferdinand kept well in mind. And as he took almost total control of foreign policy it was his guiding hand which allowed covert help to be given by the Bulgarian state and the Bulgarian army to the struggle to assert Bulgarian interests in Macedonia, a struggle which was waged as much against the Serbs and Greeks as against the Ottoman authorities. The high-point of this struggle came with the Ilinden rising of 1903 after which Bulgarian influence in the region was on the defensive and in many respects began to decline, a development which made the various Macedonian factions in Bulgaria even more of a disruptive factor. In later years the largest of these groups, the Internal Macedonian Revolutionary Organisation (VMRO), was to pose a serious threat to the stability of Bulgarian political life.

Ferdinand had more success when, acting closely with Austria-Hungary in 1908, he succeeded in declaring full independence for Bulgaria. Further success came in the first Balkan war of 1912–13 when, with Russian approval, Bulgaria together with its Greek, Serbian and Montenegrin allies, liquidated most of the Ottoman empire in Europe, the primary aim of the Bulgarians being Macedonia. But both the Greeks and the Serbs also had aspirations in this region, and in 1913 the erstwhile allies fell out over the division of the recent gains. Bulgaria launched what it considered a preventative attack upon the Serbs, who were then joined not only by the Greeks but also by the Romanians and the Turks. The Treaty of Bucharest which concluded this second Balkan war deprived Bulgaria of the lion's share of its recent gains, including most of Macedonia and much of eastern Thrace; at the same time the Romanians snatched away the productive wheat-growing areas of the southern Dobrudja. Once again a foreign adventure had gone awry, sharpening resentments and doing little if anything to diminish revanchist passions.

During the first world war Bulgaria's rulers inevitably sought to exploit the conflict for their own needs. In September 1915, when the central powers seemed poised for

---

[3] For the origins and growth of *partisanstvo* see Crampton, *op cit*, pp. 158–69.

victory, *Ferdinand* committed Bulgaria to the German side. Initially the gamble seemed to have paid, Bulgaria soon repossessing much of Macedonia, western Thrace and the Dobrudja, but by the late summer of 1918 the central powers were heading for defeat and internally Bulgaria was facing crippling shortages of food and other essentials. At the end of September Bulgaria signed an armistice with Britain and France; within a month *Ferdinand* had abdicated in favour of his son, *Boris III*[4].

The *Treaty of Neuilly* between the victorious allies and Bulgaria was not as severe as might have been expected when compared with those imposed on Hungary and Germany. The territorial gains of the first world war were once again lost, as were a few pockets of land along the western border with the newly-created Yugoslav kingdom; Bulgaria was also required to pay reparations in kind and in money. On the other hand, it was promised economic access to the Aegean.

After the first world war: foreign affairs

The lessons of the pre-first world war period were clear: Bulgaria was a revisionist power, whose governments could, if they wished, manipulate the political system and public opinion into seeking territorial revision when the international context was judged appropriate. At the same time, the experiences gained during the unification crisis, during the forward adventures in Macedonia, and in the second Balkan war, showed that Bulgaria could not act successfully alone; and the sufferings of the years 1915–18 made any involvement in future wars seemingly intolerable. On the other hand, the lessons of the declaration of independence in 1908 and of the first Balkan war showed that with the patronage of a great power and the cooperation of its neighbours Bulgaria could advance towards its foreign policy objectives.

When Bulgaria sought revision of the *Treaty of Neuilly* it therefore knew it could not risk war to secure it, and that it stood little chance of success if it were isolated. 'Peaceful revisionism' was the policy adopted throughout the inter-war period, and initially it was hoped this could be achieved under the auspices of the League of Nations, which was seen as replacing the great powers, as the supreme arbiter of international affairs.[5]

From the mid-1920s to the mid-1930s, however, the government in Sofia was not in complete control of Bulgaria's external relations. The exiled Macedonian factions,

---

[4] For summaries of Bulgarian history from the turn of the century to 1918 see Crampton: Bulgaria, parts ii and iii, or R.J. Crampton: *A Short History of Modern Bulgaria,* Cambridge 1987, pp. 40–81.

[5] For an excellent treatment of the Macedonian problem in this period see, Stefan Troebst: *Mussolini, Makedonien und die Mächte, 1922–1930,* Cologne and Vienna 1987, (Böhlau Dissertationen zur neueren Geschichte no. 19)

even more embittered because of the experience of the First World War, were determined to keep up pressure against the Yugoslav and to a lesser extent the Greek régimes. In Petrich, in south-west Bulgaria, VMRO established a state within the state from which bands could attack overzealous Yugoslav officials or carry out acts of sabotage in Yugoslavia or Greece. But VMRO was far from united and therefore not consistent in its alignments, and the fact that it could cooperate with both Moscow and *Mussolini's* Rome embarrassed the Bulgarian government and made it more difficult to follow a persistent and stable foreign policy. Macedonian activities also severely complicated Bulgaria's position in Europe. The London convention on the definition of aggression in July 1933 had decreed that any government which did not prevent armed bands based on its territory operating in other states was guilty of aggression[6]; by such a definition Bulgaria could be held to be an aggressor for its failure to contain the VMRO activists.

Bulgaria's positon was further weakened by its insistence that the borders determined in 1919 should be revised, albeit peacefully. Sofia's unwillingness to accept the permanence of Balkan frontiers alienated it from other Balkan states and unless Bulgaria could find a sponsor amongst the greater powers it would remain isolated. And in the first half of the 1930s there was no such sponsor.

At a time when the international system was beginning to react to the advent of *Hitler* this was dangerous. In the Balkans part of that reaction was the signing of the *Balkan Pact* in February 1934 by Yugoslavia, Romania, Greece and Turkey. Bulgaria was now not only isolated but also encircled, and by the hostile combination which had led to the disastrous defeats of the Second Balkan War. This international uncertainty, as will be seen below, coincided with considerable internal tension and intensified political instability.

By the middle of 1935 the Macedonian danger had been contrained but Bulgaria's foreign policy aspirations remained a factor in the political equation, and one which could still lead to instability[7].

From early 1935 *King Boris* rapidly increased his own personal power. His intention was to preserve internal stability whilst continuing to pursue the policy of peaceful revisionism. After 1936, however, the League of Nations was a broken reed and it could no longer be regarded, if it ever was, as the forum in which major international decisions would be taken; they were now the prerogative of the great powers, which were dividing ever more rapidly into the two great blocs, the axis and the western

---

6 Krŭstiu Manchev and Valerian Bistristki: *Bûlgarija i neinite sûsedi, 1931–1939. Politicheski i diplomaticheski otnoshenija,* Sofia 1978, pp. 61–62.

7 For Bulgarian foreign policy in the 1930s see: Manchev and Bistritski, Bulgaria; Georgi Markov, Bŭlgarogermanskite otnoshenija, 1931–1939, Sofia 1984; and other specialised studies, particularly with reference to the years 1939 to 1941, too numerous to mention here.

powers. *Boris* was determined that Bulgaria should stay outside both blocs which, if possible, should be excluded from the Balkans. This was not without its dangers. As revisionism in Europe became more assertive, and after 1938 more successful in territorial terms, Bulgarian nationalists began to demand alignment with the revisionist bloc: after the first Vienna awards of November 1938 Bulgaria was the only power defeated in the first world war, which had not had restored to it some of the territories lost under the peace treaties. Nationalist and extreme-right wing factions, despite the restraints placed upon them, could and did make propaganda from this fact. Yet *Boris* and his government refused to be moved and even after the fall of France there was no commitment. In September 1940 the *Treaty of Craiova* returned the southern Dobrudja to Bulgaria but still *Boris* remained outside the Nazi alliance system. Not until January 1941 was he persuaded that he could delay no longer, and on 1 March 1941 Bulgaria's prime minister, *Bogdan Filov,* signed the Tripartite pact. The reward was the occupation, pending a final peace settlement when occupation would become ownership of much of Macedonia and western Thrace. Bulgaria's acquisition of Macedonia had been made much easier by the collapse of the Yugoslav state under the impact of the German invasion, just as in 1915 it was the defeat of Serbia which brought Macedonia under Sofia's control. Another foreign adventure had begun.

Bulgaria's official entry into the German orbit in March 1941 did not pose any immediate threat to internal stability. Opposition to the alignment with Germany was muted and came mainly from the Communists who had wanted Bulgaria to accept Moscow's plans, announced in November, for a Bulgarian-Soviet non-aggression pact.

The signing of the tripartite pact meant that Bulgaria was involved in the second world war but it refused to take any part in the campaign against Russia, *Boris* believing his army was not well-equipped enough for such a campaign and that its peasant conscripts would not wish to fight so far from home; they would instead be used to support and supplement the German occupation forces in the Balkans. Despite the acquisition of *Buglariae irrendentae* and the lack of popular protest at joining Germany, the King still feared that the war might threaten the existing political structure. He knew that the extreme right, especially that part of it associated with the military, mistrusted him, especially because of his refusal to commit Bulgarian troops to the war in the east and until his death in August 1943 he went in constant fear of a right-wing coup. Somewhat paradoxically one of his reasons for not wishing to see the Bulgarian army operating in the east was his fear that if the campaign ended victoriously a triumphant soldier could be just the figure the right needed to replace the monarch after a coup[8].

---

[8] The best source for political affairs at the leadership level in the second world war is *Bogdan Filov: Dnevnik*, Sofia 1990.

Even in the very last weeks before the entry of the Red Army into Bulgaria in September 1944 territorial questions remained linked to the issue of political stability. In August 1944 there were a series of cabinet changes each one intended to show the allies that Bulgaria was moving away from the Nazi camp[9]. One reason why that move did not take place more rapidly was that those in charge in Sofia wished to try and secure continued possession of the areas under Bulgarian occupation. Nor were the Soviets initially totally opposed to allowing the Bulgarians to remain in some of those territories, especially if their doing so were to help the Greek Communists. Nevertheless, the fact that the break with Germany was delayed for revisionist reasons led to more frequent cabinet changes and yet greater political instability.

After the First World War: Internal Factors; the social structure

From 1918 to 1944 Bulgaria was to see a number of violent political upheavals, but these did not reflect deep or dramatic changes in the social structure of the country.
In 1878 Bulgarian society was dominated by the small peasant proprietor. And so it remainded until 1944. In 1937 77,% of the population were classified as rural whilst the pattern of land-holding revealed that the small peasant proprietor was becoming more rather than less dominant. In 1926 holdings of under ten hectares accounted for 85 % of the total number of holdings; in 1946 they accounted for 93,1 % of the total. The overwhelming predominance of the peasant proprietor on the land is revealed by the fact that for every one adult employed as a full time labourer in agriculture there were 520 independent producers and another 404 individuals in the families of such independent producers. There was inevitably some pressure on the land because the population expanded more rapidly than the land to accommodate it; between 1920 and 1940 the population increased by 18,4 % and the number of holdings by 38,4 %. That this was achieved by dividing holdings is shown in the statistics for the average size of holdings which decreased from 5,39 ha in 1926 to 4,31 ha in 1946.
The great depression of the 1930s hit Bulgarian producers with agricultural incomes declining by more than a half in the first years of the decade. To cushion the peasant

---

9 There is a welter of material on the events of August and September 1944, most of it too partisan to be of value. A notable exception is Marshall Lee Miller: *Bulgaria during the Second World War*, Stanford California 1975; there is a useful summary of events in Elisabeth Barker: 'Bulgaria in August 1944: A British View' in: William Deakin, Elisabeth Barker and Jonathan Chadwick (eds): *British Political and Military Strategy in Central, Eastern and Southern Europe in 1944*, Basingstoke and London 1988, pp. 201–11; for an inside view from the BKP, partisan standpoint see Tsola Dragoicheva: *Povelja na Dûlga*, vol. 3 *Pobeda*, Sofia 1979.

against the depression the government imposed strict currency regulations and, more importantly, in 1930 created a state grain purchasing agency, *Hranoiznos*, which soon expanded its sphere of operations to include other crops[10]. The cooperatives also helped the Bulgarian peasant weather the depression's storm, but there were nevertheless signs of unrest in the countryside in the early 1930s. Meetings were frequent and there loud demands for the government to take measures to alleviate the peasants' debt burdens and to restrict the activities of the price-fixing cartels.
In the towns and cities the economic decline was even more sharply felt and by the late 1930s many urban workers were still spending as much as 56 % of the income on basic food stuff. This urban deprivation was reflected in increased industrial activity by the trade unions, with a major strike in 1936 amongst the tobacco workers of Plovdiv, though this confrontation was not as violent as the one in Greece which preceded it. Declining living standards also helped to secure a Communist majority on Sofia city council in the elections of 1932, though the council was soon dissolved as politically unacceptable.

Internal Political Factors. I. 1918–1934: Politics without Stability[11]

The economic crisis of the early 1930s was not the first time that the Bulgarian village had suffered from world market forces. At the end of the nineteenth century the collapse of grain prices had also had its impact, especially when the government decided to substitute a cash levy for the previous tax in kind. This evolving crisis aggravated the evils of usury then bedevilling many Bulgarian peasant farmers, and it coincided with the emergence of *partisanstvo*. Two important results followed. The first was the emergence of the cooperative movement, which did much to redress the evils of usury and introduce sanity into the system of commercial credit and banking. The second was to intensify the growing feeling of many peasants and intellectuals that the

---

[10] John R. Lampe: *The Bulgarian Economy in the Twentieth Century*, London and Sydney 1986, pp. 78–104 for an English-language examination of the 1930s. There is more detail, and a different approach, in Zhak Natan (et al): *Ikonomikata na Bûlgarija*, vol. i: *Ikonomikata na Bûlgarija do sotsialisticheskata revoliutsija*, Sofia 1969.

[11] For the internal politics of Bulgaria in the years 1918–1944 see, *inter alia:* Dimo Kazasov: *Burni Godini, 1918–1944*, Sofia 1949; Velichko Georgiev: *Razvitie na politicheskata sistema na Bûlgarija (1918–1944 g)*, in: *Bûlgarija 1300. Institutsii i dûrzhavna traditsija*, vol. 1, Sofia 1981, pp. 291–317; and N. Kosashki: 'Armijata i nejnata rolja v politicheskija zhivot na Bûlgarija 1923–1939 g' in: *Izvestija na Voenno-Istoricheskoto nauchno druzhestvo*, 29 (1980), pp. 3–48; Nedju Nedev, Pogled vûrhu dejnostta na Voennija Sûjuz (Ofitserskata Liga) ot osnovavaneto mu do 9 xi 1944 g in: *Istoricheski Pregled, 19 (1963) 2, pp. 54–68.*

political system had been corrupted and that the existing parties, which were rapidly becoming more numerous, more corrupt and more urbanoriented, could no longer represent the interests of the peasantry. A new party was necessary. That party appeared in the Bulgarian Agrarian National Union (BZNS), which sought to protect the peasant against exploitative elements in the bureaucracy, the legal profession, and the commercial establishment; its preoccupation with domestic and sectional interests also made the BZNS less concerned with territorial issues, including Macedonia, which in turn intensified its mistrust of those parts of the state apparatus principally concerned with pursuing national ambitions, especially the army and the crown. BZNS was the first party, at least since 1887, to attempt to present itself as a mass organisation rather than one focused on the *sŭbranie,* the national parliament[12].

A second aspiring mass party appeared in the cities with the Bulgarian Workers' Social Democratic Party (BRSDP). Founded in 1891 on a marxist platform the party split in 1903 between 'The Broads', who wanted greater cooperation with the left-wing parliamentary, or 'bourgeois' parties, and the 'Narrows', who insisted upon strict marxist dogma and no links with other groups. After 1903 there were further fissures in the socialists' ranks, showing that they were not immune from the general tendency towards splintering which was so common in Bulgarian political organisations.

The failures of the Second Balkan and First World Wars contributed greatly to the discrediting of the established parliamentary parties. The mass parties, on the other hand, had been much less enthusiastic about the wars. In the chaos of the immediate post-war period it seemed that one or the other, or a coalition of both of these groups must inherit power from the old political establishment. The Agrarian leader, *Aleksandŭr Stambolijski* hoped for a revolutionary alliance with the Narrows, who became the Bulgarian Communist Party (BKP) in 1919, but the latter, seeing themselves as the Bulgarian Bolsheviks, refused to deal with any potential *Kerensky,* and BZNS had to find its coalition allies amongst the left-wing bourgeois parties and the Social Democrats, as the Broads had now become. In the winter of 1919–20 the Agrarians and the BKP fought a duel for dominance through the medium of a Communist-inspired transport strike which was contained and then repressed by the Agrarian-led coalition. In 1920 BZNS staged fresh elections after which it formed a government on its own.

It is testimony to the power of the constitution, and to a lesser degree to the watchful eye of the allied powers, that this supposedly revolutionary government continued to play the political game by the Tŭrnovo rules. It did, however, embark on a series of

---

12 Most of the post-1944 Bulgarian literature on the Agrarians is too tendentious to be of any use, which makes all the more valuable John D. Bell: *Peasants in Power; Alexander Stamboliski and the Bulgarian Agrarian National Union, 1899–1923,* Princeton, New Jersey 1977.

radical social changes which introduced limitations on urban property, restricted the power and influence of the urban middle classes and of the Bulgarian Orthodox church, and set out to restructure Bulgarian agriculture in the interests of the small agrarian producer. It also initiated a foreign policy which cooperated fully with the League of Nations and with other Agrarian-style governments, but which showed little interest in Macedonia or other territorial questions, though the promise of an economic outlet on the Aegean was not forgotten.

On the domestic political front there was also an undisguised and growing triumphalism in Agrarian attitudes towards the former political establishment, especially the parties, the army and the civil service. After two years in office the Agrarians were also showing signs that they intended to introduce constitutional reforms, which would diminish the power of the sŭbranie and enhance that of the local communes[13]. And by 1923 there was mounting evidence that the Agrarians were moving towards the imposition of one-party rule.

The Agrarians were justifiably confident of their peasant power base but they underestimated the power of their opponents. By 1923 a number of disparate elements were coming together. These included: the Military League[14], an organisation representing the officer corps, whose career prospects had been blunted both by the military limitations imposed at Neuilly and by the Agrarians' seeming indifference or even hostility to the army; the Macedonian, who fumed at *Stambolijski's* willingness to work with the government in Belgrade; the remnants of *Wrangel's* White Russian army, which formed the largest armed force in the land and which hated the radicalism of the Agrarians; the urban middle classes, who had been threatened with such unpleasant experiences as compulsory labour and limitations upon the amount of living space they might occupy; and not least the political parties fearful of Agrarian plans to transform Bulgaria into a one-party Agrarian state. A conspiracy of most of these elements was hatched and action taken on 9 June 1923 when the Agrarian government was desposed with widespread and excessive violence. The conspirators had acted, they said, to defend the constitution[15].

The BKP had stood by and allowed the Agrarians, whom it regarded as petit bourgeois, to be suppressed. Moscow was furious and ordered the Bulgarian Communists to redeem their honour. In September the BKP therefore staged a rising. Had the consequences not been so horrific, the uprising could be dismissed as a tawdry farce but in

---

[13] Nikolai Poppetrov: Verfassungsrechtliche Probleme in Bulgarien während der Regierung von Zar Boris III (1918–1943) in: *Südost-Forschungen, 44 (1985), pp. 205–21.*

[14] For the Miltiary League see Velichko Georgiev: Formirane na organizatsionnata sistema, programa i taktika na Voennija Sûjuz, in: *Izvestija na Bûlgarskoto istorichesko druzhestvo,* 32 (1978), pp. 173–202.

[15] For the coup of 9 June see Bell, Preasants, pp. 208–41; see also St. Radulov: *Upravlenieto na BZNS i bûlgarskata burzhoazija,* Sofia 1981.

fact it gave the post-Agrarian government of the Democratic Alliance, led by *Aleksandŭr Tsankov,* the excuse it needed to tighten its control against an alleged threat of subversion. In 1925 the Communists repeated the favour when they detonated a bomb in the roof of a Sofia cathedral during a funeral service for a general they had assassinated in the knowledge that King and cabinet would attend his laying to rest. *Boris* survived but over a hundred and twenty people perished in the explosion; many more were to die in the wave of government-instigated terror which followed.

The events of 1923–25 had a profound effect on Bulgarian politics. The enforced removal of the BZNS régime alienated the mass of the peasantry once again from the political system. It was perhaps the most important cause of political instability in succeeding years for never again, at least until 1989–90, was a Bulgarian government to enjoy the support of the majority of its subjects. After 1923 the BZNS, some of whose remaining leaders were force into exile, followed other political groupings in splitting frequently and bitterly. The coup of 1923 had also shown that there was a wide gap between the political representatives of the peasant masses and the majority of the "intelligentsia", who were essential to the functioning of any political system; the BZNS administration, in keeping with the established practice of *partisanstvo,* had attempted to create its own bureaucracy from amongst its own supporters and had failed, the legendary corruption of the administration being the most strident manifestation of that failure. Not for the first or the last time in its modern history, Bulgaria felt the lack of a professional administrative élite immune from political jobbery and interference. It was *partisanstvo 's* worst evil that it sucked able, educated and ambitious men out of the non-political into the politicised civil service where the rewards could be much greater; it was a system tailor-made for the totalitarians who consolidated their power in 1947.

Tsankov remained in office until 1925, his resignation in that year being a condition for Bulgaria's receipt of a much-needed loan. His successor was *Andrei Liapčhev,* a Macedonian. *Liapchev* relaxed the measures against Agrarians and the Communists, who were now no threat to internal stability; against the Macedonians, who were such a threat, he did nothing. As a condition of their continued support of the Democratic Alliance VMRO demanded that the Sofia's politicians should not interfere with its activities. The free hand given to the Macedonians allowed them to operate from Petrich but they, like all other political elements in Bulgaria, were divided and split. They were also extremely violent, exacting revenge in blood against not only those who opposed Macedonian aims in general but also against rival factions within the Macedonian political world; Macedonians were responsible for at least eight hundred killings in Bulgaria between 1923 and 1934[16]. They also exercised control,

[16] For the effect of Macedonian intrigues and violence on Bulgarian politics see J. Swire: *Bulgarian Conspiracy,* London 1939.

usually by the threat of violence, over large sections of the judiciary, the civil service, the financial apparatus of the state, the press, and the army; in the words of one of their opponents they were not so much a state within the state but '"a state above the state"'[17] and the depth into which it penetrated Bulgarian public life made Macedonian influence, which was accountable to no-one, one of the most serious threats to political stability in the country.

At the end of the 1920s and the beginning of the 1930s, with the impact of the depression and the persistent and bloody feuding of the Macedonians, Bulgaria was in need of political stabilisation. The question was from where? The established parliamentary parties were little changed. They were still prone to splintering and even if they remained intact, they could change their alliances and alignments with bewildering ease and speed. Few of the parties had any substantial national organisation and their very number and volatility had made almost impossible the emergence of the essential substructure of a proper parliamentary system: regular inter-party parliamentary commissions; reliable, objective and non-partisan advisory committees of politicians and lay persons; a lobby system; an independent press; a powerful and respected speaker, etc. In a nutshell the Bulgarian parliament was less a mechanism for formulating and overseeing public policy than a vehicle for the exchange of personal, political vendettas.

Some hope for stabilisation appeared in 1931 when a number of parties came together to form the People's Bloc. The severity of the depression and rural deprivation meant that this group was prepared to include some Agrarians in its ranks, a move which gave it immediate popularity in the countryside; in the relatively open election of 1931 it easily secured a workable majority in the parliament, this being one of the few occasions when elections were the prelude to rather than the consequence of the formation of a new government. But the euphoria did not last. From the very beginning the constituent parties squabbled over office and the financial rewards that went with it; the first minister president and minister for foreign affairs, *Aleksandŭr Malinov*, was leader of the Democratic Party and although it was one of that party's chief aims to introduce continuity into office holding, on coming to power *Malinov* immediately replaced all major diplomatists serving abroad with most of the new appointees coming from his own party. The Democrats and the National Liberals also made sure that the *Gichev* Agrarians, who were part of the coalition, received only a minor share of the posts being distributed; *Gichev's* faction, although it held three of the eleven ministerial posts, was given only eighteen of the eighty-two district chairmanships, which were handed out to supporters of the new ministry[18]. It was the last chance of

---

[17] The quotation was by Pencho Popzlatev; see Troebst, *Mussolini,* p. 103.

[18] Rositsa Stojanova: Demokraticheskata Partija i nachaloto na blokovoto upravlenie (Juni–Oktomvri 1931 g), in: *Istoricheski Pregled, 47 (1991) 2, pp. 21–35, see pp. 22–23.*

the old political parties and they squandered it with culpable indifference. When the end came, no-one inside or outside the government could be bothered to defend it[19]. If the established parties could offer little prospect of stability the mass parties were hardly any better placed. The Agrarians were hopelessly divided and the Communists were tolerated only as long as they showed no sign of becoming a major political factor, as the dissolution of Sofia city council in 1932 showed. Nor could Bulgaria boast a fascist movement of any real potential. There were fascist groups, the biggest of which, the Movement for Social Renewal, was led by *Tsankov,* but they had no real mass support in the countryside, they had little leverage in the army, and *Tsankov* could not rank with *Hitler* or *Mussolini* as a rouser of rabbles[20]; in the local elections of January 1934, when it was at the height of its power, *Tsankov's* movement attracted no more than 11,5 per cent of the total vote. In fact, with the failure of the People's Bloc government what was left of the Tŭrnovo system virtually disappeared. The constitution was not abandoned but it was seldom observed, and it was to suffer a near mortal blow from the coup d'état of 19 May 1934.

Internal Political Factors: 1934–1944; Stability without Politics[21]

The coup was not a new feature in Bulgaria political life as the experiences of 1881, 1886 and 1923 had shown. It was not entirely surprising therefore the device should be used in May 1934. As has been seen, Bulgaria was already seriously worried by the

---

19 'Zwar wissen die Führer der im "Naroden blok" vertretenen Partei, daß ein Putsch vorbereitet wird, auch die nicht an der Koalition beteiligten Parteien wissen es, doch sind die Parteiführungen derart demoralisiert, daß praktisch niemand dem Putsch entgegenwirkt.' Nikolaj Poppetrov: Der Übergang vom System der bürgerlichen Demokratie zum parteilosen autoritäten Regime in Bulgarien nach dem 19. Mai 1934, Jahrbücher für Geschichte Osteuropas, 36 (1986) 4, pp. 530–551, p. 538.

20 For fascism in Bulgaria see: Nikolaj Poppetrov: Faschismus in Bulgarien. Geschichte und Geschichtsschreibung in: *Südost-Forschungen,* 41 (1982), pp. 199–218; Vladimir Migev: Tsankovot Dvizhenie, in: *Istoricheski Pregled, 23 (1967) 6, pp. 62–81;* the same author, *'Fashiskite mladzhki organizatsii i politicheskoto ravzvitie na Bûlgarija (1934–1939)',* in: *Izvestija na Bûlgarskoto istorichesko druzhestvo,* 29 (1974), pp. 43–63; Velichko Georgiev; Opitût na monarhofashizma da sûsdade dûrzhavna partija, in: *Vekove,* (1975) 2, pp. 14–24; Ilcho Dimitrov: Evolution of the Fascist Dictatorship in Bulgaria (1934–1939), in: *Bulgarian Historical Review, in: 10 (1982) 3, pp. 3–16.*

21 For Bulgaria's internal political development from 1934 to 1941 see in addition to the general works cited in endnote 11: Ilcho Dimitrov: *Bûlgarska demokratichna obshtestvenost, fashizmût i vojnata, 1934–1939,* Sofia 1976; Velichko Georgiev: *Burzhoaznite i drebnoburzhoaznite partii v Bûlgarija 1934–1939,* Sofia 1971; the same author, *Burzhoaznata opozitsija v Bûlgarija 1939/1944,* Sofia 1969.

prospect of diplomatic isolation and encirclement, the effects of the depression were still being felt, the established political parties were being discredited still further with yet another squabble over the distribution of cabinet posts, added to which *Tsankov's* movement had staged an exuberant rally with 50 000 supporters cheering their leader, and *Goering* was scheduled to appear for a 'hunting' holiday[22].

In the face of this instability on 19 May a conspiracy coordinated by *Zvenos* (Link) and junior army officers from the Military League seized power. *Zveno,* founded in 1927, was an élitist organisation whose aims in the domestic sector were similar to those of *Pilsudski's sanacja,* especially in their conviction that the political parties were the scourge of the nation's public life. In foreign policy the Zvenari were keen to establish friendly relations with Yugoslavia, which meant that they were inveterate foes of the Macedonians.

Once in office the conspirators moved rapidly to suspend parliament which they intended to reconstruct on corporate lines, and to dissolve the political parties, the trade unions, and the political press. At the same time they attempted to centralise and rationalise the country's economic and political life, and to make participation in that political life dependent on educational qualifications. But the hopefor stability eluded them.

Zveno drew its support from civilians who wished to streamline the country's administration and from sections of the middle-ranking officer corps. There was always tension between these two wings of the movement, besides which the régime had no social or political base. Some leading Zvenari wished to abolish the existing political parties and replace them with a mass organisation pledged to supporting the new system, but the Military League vetoed this lest it become just another political party, this time under the control of *Zveno*[23].

Military involvement in the 1934 coup frightened the King. The power of the army in Bulgarian politics had been amply displayed in the coups of 1886 and 1923 and after that of 1934 *Boris,* who until then had played a relatively passive rôle in internal politics, was concerned that the military, some of whom had republican leanings, might wish to assume centre stage. In January 1935 pro-monarchist officers effected a change of the minister president and in November of the same year the King succeeded in placing his own nominee, *Georgi K'osivanov,* in that post. The governments formed in 1935 consisted mainly of administrators rather than professional politicians but the cabinets were regarded as temporary pending more permanent means to secure political stability.

The first step towards that stability had to be a more definitive resolution of the con-

---

[22] See Swire, Bulgarian Conspiracy, pp. 273–300.

[23] For details of the 19 May government and of the constitutional struggles which followed it, see Vladimir Migev: *Utŭrzhdavane na monarho-fashistkata diktatura v Bûlgarija 1934/1936*, Sofia 1977.

flict between civilians and soldiers. The King feared that as long as the Treaty of Neuilly remained in force and limited the equipment permitted to the Bulgarian army the soldiers, deprived of what he called their '"toys"', would be prone to meddle in political affairs. The dangers were underlined in the first half of 1936 when some officers in the Plovdiv garrison had made it known that they were prepared to support the striking tobacco workers[24]. It was also clear that many of the officers associated with the coup of 19 May had republican leanings. In March 1936 the King therefore used the trial of one such officer, *Damian Velchev,* to dissolve the Military League, the most powerful embodiment of the army's political aspirations. It was perhaps a measure of his immediate success that the miliary's former partner, *Zveno,* desperate for allies, was in the summer of 1936 putting out feelers to the Communists[25].

The King's apparent victory over the political wing of the officer corps had been preceded by the neutralisation of the Macedonians, a process begun by the 19 May régime, but despite these successes *Boris,* for ever a nervous man[26], remained wary of the army. For its part the army did not attempt again to contest his authority but it remained a potential threat to the nation's political stability, and *Velchev* and a number of his colleagues from 1934 were involved in the coup of 9 September 1944 which brought to power the Fatherland Front, a coalition of various opposition groups formed underground during the war.

After the dissolution of the Military League there could be serious discussion of political reform. In 1935 the King had not been strong enough to engineer the changes of government without help and had had to rely to some degree on the leaders of the old parties, most of whom shared his fear of the army. To make his policy more attractive to these leaders *Boris* had issued a manifesto in April 1935 promising a return, when conditions warranted, to the Tŭrnovo system. The first step in this direction could have been the restoration of cabinets consisting predominantly of politicians rather than administrators, and it was widely believed that *Boris* was anxious to create a coalition of *Tsankovists* and *Gichev's* Agrarians; two *Tsankovists,* in fact, joined the government in July 1936 but *Gichev* refused to take part[27]. Another scheme provided for the formation of three parties, *Tsankov's* on the right, an Agra-

---

24 Bentinck to Eden, no. 149 confidential, 23 May 1936, received 28 May: Public Record Office, Foreign Office 371/20370, p. 221.

25 Trendafila Angelova: Komunisticheskijat Internatsional za obedinjavane demokraticheskite sili v Bûlgarija protiv fashizma i voinata (1934–1939), in: Dimitûr Kosev (ed.-in-chief): *Pûrvi Kongres na bûlgarskoto istorichesko druzhestvo, vol. 2, Sofia 1972, pp. 81–86.*

26 See Stefane Groueff: *Crown of Thorns: The Reign of King Boris III of Bulgaria, 1918–1943,* Lanham, New York and London 1987 for a recent and exhaustive biography.

27 Hans-Joachim Hoppe: *Bulgarien – Hitlers eigenwilliger Verbündeter. Eine Fallstudie zur nationalsozialistischen Südosteuropapolitik,* Stuttgart 1979, p. 200.

rian-Democratic coalition in the centre, and the trade unions on the left, but the scheme failed because this time *Tsankov* refused to participate[28].

The summer of 1936 was in many ways a decisive point. The military danger had been greatly reduced, the Macedonians eliminated, and *Zveno* reduced to scouring the barrel for political partners. With concerted action the established parties could perhaps have forced the King to implement his promise of April 1935 and restore the Tŭrnovo system in full working order. The *Petorka,* a group of five factions, did issue a call for such action in May 1936 but the other political leaders chose not to join the campaign and the initiative therefore passed to the King[29]. It was by then apparent that he intended to preserve many of the authoritarian features of the post-19 May system.

Boris and his associates talked of 'gradual normalisation' but they were seeking not a return to the status quo ante 19 May but a synthesis of the traditional Tŭrnovo liberties and the modernising, streamlining tendencies of *Zveno.* The years 1937 to 1939 saw a series of constitutional experiments[30] aimed at achieving this synthesis, but there was to be no return to the days of party feuding. In October 1936 *Boris* had told *Tsankov,* 'It's all up with the parties'[31], and in the following year it became clear that new system was to be based not on sectional but on national considerations; a German translation of its ideology as expounded by the minister of the interior, *Ivan Krasnovski,* has been given by a modern Bulgarian scholar:

> Im Leben des bulgarischen Staates hat es eine Wende gegeben. Er hat eine scharfe Schwenkung gemacht und will auf neuen Wegen gehen und neue Methoden zur Schaffung der neuen Gemeinschaft, des neuen Staates wahrnehmen. Der neue Staat, der sogenannte nationale Staat, beruht auf der Konzeption, daß die Nation in ihm, das Volk in ihm einig und geschlossen um die großen Staatsinteressen stehen muß; daß all jenes, was in der Vergangenheit Spaltung hervorbrachte, was Teilung hervorbrachte, was die gesellschaftlichen Angelegenheiten nicht durch das Prisma der allgemeinen Staatsinteressen, sondern durch das Prisma der Interessen eines Teiles dieses Volkes betrachtete – daß wir all dies als endgültig begraben betrachten müssen[32].

This collectivist, nationalist ideology provided stability within an authoritarian framework and it enabled the government to take advantage of the European war when it finally judged the moment right for another foreign adventure.

---

28 Migev, Utrŭrždavane 112–23.

29 Migev, Utrŭrždavane, p. 148.

30 Vladimir Migev: Obstinskite izbori 1937 godina i razvitieto na monarho-fashistkijat rezhim v Bûlgarija, in: *Izvestija na Bûlgarskoto istorichesko druzhestvo* 37 (1985), pp. 205–41, see pp. 239–40.

31 'S partiite vsichko e svûrsheno', quoted in Migev, Utrŭrždarane, p. 173.

32 Poppetrov, Der Übergang, pp. 547–48.

The emergencies engendered by that war also made it easier to consolidate central power. After 1939 there was little more experimentation in the constitutional sphere. The power of the executive grew and that of the legislature declined, especially after the passage in early 1941 of a new Defence of the Realm Act which replaced that passed by the *Tsankov* government in 1923. The preservation of national independence and, if possible, the expansion of the state's borders rather than political stability were now the main objectives. Only in the crisis of 1944 did the search for political stability join the desire to preserve national independence as a major preoccupation for Bulgaria's rulers.

Then, as in 1885–86 when external adventure had first precipitated an internal crisis, the solution was found in a coup d'état, in which the Russians played no small part.

Duncan M. Perry

From Opposition to Government: Bulgaria's "Union of Democratic Forces" and its Antecedents*

The 10 November 1989 overthrow of *Todor Zhivkov,* Bulgaria's long-time communist head of state, marked the beginning of a new chapter in Bulgarian history. Taking advantage of the suddenly altered political climate, activists quickly organized opposition parties and movements, the largest and most influential of which was the *Union of Democratic Forces* (UDF). With the slogan "45 years is enough – the time is ours," a reference to 45 years of communist rule in Bulgaria, the UDF, a coalition of more than a dozen different parties and organizations, set out to democratize Bulgaria.

The transformation of Bulgaria from an authoritarian state under *Zhivkov,* to a nascent pluralistic and democratizing land following his ouster, had its beginnings shortly after the advent of *Mikhail Gorbachev's* administration in the USSR in 1985. Almost at once, *Zhivkov* came under pressure both from the Soviet Union and from the growing number of activists at home to invoke substantial reforms in the spirit of the Gorbachev-initiated *glasnost* – and *perestroika.* Although *Zhivkov* proclaimed openness in dutiful mimicry of the USSR, real openness was only nominally in evidence, while restructuring was a hollow exercise in title changes, personnel shifts, and superficial reform activities enacted in the political and economic spheres.

Zhivkov was ousted by a cabal of communist leaders who evidently realized that to preserve their system and their positions in the face of radically and rapidly changing conditions in Eastern Europe, the symbol of that system and its head, *Zhivkov* had to be removed. With *Zhivkov* out, the new communist leaders recognized that they could not withstand the growing popular call for reform at home, which was given encouragement by the success of glasnost and perestroika elsewhere in Eastern Europe and the USSR. *Petŭr Mladenov,* former minister of foreign affairs under *Zhivkov* and the man who replaced *Zhivkov* as chief of state, made the appropriate pronouncements and gestures indicating that a new dawn had indeed broken and announced that democracy with a communist face was upon Bulgaria. Seminal de-

* Sections of this article are based on research previously published in *Report on Eastern Europe.* The author wishes to thank Kjell Engelbrekt and Patrick Moore, both of the Radio Free Europe/Radio Liberty Research Institute (Munich) for their comments on earlier versions of this article.

mocratic pluralism was grudgingly introduced and it was then that the Union of Democratic Forces was founded. The factors and events leading up to the creation of the UDF and its subsequent development are complicated, but no less so than the era in which they occured.

Antecedents

Throughout his tenure, *Todor Zhivkov* believed that the "intelligentsia" could disrupt his regime if it became vocal and independent-minded; he thus set out to control it. Periodically alternating threats and rewards, freezes and thaws, he manipulated the intelligentsia and neutralized it using a patronage and spoils system reenforced by the certainty of punishment for transgression. This system worked efficiently until the mid-to-late 1980s when the effects of glasnost filtered into Bulgaria. With glasnost and perestroika rooting firmly elsewhere in Eastern Europe and yielding major changes, a few Bulgarian intellectuals rejected the system and turned into activists, focussing on the government's assimilation policy concerning Bulgarian Muslims, especially the ethnic Turks, and its failure to resolve the problems regarding deepening environmental questions.

Opposition to the government grew slowly, for few were prepared to risk career and security while fighting *Zhivkov's* administration, but it grew. Bulgarian dissident actions against the government came to the attention of Western observers in January 1987. Six long-time anti-communist activists boldly addressed an appeal to the Conference on Security and Cooperation in Europe (CSCE) delegates meeting in Vienna, seeking basic "human rights and fundamental freedoms in Bulgaria"[1]. They subsequently founded the *Independent Association for the Defense of Human Rights* on 16 January 1988 with the goals of assisting the government in working toward greater human rights in Bulgaria and collecting data on human rights violations. In response, the *Zhivkov* administration, with great fanfare, established the *Committee on Human Rights,* a moribund organization from its inception meant to both show the government's "genuine" concern for human rights issues and to compete with the activists.

The most strident dissident demand was for abolition of the Muslim assimilation or "Bulgarification" program launched by the government in 1984. This campaign was intended to transform the Muslim population of Bulgaria into "Bulgarians" by eradicating linguistic, religious, and cultural differences particularly between ethnic Bul-

---

1 Stephen Ashley, "Dissident Group Appeals to the Vienna CSCE Conference," Radio Free Europe, Bulgarian Situation Report/5, 20 May 1967, p. 29, (hereafter cited as "SR.")

garians and ethnic Turks. The campaign cost the lives of some 100 Muslims; ethnic Turks continued to identify more closely with Islam and Turkey than with "Bulgarianness." At the same time, the denial of the ethnic Turks' basic human rights galvanized the dissident intellectuals into an increasingly politically active opposition.
In 1987, the *Ruse Committee,* an environmentally-oriented group was founded in the city of Ruse, chiefly by intellectuals. Ruse was "in a state of [constant] chemical warfare"[2], to use the words of an activist, because of the high level of poisonous chlorine gas emissions from the industrial facilities across the Danube River in Giurgiu, Romania. Since the Bulgarian and Romanian governments failed to resolve this problem, the Committee sought to publicize the cause in an effort to aid the people of Ruse whose regular exposure to dangerous levels of air and water pollution imperilled their health. The Committee also had political objectives, nothing less than the "democratic transformation" of Bulgarian society[3].
The existence of the Ruse Committee was a major water-shed in modern Bulgarian political history. It attracted significant attention, bringing Ruse and its citizens international noteriety, but little relief. Although members the Ruse Committee were persecuted by the authorities at times, the organization served as the beacon for subsequent reform movements. Among its earliest members were both communists and non-communists united in the goal of seeking positive change.

UDF Bed-Rock

A number of groups formed between 1987 and 1989 which later combined to make up the UDF. As the government tried to repress these organizations, more reform-minded circles formed. One of the most important was the *Independent Discussion Club for the Support of Perestroika and Glasnost,* often referred to as the "Discussion Club." It was established on 3 November 1988 by 110 intellectuals, meeting at the University of Sofia[4]. Its leaders announced that the goals of their organization were to reckon with questions concerning the national economy, culture, the living standard, ecology, and human rights. Above all, members wanted to promote democracy[5]. The founders were among the best known intellectual figures of Bulgaria, including the future first non-communist State President since World War Two, *Zhelyu Zhelev.*
Nonplused by the growing number of activists and dissidents and their tenacious pursuit of reform, the authorities employed intimidation and violence as their chief

---

[2] Quoted in S.S.. "More Protests over Air Pollution in Ruse," SR/3 6 March 1966, p. 15.
[3] Interview of Lyubomir Sobadzhiev by Rumyana Uzunow on 6 January 1969 available through Radio Free Europe's Bulgarian Broadcasting Department.
[4] It changed its name to *Club for Glasnost and Democracy* on 2 December 1989.
[5] Material received by Deutsche Welle, 9 December 1966.

weapon[6]. Incidents such as that on 11 January 1989, when police raided the meeting of the Plovdiv-based *Independent Association for the Defense of Human Rights in Bulgaria* at the home of the poet, *Petŭr Manolov,* were not uncommon[7]. Members of this group, founded on 16 January 1988, and others in the growing ranks of the dissident movement, were undeterred. On 8 February 1989, the independent trade union, *Podkrepa* ["Support"] was inaugurated in Plovdiv by *Konstantin Trenchev,* a physician[8], as a union for intellectuals and artists. In December 1989, it broadened its perspective and created branches for other trades and professions. Many people came to regard it as a national umbrella under which workers would unite with the intelligentsia. By 1991 it was said to have 400,000 members and their perspective was decidedly pro-labor and anti-communist.

On 22 March 1989, the environmental movement, *Ekoglasnost,* formed during a large public meeting in a Sofia park. Stimulated by the Ruse Committee for the Protection of the Environment, its focus was environmental concerns and the promotion of democracy. Members blamed the sorry state of Bulgaria's environment on the economic system, the absence of democratic controls, and the dearth of information available to the public about true conditions. To remedy this, Ekoglasnost sought a free flow of information about the environment, environmental legislation, and a change in the way politics were conducted. Though it avoided direct invlovement in politics at first, through its declarations, exposés, and activities, Ekoglasnost became the primary catalyst speeding the end of *Zhivkov's* era.

Other organizations and groups associated with the founding of the UDF included the *Committee for the Defence of Religious Rights, Freedom of Conscience, and Spiritual Values,* founded by *Hristofor Sŭbev,* an Orthodox priest, on 9 March 1989. It called for the removal of the state from church affairs, return of nationalized Church property, reinstatement of major national religious holidays, and the convocation of a Church Council in 1990. The *Club of People Repressed after 1945,* founded on 26 October 1989, was made up largely of former Bulgarian Agrarian National Union members who argued for the legal rehabilitation of those who suffered punishment under the *Zhivkov* government. It demanded memorialization of the victims of communism as well as the payment of compensation to survivors[9]. It changed its name to

---

6 See Stephen Ashley, "The Authorities Panic at the Emergence of the Independent Discussion Group," Bulgarian SR/1, 3 February 1969, pp. 1–7.

7 Manolov went on a hunger strike that same day to protest the government's confiscation of his writings and their arrest of other dissidents. He persisted for 32 days gaining media attention abroad. In the end, and under international pressure, Manolov's materials were returned and he terminated the hunger strike.

8 See Stephen Ashley, "More Independent Groups Emerge," Bulgarian SR/2, 3 March 1969, pp. 15–19.

9 The size of this group was about 12,500 as of April 1990.

the *Union of the Repressed in Bulgaria* on 9 February 1991. The *Citizens' Initiative,* born in Ruse in 1988 was reconstituted on 27 November 1989. It is a human rights organization, chaired by a dissident and former river boat captain from Ruse, *Lyubomir Sobadzhiev.* Fostering democracy through public debate and an end to the centralized, command approach to government and economics were the major goals. The *Independent Student Association,* precursor of the *Federation of Independent Student Societies*[10], was founded on 13 November 1989 by politically active and concerned students at Sofia University. With a membership of at least 4,000, it stood for democracy and governmental reform.

Seminal opposition parties, not just movements, also emerged during this period. One was the *Bulgarian Social Democratic Party* (BSDP), founded originally in 1891. In 1948, a faction of this organization declared the party merged with the BCP and the BSDP was thus dissolved along with all other political parties in Bulgaria except the Bulgarian Communist Party and the *Bulgarian Agrarian National Union* (BANU). The contemporary inheritor of the BSDP name and tradition, was established on 26 November 1989 and on 24 May it regained membership in the Socialist International. The organization was headed by *Dr. Petŭr Dertliev,* a Septuagenarian physician and a nationally popular political figure. The BSDP espoused social democratic values associated with modern Western democratic tradition, including what they called a welfare market economy. Its members spurned Marxism-Leninism[11]. BSDP membership was about 80,000 in 1992. Along with the *Bulgarian Agrarian National Union – "Nikola Petkov"* (BANU-NP), the BSDP became the largest in the UDF coalition.[12] BANU-NP (not to be confused with the Bulgarian Agrarian National Union or the small conservative BANU Vrabcha-112) claims the mantle of Bulgaria's best known agrarian reformers, *Alexander Stamboliyski,* who was assassinated brutally in 1923 by Macedonian radicals in complicity with the military[13], and *Nikola Petkov,* its latter-day leader and an anti-communist who was executed in 1947 by the communist authorities. BANU-NP leaders argue that their organization is the true heir to the agrarian movement because the other BANU had been the hand maiden of the BCP. BANU-NP was founded on 12 December 1989 and its membership was over 100,000. The or-

[10] This organization was founded on 5 January 1990 and served as an umbrella associa tion for reform-minded student groups.

[11] *Svoboden Narod,* 26 March 1991.

[12] BANU was founded in 1899 as a loose association of those with interests in agrarian issues. Stamboliyski became the leader of the organisation in 1906 and ultimately, in 1920, Bulgaria's only agrarian prime minister to date. His programs included labor and agricultural reform along with a foreign policy of reconciliation with Yugoslavia, an approach much to the distate of nationalists.

[13] See John D. Bell, *Peasants in Power: Alexander Stamboliski and the Bulgarian Agra rian National Union, 1899–1923* (Princeton: Princeton University Press, 1977).

ganization stood for agrarian reform, privatization, and democracy. BANU-NP members were among the most virulently anti-communist in the UDF.

Zhivkov's Gravest Miscalculation

In May 1989, protests against the government's Muslim assimilation policy intensified, stimulated by the efforts of *Manolov* and the Independent Association for the Defense of Human Rights. On 6 May, four ethnic Turks from the Razgrad region began a hunger strike in protest of the Bulgarization policy. While data are unreliable, it appears that many more – perhaps hundreds – Turks from the Razgrad and Varna areas demonstrated in sympathy. Reports were heard of police beating demonstrators, then deporting some to Turkey. By 20 May, Haskovo was affected. Demonstrations were mounted there on 19–21 May and police used force to disburse the crowds. Officially the demonstrators were called extremists and blamed for causing "riots"[14]. Between 3 and 30 people were killed – Amnesty International put the number of deaths at 11. An unpublicized martial law was imposed in regions where Turks resided in eastern Bulgaria and Turkish radio and television programming was jammed. By the end of May as many as 350 ethnic Turks were "expelled" from Bulgaria and sent to Vienna whence they travelled to Turkey.

On 29 May, *Zhivkov* made a dramatic nation-wide television broadcast in which he suggested that the Turkish government accept all Bulgarian Muslims wishing to immigrate to Turkey. Although he had not consulted with the Turkish government, he in effect told Bulgaria's ethnic Turkish population that its members were welcome to leave Bulgaria for Turkey. It was an irrational attempt to 'purify' Bulgaria by reducing as much of the Muslim population as possible through forced or near-forced emigration. In response, between June and December, more than 350,000 Turks departed Bulgaria for Turkey, leaving many of their belongings and much of their holdings behind[15].

The Bulgarian government staged rallies and demonstrations intended to play on Slav nationalist sentiments. At the same time, Podkrepa and the Discussion Club, were singled out as deviating from the "ideals of Socialism," meaning that they opposed the assimilation program. Their members were called "demagogues," "traitors," and "extremists"[16]. Arrests followed, but the number of dissident activists continued to grow.

On 18 July 1989, a petition bearing the signatures of 121 people was presented to the National Assembly, many of them belonging to well-known intellectuals. Written in

---

[14] BTA, 23 May 1989, Stephen Ashley, "Protests by Ethnic Turks Escalate," Bulgarian SR/6, 5 July 1989, p.5.

[15] *Destroying Ethnic Identity, the Expulsion of Ethnic Turks* (Vienna: Helsinki Watch, 1989).

[16] Ashley, "Protest," p. 15.

mid-June, it read in part that those signing were concerned deeply about events in Bulgaria and blamed the government for instituting a "policy of violence against ethnic consciousness, as well as [for] the fanning of animosity and hostility between the masses and parts of the intelligentsia." The document noted that this "is contrary to our national character, humiliating for our national dignity, and disruptive of our tradition of tolerance. Such a policy discredits us before the world and degrades us in our own eyes." The petition drafters counselled reconciliation, discussion, dialogue, peace, and cooperation[17].

This was followed swiftly by a very strong condemnation of the government issued by the Discussion Club on 1 August 1989. The authors noted that Bulgaria had become isolated internationally as openness and restructuring were being trampled by the authorities. Such behavior, they continued, made a mockery of Bulgaria's purported democratic laws. They argued that all people should have the right to chose their names, while the state should protect minority cultures, languages, and faiths. Ethnic Turks who left Bulgaria, they concluded, should be allowed to return home with restitution of rights. Their program, simply stated, was that national cooperation and dialogue were the keys to Bulgaria's salvation[18].

A decisive turning point in the growing dissident movement was reached when the CSCE-sponsored international *Eco-Forum* meeting was held in Sofia from 16 October through 3 November 1989. Representatives of 35 countries attended this gathering which was focussed on ecology and the environment. Inevitably, given events in Eastern Europe, political opposition groups were a major focus of the Western journalists attending the conference and the dissidents took advantage of the lime light. Emboldened by the attention, Ekoglasnost activists set up an information booth on 15 October in the centrally located park outside the restaurant, Kristal, at the crossroads of two of Sofia's main thoroughfares. Placards were displayed and a petition circulated calling for a national referendum to stop a pair of projects which environmentalists believed could spell an ecological disaster for the Rila Mountains in southwestern Bulgaria and the nearby River Mesta. A crowd gathered that day and a spontaneous rally occurred[19]. Henceforward, members of Ekoglasnost reappeared in the park from morning until night, speaking about state policy with any who cared

---

17 See Kjell Engelbrekt, "Intellectuals Stand Up for Ethnic Turks," Bulgarian SR/6, 1 September 1989, pp. 10–12.

18 See Stephen Ashley, "Discussion Club Criticizes the Government for Creating a National Crisis," Bulgarian SR/6, 1 September 1989, pp. 15–16.

19 Ekoglasnost members' concerns about these projects were broadcast over Radio Free Europe on 16 July 1989. They pointed out that the government institute, Energoproekt, through its proposed system of expensive and complicated water catchments, tunnels, and channels, would adversely affect the environment of the Rila and Mesta regions.

to chat. Security forces, while present, were restrained. Events gained momentum; dissident meetings multiplied. On 26 October, police beat up Ekoglasnost followers, among them, *Alexander Karakachanov,* who was to become Sofia's mayor in 1990. Some dissidents were sent into temporary internal exile.

The Westerners attending the Eco-Forum reacted rapidly. EC representatives "condemned the measures and methods of the Bulgarian authorities." Non-EC states and neutral states also protested. On 3 November, Ekoglasnost held a demonstration attended by 4,000 people, calling for democracy and openness. The size of this demonstration, given the presence of foreign observers in Sofia, distressed the authorities, already on edge because sister governments in East Germany, Czechoslovakia, Poland, and Hungary were faltering. At the same time, intellectuals were finding their voices as their indignation rose; increasingly they banded together, connected by shared adversity and common interests. Symbolically, 3 November signalled the beginning of the end of the communist regime. Seven days later, on 10 November, *Todor Zhivkov* formally resigned his position as General Secretary of the Bulgarian Communist Party. On 17 November he resigned as Chairman of the State Council. With these acts the authoritarian era of BCP rule in Bulgaria began a precipitous demise.

The Union of Democratic Forces

On 4 December, a meeting was held in Sofia with representatives from 18 opposition groups present. Delegates generally agreed that common action was essential. On 7 December, not quite a month after *Zhivkov* fell, 10 organizations – two nascent political parties, and eight interest groups met at the Bulgarian Academy of Sciences Institute of Sociology and created the UDF[20]. They were:

1) Bulgarian Social Democratic Party
2) Bulgarian Agrarian National Union – "Nikola Petkov"
3) Ekoglasnost
4) Federation of Clubs for Glasnost and Democracy
5) Committee for the Defence of Religious Rights, Freedom of Conscience, and Spiritual Values
6) Club for the People Repressed after 1945
7) Citizen's Initiative Movement
8) Federation of Independent Students' Societies
9) Independent Association for Human Rights
10) Independent Labor Confederation, Podkrepa

[20] *Rabotnichesko Delo,* December 6, 1989.

These groups represented different orientations and varying political outlooks. Nevertheless, they shared interest in enough issues to make common cause – the quest for democracy, pluralism, and economic reform, including private property and creation of a market economy. They also were unanimous in their opposition to communist systems and associated repression. Members recognized their differences from the outset and for this reason the statutes written to govern the coalition provided for only a loose association in order to allow for member organization diversity. The charter of the UDF was a compromise document which included pieces from every member group's platform. All agreed that additional organizations might join the UDF assuming they agreed to work legally and non-violently toward UDF objectives and so long as they were not "fascist, Stalinist, racist, chauvinistic, . . . or revanchist"[21].

Structurally, the UDF is governed by a Coordinating Council composed of three representatives from each member organization. According to its operating statute there are four levels of organizational management. Beginning at the grass roots level there is the Local Council. Next there is the District Council followed in the hierarchy by the Regional Council and finally the National Coordinating Council[22]. At the 7 December 1989 meeting, *Zhelyu Zhelev,* a long-time dissident and a member of the Discussion Group, was elected Chair of the UDF, while *Petŭr Beron* from Ekoglasnost and a respected biologist, became the secretary. In basis, the UDF sought the creation of a civil, democratic, and constitutional society, development of political pluralism, and creation of a market economy[23]. Detractors regarded the coalition as an amorphous collection of people united only in their hatred of the BCP. Others considered it a group of intellectuals with a narrow perspective, unrepresentative of the nation as a whole. While a majority of its membership appeared to be from among the urban and educated, UDF members saw themselves as the democratic vanguard of change for all in the land. In fact it was at the outset very much an organization of the intellectual elite similar to what occurred in other European countries other in these societies tended to be either too frightened or apathetic to participate. Certainly that seemed to be the case in Bulgaria in 1988.

Joining the UDF in December 1989 was the *Radical Democratic Party* (RDP), reestablished on 14 November 1989, having been originally founded in 1905. Headed by *Elka Konstantinova* and *Alexander Yordanov,* dissidents both, the RDP was conservative and strongly anti-communist. Also joining the UDF in early 1990 was the *Democratic Party* (DP), led by *Stefan Savov.* The DP was first established in 1896, though it was shut down in 1948, restarting on 19 December 1989. It joined the UDF

---

21 Cited in Kjell Engelbrekt, "The Union of Democratic Forces Consolidates Before June Elections," *Report on Eastern Europe* (Vol. I, No. 22), 1 June 1990, p. 2.

22 "Statuti na SDS," *Ekoglasnost,* 6 November 1990.

23 See Engelbrekt, "The Union of Democratic Forces Consolidates Before June Elections," pp. 1–2.

that same month. Later that year, in October, the *Christian Democratic Front* signed up with the UDF. Composed of former communist intellectuals, it was an highly anti-communist organization founded on 27 January 1990 and it was the most conservative group on the UDF. The *Green Party,* which was formed in Sofia on 28 December 1989 by Ekoglasnost members, joined in January 1990. It was a party whose members were chiefly intellectuals, and who stood for quality of life issues, including ecological concerns and social and political reform. A former UDF Chair and Bulgaria's first UDF Prime Minister, Filip Dimitrov, a lawyer, hails from this party. The *United Democratic Center,* whose members are chiefly lawyers and economists, was founded on 19 January 1990 and joined the UDF in February 1990, just in time to play an important role in drafting the UDF 1990 election platform. The latter was not a party, but a political movement in the Western European Christian democratic tradition. Thus, by the early months of 1990 the UDF had grown by the addition five new member organizations. It had become by far the largest of the opposition groups, though no reliable membership numbers are available. It was now prepared to stand toe to toe with the BCP on issues of reform.

The BCP is Cornered

Chief of state and head of the BCP, *Petŭr Mladenov,* had mentioned the need for dialogue in his representations to the BCP Plenum held in November 1989. This did not escape UDF chair, *Zhelev,* who pressed the government for talks with the opposition to resolve national difficulties. But BCP leaders resisted UDF conditions. Exasperated, one of the UDF's constituent members, the Independent Trade Union Podkrepa, called for a warning strike on 27 December to be followed by a national general strike to insure that the discussions occurred. That same day the BCP relented – the party could not afford to risk violence in the street nor would adverse public opinion in Bulgaria, or elsewhere, do its image much good. A warning strike was held on 28 December anyway, to underscore Podkrepa demands for speedy reform but the general strike-call was withdrawn[24].

Prior to that, *Andrey Lukanov,* Central Committee Secretary and a Politburo member, and Prime Minister *Georgi Atanasov* met with UDF Chairman *Zhelev* and several colleagues. It was agreed that round-table discussions would occur and that all UDF affiliate groups were to participate as well as representatives from the BCP and BANU. The focus would be to agree upon solutions to Bulgaria's growing economic crisis and upon means to implement democratization.

---

24 See Rada Nikolaev, "Political Maneuvering Before the Round-Table Talk," *Report on Eastern Europe* (Vol. 1, No. 4), 26 January 1990, pp. 5–7.

As a step toward reform and greater democracy, *Mladenov* revoked *Zhivkov's* Muslim assimilation program. Accomplished behind closed doors and without consultation with nationalists at a BCP Plenum convoked on 29 December, the move infuriated right-wing groups whose members saw this as a high-handed action. The move appears to have been in part a response to Muslim demonstrations in December and in part a bid to quickly win over Western public opinion – which was very critical of Bulgaria's treatment of its Islamic minorities. The first organized attempt to reverse *Mladenov's* 29 December decision began on 31 December, when in Kŭrdzhali, a heavily ethnic Turkish area, the *Committee for the Defense of National Interests* was formed by local Bulgarian nationalists who demonstrated for a national plebiscite on the decision. The nascent UDF, during the two weeks of protests and violence which followed, stood with the government and against nationalism and racism.
Order was restored after an 8–12 January conference called the *Social Council of Citizens* was held in Sofia. With representatives present from the opposing groups, an agreement was drawn up which condemned the abrogation of human rights to Muslims and reaffirmed their rights to use Muslim names, practice Islam, observe Islamic customs, and speak Turkish if they wished. Signatories also opposed separatist movements and autonomist groups and confirmed Bulgarian as the official language of the country. The National Assembly endorsed these results on 15 January.
In the midst of this tension, on 16 January, round-table talks began between representatives of the BCP, the UDF, and BANU. From the very outset, there was hard bargaining and the talks nearly folded over the government's failure to provide the UDF with office space for its administration and press. The needed facilities were promised and on 22 January the round-table reconvened in the Palace of Culture located in central Sofia, *Andrey Lukanov* presiding. Each side was represented by 45 delegates. At issue was finding common ground for ending one party rule and totalitarian government. Because there was a large amount of fanfare and press coverage, the UDF representatives were provided public forum, and they made much of it. This increased press freedom was a signal that BCP power was diminishing; it certainly gave the UDF significant visibility. Meantime, other opposition groups weighed in either for or against the UDF. Those against it, denounced its pervasive influence[25]. Most likely they felt as though they were being dwarfed by the coalition and in truth, they were. All parties and groups sought recognition, and it seemed that at least most wanted to influence government policy through winning parliamentary seats in a national election.

[25] Engelbrekt, "The Union of Democratic Forces Consolidates Before June Elections," p. 4.

Run Up to the Elections

Mladenov, on 11 December 1989, publicly announced that there would be free national elections in 1990 to be held no later than the month of June. The UDF sought as much time as possible to prepare for the event and to present its platform to the people, hoping in fact that the elections could be delayed until around November. The BSP, attempting to minimize the amount of time available to the UDF to mobilize national support, argued for early elections in May. A compromise was effected with the UDF agreeing to June elections on the understanding that the parliament to be chosen was to be an extraordinary body, a Grand National Assembly (GNA), charged, in conformance with Bulgarian tradition, with writing a new constitution. The Grand National Assembly would then dissolve and be replaced by a new National Assembly which would be elected in November 1991, after the new constitution was approved. Electoral laws were needed, and the UDF and the BSP agreed upon the parameters during their 30 March meeting. On 3 April the sitting National Assembly, held over from the *Zhivkov* era, accepted the "Law on Electing a Grand National Assembly" and agreed to 10 June as the election day.

The law provided for a second round of voting in case 50 % of the electorate did not vote or in the event that a candidate failed to attain an absolute majority of the appropriate votes cast. In all, 400 deputies were to be elected, 200 using a majority selection process, 200 using a proportional representation process. The reason for the bifurcated system was to guarantee that all segments of society had a chance at representation.

Campaigning for the elections got underway, but not before the BCP had changed its name to the *Bulgarian Socialist Party* (BSP), betokening a break with the *Zhivkov* past and "new" approaches to political, social, and economic affairs. The party leadership, however, did not undergo significant renovation and with its infrastructure already well-established in every town, village, and enterprise it was well positioned. Further, its treasury was full. The UDF and other newly created parties had no such infrastructure and had limited resources with which to build a following. As a result, given the short of time before the elections, the BSP had a decided advantage.

The UDF's Coordinating Council developed the coalition platform which it dubbed "45 Years Are Enough, the Time is Ours." The program was published in *Demokratsiya*, the UDF sponsored national daily newspaper, in two installments on 28 April and 4 May. In unequivocal terms it ascribed responsibility for Bulgaria's sorry economy and authoritarian past to the BCP. It contained a proposal for reorganization of the government into executive, legislative, and judical branches. It provided for a reorientation of the economy, a reevaluation of membership in the *Council for Mutual Economic Assistance* (CMEA), and dissolution of the Warsaw Pact, as well as NATO. It spelled out programs for educational, social, ecological, and political matters and demanded a strong parliament.

The UDF's economic program, as put forward in its pre-election platform, called for broad changes including a two-stage program to address the economic crisis. The first phase involved "complex measures such as a reduction of the state budget deficit and subsidies, freeing prices of most items, making the Bulgarian National Bank independent of the government, raising interest rates, introducing legislation to stimulate competition and to set up a system of graduated income taxes, and selling a number of state enterprises"[26]. This was to be followed by ending price restrictions, reducing imports, increasing interest rates and beginning a process of privatization with land returned to owners from whom it was expropriated in the 1940s and 1950s. UDF officials believed it was essential for Bulgaria to become a member of all international financial organizations, like the International Monetary Fund and the World Bank. For its part, the BSP stood on a platform which called for democratic socialism and gradual economic reform. Full of generalizations, its platform aimed at assuring people that the "BSP is a deeply changed and still changing party." It proposed no specific economic program and was heavy-handed in its criticism of the UDF's shock therapy approach to economic recovery. Lacking in detail, it was withal, a polemical document covering almost two and one half pages of *Duma,* the BSP's official newspaper[27].

The Elections of June 1990

In the election campaign the BSP advanced a slate of 479, the UDF 429, the BANU 428, and the MRF 154. Other groups and parties put forward the remaining 166 candidates[28]. In all, more than 60 parties and groups were registered to participate in the elections, although only 40 ultimately did. A total of 3,143 candidates ran for the 400 seats. The largest percentage of UDF candidates, 22 % came from the Bulgarian Agrarian Union-"Nikola Petkov" while 17 % were from the Bulgarian Social Democratic Party. The remainder were spread among the Federation of Clubs for Glasnost and Democracy (7 %), Ekoglasnost (6 %), the Green Party (6 %), the Radical Democratic Party (5 %), and the Democratic Party (4 %). The others who ran had no party affiliation[29]. UDF leaders seemed confident of a coalition victory. They seemed to believe that the Bulgarian people had had enough of the authoritarian past.

---

26 Quoted in Engelbrekt, "The Union of Democratic Forces Consolidates Before June Elections," p. 5.

27 *Duma,* 5 April 1990.

28 *Duma,* 1990 May and 1990 June 1990. See also Rada Nikolaev, "Preparations for Free Elections of a Grand National Assembly," *Report on Eastern Europe* (Vol. I, No. 24), 15 June 1990, p. 8.

29 *Demokratsiya* and *Narodna Mladezh,* 15 May 1990.

In 119 of the 200 single seat constituencies, the 10 June election was conclusive. In another 89, a second balloting was necessary on 17 June using the proportional representation system. The final tally yielded:

BSP	211
UDF	144
MRF	23
BANU	16
Fatherland Union	2
Independent candidates	2
Fatherland Labor Party	1
Social Democratic Party (non-marxist)	1
Total	400

The BSP gained an absolute majority of 52.75 % of the seats though in fact it received only 46.25 % of the vote thanks to the mixed system of balloting[30]. The rural areas were generally carried by the BSP[31]. In part, this was a result of the UDF's inability to finance campaigning and not having enough time to adequately make its program known and sell itself in the rural areas. It is equally important to recall that the BSP already had an entrenched constituency in rural areas. Northwest, northeast, southeast, and south central Bulgaria voted preponderantly for the BSP. The UDF thus derived its support from intellectuals and urban dwellers. North central and southwestern Bulgaria sided with the UDF, as did the region around Sofia, Plovdiv, Varna, Burgas (excluding the city), and Ruse. The *Movement for Rights and Freedoms* (MRF), a basically Muslim-rights organization, carried the Muslim areas including, a section of the Rhodope region near Gotse Delchev, the area surrounding Kŭrdzhali in the south central part of the country, excluding the city, and the ethnic Turkish majority regions in the northeast just north of Shumen and east of Razgrad. Those cities in Muslim regions populated by Bulgarians tended to vote BSP, presumably as a backlash to Turkish proliferation.
Following the elections, many argued that the BSP did not win in June 1990, so much as the UDF lost because of lack of experience in running an election campaign and limited financial resources and therefore a limited ability to reach all constituencies. The UDF certainly had not mastered campaigning and stumping. Its members perferred to hold general meetings in larger towns instead of visiting in the absence of information villages where change comes slowly, to win support, and natural peasant suspicions were fed by anti-UDF propaganda. Faulty information, and sometimes no information at all about UDF goals and programs and the values of and needs for the

30 For details, See Wolfgang Höpken, "Die Wahlen in Bulgarien – ein Pyrrhus-Sieg für die Kommunisten?" *Südost Europa* H. 7–8, No. 39 (1990), pp. 433–436.
31 See Höpken, pp. 437–450 for a detailed analysis of voting results.

programs, was delivered to the provinces. Examples of BSP disinformation involved how the UDF purportedly planned to eliminate or reduce social security programs for the elderly. In addition, rumor had it that the UDF approach would create massive unemployment through a shock-therapy program. Such misconceptions, combined with ineffective counter information, worked strongly against the coalition in the rural areas. Further, provincial inhabitants seemed to see the elections as an urban versus rural contest with the rural folk perpetuating the general view that the urban centers are frivolous places, nests of moral degeneration, and the seats of both unnecessary learning and useless bureacracy[32]. They had known progressive if slow economic progress under the aegis of communism, a devil they knew. Why trade it for a devil they did not know and one that promised hardship at that?

The election results following the first balloting on 10 June were not immediately known. Suspecting BSP vote tampering, UDF members demonstrated on 11 June while a large number of students occupied Sofia University, both in protest over the delay in announcing results. That night, protesters blocked major city streets in Sofia. On 12 June, student strikers demanded an investigation into the ballot counting process and the disclosure of any irregularities. The students also demanded the resignation of the chief of Bulgarian television, *Pavel Pisarev,* accusing him of giving the BSP a media advantage. They called for full information about the economic plight of Bulgaria especially about the country's more than 10 billion external debt. Finally, they sought to know about the government-run concentration camps, official corruption, and bureaucratic mismanagement.

Following disclosure of first round results, the UDF was behind in the race. On 14 June, UDF leaders aired on national television, footage politically disastrous for *Mladenov.* They ran a film shot on 14 December, showing *Mladenov* and other leaving the National Assembly building, were being confronted by an unruly crowd demanding reform. *Mladenov* attempted to address those assembled but was unable to bring order or to be heard. In probable anger and frustration he uttered a remark to the Minister of National Defense, Colonel General *Dobri Dzhurov: "Nai-dobre e tankovete da doydat"* ["best to let the tanks come"] which, unbeknownst to *Mladenov,* was captured on video tape. The airing of this film occurred three days before the second round of elections; it was broadcast widely on television by the UDF as part of its election campaign and it was clearly intended to discredit the BSP. *Mladenov* responded by going on television himself that night, expressing outrage at this attack. Meanwhile, Sofia University students took up the call for his resignation. Whether the controversy adversely affected the BSP's election results cannot be determined; if it did, it still did not preclude the BSP from carrying a majority of all votes cast.

---

[32] See Höpken, pp. 446–448; *Kultura,* 17 August 1990.

In the first round of elections 90.79 % of those eligible to vote went to the polls (6,976,620 people). A second round was called for and 84.14 % of those eligible to vote in this round went to the polls, (2,370,812). In the end the BSP received 211, the UDF 144, the MRF, a largely ethnic Turkish party, 23, while BANU got 16. The remaining 10 seats were divided among other parties and two went to independent candidates[33].

Meantime, rumors of coercion abounded after the elections but the international monitoring teams present in Bulgaria did not turn up significant evidence to support such assertions[34]. Even so, two forms of manipulation seem to have occurred. First, there was pre-election chicanery, second there was vote tampering. In the first instance, while the extent of coercion will never be known, there is evidence that threats of loss of employment were used to insure party loyalty. In rural areas opposition leaders received threats of violence[35]. Second, according to several sources, there was vote manipulation and double voting. The UDF's newspaper, *Demokratsiya,* reported that there was also voter fraud – some 390,000 more votes than could be validated and about 500,000 more than the people of voting age were nevertheless counted[36]. The BSP gazette, *Duma,* stated in its 9 June issue, that there were 6,439,462 eligible voters in Bulgaria and some 55,245 abroad, or a total of 6,494,707 eligible voters on the day before the election. This means that, using official figures, there were 495,728 additional ballots cast over those expected[37]. These discrepancies have not been explained. Nevertheless, the issue was passed over and the elections and the results stood. Whether the more than 2,200 monitors from 11 countries, including France, Germany, Great Britain, the Soviet Union, and the United States who were present in Bulgaria, were aware of these facts is not clear. Given the relative lack of protests concerning this turn of events, perhaps opposition leaders feared diverting attention from the business of democratizing would lead to instability. Then too, it is possible that the leaders were content to allow the results to stand on the logic that cancelling the results, particularly after the election observers reported no great problems, would discredit opposition parties internationally. UDF chiefs refused pleas from some members to declare the elections void.

[33] Rada Nikolaev, "Results of the National Elections," *Report on Eastern Europe,* (Vol. I, 26), 29 June 1990, p. 2.

[34] See *Demokratsiya,* 22 June through 25 June 1990 and *Podkrepa,* 19 June 1990. See also Höpken, p. 431.

[35] Robert J. Lagomarsino and Jeffrey A. Lovitky, "An Observer's Notebook on the Bulgarian Election," *Bulgarian Review* (XXX) December 1990, p. 56.

[36] *Demokratsiya,* 19 and 20 June 1990.

[37] *Duma,* 9 June 1990. See "June 1990 Elections: Questions Left Unanswered," *The Insider* (January 1991), p. 7 for an English summary.

The BSP, after all, did not have the needed two-thirds majority to pass a new constitution[38].

BANU-NP	30
Federation of the Clubs for Glasnost and Democracy	23
BSDP	22
Unaffiliated	20
Ekoglasnost	17
Green Party	9
Democratic Party	7
Radical Democratic Party	6
United of Democratic Center	3
Independent Association for Human Rights	2
New Social Democratic Party	2
Christian Democratic Front	1
Agrarian Youth Union	1
Podkrepa	1
Total	144

(source: Trud, 27 June 1990.)

Following the elections, fissures appeared among UDF member groups, despite, or perhaps because it had become the central opposition organization. Talk of an imminent split in the coalition was rife, but heartily denied by spokesmen who claimed that "there are different points of view, but there are no differences"[39]. Leaders and members alike understood that if they were to succeed in politically discrediting the former communists and putting pay to their control of the state, preservation of the coalition was essential, for only through unity of action could a major challenge to the BSP be mounted and sustained.

While the UDF was smarting from the election defeat, President *Mladenov* was under increasing pressure to resign. He went on television on 4 July, this time acknowledging having spoken the phrase, "let the tanks come" but arguing that it was "taken out of context." The following day, calls for *Mladenov's* resignation proliferated. The UDF's *Zhelev,* who at first seemed satisfied with *Mladenov's* behavior, suggested that a state president who lies to the nation and fails to apologize as well, perhaps ought not remain in office. BSP reformers joined the clamor. Opposition to *Mladenov* intensified. On 6 July, leaders of *Podkrepa* had added their voices to the others. With even provisional party organizations against him, *Mladenov* had be-

38 The matter was being reopened in the Bulgarian media during the summer of 1991. The number of deputies each party won breaks down as follows:

39 BTA, 3 August 1990.

come a deficit to the party. He resigned on the night of 6 July, and like *Zhivkov,* became a casualty in the name of preserving the BSP's authority.

Events that July moved rapidly. The student strike ended on 9 July and "Cities of Truth" were born. They sprang up in a majority of larger cities – tent cities inhabited by concerned citizens determined to bring about change. Participants encamped to dramatize the need for political change in Bulgaria. Students and intellectuals made up the majority population, though representatives of various political parties – Greens, UDF deputies, even monarchists were there. They sought the truth from the BSP about concentration camps operated by the *Zhivkov* regime, about BSP property holdings and the personal wealth of state officials. They demanded a full accounting of the government's handling of the effects in Bulgaria of the 1986 Chernobyl disaster and its aftermath. They also wanted to know about the circumstances concerning Bulgaria's participation in the 1968 invasion of Czechoslovakia. What too, they asked, were the reasons for and extent of Bulgaria's foreign debt[40]?

By 31 July the size of the Sofia City of Truth had grown to 173 tents and 1,073 inhabitants. The UDF took an interest as the group's activities began to yield results. Specific goals like the removal of the Red Star atop the Bulgarian Socialist Party Headquarters, the removal of Georgi Dimitrov's embalmed corpse in the central square mausoleum enshrining it, and an end to the use of the communist logo of the hammer and sickle as symbols of state were sought. A major victory was won on the morning of 23 July when the remains of Dimitrov were removed and cremated[41].

Post Election Events

In the wake of the June parliamentary elections, the interim Lukanov cabinet, appointed on 8 February and replacing the last Zhivkov-era government headed by *Georgi Atanasov,* resigned, opening the way for the formation of a new government. No agreement was reached on the question of whether the next government was to be a coalition, a single-party government, or even a cabinet composed of qualified people not formally affiliated with any political party. Lukanov remained in power as a caretaker Prime Minister until 30 August, when the BSP dominated Grand Natio-

[40] See Ron Linden, "The Street of Ideas," *Report on Eastern Europe,* Vol. I, No. 32, August 10, 1990.

[41] Georgi Dimitrov (1882–1949) became Bulgaria's prime minister in 1946 and remained in that position until his death three years later. He was a protege of Stalin and passed World War Two in the USSR and then became Bulgaria's Stalin. It was Dimitrov, among others, who was accused by the Nazis of starting the German Reichstag Fire in 1933.

nal Assembly finally renominated him for the job of Prime Minister. *Lukanov* had previously pledged not to head a strictly BSP cabinet but he was to eventually back down and form a BSP cabinet.

The UDF held the BSP responsible for the country's political, social, and economic ills. Having sustained the electoral loss, UDF members moved into a waiting mode, biding their time until the government proved itself incapable of solving the national crisis, thus demonstrating the bankruptcy of communism. With more idealism than pragmatism or experience, the UDF leaders said they were prepared to step into this breach, cherishing in many cases the hope of assistance from the West. One saw signs and banners around Sofia, for example, that said: "UDF the brothers of Europe." Elsewhere, "UDF, the way to Europe."

Once the GNA members took their seats, it became necessary to select a president of the republic. With little hope of an election that would not fuel partisan animosities, *Zhelyu Zhelev,* leader of the UDF, was nominated after the BSP's *Chavdar Kyuranov* announced that he was no longer running. *Zhelev* was chosen in the sixth round of voting and his election was a major step toward establishing democracy and toward the end of single-party rule. Like Hungary and Czechoslovakia, Bulgaria now had a president who was a member of the opposition, though he relinquished his UDF post. Reactions within the BSP to *Zhelev's* election were mixed. Hard liners, believing that they had been betrayed, were both frustrated and angry, while moderates adopted a conciliatory attitude. The UDF leadership then agreed to the election of Colonel General *Atanas Semerdzhiev* as Vice President[42]. Cynics at the time argued that this was, in fact, no compromise at all. It seemed a deal had been cut. They appeared to feel that by placing this long-time communist and former Minister of Internal Affairs in the Vice Presidency, *Zhelev's* presidential powers would be circumscribed. Events were to disprove the latter assertion.

Zhelev had been an outspoken advocate of democratization in Bulgaria for 25 years[43]. He took over the presidency with a somewhat strengthened constitution, revised in 1990 in the spirit of *glasnost* and *perestroika,* that gave the holder of that office broad powers. Under his leadership, the presidency began to take form[44].

---

[42] *Gazeta Wyborcza,* 18–19 August, 1990.

[43] His best-known publication is a book on totalitarianism entitled *Fascism,* which was an indirect indictment of the Bulgarian communist system. First written in 1967, the book was not published until 1982, when the "Narodna Mladezh" publishing house issued 10,000 copies. Only three weeks after its release did the authorities realize that the book was critical of *Todor Zhivkov's* Bulgaria. Subsequently, book shops were forbidden to sell the work and libraries were not permitted to lend it. Copies of the book were stored in a special "book prison" in Sliven in east-central Bulgaria.

[44] As President, *Zhelev* became responsible for determining when parliamentary elections would be held, an important prerogative in this budding democracy as it gave him

While *Zhelev* took over and became a national lodestar, the Grand National Assembly, dominated as it was by former communists, now socialists, distinguished itself by inaction, petty politics, and ineffectiveness. Once elected, deputies seemed to be at a loss as to how to cope with the newly found political freedom and associated responsibilities. Name-calling and finger-pointing became hallmarks of contemporary Bulgarian politics. No strategic planning initiatives were mounted and no major programs were devised to cope with the nation's problems. To compound this, Bulgaria also lacked a government able to take command of the situation. Meanwhile, food shortages, especially in urban centers, threatened to become more severe as winter approached. Electrical power and fuels were in short supply, unemployment escalated, and the quality of medical care continued to deteriorate due to the lack of medicines and equipment. Newspapers and publishing houses suffered from problems created by the unavailability of paper. Labor organizations called strikes to protest low wages, poor working conditions, and shortages.

Arsonists and Frustrations

One of Bulgaria's more potentially volatile events in the post-*Zhivkov* era was the fire of 26 August 1990 at the BSP headquarters. It began inside the building, set by young people who had entered unopposed by the authorities. It is not clear who started the fire or why, but a crowd numbering between 8,000 and 15,000, shouting anticommunist slogans, watched the blaze consume millions of dollars worth of office supplies, equipment, files – even refrigerators[45]. The majority of the crowd outside the building was made up of highly vocal bystanders who cheered on the vandals with slogans like "Down with the BCP!" "BCP – Murderers!" "Take Down the Red Rags!" "We have had enough!" and "As was before, so it is now; BCP – Mafia!"[46]. While police later announced that they had arrested 46 people in connection with the

the power to effectively dissolve parliament. According to the constitution, the President also chairs meetings of both the National Security Council and the Council of Ministers and is entitled to select the members of both bodies. *Zhelev* took over as Commander-in-Chief of the Armed Forces and became head of the security services. He was also empowered select ambassadors and receive the credentials of foreign ambassadors to Bulgaria. Both the President and the Vice President may serve for only one term, currently, four years.

45 See *Duma*, 28 and 30 August 1990. See also Mark Baskin, "The Politics of the Attack on BSP Headquarters", *Report of Eastern Europe* (Vol. I, No. 39), 28 September 1990, pp. 8–12.

46 Quoted in Baskin, p. 8.

fire, and while 17 of them were tried and found guilty of some offence, the incident has not been adequately explained.

Bulgarian politicians of all orientations strongly condemned the arson and demanded an inquiry into the incident. Leaders called for calm[47]. In fact, a Grand National Assembly resolution stated that the people responsible for the conflagration had intended to impede the government's attempts at reform and democratization. The legislature issued a declaration in which it stated "we categorically condemn the people who brought this disgrace to Bulgaria."

The BSP and the UDF both ascribed blame to reactionaries seeking to destabilize the country. The difference was that UDF supporters believed the BSP, in collusion with the Ministry of Internal Affairs, was ultimately responsible for the fire that sent up in smoke many documents which could have incriminated the party and its membership of crimes and corruption during the *Zhivkov* era and before. Some BSP backers, for their part, called the act a UDF provocation.

In their zeal to assign blame, politicians were able to find a diversion from dealing with the national dilemmas. The nation continued to drift and the Grand National Assembly had failed to develop a successful program for solving Bulgaria's problems. A new government was needed to step in and decisively lay to rest problems and turn the economy around. Meantime, UDF members began calling for new elections, elections which would give the opposition organization, a parliamentary majority[48]. It held its first post-election rally on 17 September and attracted well over 30,000 supporters both in Sofia and Plovdiv. A few days latter, leaders of the UDF declared that while they could not support the communist, now socialist, majority's programs, their organization did not want "to be the chief destructive opposition, but a generator of ideas"[49].

Bulgaria's New Government

During the first three months after the elections in June, *Lukanov* neither formed a government, nor took decisive or important actions. Nevertheless, his program was clear – find a means of economic recovery and do so quickly before the nation was destabilized. A long-time communist, he was also a pragmatist who was not above adopting capitalist methods to achieve his goal. But *Lukanov* seemed to be pinned down by a conservative BSP leadership on one side, and an angry and uncooperative opposition on the other. He argued strenuously for the formation of a multiparty co-

---

47 See for example the "Deklaratsiya na koorindationniya sûvet na Sûyuza na Demokratichnite Sili" issued on 28 August 1990 condemning the arson (*Pressluzhba "Kurier"* 28 August 1990).

48 Radio Sofia, 17 September 1990, 19:30 P.M.

49 Radio Sofia, 23 September 1990, 9:00 A.M.

alition government "of national consensus" or one that would at least include non-Socialists, in the interest of national reconciliation, progress, and unity. He later backed down, apparently recognizing that it was futile to hold out for a coalition given the deep seated animosities between opposition forces and the BSP. The UDF, now led by *Petŭr Beron,* former UDF Secretary and Secretary of Ekoglasnost, wanted the Socialists to acknowledge responsibility for the nation's plight. Shortly before *Lukanov's* re-election, UDF spokesman *Stoyan Ganev* said that:

> "the UDF does not want to be in the same government as persons discredited under the totalitarian regime. It insists that the ruling party acknowledge the disastrous state of the country and clearly assume responsibility for the national catastrophe"[50].

The BSP ignored such suggestions and the UDF and the Bulgarian Agrarian National Union both continued to refuse to participate in a coalition government, the former, despite UDF Chair *Beron's* announcement that members would be allowed to join the government if they suspended their UDF affiliation[51]. *Zhelev* urged everyone to take a "much more constructive approach," proposing that the Grand National Assembly create a "program-based government" that would include ministers from various parties[52].

On 7 August, some two months after the June elections, *Lukanov* finally submitted the formal resignation of his interim cabinet, although it remained in place as a caretaker cabinet for another six weeks, until 21 September. With no hope of forming a coalition government in sight, *Lukanov* formed a new cabinet, for even if the BSP leaders had met UDF demands, a further precondition for the UDF's participation in a coalition government was the BSP's acceptance of the UDF's economic reform program, which resembled the shock therapy applied elsewhere in Eastern Europe, most notably in Poland. Not surprisingly, conservative socialists found this demand quite unacceptable. On 14 September 1990, the UDF issued a statement in which it articulated in detail why it would not join a communist cum socialist government. It included irreconcilable differences in platform, perspectives on the economy and how to reform it, as well as a reminder of the BSP's historical guilt, among others[53].

Deputies from the opposition UDF boycotted the National Assembly voting on the new Lukanov government. Fifteen of the 18 ministers in the newly constituted government were members of the BSP. The remaining three were not BSP members but

---

50 BTA, 19 September 1990.

51 BTA, 11 September 1990. Petko Simeonov, a Sociologist from the Federation of Clubs for Glasnost and Democracy and a GNA representative, is deputy chair along with Father Sŭbev, Chair of the Committee for the Protection of Religious Rights, and Dimitûr Ludzhev, an historian.

52 AP, 14 September 1990, and Reuter, 15 September 1990.

53 In *Demokratsiya,* 14 September 1990.

were certainly not hostile to the party. The new government, therefore, did not include any members of the opposition, despite *Lukanov's* efforts at recruitment.

As prime minister, *Lukanov* achieved little in his first six months in office. No major reforms, or comprehensive programs for reform, were introduced during his tenure and the economy continued to deteriorate. The BSP, which was anything but unified, failed to capitalize on the majority it gained in the June elections and failed to announce its programs until the end of summer.

Why *Lukanov* could not or would not initiate reforms during the summer is open to speculation. It is likely that he had insufficient support within the BSP hierarchy to act boldly and as a result hoped to build support within the opposition camp. If true, the gambit failed and his "program," promised on 20 September, when it materialized, it closely resembled the UDF's "shock-therapy" program, a testimony to how far *Lukanov's* thinking had progressed in terms of searching for drastic solutions. Perhaps as much as 80 % of the BSP plan was lifted from the UDF program tabled in the spring and flatly rejected by the BSP then. *Lukanov* denied that it was copied from the UDF, allowing though, that there were common features. He also rejected allegations that he borrowed wholesale from the recommendations suggested by *Richard Rahn,* Vice President of the U.S. Chamber of Commerce, who, along with a commission of experts, visited Bulgaria in 1990 and worked with Bulgarian economists and others to assist in developing an economic reform program. *Lukanov* may have been influenced by the success of such methods in Poland and perhaps this was even a backhanded attempt to win support from if not coopt, UDF reformers. But the times were not right for cooperation and animosity took the front seat, not the national good. *Lukanov* had little room in which to maneuver.

As a final attempt, *Lukanov* introduced the "One Hundred Day Program," built upon the plan announced by his government. Intended for implementation on 22 October 1990 and meant to run until 31 January 1991, it called for a revised budget for the remainder of the year, ending the National Bank's covering the national debt, further liberalization of prices, wage indexing, tax reform, additional demonopolization, and more. However, national support for this program was not forthcoming and the *Lukanov* government fell a month later. While *Lukanov* sought compromise and failed, President *Zhelev* asked for and found it.

On 14 September, *Zhelev* called for the "complete depoliticization" of the army, the militia, the courts, and the Ministries of Justice and Internal Affairs. He also referred to depoliticizing the Ministry of Foreign Affairs and other "unspecified" ministries, although these were not included in the law itself. *Zhelev* argued that depoliticization was an important step toward abolishing totalitarian structures and cutting the "Siamese [-twin] connection between party and government"[54]. Police and military per-

---

54 *Demokratsiya,* 14 September 1990.

sonnel welcomed the move; they had been among the most vocal advocates of the need for their ranks to be shielded from political influences. Introduced as a bill in the parliament on 19 September, it did not receive a first reading until 10 October. UDF deputies walked out in protest of the legislature's failure to act on the depoliticization measure. *Zhelev* intervened and attempted to reconcile the sides. In the interim, members of the diplomatic service drew up a manifesto stating that they wanted to be nonpartisan[55]. During sessions with the President's "Consultative Council," a multilateral advisory body made up of representatives from the major parliamentary parties, on 19 and 23 October, it was suggested that the depoliticization process also include the staff of the President's office, made up of UDF staffers. This proposal enabled both sides to reach a compromise; the BSP Supreme Council agreed to include the foreign services in the depoliticization act in exchange for adding the Presidency. On 24 October, the Grand National Assembly finally voted the depoliticization bill into law.

It was clear, on the symbolic level, that the decision to pass a law on the depoliticization of state agencies represented a notable break with Bulgaria's communist past. It signaled the beginning of the end of favoritism and corruption in many government sectors. But at the same time the law did not apply to all agencies and ministries and the unaffected governmental sectors remained virtual BSP fiefdoms.

UDF deputies and their supporters said they were fed up with BSP inaction and legislative obstruction. As a measure of protest, UDF legislators and other oppositionists refused to approve the BSP's economic reforms and declined to cooperate with *Lukanov* in implementing a reform program. The BSP leadership was knotted by intra-factional disagreements and a general conservative outlook. Sensing that the BSP was in a weakened state, the time seemed ripe to bring down the socialist government. On 3 November *Petûr Beron,* newly elected leader of the UDF, submitted that his organization was certainly prepared to step in and run the government on a coalition basis if the BSP could not manage affairs. Opinion polls had shown that the UDF enjoyed greater support than the BSP by autumn[56]. These figures seem to have given impetus to the UDF's plans to oust the BSP.

The UDF's determination to replace *Lukanov* apparently crystallized during the events surrounding *Lukanov's* presentation of the three month interim budget to the Grand National Assembly on 1 November. When submitted for debate, the budget was heavily criticized by the opposition for being inflationary and economically unsound[57]. *Lukanov* withdrew it, reworked it, and resubmitted it on 22 November.

---

55 BTA, 25 October 1990.

56 *Duma,* 15 October 1990; *Ekopolitika,* 30 October 1990; *Otechestven Vestnik,* 1 December 1990. Incomplete data about the samples makes the methodology suspect, nevertheless, there were no other sources of public opinion at the time.

57 *Demokratsiya,* 16 November 1990.

Scuffles in the chamber over which deputies would speak before the Grand National Assembly about the draft budget did not distinguish the proceedings. In the end, the UDF members, as well as deputies from the BANU and the MRF, refused to vote, saying the budget was still inflationary. These deputies walked out in protest at the revised budget proposal. In the end, 203 members of the Assembly's 400 voted on the issue and the budget was approved by 186 deputies, a majority of those present and voting[58].

On 5 November *Stoyan Ganev,* the parliamentary spokesman for the UDF, reemphasized his coalition's preparedness to establish a government if the *Lukanov* government fell. He said that the UDF would not rule out a government which included BSP ministers; but he also defined the UDF's conditions, which included the premiership and key ministerial posts[59]. Podkrepa's *Trenchev* weighed in even more strongly. He demanded that a caretaker government be formed and the *Lukanov* government be removed immediately. Meanwhile, *Zhelev,* who was by far the most visible political figure in the country, was sending out strong signals that the government, whether the current one or a coalition, had to have the backing of the vast majority of the legislature[60]. In an interview published on 15 November, *Beron* noted that he was prepared to become prime minister of a predominantly UDF government.

On 23 November, *Lukanov* narrowly survived a vote of no confidence in the Grand National Assembly as UDF deputies walked out of the parliament in protest at *Lukanov's* budget. The following day, 24 November, opponents of the *Lukanov* government demonstrated outside the partially burned BSP headquarters in Sofia. Dissidents clashed with his supporters, and the police intervened. *Lukanov* informed those gathered that he was not a coward and would not resign under what he termed "mob pressure." He claimed that the opposition was attempting to "establish a new political monopoly" to replace that of the BCP/BSP[61]. Meanwhile, *Trenchev* called a nationwide strike, to begin on 26 November; the independent trade union, probably numbering about 50,000 hard-core members and between 200,000 and 500,000 supporters had committed itself to bringing down the *Lukanov* government[62].

---

[58] *Duma,* 24 November 1990.

[59] *Duma,* 6 November 1990.

[60] *Demokratsiya,* 16 November 1990.

[61] BTA, 24 November 1990.

[62] Strikes had become a political tool after the end of the Zhivkov regime. At first they were called in order to gain higher wages and better working conditions, but strikers soon directed their energies toward influencing politics. Teachers, for example, quickly struck for the removal of ideological materials from school curricula and won. By 3 March, according to *Rabotnichesko Delo,* 300 strikes, in which 200,000 people participated, had occurred since 10 November 1989 when Zhivkov fell. Amnesties of po-

Lukanov Steps Down

In his strike call, *Trenchev* underscored the government's failure to take steps to solve the nation's problems. The four-day walk-out began at 6:00 A.M. on 26 November and gained momentum in the following days. The UDF leadership stepped behind the strike, while the former official organization representing labor, the *Confederation of Trade Unions* in Bulgaria, initiated a petition drive to oust the *Lukanov* government and replace it with a non-communist cabinet and on 28 November, they too joined the strike.

The John Lennon and Paul McCartney tune, "Let It Be," became the theme song of the strike. It had been used as the signature for journalists on Radio Sofia who had joined the strike, broadcasting only news and music. Bulgarian television came over as well. The song was meant to underscore the need to bring about the fall of *Lukanov* – may it happen, was the message.

The strike was both peaceful and effective. *Podkrepa* leaders boasted on 28 November that almost 1,000,000 workers had taken part in it, or fully one quarter of the nation's work force[63]. Sofia seems to have been the center of the activity, although the strike also caught on in other larger cities such as Varna and Plovdiv. But regardless of the real turnout, it was sufficient to bring down the government as media focussed on the strike, giving the impression of a massive movement and playing "Let It Be" every half-hour.

At a three-hour meeting of the President's Consultative Council on 29 November, it was agreed that "an immediate change of government [was] indispensible for the formation of a new national government and for the peaceful transition to democracy"[64]. The meeting provided Prime Minister *Lukanov* with the pretext he sought and he resigned shortly thereafter, going before the nation via television at

---

litical prisoners followed after the ouster of Zhivkov. Prison strikes followed in April, as even those convicted of civil and capital crimes pressed for release. (See Kjell Engelbrekt, "Trade Unions and Their Potential To Mobilize," *Report on Eastern Europe*, (Vol. I, No. 18), May 4, 1990, pp. 1–3 and Vera Gavrilov, "A Spate of Prison Revolts," *Report on Eastern Europe* (Vol. I, May 11, 1990), pp. 4–7.)

Unions, to which 98 % of the Bulgarian working population belong, have gained in importance, especially Podkrepa, the independent labor federation, since the days of Zhivkov. It was one of the 10 founding members of the UDF; as of May 1990 it was still largely a group of intellectuals and white collar workers and was a politically active organization. Konstantin Trenchev, its leader, was in jail during 1989 for 102 days and had opposed assimilation of the Muslims.

63 Radio Sofia, 28 November 1990.

64 AP, 29 November 1990.

8:00 P.M., stating that he had acted for the good of the country and noting that he had not bowed to mob demands[65].

After the Consultative Council meeting, UDF leader *Beron* greeted a jubilant crowd of thousands with the words "Trust us, we're going to solve the country's problems"[66]. An apparently spontaneous parade followed, in which both *Beron* and Social Democratic leader, *Petûr Dertliev,* rode on the shoulders of well wishers. People reportedly sang, danced, and drank champagne (which they must have been hoarding, because there was none in the shops)[67]. The celebrations continued throughout the night. *Lukanov* was brought down by the unions and the opposition, notably the UDF, and the ineffectiveness of his own government.

The Grand National Assembly deputies, meeting in emergency session on 30 November, decided by an overwhelming margin to accept the resignation of *Lukanov:* 316 deputies were in favor, 43 were opposed, and 16 abstained[68]. He was asked to remain in office as caretaker Prime Minister. UDF spokesman *Ganev* suggested that it was time to create a "government of experts"[69]. The UDF had toppled the communists, but it could not form its own government and thus now had to participate in a coalition.

President *Zhelev* sought to nominate a prime ministerial candidate acceptable to both the BSP and the UDF but he had great difficulty in finding someone suitable. After failing to convince *Ginyo Ganev,* a politically unaffiliated Vice President of the Grand National Assembly and well-respected politician, to fill the post, he approached *Dimitûr Popov,* President of the Sofia Municipal Court since March 1990, who had also served effectively as Secretary of the National Electoral Commission during the national parliamentary elections of 10 and 17 June 1990. *Popov* was not formally affiliated with any political party, an attribute which both the BSP and the UDF had deemed essential for the new Prime Minister. Endorsed by a broad majority of the National Assembly, he was asked to form a new government within in a week. He agreed, on the condition that he receive the broad support both of politicians and the people[70].

Popov, who was little known in the West[71], was unable to form a government by the deadline of 14 December, he was granted an extension until 19 December. He then

---

65 AFP, 30 November 1990.
66 Reuter, 30 November 1990.
67 Reuter, 30 November 1990.
68 *Duma,* 1 December 1990.
69 BTA, 30 November 1990.
70 AP, 7 December 1990.
71 Popov began his career as a lawyer in 1950 and continued practicing until 1970 when he was appointed a judge in Sofia's Municipal Court and served as Vice President, then President of the court.

succeeded in constituting a cabinet which he presented to the parliament that night, a little before midnight. The government, a coalition which included ministers from the BSP, the UDF, and BANU, as well as a few without a party connection, was the first broad coalition government in modern Bulgarian history. Notably absent were representatives of the BSDP and BANU-NP, leaders of which decided to remain outside of the government.

Observers expected that the key ministries would be divided evenly between the BSP and the UDF, but in the end the number of ministries was reduced from 18 to 17 and the UDF gained control of only two, the Ministry of Industry, Trade, and Services (an amalgam of three previous ministries), which was assigned to *Ivan Pushkarov* and the Ministry of Finance, which *Ivan Kostov* agreed to head. The UDF achieved its goal of control of the economy with these two positions and with the collaboration of the Minister of Foreign Economic Relations, *Atanas Paparizov,* a BSP member who nevertheless seemed to have accepted the UDF approach. Three deputy prime ministers were named, one each from the BSP, UDF, and BANU.

The BSP received eight ministries, including the Ministry of Defence, under Colonel General *Ivan Mutafchiev,* the Ministry of Justice headed by *Pencho Penev,* the Ministry of Foreign Economic Relations, assigned to *Paparizov.* A reform socialist, Alexander Tomov, was made one of the deputy prime ministers. The Ministry of Foreign Affairs portfolio was turned over to BANU's *Victor Vûlkov,* who also became a deputy prime minister along with UDF's *Dimitûr Ludzhev.* The Ministry of Agriculture was given to *Boris Spirov* of BANU, while the Ministry of Internal Affairs went to a politically neutral retired lawyer, *Hristo Danov,* a figure well-trusted by the UDF leadership.

In all, 17 cabinet members were seated and 15 ministries were filled. The major sticking point in the creation of this government had been control of the Ministry of Internal Affairs. It was the UDF's contention that the portfolio be filled by a UDF member, leastwise until the infrastructure of the old state had disintegrated. In other words, it wanted to control the state security agencies to insure no reversion to totalitarianism occurred. The BSP wanted the post, presumably to control the police, the Ministry of Internal Affairs archives, and to guarantee protection of its members from reprisals. Both parties were unyielding about the matter, despite *Zhelev's* pleas that it was an agency the importance of which was waning because of the onset of democracy. In the end, *Danov,* a retiree who had taken up translating literature from English into Bulgarian, was chosen and was extremely well received[72]. In addition to *Danov,* three other politically unaffiliated ministers were appointed. The Prime

[72] Danov is the grandson of Hristo G. Danov, an major publisher at the turn of the twentieth century in Bulgaria.

Minister called his cabinet a "government of hope." The paramount problems facing the members were achieving economic recovery and insuring political stability.

Opposition Problems

Like the BSP during 1990, the opposition parties' performance was also undistinguished. Members failed to demonstrate either statesmanship or significant national leadership, involved as they too had been in their own internal squabbles. The UDF, comprising 16 parties and interest groups by this time, was ideologically fractured, although it did not permit the differences to break up the coalition. The leadership fell into disarray as allegations surfaced on 4 December that its head, *Petûr Beron,* had served as a police informer for 21 years, according to information revealed by *Konstantin Trenchev*[73]. *Beron* had quietly resigned two days earlier, stating that he had decided to return to his research. At first denying all allegations and protesting his innocence, *Beron* later admitted that he had reported on the activities of foreigners, a not uncommon practice in the *Zhivkov* era.

A further factor in the national crisis was the fact that the Grand National Assembly degenerated into a rowdy debating club. Consequently, when *Popov* took over, faith in the government was low with many Bulgarians being tired of politicians altogether[74], an opinion poll conducted for the newspaper *Ekopolitika* noted that 62% of the respondents were dissatisfied with the legislature's performance[75]. On the other hand, there were signs that with the advent of *Popov,* BSP deputies were becoming more independent-minded than in the recent past. Factions within the party were becoming vocal and defiant of the central party leadership which had shown itself conservative and lacking in vision. Nevertheless, when the crisis in the Baltic Republics of the USSR came in early 1991, the majority of BSP deputies demonstrated that they were at the opposite end of the political spectrum from that of the UDF.

The Case of Lithuania

On 14 January, *Zhelev* summoned the Soviet Charge d'Affaires in Bulgaria, *Vladimir Ivanisov,* to express concern about the Soviet military's occupation of communications and other facilities in the Lithuanian capital of Vilnius. That same day, the Bulgarian Ministry of Foreign Affairs issued a statement of concern, and leaders of the

[73] Radio Sofia, 4 December 1990, Noon; *Duma,* 5 December 1990; *Demokratsiya,* 5 December 1990.

[74] *Los Angeles Times,* 1 December 1990.

[75] *Ekopolitika,* 24 October 1990.

UDF said that the behavior of the Soviet authorities appeared to be a "dangerous lapse into Stalinism." Other groups issued similar statements. On 16 January, the GNA, by a vote of 176 to 64 with 39 abstentions, agreed to a compromise between BSP and opposition deputies, expressing "serious concern" about the Soviet action in Lithuania[76].

Feelings of sympathy ran high in Bulgaria for the Baltic Republics. So much so that the Soviet Ambassador to Bulgaria, *Victor Sharapov,* cautioned Bulgaria that bi-lateral relations could be damaged by the stand Sofia took on the Baltic, something the BSP was worried about, and which caused its deputies in the GNA to oppose sending an official parliamentary delegation to Lithuania, though a delegation of UDF deputies went anyway to demonstrate solidarity with the Lithuanians in the struggle for democracy and independence.

Organizational Matters

In mid-March 1991 the following groups and parties were members of the UDF:

1) Bulgarian Social Democratic Party
2) Bulgarian Agrarian National Union – "Nikola Petkov"
3) Green Party
4) Democratic Party
5) Radical Democratic Party
6) United Democratic Center
7) Ekoglasnost
8) Federation of the Clubs for Glasnost and Democracy
9) Committee for the Defense of Religious Rights, Freedom of Conscience, and Spiritual Values
10) Club for the Repressed After 1945
11) Movement "Citizens Initiative"
12) Christian Democratic Front
13) Federation of Independent Students' Associations
14) Independent Association for the Defenses of Human Rights
15) Alternative Socialist Party

Two others joined in April:

16) Union of the Unaffiliated
17) New Social Democratic Party

The following held observer status:

1) Podkrepa

[76] Radio Sofia, 16 January 1991, 7:30 P.M.

2) Bulgarian Democratic Forum
3) Republican Party

One of the newest to join the UDF, the New Social Democratic Party, was suspended on 23 July 1990 because of disagreements with the BSDP. Four constituent organizations had a pre-communist heritage: the Bulgarian Agrarian National Union, the Bulgarian Social Democratic Party, the Radical Democratic Party, and the Democratic Party.

Podkrepa relinquished its full member status in the UDF in October 1990, then on 3 December also gave up observer status. In 1991, *Podkrepa* withdrew from the UDF saying that as a labor union it should not also be a political party. The Bulgarian Democratic Forum, founded in December 1989 received observer status on 18 February 1991.

The UDF, which numbered probably between 300,000 to 400,000 members, in 1991 each belonging to a constituent party or group, founded a large number of branch organizations throughout Bulgaria after the elections and also has non-member sympathizers who assist in organizational matters. Finances for the UDF were generated internally in Bulgaria. Money from abroad, generally, was neither solicited nor accepted. The UDF's Coordinating Council disclosed its entire 1990 budget to the Commission on Property of the GNA on 5 January 1991. In 1990 the coalition paid out a total of 2,202,773.21 leva while generating 2,573,865.72 leva in income. It thus ended the year with a surplus of 371,092.51 leva. Money received in the treasury came from government subsidy, by the far the largest amount, as well as donations, advertising, fund-raising concerts, and interest from investments and bank accounts[77].

The Constitution

A matter which divided the BSP from the UDF and other opposition parties was the drafting of Bulgaria's constitution. Each major political party set about creating a draft constitution and the UDF proposal was ready at the end of December, and that of the BSP and BANU in January[78]. At least ten draft constitutions were on the table for consideration by the Constitutional Commission whose job it was to formulate a draft proposal for the legislature's consideration. The drafts represented perspectives ranging from monarchists to socialists[79]. The original plan was that on 1 February 1991, deputies were to have had a draft proposal on the floor of the National Assem-

---

[77] *Demokratsiya,* 8 January 1991. See also *Duma,* 1 June 1990.

[78] See Kjell Engelbrekt, "The Grand National Assembly to Adopt a New Constitution," *Report on Eastern Europe* (Vol. II, No. 16), 19 April 1991, pp. 5–8.

[79] *Otechestven Vestnik,* 7 February 1991.

bly and that between 1 March and 1 April it was to have been debated[80]. Both deadlines were missed.

Much of the reason for the delay was inter-party obstruction resulting from competing interests over the distribution of power in the constitution among branches of government, the checks and balances. Parties generally agreed concerning the rights, responsibilities, prerogatives, and composition of the parliament. It was to be a legislature to which cabinet officers are ultimately responsible, not the rubber stamp enterprise of the communist era. One of the central points of disagreement was over whether there should be a constitutional court to interpret the constitution, and if so, what the extent of its authority should to be. The drafts put forward by the major parties advocated republican government rather than a monarchy and each favored a strong president. The BSP argued for a strong court, which could even, in consultation with the National Assembly, fire a state president. Such an enfeebled presidency would be no threat to the BSP, whose GNA deputies sought to promote means of protecting party holdings, including real estate and substantial monetary. Non-BSP deputies opposed the idea, while the general population became increasingly disgusted with the general behavior of its elected representatives whose lack of progress was increasingly a matter of popular concern.

On 22 May President *Zhelev* negotiated a compromise which the majority of legislators of all castes accepted. The understanding was that an election would be held in September, by which time a constitution would have been put in place by the GNA. In the aggregate, the delay in promulgating the constitution both confused the process of democratization and retarded reform. The logjam was broken when the GNA approved a constitution on 20 July 1991, though not before 39 UDF deputies had walked out of the GNA on 14 May protesting that there should be no constitution before national elections in order to diminish BSP influence on the document. UDF Chair, *Filip Dimitrov,* supported the walk-out of the 39 and on 30 May even went so far as to declare that the UDF was thenceforward an "extra-parliamentary force"[81]. Those who walked out represented a variety of UDF groups and they had supporters and detractors in all coalition sections. BSDP, BANU-NP, *Greens* and *Ekoglasnost* members did not support *Dimitrov.* He in turn anathemiszed them and more than 100 MPs who remained in the legislature. In the end a constitution was approved without the vote of those who walked-out, 27 of whom subsequently went on a hunger strike for ten days to protest that the constitution had been passed and to demand a national referendum on it. This too fizzled out and on 23 July they returned to the chamber. It seems that the influence of the president, coupled with support from moderates brough the radical wing to heel.

---

[80] *Duma,* 25 December 1990.

[81] Sechkov, p. 3.

The question of when national elections should be held served to divide members of the UDF. Some demanded new elections before the new constitution was passed in order to avoid the possibility that the constitution would favor the former communists, who made up a majority in the Grand National Assembly. Others sought to have the constitution in place before elections went forward. The UDF's two largest constituent member groups, the BSDP and BANU-NP, were, along with the BSP, at the forefront of those arguing for elections after the constitution was ratified. But while the national election was the cloak in which the issue was wrapped, the real problem seemed to be the matter of control of the UDF. The BSDP and BANU-NP, both founding members, together had about 52 percent of the UDF membership. Smaller parties and groups, all of which were to the right of these two comparative giants which shared left-leaning tendencies and an appreciation of socialism of the Western Europe mould, seemed to fear that they might be dwarfed in the policy development area and governance of the UDF. In March 1991, a Consultative Council was formed by most of the smaller factions of the UDF. Said *Alexander Yordanov* of the RDP and chair of this group, the aim was to guarantee that no one faction of the UDF came to dominate the organization[82]. By April, however, the Council seemed to have either merged with another group called the Right-Wing Bloc, including UDF conservative organizations and perhaps even groups outside the UDF, or disbanded[83].

Early April found the BANU-NP and BSDP forming a "UDF-Center" which the Green Party, the third largest UDF constitutent group, and Ekoglasnost also joined in response to the right-leaning mini-coalition of other member organizations, notably the RDP and DP. *Dertliev,* leader of the BSDP, explained that the Center was meant to represent the political center[84]. It was a reaction to the Council and the Right-Wing Bloc. UDF Chair, *Dimitrov,* did not wish to consolidate further, allaying, at least for a time, concerns of those who feared that the UDF would become some kind of amorphous entity in which individuality of the various members would be homogenized. Rather, he commented, he sought to improve communications within the reorganization at the grass roots. He also wanted to develop better means of decision making and creating greater efficiency[85].

By June 1991, there were clearly two centers of power within the UDF. Authority was divided between the Coordinating Committee headed by *Dimitrov* and the parliamentary group, led by *Dertliev* and *Stoyan Ganev.* A third power base was *Zhelev,* who had influence within the coalition. One commentator aptly described the situation by saying that, "this [division of organizational control] has given the UDF a

---

[82] Engelbrekt, "Cracks," p. 3.
[83] Engelbrekt, "Cracks," p. 3.
[84] BTA, 11 April 1991.
[85] *Anteni,* 20 March 1991.

more pluralist face, while making the articulation of a common policy at this decisive moment of its relations with the BSP harder"[86].

Adding still further to the fragmentation, on 27 July, representatives of BANU-NP, BANU, and BANU Vrabcha-1 met and agreed to unite, setting aside past differences. Noting that BANU was "merging with itself," *Milan Drenchev,* leader of the UDF's BANU-NP, opposed the union reminding all that BANU had collaborated with the former communist governments for more than 40 years[87]. BANU-NP thus fractured over whether to pragmatically join forces with its namesake, or stand on principal. Many chose the former, apparently on the logic that the greater the membership the more influence they would have in political affairs. BANU, and BANU Vrabcha-1 remained outside of the the UDF, BANU-NP, maintained its connection. This change, which had an uncertain future given inter-agrarian animosities, had the potential for creating a very significant third party for agrarian tradition in Bulgaria is strong.

A Balance Sheet

Gorbachev, glasnost, and *perestroika* gave life to dissidence in Bulgaria. The environment and the Muslim assimilation campaign gave it its spirit. From these roots sprang the UDF. On balance, the UDF has accomplished little and much. By its very existence it has pluralized Bulgaria. Yet the coalition continues to be made up of a narrow cross section of Bulgarian society – including former communists, political prisoners, intellectuals, students, human rights activists, environmentalists, and labor activists. Marginal cohesion was maintained from the start as leaders were able to negotiate policies which kept all together out of mutual dependence. UDF membership grew rather than remaining static or shrinking, although the organizational composition changed with the addition of new members and the resignation of *Podkrepa,* a founding member.

Because the UDF was been an organization of intellectuals, it did not attract as broad a base of members as leaders wished, especially among the older generations and rural populations which continued to fear that their economic safety net had been damaged by these democratizers who found most of their supporters in and near urban centers. *Dertliev,* in a press conference on 17 April acknowledged that the UDF must expand its membership throughout Bulgaria, though given the make-up of the UDF, new members were to join constituent groups, not simply the UDF.

---

[86] Andrei Manolov, "Perestroika or Progress," *East European Reporter* (Spring/Summer, 1991), p. 31.

[87] BTA, 27 July 1991.

One factor militating against greater UDF support was a general level of disgust among the population with all manner of political action and parties. This feeling was a direct reaction to the inexperience in parliamentary democracy of Bulgarian politicians of all hues, whose behavior since June 1990 had often impeded the process of democratization by petty political fights and maneuvers. Even so, the UDF has had a major impact on the history of Bulgaria.

Those groups which composed the UDF were disparate in views and values but united in their opposition to continuing the communist system. As democratization evolves, the delicate and complicated balance that enabled the UDF to function will fail and the UDF will surely fracture and splinter. Major symptoms which point of future fragmentation occurred in 1991 with the formation of the right-wing and the center factions. The crack seemed to come on 30 May with *Dimitrov's* declaration of extra-parliamentarianism. Political scientists argue that fragmentation within political parties is normal in nascent democracies. That process seems well under way though for the moment the UDF continued to be held together by the anti-BSP sentiments of its constituents which outweighs other considerations. *Filip Dimitrov* said in an interview on 19 May 1991 that he is hopeful for the UDF's future. "In the final analysis," he said, "the UDF continued to be the first political force in this land and it would be a disgrace by force to cease being this"[88]. Perhaps, but *Petŭr Dertliev,* less diplomatically and more pragmatically predicted in April that "we are different in the UDF, but we are unanimous in our purpose to change the system. When the totalitarian regime is finished, we will be friendly opponents"[89].

[88] Radio Sofia, 19 May 1991, 15:50 P.M.

[89] BTA, 11 April 1991.

Rumen Dimitrov

Bündnis oder „Bewegung". Der Differenzierungsprozeß der „Union der demokratischen Kräfte"

Trotz einer in den vergangenen zwei Jahren turbulenten Entwicklung weist das politische Leben in Bulgarien eine seltsame Beständigkeit auf: Die Wahlen selbst entscheiden weniges, die Entscheidung für die Wahlen jedoch – vieles[1].

Die Episode der erbitterten und öffentlich ausgetragenen Kämpfe innerhalb der größten parlamentarischen Oppositionseinheit – *der Union der demokratischen Kräfte (UDK)* – überraschte in ihrer Intensität und Dauer. Vom Frühling bis zum Spätsommer (bis hin zu den Wahlen am 13. Oktober 1991) wurde der – nicht ganz gelungene – Versuch unternommen, das politische Spektrum in Richtung auf das unbesetzte *„Zentrum"* – was immer darunter auch zu verstehen ist – *umzustrukturieren.* Das unentschiedene Tauziehen zwischen den beiden „Großen" – der UDK und der *Bulgarischen Sozialistischen Partei (BSP)* – blieb auch nach der Bildung einer *Quasi-Koalitionsregierung* im Dezember 1991 bestehen[2]. Man beseitigte die Regierungslosigkeit, jedoch nicht die Ohnmächtigkeit der staatlichen Institutionen. So konnten die Reformen einen Anfang nehmen, kamen aber nicht zum Ende.

---

[1] Schon im August 1991 wußten 80 % von den Wählern, die sich entschieden haben, an den Wahlen am 13. Oktober teilzunehmen, für welche Partei sie ihre Stimme abgeben werden. Und dies zu der Zeit, in der weder die Plattform, noch die Kandidaten der einzelnen Parteien bekanntgegeben sind. Vgl. NZEÖM ⟨Nationales Zentrum für Erforschung der öffentlichen Meinung⟩, *Expreß Nr. 7,* August, 1991, Sofia, S. 4.

[2] In dem relativ kurzen Abschnitt ihrer Entwicklung erlebte die bulgarische Opposition *vier Hauptphasen.* Die erste war mit der *Politisierung der Proteste* verbunden, die zur Palastrevolte am 10. November 1989 führte. Die zweite und dritte Phase umfassen das Erlangen der *Legitimität* als zunächst *außerparlamentarischer* (bis zu den ersten freien Wahlen am 10. Juni 1990) und dann als *parlamentarischer Opposition.* Die vierte Phase begann mit der Bildung einer *Quasi-Koalition* (Dezember 1991) und schien (im Winter des Jahres 1991) bis zum Ende der Legislaturperiode der Konstituierenden Volksversammlung (des verfassungsgebenden Parlaments) zu dauern, die sich nach der Verabschiedung der neuen demokratischen Verfassung (laut politischer Vereinbarung) selbst auflösen sollte. Vgl. über den Verlauf dieser Prozesse Rumen Dimitrov, „Marsch durch die Institutionen". Die Herausbildung der bulgarischen Opposition 1989–1991, *Bulgarian Quarterly* ⟨Deutsche Ausgabe⟩, Bd. 1, Nr. 1, S. 58–71.

Wie paradox, konfliktvoll und zerbrechlich zu dieser Zeit die politischen Beziehungen nicht nur zwischen den an der Regierung beteiligten Gruppierungen, sondern auch innerhalb ihrer eigenen Reihen gewesen sind, wird schon aus der Chronologie der Ereignisse vom Frühling bis Sommer 1991 ablesbar.

Januar–März 1991

> Die Quasi-Koalitionsregierung beginnt mit der Wirtschaftsreform, indem sie die „klassischen" Mittel des Monetarismus anwendet. An der Regierung sind alle im Parlament vertretenen politischen Kräfte beteiligt[3] – mit Ausnahme der *Bewegung für Rechte und Freiheiten (BRF),* die ihre Anhängerschaft hauptsächlich unter der türkischen Bevölkerung in Bulgarien hat. Nach der Vereinbarung aller Parteien wird die Regierung mit drei Stellvertretenden Ministerpräsidenten – *Alexander Tomov (BSP), Dimitŭr Ludžev (UDK) und Viktor Vălkov (BBVB-„A. S.")* – besetzt. Zum Minister-Präsidenten wird als Kompromißfigur der unparteiliche Jurist *Dimitŭr Popov* gewählt. Die Stellen im Ministerrat, von denen die Wirtschaftsreform direkt abhängt, sind mit Experten der UDK besetzt. Die Regierung *Popov* genießt ein höheres Vertrauen als die vormalige „einfarbige" Regierung der Sozialisten *Andrej Lukanov*[4]. Die UDK ist eine Koalition von 16 Parteien, Bewegungen und Verbänden. Sie wird von einem Koordinationsrat geleitet, dessen Entscheidungen – nach dem *Statut*[5] – einen empfehlenden und nicht obligatorischen Charakter für die Koalitionsmitglieder haben.

Die Einheit dieser äußerlich „blauen", aber innerlich „bunten" Koalition ist nur auf der Grundlage des Antikommunismus möglich. Sie baut auf zwei Annahmen auf, die ihren ideologischen „Kitt" darstellen. Die erste: „Die Kommunisten sind immer noch an der Macht". Und die zweite: Die BSP ist immer noch die BKP.
Die erste Annahme zeugt von der Verwandlung des Wortes „Opposition" in eine glorifizierte metaphysische Größe – die Gleichsetzung des „Oppositionellen" mit

---

[3] Nach den ersten freien Wahlen am 10. Juni 1990 konnten vier politische Gruppierungen die Sperrklausel von 4 % überschreiten: die bis dann allein regierende BSP gewann 211 Abgeordnetenmandate im Parlament (52,75 % der Wählerstimmen), die UDK – 144 (36 %), die BRF kam überraschenderweise auf den dritten Platz mit 23 Stellen (5,7 %) vor der *Bulgarischen Bauernpartei* – 16 (4 %).

[4] Das Vertrauen in die Regierung, gestiftet vor allem vom „blauen" (der UDF) und „schwankenden" Elektrorat, ist besonders hoch in den ersten Monaten Amtszeit. Bis April–Mai 1991 hat die Regierung dieselbe höchste „Anerkennungsrate" wie die Institution des Präsidenten: 56–61 % – weit höher als die des Parlaments: 37–36 %. Vgl. Vassil Tončev, Lidija Jordanova, Wahlen 1991. Die öffentliche Meinung in Bulgarien, *Logis,* Sofia, 1991, bes. S. 37–40.

[5] Vgl. Das Statut der Union der demokratischen Kräfte ⟨angenommen am 29. Oktober 1990⟩, *Demokracija,* 67, 20. März 1991/5. Die Mitglieder der Union werden in drei Status-Gruppen geteilt – „Gründer", „Beobachter" und „eingefrorene Mitgliedschaft".

dem „Demokratischen" überhaupt. Die zweite bestimmt eine doppelsinnige Politik gegenüber der „Staatspartei" BSP/BKP und dem von ihr dominierten „Nomenklaturstaat". Es handelt sich hierbei um eine „neorevolutionäre" Haltung, indem man den Kampf für den Staat vom Kampf gegen den Staat – oder die „Demokratie ohne *Kommunismus*" von der „Demokratie ohne *Kommunisten*" – kaum unterscheidet[6]. Die Koalition tat sich aber immer schwerer, die Voraussetzungen dieser Annahmen einzuhalten. Aus dem „Oppositionellen" einen Mythos zu machen, hätte schlechthin bedeutet, auf die Staatsmacht verzichten zu wollen. Dies aber wollte die Union nicht. Hinzu kommt, daß sie nach den Parlamentswahlen vom Juni 1990 zu einer Opposition nicht nur außerhalb, sondern auch innerhalb des Staatsapparates wurde. So wurde aus der „sagenhaften Opposition" eine „parlamentarische Minderheit[7]", und zwar eine aktive Minderheit, die sich in der Legislative, als gesetzgeberischer Hegemon behaupten konnte[8].

Die UDK war auch aus anderen Gründen keine „richtige" Opposition. Am 1. August 1990 hatte die „Konstituierende Volksversammlung" *Želju Želev,* den damaligen Vorsitzenden des Koordinationsrates der UDK – nach langen, dramatischen und geheimen[9] Verhandlungen – zum Präsidenten gewählt. Damit war ein Präzedenzfall geschaffen: seine Kandidatur wurde nämlich von einer parlamentarischen Minderheit auf legalem Wege – doch nicht ohne äußeren Druck – durchgesetzt. *Želev* verwandelte die Institution des Präsidenten in eine die Kräfte ausgleichende, Konsensus stiftende und hochangesehene Einrichtung. Zugleich versäumte er jedoch keine Gelegenheit, im Rahmen seiner Befugnisse, für die UDK Partei zu nehmen. Auf das Image eines „überparteilichen" Präsidenten legte er keinen allzu großen Wert[10].

---

6 Vgl. Rumen Dimitrov, Av Mavritanija mavrite sa beli, *Kultura,* Nr. 25 vom 21. Juni 1991/5. Eine solche autoritäre „Haß-Liebe" dem Staat gegenüber ist nicht so sehr ideologisch zu erklären, als vielmehr durch die paternalistischen Kulturmuster einer undifferenzierten Gesellschaft, in der Politik schlecht verortet und abgegrenzt werden kann.

7 Vgl. zur „Entzauberungsdisskussion" über den Begriff „Opposition" einige scharfsinnige Bemerkungen von Dragomir Draganov, Neobhodimo procedurno pojasnenie, *Duma,* Nr. 31 vom 31 Januar 1991.

8 *Stefan Stojanov,* Abgeordneter der UDK, hat im TV-Journal „Panorama" des Bulgarischen Fernsehens am 13. Juli 1991 dargestellt, daß die Abgeordneten gar nicht so „parteilich" votiert hatten. Z. B. hat eine Zahl von Vertretern der BSP oft ihre Stimme für die von der UDK unterbreiteten Vorschläge und Projekte abgegeben. Die tatsächliche Fraktionsteilung im Parlament unterschied sich manchmal beträchtig von der angeblichen Parteienteilung.

9 Seitdem weilt in den Gängen des Parlaments der Neologismus („das bunte") „Politbüro", der die korporativen Interessen der Parteiführungen anvisiert, die sich auch im Parlament gegen die öffentlichen durchsetzen können.

10 In einem Interview antwortete Želju Želev auf eine Frage von mir: „⟨Nach⟩ den formellen Pflichten ... die ich nach der Verfassung habe, bin ich nicht überparteilich." Vgl.

Obwohl das Wort „Koalition" von seiten der UDK zunächst streng vermieden wurde, unterstützten – nach der im Januar 1991 erreichten politischen Vereinbarung – alle im Parlament vertretene Parteien die neue Regierung. In Wirklichkeit war dies eine von der UDK dominierte Regierung, da die strategischen Wirtschaftsreformämter von Experten der UDK besetzt wurden. Da der politische Nutzen der Teilnahme an einem solchen riskanten Unternehmen – nämlich die Bevölkerung wirtschaftlich zu „exekutieren" – ziemlich ungewiß, die Gefahren hingegen beträchtlich waren, fanden die Politiker der Union die „Salomonische" Formel, „die Regierung zu unterstützten, ohne an ihr direkt teilzunehmen"[11].

Auf der kommunalen Ebene existierten schon seit der Zeit der Regierung *Lukanov* die sogenannten *„vremenni upravi"* ⟨*„provisorische Verwaltungen"*⟩, die nach dem Paritätsprinzip konstituiert wurden und die alten „kommunistischen" Kommunalorgane ersetzt hatten[12]. Auch hier wäre es also nicht korrekt, von einer wirklichen Opposition zu sprechen.

Die Mitverantwortung, die von Vertretern der Opposition auf allen Verwaltungsebenen – direkt oder indirekt – übernommen wurde, hatte auf die UDK eine ambivalente Auswirkung. Zwar konnten die unerfahrenen Demokraten selber in der politischen Küche Rezepte lernen und ausprobieren, sich als Staatsmänner professionalisieren, und nicht zuletzt die alte institutionelle Ordnung von innen umgestalten. Dies führte jedoch zu einer wachsenden Identitätskrise in der Opposition selbst, da viele Konfliktlinien, die früher nur externe waren – wie z. B. zwischen Bürger und Staat, Leiter und Verwalteten, Arbeitgeber und Arbeitnehmer – jetzt zu eigenen Problemen wurden[13].

Dr. Želev, imate li otgovor? Vlasta e kapan za intelektualeca, *1000 dni,* Nr. 2 vom 28. August 1991, S. 9.

11 Allerdings hat nur der Sozialdemokrat Dertliev diese Formel wortwörtlich interpretiert, indem er seinen Parteigenossen *Ivan Puschkarov* aus der Partei ausschließen ließ, da er den Posten des Wirtschafts- und Handelsministers angenommen hatte.

12 Sie wurden nicht gewählt, sondern durch eine Art lokalen „Runden Tisch" zusammengesetzt. Eine ihrer wichtigsten Aufgaben war, die „Freiheitlichkeit und Fairneß" der nächsten Wahlen an „Ort und Stelle" zu garantieren.

13 Ein Beispiel dafür ist der Vorsitzende der Grünen Partei, *Alexander Karakačanov,* der 1990 zum Bürgermeister von Sofia ernannt worden war. Der ehemalige Dissident und Aktivist des ökologischen Protestes hat auf diesem Posten zwar für die Ökologie wenig getan – oder tun können –, schaffte aber für seine politischen Partner von der Union bessere infrastrukturelle Voraussetzungen für eine normale politische Arbeit und führte – nicht ganz ohne Erfolg – gerichtliche Prozesse gegen die BSP in Sache Parteieigentum. Versuchte er aber seine dienstlichen Pflichten wahrzunehmen, um für die öffentliche Ordnung zu sorgen – wie im Fall des zivilen Ungehorsams auf den sofioter Straßen (August 1990), des Okkupationsstreiks der Studenten (Oktober 1990) oder den Krawallen am Tag der Verfassungsunterzeichnung (12. Juli 1991) – dann wurde er

10. April 1991

> Die Widersprüche innerhalb der Koalition nehmen zu. Provoziert von der Gründung eines imaginären *„Rates der neoliberalen und der neokonservativen Kräfte“*[14] – in dem sich kleine „Rechts“-Parteien[15] innerhalb und außerhalb der UDK zusammengetan hatten, erklärten die BSDP und die Bauernpartei „Nikola Petkov“ – die zwei „Riesen“ in der UDK[16] – die Gründung einer Wahlkoalition *„UDK-Zentrum“*[17]. Zwei weitere Organisationen – Ekoglasnost und die Grüne Partei[18] drücken ihre Bereitschaft aus, sich an diese „Koalition innerhalb der Koalition“ anzuschließen.

Dieser zunächst rein symbolische Akt basierte auf tieferen politischen und persönlichen Differenzen. Es war nicht so sehr ein Kampf zwischen politischen Perspektiven – nicht einmal zwischen Gegenwartserfahrungen –, sondern vielmehr zwischen eigenen historischen Erinnerungen und „geliehenen“ Zitaten, die den politischen Raum stärker als etwas anderes zu strukturieren schienen. Die politische Zeitlosigkeit der letzten Jahrzehnte hat eine Neu-Auflage der Situation der 40-er Jahre vorbereitet. In den meisten Parteien haben sich alte Eliten durchgesetzt, die die Verfolgungen, Gefängnisse und Lager überlebt hatten. Es war dies die *erste Generation* Politiker, die aus dem Getto einer biographischen Marginalität kamen und denen es bis zum letzten Augenblick des alten Regimes nicht erlaubt war, sich politisch zu betätigen. Es waren die langjährigen inneren und äußeren Emigranten, die die neue Politik auf der Grundlage ihrer alten Zerstrittenheiten aufzubauen versuchten. Die erste Spaltung in

---

schnell für die „Radikalen“ der UDK unbeliebt, die eifriger und hartnäckiger als die „Kommunisten“ nach seinem Rücktritt von allen Posten verlangten.

[14] Im Unterschied zu den Protokollen der Parlamentarischen Union der demokratischen Kräfte, sind die des Koordinationsrates nicht zugänglich. Vom Abgeordneten *Petŭr Stajkov (Politischer Klub „Ekoglasnost“)* erfuhr ich, daß man sich im Koordinationsrat damals nicht im Klaren gewesen sei, ob ein solcher Rat überhaupt existiert. Erst nach der Ankündigung des „UDK-Zentrums“ wurde von in den Rat angeblich eingetretenen Parteien der UDK eindeutig erklärt, daß es einen solchen Rat nicht gebe.

[15] Für bulgarische Verhältnisse sind „topische Metaphern“ wie „rechts“ und „links“, („neo-“) „liberal“ und „konservativ“ wenig instruktiv, ja vielleicht irreführend. Wesentlich ist, meines Erachtens, z. B. der Unterschied zwischen den *konservierenden* Faktoren (eher kommunistischer Provinienz) und den *restaurierenden* (wie Parteien, die monarchistische, paternalistische oder autoritäre Zustände aus der vorkommunistischen Vergangenheit zum Vorbild haben).

[16] Nach einer Meinungsumfrage im April–Juni 1991 hatten die beiden Parteien die größten Wählerquoten innerhalb der UDK. Von der Gesamtsumme potenzieller UDK-Wähler bevorzugten 27 % die BSDP und 24 % die Bauernpartei „Nikola Petkov“. Vgl. Vassil Tončev, Lidija Iordanova, Izbori 1991 (wie Anm. 5), S. 13.

[17] Vgl. *Demokracia,* Nr. 86 vom 11. April 1991, S. 1.

[18] Ihrem Einfluß nach sind sie die dritt- und die viertgrößte Partei innerhalb der Union mit je 7 % und 6 % der potentiellen Stimmen für die UDK (Ibid.).

der UDK wurde von eben diesen Politikern initiiert. Die paternalistische Kultur dieser Generation kann unter anderem zur Erklärung dienen, warum der politische Pluralismus zunächst nicht zur Beseitigung, sondern lediglich zur Multiplizierung autoritärer Parteistrukturen geführt hat[19].

Die „eigentlichen" ehemaligen Dissidenten gehörten zu einer *zweiten Generation,* die sich aus kulturellen Eliten rekrutierten, die beim „Aufbau des Sozialismus" mehr oder weniger assistiert hatten. Erst in der vorletzten Zeit hatten ihre moralischen Proteste zur Beschleunigung des unvermeidlichen Wandels beigetragen[20]. Die Gründung der UDK und anderer oppositioneller Strukturen zeichnete sich durch eine *Elitenwanderung* von der Kultur in die Politik aus.

Diese zeitweilige Überpolitisierung der Intelligenz ist durchaus verständlich. Da die Demokratisierung in Bulgarien zunächst als Erweiterung des öffentlichen Raumes[21] und als Pluralisierung der Politik erschien, hat die Politik für die Intelligenz an Attraktivität nicht verloren, sondern nur der Zugang zu ihr wurde demokratisiert[22]. Die zivile Gesellschaft blieb jedoch aus, und den neuen politischen Eliten verblieb eine ungeklärte Funktion als Interessenvermittler[23].

---

19 Die Analyse der politischen Parteien in Bulgarien ist daher als Kulturwissenschaft paternalistischer Interpretationsmuster besonders produktiv. So kann man z.B. besser verstehen, warum Ideenstreit von persönlicher Loyalität nicht unterschieden wird usw. Vgl. Rumen Dimitrov, Svetlinata na svestite i oreolăt na oltara, *Kultura,* Nr. 31 von 1990, S. 3.

20 Das ist die Generation von Želju Želev, Petko Simeonov, Elka Konstantinova, Peter Slabakov, Alexander Karakačanov, Peter Stajkov, Stojan Ganev und vielen anderen.

21 Hier lehne ich mich an den Begriff des öffentlichen Raumes als eines „strukturierten Komplexes verschiedener Ebenen" an, der sich durch den freien und unbedingten Austausch von Themen und Meinungen ausdifferenziert. Vgl. Jürgen Gerhardts, Friedhelm Neidhardt, Strukturen und Funktionen moderner Öffentlichkeit. Feststellungen und Ansätze. Wissenschaftszentrum Berlin für Sozialforschung, 1990, bes. S. 6–29, sowie Dieter Rucht, Parteien, Verbände und Bewegungen als Systeme politischer Interessenvermittlung ⟨Manuskript⟩, Berlin 1990, bes. S. 6–11.

22 Das mag als eine strukturelle Erklärung dienen, warum sich in der „ersten Stunde" der Demokratie die ehemaligen Kritiker des alten Regimes fast ausnahmsweise als neue Ideologen durchzukämpfen versuchten und jegliche reflexive Haltung in Bezug auf die politischen Prozesse, an denen sie beteiligt waren, verloren. Vgl. zur ambivalenten Rolle der Intelligenz im „Demokratisierungsprozeß" Rumen Dimitrov, Krajat na inteligencijata?, *Kultura,* Nr. 36 vom 21. September 1990, S. 3. Ähnliches für Jugoslawien stellt Ursula Rütten fest (Vgl. Neue soziale Bewegungen in Jugoslawien – mit einem Streiflicht über die Situation in Albanien, in *Forschungsjournal Neue Soziale Bewegungen,* 3. Jg., 1990, Heft 2 ⟨Soziale Bewegungen in Osteuropa⟩, S. 79–83, bes. S. 82–83.

23 Das Wesen des politischen Wandels in Bulgarien besteht, meines Erachtens, eben gerade in der explosions- oder implosionsartigen Erweiterung des öffentlichen politischen

15. April 1991

Auf einer Kundgebung in Sofia, die vom Städtischen Konsultativen Rat der UDK organisiert worden ist, wird zum ersten mal ein *Aufruf zur Gründung von Bürgerkommitees-UDK* angenommen[24]. Die Initiative geht sowohl von den städtischen Kräften der UDK als auch von denjenigen kleinen „Rechtsparteien" innerhalb und außerhalb der UDK aus, die früher versucht haben, den „Fantom-Rat" zu gründen. Dabei sind auch die Gewerkschaft „Podkrepa" und Vertreter von Emigrantenorganisationen wie z. B. des Bulgarischen freien Zentrums (USA), die Stiftung „Dialog", die bulgarische Kirchengemeinschaft im Exil (Deutschland) u. a. Abwesend sind die Vertreter des UDK-Zentrum. Bindende Leitidee ist *„die unverzügliche und endgültige Liquidation der kommunistischen und neokommunistischen Strukturen und Tendenzen in Bulgarien"*. Im Aufruf wird festgestellt, daß der Prozeß der Demokratisierung stehen geblieben sei, daß die UDK sich selber in den Dienst der Kommunisten gestellt habe, und daß man die günstigste Zeit für neue Wahlen verpaßt habe. Man faßt den Beschluß nach Formierung von *regionalen Bürgerkommitees* und Vorbereitung einer *nationalen Konferenz.*

Die Initiative hat einen tiefsinnigen Hintergrund. Seit dem Anfang des Demokratisierungsprozesses – und besonders seit der Gründung der UDK als Koalition von Bewegungen, Parteien und Verbänden (am 7. Dezember 1989) – hat man schon immer auf die eine oder andere Weise versucht, eine einheitliche Opposition auf der Basis des Antikommunismus zu organisieren. Die Verdrängung der BSP (BKP) von der politischen Macht war die Aufgabe, die allem anderen übergeordnet blieb. Die Frage aber lautete: wie?

Eine extensive Erweiterung der „blauen" Koalition durch neue Organisationen war aus vielerlei Gründen unerwünscht. Der erste und zugleich letzte Versuch, eine einheitliche Super-Koalition *aller* Oppositionsparteien (die über 90 zählen) mißglückte, als während der *Nationalen Konferenz der Oppositionskräfte* in Plovdiv (9.–11. März 1990) klar wurde, daß der Widerspruch zwischen dem Wunsch nach einer *einheitlichen* Opposition und dem Monopolrecht des Ersteren, die *einzige (eigentliche)* Opposition zu sein, unüberwindlich ist[25]. Die UDK wurde als erste zum Symbol der

---

Raumes. Eine Konkurrenz zwischen Bewegungen, Parteien und Verbänden sowie die Teilung der staatlichen Gewalten ging der Pluralisierung der anderen gesellschaftlichen Sphären voraus.

[24] Vgl. Tova e edinstvenijat păt. Pri siv sa săzdavane na graždanski komiteti „SDS", *Demokracia,* Nr. 90 vom 15. April 1991, S. 1–2.

[25] Die UDK hat dort versucht, bestimmte Parteien an sich anzuschließen, was von den meisten verurteilt wurde. Die Vorwürfe, die Union „*monopolisiere* den Demokratisierungsprozeß", sie „wolle nicht die *Einheit* der Opposition, sondern *einzige* Opposition sein" und sie setze ihre „*Elitarisierung*" fort (Vgl. den Aufruf der Liberaldemokratischen Partei, *Svoboda* ⟨Bulletin der LDP⟩, Nr. 4 vom 30. April 1990, S. 2) mögen nicht ganz unberechtigt sein, ändern aber an der Sache nichts.

demokratischen Opposition, und sie hat es verstanden, dieses *symbolische Kapital* zu wahren.

Nach der Bildung der Quasi-Koalitionsregierung, hat man öfter von einer *„Vereinigten Opposition" („Obedinena oposicija")* gesprochen, die von allen im Parlament vertretenen Parteien – selbstverständlich ohne die BSP – zusammengesetzt sei. Doch war dies nicht mehr als ein ideologisches Konstrukt, und jeder ernsthafte Versuch der Verwirklichung drohte, die Nähte in der UDK selbst platzen zu lassen[26].

Die Kernfrage der Entwicklung der Opposition hieß also nicht mehr, *„mit wem außerhalb* der UDK *gegen* die Kommunisten", sondern *„wer* wird *innerhalb* der Koalition die dominierende Rolle spielen". Zugleich befand sich die Union in einer Zeitnot. Während der Protestaktionen gegen die Regierung *Lukanov* im November 1990 registrierten die Meinungsumfragen bei den Wahleinstellungen die besten Resultate für UDK und die schlechtesten für BSP. Dann, in den ersten Monaten des Jahres 1991, verschlechterten sie sich für UDK und verbesserten sich für BSP wieder[27]. In der Union gewann die panische Stimmung an Einfluß, daß man wahrscheinlich den günstigsten Moment für neue Wahlen verpaßt hatte, und daß demzufolge gerettet werden mußte, was noch zu retten war. Die Forderung nach Wahlen – „unbedingt und jetzt" – wurde lauter. Die Bürgerkommitees-UDK hatten die eigenartige Funktion, als *revolutionäre Wahlklubs* die Union zu einer Einheit zu disziplinieren, und zwar zu einer *Bewegungspartei,* die den (Wahl-) Kampf im Parlament und für das Parlament durch außerparlamentarische Mittel wesentlich verstärken sollte.

Diese „neorevolutionäre" Idee stieß aber auf Widerstand bei Teilen der UDK. Die Einstellung zu ihr wurde zum vielleicht wichtigsten Prüfstein für die Interessen- aber

---

[26] Z.B. waren nicht alle Parteien in der Union bereit, mit der türkischen BFR zusammenzuarbeiten. Besonders vor den Wahlen versuchte jede Koalition, sich einen Hauch Nationalismus anzueignen (In der Stadt Kărdžali konnte man während der nationalistischen Kundgebungen lesen: „UDK + BRF = 00 〈„obedinena oposicija"〉. Der Konflikt zwischen der „regierungsamtlichen" Bauernpartei, der mit den Jahrzehnten mit den Kommunisten kollaboriert hat, und der oppositionellen Bauernpartei „Nikola Petkov" nahm in demselben Maße zu, wie die erstere versuchte, sich mit der zweiten zu vereinigen.

[27] Im November erklärten 41 % der potentiellen Wähler, daß sie ihre Stimme für die UDK abgeben würden, und nur 22 %, daß sie es für die BSP tun werden. In den nächsten Monaten entwickelte sich das Verhältnis zwischen diesen beiden Gruppen folgendermaßen (die Prozentzahl für BSP wird in Klammern gesetzt): Dezember '90 – 38 % (21 %), Januar '90 – 32 % (23 %), April '91 – 28 % (26 %). Bedeutend ist auch der langsame, aber ständige Anstieg der Wähler, die deklarierten, daß sie sich der Stimme enthalten würden: im November 90 – 22 % und im Mai '91 schon 28 %. Das war die „drittgrößte Partei", die die unbekannte Größe für die nächsten Wahlen darstellen sollte. Vgl. Antonij Todorov et. al., Proporciite na haosa v cifri, *Kultura,* Nr. 23 vom 7. Juni 1991, S. 4–5.

auch Wertdifferenzierung innerhalb der Union in Bezug auf den weiteren Weg der Demokratisierung.

Auf der Ebene der Werte konnte man gegen die Kommitees argumentieren, daß sie von Leuten organisiert werden, die die Zeit der Revolution zu Hause „verschlafen“ hatten und sie erst jetzt nachholen wollten, was sie versäumt hatten. Für diese *Revolutionäre „im nachhinein“* sollte die Versöhnung erst nach dem endgültigen Sieg über die „Kommunisten“ kommen, eine Versöhnung mit den „Kommunisten“ selbst wäre für sie kein Sieg. Deshalb wurden für diese „Radikale“ die neuen Wahlen wichtiger als die Erarbeitung und Verabschiedung einer neuen Verfassung, für die die Konstituierende Versammlung gewählt worden war. Dies konnten diejenigen Abgeordneten der Union – und unter denen die meisten, die beim Präsidenten und der Regierung Verantwortung trugen – nicht billigen, da sie der Meinung waren, daß sich das System schon in einem unumkehrbaren Demokratisierungsprozeß befindet, und daß die Wahlergebnisse selbst nicht zum „unverzüglichen Wechsel des Systems“, sondern lediglich zu einem Wechsel der Eliten an der Macht führen würden[28].

Auf der Ebene der Interessen wurde die Gründung der Bürgerkommitees als eine Bedrohung gegen die größten Parteien der UDK und besonders gegen ihre Eliten wahrgenommen. Die Ideologie der Kommitees bestritt das Prinzip der Quotenvertretung (nach tatsächlicher oder angeblicher Anhängerschaft) im Koordinationsrat zu Gunsten einer proportionellen Repräsentation, was die BSDP und die Bauernpartei „Nikola Petkov“ benachteiligte, die als einzige ihre Parteistrukturen auch in der Provinz ausgebaut hatten. Für sie waren die Kommitees also ein Versuch der kleinen „Rechtsparteien“, mit Hilfe der von reichen amerikanischen Gewerkschaften unterstützten Gewerkschaft „Podkrepa“, die Strukturen der Parteien des „linken Zentrums“ zu vernichten. Nur die Idee einer „Breiteren Bewegung“ konnte die Eliten der im einzelnen wenig bedeutenden Parteien über die 4-prozentige Sperrklausel ins Parlament hineinkatapultieren.

Und auf der „rein technologischen“ Ebene argumentierten die Gegner der Kommitees mit der unrealistischen Terminfrist für die neuen Wahlen: unrealistisch nicht nur für den Prozeß der Verabschiedung der wichtigsten Gesetze – auch des Grundgesetzes –, sondern auch für die technische Vorbereitung der Wahlen. Der Vorwurf gegen die „Radikalen“ hieß also hier: sie unterminieren nicht nur das Grundgesetz, sondern die Gesetzgebung selbst. Die Antwort darauf war, daß, da die „Kommunisten“ über die Mehrheit im Parlament verfügen, es ohnehin nicht im Stande sei, demokratische Gesetze abzustimmen[29].

---

[28] Vgl. z.B. Dimitrina Petrova, I idat bodri partizani na istinskoto SDS, *Kultura*, Nr.25 vom 21.Juni 1991, S.1.

[29] Vgl. Aufruf zu einer Gründung von Bürgerkommitees „UDK“.

19. April 1991

Plamen Darakčiev, einer der Führer der Gewerkschaft „Podkrepa“, erklärt in einem Interview, daß es ein Szenarium gebe – *„Plan Klin“* (*„Plan Keil“*) – „um die Opposition zu vernichten“. Viele führende Politiker innerhalb der UDK seien „kommunistische Agenten“. Er erwähnt nicht nur den Namen des schon kompromittierten – nicht ohne die Hilfe des „Podkrepa“-Chefs Trenčev – *Dr. Petŭr Beron*[30], sondern auch andere Namen – die von *Petko Simeonov* (dem Vorsitzenden der Föderation Glasnost und Demokratie), *Dimitŭr Ludžev* (dem stellvertretenden Minister-Präsidenten der UDK) und *Ivailo Trifonov* (dem Chef der Kanzlei des Präsidenten) – alle drei Leute aus der Umgebung des Präsidenten. Es gebe „in der UDK zwei Typen von Menschen – infiltrierte und manipulierte“[31].

22. April 1991

Der Chef der Kanzlei des Präsidenten Ivailo Trifonov antwortet auf die Beschuldigungen. Er verteidigt die größten Parteien in der UDK und nimmt für sie zum ersten mal offen Partei. Er sagt, daß die *„Föderation der Klubs die UDK-Zentrum unterstützt“,* was auch

---

30 Dr. Petŭr Beron, der ehemalige Vorsitzende der Öko-Bewegung „Ekoglasnost“, wurde im August 1990 auf der Stelle von Želju Želev zum Vorsitzenden des Koordinationsrates der UDK ernannt, als letzterer zum Präsidenten gewählt wurde. Bald wurde er durch „Enthüllungen“ kompromittiert, daß er unter dem Deckname „Bončo“ die Sicherheitsorgane lange Jahre informiert hat. Die Kampagne gegen ihn wurde persönlich vom Podkrepa-Chef Trenčev durchgeführt. Die Gewerkschaft ist, ohne Zweifel, eine der informiertesten Stellen in Bulgarien, denn eine Ironie des Schicksals ist, daß es „enttäuschte“ Sicherheitsagenten des alten Regimes gegeben hat, die, nach den politischen Vereinbarungen, von den „Kommunisten“ entlassen wurden, und dann, samt Informationen, zur Gewerkschaft übergegangen sind. Im Fall von Beron war Trenčev wahrscheinlich nur der öffentliche Exekutor. Die Diskreditierung verlief mit der aktiven Einmischung des Präsidenten selbst, der Beron zu sich gerufen hat, um ihn mit seinem „Aktenheft“ bekanntzumachen. Das war schon ein Präzedenzfall – der tschechoslovakische Präsident wollte die Aktenhefte verbrennen, der bulgarische hat im Herbst'90 den Dossier eines Politikers selber ausgepackt. Das blieb nicht ohne spätere Folgen. Im Hintergrund dieser Aktion war wahrscheinlich der Kampf um die Vermeidung einer Koalitionsregierung, für die die Union zu dieser Zeit nicht vorbereitet war. Den meisten Leader der Opposition genügte, die Instituion des Präsidenten unter Kontrolle zu haben. Sie bestanden darauf, daß man die einfärbige Regierung von Lukanov zwingen soll, allein den Anfang der unpopulären Reformen setzen zu müssen. Entgegen ihrer Auffassung war Dr. Beron offensichtlich mehr bereit, sich als Minister-Vorsitzenden einer Koalitionsregierung zu sehen. Die Sozialisten bevorzugten auch seine Kandidatur, was damals auch ein Grund war, Beron politisch zu neutralisieren.

31 Vgl. Donka Drăndewa, Plamen Darakčiev: Scenarij sa unistožavane na oposicijata ima i toj se izpălniava ot lideri na SDS, *24 casa,* Nr. 2 vom 29. April 1991, S. 4.

indirekt bedeutete, daß sich *der Präsident selber als „Zentrist"* verstehen will. „Podkrepa" sei eine „Mischung aus Syndikalismus, Extremismus, Monarchismus und Parlamentarismus"[32].

Denselben Tag wird in der Zeitung *Fax* eine Liste mit 32 Namen von Abgeordneten veröffentlicht, die angeblich für die Geheimdienste gearbeitet haben.

Die aufgeregten Diskussionen um den angeblichen „Plan Klin" und die Liste kompromittierter Politiker hat die ohnehin mühsame Arbeit des Parlaments noch mehr durcheinandergebracht und Personen und Fraktionen sinnlos gegeneinander aufgebracht. Beabsichtigt oder nicht hat der Fall denjenigen gedient, die von einer parlamentarischen Krise profitieren wollten. Letzten Endes stellten die Kontroversen – in denen jede Seite nach „geheimen Agenten" und nicht etwa nach offensichtlichen Versäumnissen gesucht hat – einen Schlag gegen den Präsidenten und die Regierung, gegen die „zentristisch" gesinnten Parteien der UDK, und nicht zuletzt gegen die Sozialistische Partei – gegen den *unbedingten Konstitutionalismus* dar. So zeichnete sich eine neue, wesentliche – obwohl öfter spontane und unreflektierte – Teilung zwischen *radikalen und liberalen Demokraten* ab. Die letzteren beharrten immer entschiedener auf die demokratischen Wege zur Demokratie und verzichteten auf jede Form – auch die „sanfte" – von Revolution.

Die politische Teilung – auch innerhalb der UDK – wurde immer differenzierter. Ihre neue Dimension – wie Republik-Monarchie, Antikommunismus-Konstitutionalismus, Nationalismus-Universalismus – war jedoch nicht so sehr von den Bürgerinteressen, die in einer zivilen Gesellschaft von den politischen Organisationen „klassisch" vermittelt werden, bestimmt, sondern vielmehr von den momentanen Positionen der politischen Eliten determiniert, die im Koordinationssystem der unmittelbaren „Interessen des Staates an sich selbst"[33] agieren.

26. April 1991

Aufruf einer Gruppe radikal gesinnter Deputierter der UDK, in dem die Forderung gestellt wird, die Konstituierende Volksversammlung solle sich *bedingungslos* – also unabhängig von der Verabschiedung des Grundgesetzes – bis zum 15. Juli selbst auflösen, damit der Präsident

---

32 Vgl. Veselina Gočeva et. al., Ivailo Trifonov: Darakčiev bălnuva, a v Podkrepa diriǯirat monarhistite, *24 casa,* Nr. 4 vom 22. April 1991, S. 1–2.

33 Vgl. Claus Offe, „Politische Herrschaft und Klassenstrukturen. Zur Analyse spätkapitalistischer Gesellschaftssysteme", in: Gisela Kress, Dieter Senghaas (Hrsg.), Politikwissenschaft. Eine Einführung in ihre Probleme. Frankfurt a. M., 1972, S. 135–164. Offe hat die von liberalen Theorien etwas vernachlässigte Rückwirkung des Staates auf die Bürgerinteressen und ihre Vermittlungsstrukturen untersucht. Diese „nichtklassische" Richtung ist wesentlich auch für das Verständnis des politischen Wandels in einer „verstaatlichten Gesellschaft" wie der bulgarischen.

das Datum der neuen Wahlen festlegen kann. Sonst – so der Aufruf – werden die ihn unterzeichnenden Abgeordneten die Arbeit des Parlaments boykottieren[34].

28. April 1991

Abschlußtag der *Zweiten nationalen Konferenz der Grünen Partei.* Alexander Karakačanov wird zu ihrem Vorsitzenden wiedergewählt. *Filip Dimitrov,* Vorsitzender des Koordinationsrates der UDK erklärt „aus technischen Gründen" seinen Rücktritt von seinem bisherigen Posten als Stellvertretender Vorsitzender der Grünen Partei. 1/10 der Delegierten verlassen demonstrativ die Konferenz. Karakačanov wird „Autototalitarismus"[35] und „pseudooppositionelle Linie" vorgeworfen. Der Anfang der Parteispaltung.

8. Mai 1991

Auf einem Treffen von Sympathisanten der UDK mit Filip Dimitrov in einer Sofioter Gemeinde wird die *Gründung des ersten lokalen Bürgerkommitees „UDK"* erklärt. Dasselbe Datum trägt die *Programmatische Erklärung der Bürgerkommitees „UDK"* (die in *Demokracia* mit einer unverständlichen Verspätung erscheint). Dort ist zu lesen: „Der Hauptsinn der Formierung und des Funktionierens der Bürgerkommitees „UDK" ist in der Suche einer passenderen Oppositionsform von Oppositionstätigkeit, in der *Umgestaltung der UDK von der KOALITION (einer Form, die ihre Kapazität erschöpft hat) in BEWEGUNG (mit historisch nachgewiesenen von der Praxis der anderen osteuropäischen Staaten Wirksamkeit und Effektivität)*"[36].

Das Dilemma „Koalition oder Bewegung" ist sehr interessant. Es spiegelt eigentlich die meisten Widersprüche in der Union wieder. Wie es jedoch oft im bulgarischen politischen Leben vorkommt, stecken manchmal hinter den Worten ganz andere Bedeutungen als die buchstäblichen.

Die Idee von der UDK als „Bewegung" stand vor mehreren Problemen: Zunächst, war es nicht zu riskant, die UDK ein paar Monate vor den erwünschten Wahlen radikal umzustrukturieren[37]? Einerseits war in der Provinz das Prinzip „eine Partei – eine Stimme" schwer zu verändern. Dort standen die meisten Leute den Teilungen und Reibungen zwischen den Parteieliten in Sofia fern. Für sie gab es nur *eine* UDK. Für den Aufbau differenzierterer Strukturen fehlten dort Menschen, Ressourcen, Zeit. Und was vielleicht das entscheidende für die „Bewegung" war: die Interessen

---

34 Vgl. Obrăstenie, *Demokracia,* Nr. 98 vom 26. April 1991, S. 1.

35 So *Emil Dimitrov* – vgl. Karakačanov be preisbran, *24 casa,* Nr. 9 vom 29. April 1991, S. 3.

36 Vgl. Programna Deklaracija na graždanskite komiteti „SDS", *Demokracia,* Nr. 121 vom 23. Mai 1991 ⟨unterzeichnet am 8. Mai 1991⟩, S. 3 (Alles im Text ist von mir unterstrichen).

37 Vgl. die realistischen Betrachtungen vom Experten der Union Rumen Vălčev, Opozicijata pred izbori. Pogled na eksperta, *Demokracija,* Nr. 124 vom 27. Mai 1991, S. 1, 3.

der lokalen Funktionäre unterschieden sich von denen der Parteileitungen in Sofia. Anders ausgedrückt: was die politische Elite in Sofia auseinandertrieb, führte sie in der Provinz zusammen. Das Interesse der lokalen Funktionäre war unter den gegebenen Bedingungen die *Verfestigung einer einheitlichen Apparatur.*

Andererseits dublizierten die Bürgerkommitees die Rolle der *Wahlstäbe der UDK*[38]. Die Hoffnung, durch eine Bewegung mehr Stimmen zu mobilisieren, war jedoch eine typische Selbsttäuschung der Parteifunktionäre. Im Gegenteil, diese überpolitisierte Form stieß die meisten Schwankenden ab[39].

Die *„Bewegung" als die Art, die UDK von einer Koalition in eine Partei umzustrukturieren,* stieß auf unüberwindbare Schwierigkeiten, die an dem widersprüchlichen und ungeklärten Charakter der Opposition liegen. Gewiß sind viele Funktionäre der Union ganz zufällig Mitglieder der einen oder anderen Partei. Doch die fundamentalsten politischen und ökonomischen Widersprüche, die z. B. das Profil der europäischen politischen Landschaft bestimmen, liegen nicht einfach zwischen BSP und UDK, sondern auch innerhalb der Union selbst.

1991 sind weder BSP noch UDK zu normalen politischen Parteien geworden. Organisationsmäßig war die UDK nicht Vertretung von *Interessen,* sondern *funktionale* Vertretung – also *Vertretung von Vertretungen*[40]. Das hat gerade die Bewegungen – wie Ekoglasnost oder die Klubs für Demokratie –, die sich der Union angeschlossen hatten, ihrer Spontanität, Überparteilichkeit und des subkulturellen Flairs beraubt.

In Bezug auf die Plazierung im politischen Raum hat der *quasi-korporative Charakter* sowohl der BSP als auch der UDK zu wichtigen Folgen geführt. Erstens, war die Union eine *„linke" Organisation im politischen Sinne* (Kampf gegen den Status quo, politische Revolution, Emanzipation „von unten"), und zugleich eine *„rechte" Organisation im ökonomischen Sinne* (Resitution, Entstaatlichung, Privatisierung). Genau umgekehrt verhielt es sich mit der BSP. Es standen sich im Mai 1990 also zwei *Proto-Parteien* gegenüber – die *links-rechte UDK* gegen die *rechts-linke BSP*[41]. Da

---

[38] Für *Stefan Gaitandžiev,* Abgeordneter von Ekoglasnost, stellen die lokalen Bürgerkommitees *„das fünfte Machtorgan der UDK"* dar: nach den schon existierenden (1) Koordinationsräten, (2) dem Nationalen Konsultativen Rat, (3) der Parlamentarischen Union ⟨der Fraktion der UDK in der Volksversammlung⟩ und (4) den Wahlklubs oder -stäben. Seiner Meinung nach wird das neue Element den Einfluß der Union – besonders in der Provinz – schwächen. Vgl. Veselina Gočeva, SDS može da se rascepi sled nacionalnoto săvestanie, *24 casa,* Nr. 26 vom 18. Mai 1991, Nr. 3.

[39] Vgl. Rumen Valčev, Oposizijata pred isbori. Pogled na eksperta.

[40] Vgl. Rumen Dimitrov, Demokracijata e măžestvo na razuma, *Kultura,* Nr. 25 vom 22. Juni 1990, S. 3.

[41] Vgl. Peter-Emil Mitev, „Ljavo" i „djasno" v političeskata skala na iztočna Evropa, Sofia 1990 ⟨Manuskript⟩. Der Autor war Abgeordneter der BSP, der eine sozialdemokratische Plattform innerhalb der Partei ohne großen Erfolg zu gründen versuchte.

der Prozeß der „Sozialdemokratisierung“ der BSP kaum fortschritt, hat die BSDP von Peter Dertliev trotzdem die einmalige Chance bekommen, den links-zentristischen Raum zu besetzen. So bekam der „klassische“ Widerspruch zwischen Kapital und Arbeit, Marktwirtschaft und Sozialpolitik seine Institutionalisierung *innerhalb* der UDK[42].

Und, zweitens, konnte der andere konstituierende Widerspruch zwischen bürgerlichen Bewegungen und politisch-administrativem System auch nicht in der heutigen politischen Konstellation in Bulgarien Ausdruck finden, da sich alle Ansätze von sozialen Bewegungen rasch politisierten und von der Staatsmacht hypnotisieren ließen. Es ist nicht zufällig, daß in Bulgarien keine Bewegung im Sinne der *Neuen Sozialen Bewegungen (NSB)*[43] – wie der pazifistischen, der Frauenbewegung usw. – zu beobachten ist. Der ökologische Protest als Propagandierung der Folgen der Industriegesellschaft findet zwar seine Formen innerhalb der UDK, steht jedoch in einem komplexen Zusammenhang mit anderen Konfliktlinien wie Demokratismus, Industrialisierung, Antikommunismus, Depolitisierung, Ethnozentrismus, Nationalismus, Populismus usw[44]. Es ist kein Zufall, daß in Bulgarien gerade die ökologischen Organisationen – aus außerökologischen Gründen – so gespalten wie keine andere sind.

9. Mai 1991

Bruch zwischen der Unionsleitung und ihrer parlamentarischen Fraktion. Im Koordinationsrat der UDK überwiegen die Anhänger der „Radikalen“, die den Aufruf vom 26. April unterschrieben haben. In der Parlamentarischen Union sind die meisten Deputierten gegen die unbedingte Selbstauflösung der Konstituierenden Volksversammlung[45].

15. Mai 1991

39 Abgeordnete (bekannt als „*die Gruppe der 39*“) verlassen die Sitzungen des Parlaments. In ihrem Aufruf wiederholen sie ihre Forderung nach sofortiger Selbstauflösung der Volksversammlung und Ansetzen vom Präsidenten des Termins für die neuen Wahlen[46].

---

42 Ein Zeichen dafür ist eine gewisse Annäherung zwischen der *Konföderation der unabhängigen Syndikate in Bulgarien* und BSDP.

43 Vgl. stellvertretend für das Paradigma der NSB: Karl-Werner Brandt (Hrsg.), Neue soziale Bewegungen in Westeuropa und den USA. Ein internationaler Vergleich, Frankfurt a. M., New York 1985; Roland Roth, Dieter Rucht (Hrsg.), Neue soziale Bewegungen in der Bundesrepublik Deutschland, Frankfurt a. M., New York, 1987.

44 Vgl. Karl-Werner Brandt, Massendemokratischer Aufbruch im Osten: Eine Herausforderung für die NSB-Forschung, *Forschungsjournal Neue Soziale Bewegungen*, 3. Jg., 1990, Heft 2, S. 9–18.

45 Vgl. Milen Parčev, „Sinjo remi“: koordinacionnijat săvet podkrepja 36-te deputati, *24 casa*, Nr. 23 vom 10. Mai 1991, S. 1.

46 Vgl. Otgovornost pred nazijata. Deklaracija na deputati ot SDS, *Demokracija*, Nr. 104 vom 15. Mai 1991, S. 1. Die Verteilung der Deputierten, die das Parlament verließen:

Die Aktion der Gruppe von Deputierten hat die Unterstützung der Bürgerkommitees gefunden. Die besonders aktive Sofioter Organisation der UDK, die die Bürgerkommitees „UDK“ gegründet hat, registrierte sich am 17. Mai beim Gericht als „*Partei UDK*“[47]. Wie immer blieb dies nicht mehr als eine symbolische Geste, doch sie war unmißverständlich. Der Apparat der UDK in Sofia arbeitete sehr nah mit dem Nationalen Koordinationsrat zusammen und hat sich als bevollmächtigt gefühlt, seine eigene Funktionslosigkeit der Zerstrittenheit der Koalitionsleitungen entgegenzusetzen. Stillschweigend befürworteten es die kleinen Rechtsparteien von der Union. Das bedeutete jedoch nicht, daß, wie oben zitiert, die Koalitionsform ihre Kapazität erschöpft habe. Die Wahrheit ist, daß es keine richtige Koalition gab auf Grund der Tatsache, daß es keine richtigen Parteien gab.

19. Mai 1991

Vielleicht der entscheidende Tag für die Zukunft der UDK. Im Nationalpalast der Kultur in Sofia wurde *die Nationale Konferenz*[48] *der UDK* eröffnet. Die Anhänger der Bürgerkommitees versuchen, die Konferenz in ein *Leitendes Organ der UDK* zu transformieren. Es werden Einwände entgegengebracht, daß die Union in eine Partei und nicht in eine Bewegung verwandelt wird. Dr. Trenčev, der Präsident von „Podkrepa“, der die Schlüsselfigur der Konferenz darstellt, hält eine vielbejubelte Rede, in der er sagt, daß nur als eine *Superpartei* die UDK die andere Superpartei der Sozialisten/Kommunisten bekämpfen könne. Die Mehrheit stimmt für den Boykott des Parlaments durch alle UDK-Deputierten.
In der Nacht vom 19. zum 20. Mai 1991 verabschieden die großen Parteien in der UDK – BSDP, die Bauernpartei „Nikola Petkov“, die Grüne Partei, Ekoglasnost, die Klubs für Demokratie und die FNSV die sogenannte „*Deklaration der 6*“. Dort werden die Entscheidungen der Konferenz der UDK zurückgewiesen. Sie sei „ein Putschversuch“, ein „blauer Totalitarismus“ und „ein Attentat gegen die Koalition“[49].

Versuche, die UDK als Partei auszubauen, gab es schon früher. Als 1990 in der Union die Sozialdemokraten ziemlich stark dominierten, steuerte die Parteileitung auf eine „heimliche Sozialdemokratisierung“ der Opposition. Das hat den Widerstand der anderen Parteien und Bewegungen gerufen, die solche Bemühungen als „unheim-

---

BSDP-3, GP-4, E-3, FKD-2, RP-11, BBVB „N. P.“-4, VDZ-4, Unabhängige-4. In den nächsten Tagen schlossen sich an die Gruppe auch weitere Deputierte an.

[47] Vgl. Veselina Gočeva, SDS može da se rascepi sled nacionalnoto sâvestanie.

[48] Die Parteileitungen vom UDK-Zentrum bestanden auf dem Wort „*nacionalno sâvestanie*“ („*nationale Beratung*“). Diese Feinheit – „*Konferenz*“ oder „*Beratung*“ – war für sie wesentlich, da, nach dem Statut der UDK, die Entscheidungen der Beratungen einen empfehlenden, und nicht obligatorischen Charakter haben.

[49] Vgl. Paun Conev et al., Nežnata revoljucija isjade naj-nežnite si deca, *168 casa* vom 11. Juni 1991, S. 21.

lich“ empfanden. Andere, wie *Petko Simeonov* versuchten, die UDK in eine Liberale Partei zu verwandeln, blieben jedoch mit dieser Idee immer stärker in der Isolation. Und die politischen Ambitionen des Gewerkschaftsführers *Dr. Trenčev – Walesa* als Vorbild haltend – waren auch mit dem Verlangen verbunden, die UDK unter eigener Kontrolle zu haben[50]. Doch gelang der Versuch, die Koalition zu nivellieren, weder „von oben“ (der „Partei“-Code) noch „von unten“ (der „Bewegung“-Code). Wie schon angedeutet, hat die Unfähigkeit der BSP, sich zu reformieren, die UDK gezwungen, sich auf einen breiteren politischen Raum auszubreiten, als sie es zu verkraften schien.

24. Mai 1991

Petko Simeonov, der die „Deklaration der 6“ unterzeichnet hat, wird als Stellvertretender Vorsitzender des Koordinationsrates der UDK abgesetzt.

28. Mai 1991

Die Volksversammlung nimmt Entscheidung für ein Volksbegehren über Artikel Eins des Verfassungsprojektes, wo die Form staatlicher Regierung bestimmt wird. Dieser etwas unerwartete Schritt, der offensichtlich gegen die Monarchisten gerichtet war, wurde sehr stark von den kleinen Rechtsparteien kritisiert[51].

29. Mai 1991

In *Demokracija* wird die *Politische Deklaration des Städtischen Konsultativrates der UDK-Sofia* veröffentlicht, die den Appell enthält, die lokalen Konsultativräte der UDK sollten in eine *Volksbewegung „UDK“* übergehen. Dort wird aufgerufen, auf das Prinzip des Konsen-

---

50 Ein Grund für den Konflikt zwischen Dr. Trenčev und jenen UDK-Abgeordneten, die im Parlament geblieben waren, war die „innere Kolonisierung“ der UDK durch „Podkrepa“ mit außerparlamentarischen Mitteln. Trenčev eroberte die Unionszeitung *Democracjia* und der neue Chef-Redakteur *Volen Siderov* erntete die Proteste der größten Parteien sowie der Parlamentaristen der Union, die auf den Seiten der Zeitung nicht mehr zu Wort kamen. Teilweise wurden die letzteren auch im bulgarischen Fernsehen einer „blauen Zensur“ unterworfen, da die meisten Angestellten dort Mitglieder von „Podkrepa“ waren. Aus diesen Gründen begann die Arbeit über die Vorbereitung einer *neuen alternativen Zeitung, der „Demokracija'91“.*

51 Das war vielleicht ein Akt von Selbstverteidigung und Solidarität der Abgeordneten im Parlament. So wurde noch eine Konfliktlinie aufgezeichnet – also nicht nur *Kommunismus oder Demokratie,* sondern auch *Monarchie oder Republik.* Die zweite vor die erste Frage zu stellen, bedeutete für die Gruppe der 39 eine „Abmachung mit dem Kommunismus“ und „Spaltung der Antikommunistischen Front“. Auf den Präsidenten hat man einen starken Druck geübt, und, letzten Endes, wurde diese Entscheidung einige Wochen später annulliert.

sus nunmehr zu verzichten und das Prinzip der *Verbindlichkeit* der Entscheidungen für alle in UDK zusammengeschlossenen Parteien einzuführen[52].

Die Schwelle des Parlaments wird zur Spaltungslinie nicht nur zwischen den Parteien, sondern innerhalb von ihnen. Was dem fetischisierenden Bewußtsein als geheimer kommunistischer „Plan Keil" erscheint, ist – abgesehen von seiner balkanischen Dramaturgie – eine *Umstrukturierung der politischen Parteien in Richtung von unbesetzten politischen Räumen.* Die *Polarisierung* des politischen Lebens in der Konfrontation zwischen den beiden Proto-Parteien – BSP und UDK – nimmt zwar wesentlich nicht ab, die Dimensionen politischer Differenzierung jedoch nehmen zu. Dies ist die Voraussetzung für eine *reichere politische Kultur,* die immer weniger bereit ist, auf das politische Leben durch elementare binomische Interpretationsmuster zu schauen.

1. Juni 1991

Von „Ekoglasnost" werden ausgeschlossen oder gezwungen, die Organisation zu verlassen: *Peter Slabakov, Krasen Stančev, Peter Stajkov, Georgi Avramov, Boris Kolev* u. a., einige der Gründer der Bewegung und der UDK[53].

5. Juni 1991

Der Präsident Želju Želev hält eine Rede vor der Konstituierenden Volksversammlung, wo er versucht, die Seiten zu versöhnen. Er sagt unter anderem: „Ich unterstütze die Entscheidung des Parlaments vom 28. Mai d. J., sich bis zum 17. Juli selbst aufzulösen. Ich denke jedoch, daß es nicht zu empfehlen ist, die Annahme der Konstitution als eine Voraussetzung und Vorbedingung.dafür zu betrachten"[54].

Wie es oft in solchen Fälllen passiert, hat der Kompromißvorschlag keine der Seiten befriedigt. Die Abgeordneten haben ihn als einen Schlag und Präzedenzfall gegen die parlamentarische Demokratie empfunden, und den „Unversöhnlichen" war die Rede ziemlich uneindeutig. Von dem Augenblick an bemühten sich die Deputierten, das Grundgesetz vor dem festgelegten Termin zu verabschieden. Es begann – oder wurde fortgesetzt – ein, nach den einfallsreichen Kritikern, *„konstitutioneller Marathon-*

---

[52] Vgl. Političeska Deklaracija na gradskija konsultativen săvet na SDS-Sofija, *Demokracija,* Nr. 129 vom 29. Mai 1991, S. 1.

[53] Vgl. Paun Conev et al., Die sanfte Revolution ... Die letzteren gründen einige Tage später den *Politischen Klub „Ekoglasnost"*, der mit *BSDP* die *Koalition UDK-Zentrum* gebildet hat. Die andere *Nationale Bewegung „Ekoglasnost"* hat sich wieder an die UDK-Nationale Bewegung angeschlossen.

[54] Vgl. Želju Želev, Obrăstenie kăm VNS, *Zemedelsko zname,* Nr. 111 vom 6. Juni 1991, S. 1.

lauf". Die Einwände waren jetzt nicht, daß der Prozeß zu langsam, sondern, daß er *zu schnell* vor sich geht.

6. Juli 1991

Ehemalige Mitglieder der Grünen Partei gründen eine alternative *Partei der grünen Liberalen (PGL)* mit Vorsitzendem *Dr. Sahari Toskov*[55].

9. Juli 1991

UDK-Liberale (Grüne Partei, Demokratische Partei „Konservative Eintracht"[56] und Föderation der Klubs für Demokratie) und *UDK-Zentrum* (BSDP, Klub der Repressierten, Politischer Klub „Ekoglasnost") unterzeichnen eine *politische Vereinbarung* für gemeinsame Wahlkoalition, die jedoch später nicht realisiert wurde.

9. Juli 1991

Ein Teil der 39 Deputierten erklärt einen unbefristeten *Hungerstreik,* wenn sich die Versammlung nicht selbst auflöst, bis der neue Wahltermin vom Präsidenten festgelegt wird und gegen die Gefahr, eine „kommunistische Verfassung" anzunehmen. Aus verschiedenen Gründen verlassen das Parlament die Führungen der Bauernpartei „Nikola Petkov" und der BRF[57]. Doch auch dies nicht ohne Parteispaltungen.

---

[55] Vgl. die Annonce in *24 casa,* Nr. 69 vom 8. Juli 1991, S. 3.

[56] Auch diese Partei wurde durch Spaltung der parlamentarischen Gruppe der Demokratischen Partei, von ihrer UDK-Nationale-Bewegung-orientierten Parteileitung gegründet. Die Demokratische Partei „Konservative Eintracht" (DPKE) hatte ihre Gründungskonferenz am 27. Juli 1991, ihr Vorsitzender ist *Stefan Stojanov.* Vgl. Who is who in Elections'91. Leaders, Parties, Coalitions, Unions, Sofija 1991, S. 50.

[57] Die gerontokratische Führung von Milan Drenčev sah sich vor der Gefahr der Wiedervereinigung der beiden Bünde, die nur eine Frage der Zeit war. Der größte Teil der Parlamentarischen Gruppe des BBVB „N. P." vereinigte sich mit der Parlamentarischen Gruppe des BBVB „A. S." und funktionierte als selbständige Parlamentarische Fraktion, die der Leitung von Drenčev rein formell untergeordnet war. Letzterer entschied sich wieder für den „unversöhnlichen" Teil der UDK – also für UDK-Nationale Bewegung, und tritt nicht nur aus der Koalition UDK-Zentrum heraus, sondern auch von den Sitzungen im Parlament. Die meisten Abgeordneten des Bundes sind jedoch im Parlamentssaal geblieben und wurden von der Partei ausgeschlossen. Dasselbe passierte mit der türkischen Partei von Ahmed Dogan. Aus Protest gegen das Verfassungsprojekt, was nach ihrer Einschätzung den Schutz und die Realisierung der Rechte der ethnischen Minderheiten nicht gewährleistete, verließ die Gruppe das Parlament. Jedoch auch nicht alle Abgeordneten der Partei haben es getan, die sofort von ihr ausgeschlossen wurden. Dieser interessante Kampf zwischen Partikularismus und Parlamentarismus ist vielleicht vom Standpunkt der paternalistischen Kultur weiter zu analysieren.

12. Juli 1991

Unterzeichnung des Grundgesetzes. Selbstauflösung der Konstituierenden Volksversammlung, die ihre Arbeit bis zu den nächsten Wahlen fortsetzt. Krawalle in Sofia von Anhängern der hungernden Deputierten gegen die „Soz-Konstitution“. Einmischung der Polizei.

17. Juli 1991

Erlaß des Präsidenten, womit er den Termin für die neuen Wahlen festlegt – den 29. September 1991[58]. Man erzielt eine Kompromißvereinbarung mit den hungernden Deputierten. Sie brechen ihren Streik ab und erklären ihren moralischen Sieg.

26.–28.-Juli 1991

Wiedervereinigung der beiden Bauernparteien. Milan Drencěv bleibt jedoch außerhalb des Bundes und organisiert nicht ganz ohne Erfolg die Reste seiner Partei. Also doch keine endgültige Vereinigung.

Es folgen weitere Spaltungen und Vereinigungen, die zur Formierung eines politischen Zentrums gedient haben. Die UDK teilte sich in *drei selbständige Koalitionen – UDK-Nationale Bewegung, UDK-Zentrum und UDK-Liberale.* Ihre Differenzen sind nicht zu unterschätzen. Jedoch unterscheiden sie sich nicht in ihrer Ablehnung des Kommunismus, sondern lediglich in ihrem Verhältnis zur BSP/BKP.

Für die UDK-Bewegung ist es selbstverständlich, daß die Sozialisten versteckte Kommunisten sind. Die psychologische Strategie der UDK-Liberale ist eine andere: wenn sich die Kommunisten so gut als Sozialisten verstellen (Verzicht auf das Machtmonopol, Verabschiedung demokratischer Gesetze usw.), dann sind sie eben Sozialisten. Die Gleichung der Einheit: BSP/BKP wurde zerstört[59].

Einen Monat vor den Wahlen vom Oktober 1991 wurde in Bulgarien ein großer politischer Wandel mehr oder weniger abgeschlossen. Die Bürgerkommitees UDK – die Geburtshelfer des Differenzierungsprozesses – verschwanden so plötzlich, wie sie in Erscheinung getreten waren. Sie zwangen Teile der Demokratischen Union, sich als „gemäßigte“ und „Liberale“ selbst zu bestimmen in einem Moment, in dem sie dafür noch nicht bereit waren. In diesem Zusammenhang haben die Bürgerkommitees die politischen Prozesse rasch beschleunigt – obwohl in einer Richtung, die umgekehrt von der von ihnen beabsichtigten war. Damit erfüllten sie ihre Rolle und sind von der Szene – zeitweilig? – ausgestiegen.

---

58 Der Termin wird dann als Notmaßnahme auf den 13. Oktober 1991 verschoben, da es doch klar wurde, daß es technisch unmöglich ist, die Wahlen so schnell vorzubereiten.

59 Vgl. Ivan Krăstev, Kvadraturata na poročnija krăg, *1000 dni,* Nr. 0 vom 14. August 1991, S. 9.

Die UDK-Nationale Bewegung hat bei der Zentralen Wahlkommission die blauen Wahlzettel gewonnen, und hat so einen wichtigen symbolischen Vorsprung vor den anderen UDK-Konkurrenten bekommen. Ihr Erfolg mit der Quasi-Monopolisierung von Namen und Farbe der Opposition, zwang sie jedoch, auf das Wort „Bewegung“ zu verzichten. Und dies nicht nur aus wahltaktischen Gründen. Die Koalitionsidee auch innerhalb der „eigentlichen“ UDK wurde wieder attraktiver.

Die Bürgerkommitees „UDK“ sind ein Beispiel dafür, daß nicht alles, was die Geschichte bewegt, dann in der Geschichte bleibt.

Kjell Engelbrekt

The Bulgarian Socialist Party: Unity At Any Cost

Under a new name – the *Bulgarian Socialist Party (BSP)* – adopted in the spring 1990, Bulgaria's former Communist Party has managed both to retain a broad membership base and to win considerable electoral support. It received a slight majority (52.75 %) of seats in the Grand National Assembly in the general elections in Juni 1990, and one year later claimed over 500 000 registered members. By gradually adjusting its image to the requirements of a new political environment, one where democratization and reform are replacing authoritarian structures, the BSP has like few other previously ruling Communist Parties in Eastern Europe successfully survived the collapse of communist ideology.

Yet, the BSP has ever since the 1990 elections found itself in a paradoxical situation. Despite its wide electoral support and parliamentary majority, the all-Socialist government led by Andrey Lukanov faced intense opposition from many Bulgarians. Burdened also by the BSP's past history of perpetrating political oppression, about which people gradually learned more through the liberalization of media, Lukanov's government in November 1990 eventually caved in under the weight of the opposition. Following *Lukanov's* downfall in late 1990, the party went on the defensive particularly since key portfolios in the present cabinet were distributed between politically unaffiliated and representatives of the *Union of Democratic Forces (UDF).* On the other hand, the Socialists took advantage of their position of strength in parliament, leaving their mark on new legislation including the new constitution voted on July 12, 1991.

While much of the BSP's huge infrastructure has remained intact, throughout the first half of 1991 the party was plagued by internal struggles. Radical and conservative factions and groupings competed to gain influence over the Supreme Party Council, the BSP's leading body. Following the national party conference on August 2–3, it seemed as if the solving of internal differences could be postponed until after the parliamentary elections in mid-October. However, the coup attempt in Moscow begun on August 19 evidently altered the picture. The failure of the Supreme Party Council to present a joint statement on the Moscow coup instead compounded internal strife. In the end of August, BSP's Deputy Chairman *Andrey Lukanov,* perhaps the most powerful member of the party's luminaries, announced that he left the top leadership in disappointment over the feeble protest. After nearly two years of systematically

trying to dissociate itself from the worst sides of its legacy, by September 1991 the party seemed on its way to being caught up by the past.
The following account of the transformation of the Bulgarian Communist Party is outlined chronologically, with the emphasis on some critical experiences since November 10, 1989. This date will go down in the history of Bulgaria as a day on which a new era began. It was then that *Todor Zhivkov,* Communist Party leader for 35 years and head of state since 1962, eventually left office. November 1989 thus also marks the start of a cumbersome process toward renewal of the Communist Party, a process which gradually was to separate the party from the state and set the BSP on its path to find a new role.

Postsuccession Turmoil

The *Zhivkov* resignation would not have had a profound impact on Bulgarian society, in all likelihood, had it occurred a few years earlier. Then, Bulgaria was still perhaps the most faithful ally of the Soviet Union, a country where serious opposition movements like those in other East European states, Polish "Solidarity" and Czechoslovak "Civic Forum," were unheard of. However, times had rapidly been changing. Above all, the impact of the peaceful revolutions occurring all over Eastern Europe in the fall 1989 was tremendous. Bulgaria had one week before the *Zhivkov* ouster, on November 3, experienced its first major nonofficial political demonstration in over four decades. The event had been organized by an ecological protest movement, *Ekoglasnost,* which gradually became a channel through which many dissidents expressed their dissatisfaction with the government. Some 3000 courageous, but nervous, protesters marched across the city center to hand over a list of signatures demanding an end to government plans to build a gigantic dam in southwest Bulgaria, a project which threatened the existence of two of the country's few untouched rivers.
Zhivkov's downfall in fact marked the culmination of several weeks of unprecedented events in Sofia. Protected by the presence of international press accredited to an ecological conference, sponsored by the Conference for Security and Cooperation in Europe (CSCE), the opposition had staged numerous meetings and discussions throughout the capital. Perhaps more importantly, the international ecological conference provided the diverse Bulgarian opposition with its first real opportunity to get together and discuss strategies for the future. Thus, when *Petar Mladenov* succeeded *Zhivkov* on November 10, a core made up largely of intellectuals had already been formed and, in early December 1989, many of them coalesced into the Union of Democratic Forces (UDF)[1].

---

[1] On the UDF, see contribution by Duncan M. Perry in this volume. Incidentally,

The replacement of *Todor Zhivkov* opened wide the gates of opportunity. In Sofia and some other places in the country, the nascent opposition organized mass meetings. Initially, people mostly expressed their dissatisfaction with the former regime. But later, demands become bolder and the party itself became a target. Within days the formerly tightly controlled newspapers were filled with articles critical of many previously taboo aspects of Bulgarian life, such as power abuse and corruption. The new leadership permitted the media, and especially the press, greater freedom; journalists, however, initially behaved as though the press had become free.

The criticism of *Zhivkov* coincided with the interests of the new communist leadership. Keen on distancing itself from the previous regime, *Zhivkov's* successors, *Petăr Mladenov, Andrey Lukanov* and *Dobri Dzhurov,* helped to cultivate the theory that the General Secretary had been the victim of a classic palace coup. This version had it that the new leadership had risked their own heads to oust *Zhivkov,* guided primarily by concern of the state of the country, about growing economic problems and political developments in other East bloc states.

In significant respects, the truth was otherwise. According to one of *Zhivkov's* assistants, *Konstatin Chakarov,* the General Secretary had been aware that his position was weakening for some time, and he had been informed that opposition was brewing even in the Central Committee[2]. On November 8, one day before the scheduled Central Committee plenum, *Zhivkov* received friendly advise to step down from Defense Minister *Dobri Dzhurov,* possibly also from Prime Minister *Georgi Atanasov*[3]. At the plenum opened on November 9, *Zhivkov* himself announced his willingness to resign[4]. It is not unlikely, that, as Politburo member *Dimitar Stanishev* suggested, *Zhivkov* actually nurtured hopes that his resignation would be rejected by the Central Committee as it came up on the next day's agenda. However, as this did not happen, *Zhivkov* had to yield to the change of roles and to the fact that others were now writing the scenario. Having been thanked in laudatory terms by his collegues, the former party leader was ironically enough escorted out of the plenum by his successor, who had engineered his demise, *Petăr Mladenov*[5].

Under growing pressure from society, a new Central Committee plenum was scheduled for December. As he addressed the Central Committee on December 11, *Mladenov's* agenda included four items of particular importance to the Communist Party as well as to the nation. First, he made a strong attack on *Zhivkov* and his associates,

I would like to thank Duncan for his many useful comments and suggestions on a draft version of this paper.

2 *Pogled,* July 9, 1990.

3 Konstantin Chąkarov, *Vtori Etazh* (Sofia: Plamak, 1990), p. 106.

4 A protocol, said to be authentic by some of those who participated at the plenum, was published in *Vreme,* February 9, 1991.

5 See Chakarov, p. 110.

pointing out among others Politburo members *Ognyan Doynov* and *Grisha Filipov* as responsible for the economic crisis. *Mladenov* called on the party to purge the Central Committee of other members involved in gross mismanagement. Second, he indicated the beginning of the end to the cruel assimilation program against ethnic Turks, launched in late 1984 by *Zhivkov.* He revoked laws prohibiting the Turks from speaking their own language and practising their customs (the assimilation campaign as a whole was cancelled on December 29). Third, *Mladenov* promised sweeping reforms in the economic and political system. And, fourth, he offered a dialogue with the opposition and suggested free elections in June 1990[6].

The opposition was no longer content with such vague promises. When the BCP rejected an invitation by UDF Chairman *Zhelyu Zhelev* for immediate round table talks, the oppositional *Podkrepa* trade union on December 27 called a general strike. Facing the prospect of social conflict on a large scale, the BCP gave in on the same day. Subsequently, however, it stalled the talks for several weeks. On January 14, two weeks after the strike threat, the opposition held the most massive rally since the fall of *Zhivkov.* Bulgarian Radio reporters estimated that some 150 000 people had gathered in Aleksandar Nevski Square. Toward the end of the meeting, the crowds supported calls for the resignation of Prime Minister *Georgi Atanasov* for his role in the assimilation campaign, and demanded that constitutional articles ensuring the Communist Party's leading role in Bulgarian society be abolished. On the following day, the National Assembly unanimously ruled to accomodate the latter claim.

The turn had now come to deal with country's leader in person, and not only in public speeches. On January 18 the Chief Prosecutor's Office issued a warrant for the arrest of *Todor Zhivkov.* He was taken into custody charged with "incitement of ethnic hostility and hatred, the unwarranted receipt of excessive amounts of public property, and gross abuse of power." *Zhivkov* defiantly announced that he refused to take the services of a defense lawyer, though he later relented. Bulgarian Radio reported on January 29 that a group of investigators had been appointed to look into the property and personal income of the fallen leader.

Factions Emerge

The advent of a new political era meant not only competition from outside, but also from inside the ranks of the previously monolithic Communist Party. Party members began to ask for democratic procedures within the organization, no longer willing uncritically to submit to the party line announced by the Politburo and the Central

---

[6] See Rada Nikolaev, "More Changes in the Bulgarian Communist Party," *Bulgarian Situation Report,* no. 11, December 15, 1989.

Committee. There were demands for greater influence for local party organizations, open discussion on matters of policy, and election of leaders from below instead of cooptation by the leadership. This movement grew from within the party, though at first often evolved around reformist-minded communist intellectuals. A number of informal groups emerged, which were later to merge into more coherent structures.

The Alternative Socialist Association (ASO)

ASO was the first group to declare itself a faction within the BCP. It was launched on December 16, and the first formal meeting was held on January 5. *Nikolay Vasiliev,* philosophy professor at the Sofia University and member of the Bulgarian Academy of Sciences, was chosen ASO's Chairman. Actually expelled from the party in 1987, his membership was restored immediately after *Zhivkov's* downfall. Other participants at the constituent congress, some of whom were to seek alternative ways into Bulgarian politics, were *Petăr Slabakov* (Chairman of the influential environmentalist movement *Ekoglasnost*), *Stefan Prodev* (returned to the mainstream of the party when he was appointed editor-in-chief of the renamed BCP daily *Duma*), and *Petko Simeonov* (later Chairman of the Federation of Clubs for Democracy)[7]. Under *Zhivkov,* they had all represented dissenting voices in the Communist Party.
In the early stages of ASO's existence, its prime objectives were said to be the introduction of sweeping changes in the BCP itself, organizationally as well as politically[8]. A point of great importance to ASO's Chairman, philosopher *Vasiliev,* was that the party speedily should do away with outdated Marxist-Leninist theory and adopt a contemporary, Western, socialist stance. Eager to take advantage of the political vacuum left by *Zhivkov's* departure, the ASO had already in early January begun to work on proposals for new statutes and a thoroughly revised political program for the party.

Bulgarian Road to Europe

Another of the first groups to fall out of the party ranks was the Bulgarian Road to Europe. Unlike the ASO, the Road to Europe avoided the term "faction"; though that did not stop its supporters from launching fierce criticism against the party organization:

> While the country is boiling, the party does not change. The communists are waiting. There is a danger that we will let the party's last chance – the extraordinary congress – slip away. The risk that this will be another congress (dominated by) the "apparatus" is enormous.

This was the challenging opening of the first official document of the Bulgarian Road to Europe, a draft platform published in *Narodna Mladezh* on December 27, 1989. It

---

[7] *Anteni,* no. 4 and 5, January 24 and 31, 1990.
[8] *Rabotnichesko Delo,* January 7, 1990.

was less than seven weeks after the ouster of *Zhivkov,* and the immediate political shockwaves had not yet subsided. Instead, they were reinforced by the violent overthrow of the *Ceauşescu* regime in Romania. The BCP leadership had recently decided to convoke an extraordinary congress on January 30.

The party had still rarely heard such radical words from its own members. Blaming the regime of *Zhivkov* and lingering Stalinist practices for Bulgaria's deep stagnation, the platform called for the creation of a parliamentary democracy of European type. It said Bulgaria must find its place in the gradually integrating Europe, politically and economically, and that the Communist Party should adapt to the changing conditions of a new era. To some, the message was revisionist or, at best, too bluntly worded. To others, it brought new hope for the stagnated party organization:

> We do not want to be the conservative force that pull things back, that wearily opposes, defending a hopeless cause. We want a normal leftist party, which stands in elections, wins or loses, and participates in government or remains in opposition.

In the first article appearing in *Narodna Mladezh,* the names of the authors were not printed; only the address and telephone number of the Sofia Laboratory for Social Studies were listed. Press reports published in several papers in January and February indicated that the platform originated among a group of sociologists working at the Institute for Youth[9]. Apparently, the Institute had been a forum for relatively free discussions in the 1970s and 80s; it transpired that the draft platform had been written in only a couple of days time following *Zhivkov's* sudden resignation. A Coordination Council was set up around the platform, and a professor of history of philosophy, *Petăr-Emil Mitev,* was elected Chairman of the Coordination Council. Between 1982 and 1988 *Mitev* had been Director of the Institute for Youth, and then headed the Center for Interdisciplinary Studies of Marxist-Leninist Theory.

BCP – Democratic Forum

Similar to the two previous groupings, the BCP – Democratic Forum originated among intellectual circles affiliated with the Sofia University, more precisely among the Faculty of History, where it was founded by the party organization. According to one of its most prominent members, historian *Iskra Baeva,* the liberal views of the party club could be traced back to what was held to have been an unjustified sacking of four professors in 1987[10]. Several members of the organization had taken a public stand against the decision, but their protests did not in most cases reach beyond the walls of the University. The person who undisputably had played a key role in the

---

9 See *ibid.,* January 4, 1990; *Vecherni Novini,* January 5/6, 1990; *Narodna Mladezh,* January 8, 1991; *Narodna Armiya,* January 9 and February 7, 1991.

10 *Vecherni Novini,* January 5/6, 1990.

creation of the Forum, Assistant Professor *Dragomir Draganov*, was made Chairman. *Draganov* had graduated in 1971, and was appointed to the Faculty of History in 1974. He spent 1980–83 at the University of Madrid, teaching Bulgarian.
At a party meeting held at the university on December 26, *Draganov* managed to acquire widespread support for his reformist ideas, which were spelled out in a platform that was read out to the audience. As in the case of the Bulgarian Road to Europe, the Democratic Forum urged that factions be allowed, though recognizing that overall organizational unity should be maintained. At this meeting, most of the Forum's primary demands concerned the renewal of the Communist Party. Some were very concrete, like the suggestion that deep cuts should be made in party administration (maximum one bureaucrat per 1000 members)[11]. Later, general political and social issues, such as the depoliticization of the army, police, judiciary and other authorites, began to feature more frequently in the statements of the Forum[12].

Marxist Alternative Movement

This group developed mainly as an alternative to the radical reformers that positioned themselves to the political right of the BSP leadership. When the group first began to take form, apparently in late December 1989, it called itself the Movement for the Development of Marxism and Renewing Socialism. A few months later, in April 1990, this name was replaced by the more practical "Marxist Alternative." In a declaration published in *Duma* on January 12, the movement acknowledged that the country suffered from serious problems. The declaration stated that Marxist Alternative would try to contribute to the solution of Bulgaria's "deep economic, socio-political and moral crisis," while, on the other hand, it would "oppose any attempt at restoring capitalism."
At this early point, most BCP substructures advocating a return to Zhivkovist or Stalinist policies were not successful or, they could not get their voices heard in the media. Some of the more significant groups were called: the Public Forum for the Restructuring and of Socialism, the Movement for the Development of Marxism, Alternative Forum, and Platform 1990. Many of the minor groups were later to amalgamate or split. What they had in common was that they all purported to be supporting change. In some cases they advocated a more moderate stance than the party leadership, while other groups advocated a return to "true" marxism or socialism.

---

11 *Rabotnichesko Delo*, January 8, 1990.
12 *Narodna Armiya*, January 22, 1990.

"The congress of renewal"

It was imperative for the new BCP leadership to receive formal sanction of its radical change of party policy. The new leaders realized that, in the long run, it was impossible to rely merely on the support of the Central Committee. A congress was necessary, partly because the leadership could not go on professing its commitment to democracy without showing that it cared about the opinion of the party's own membership base. Second, the time was ripe to replace many of the most discredited and conservative members of both the Central Committee and the Politburo. The next congress of the BCP had orginally been scheduled for March 1991. However, at the Central Committee plenum held between December 11 and 13, *Mladenov* suggested that an extraordinary congress be called for the beginning of 1990, proposing the precise date to be set for March 26. After some debating, the Central Committee decided on March 19. But only three days later, as the impatience of the opposition and the public rapidly increased, the Central Committee ruled to bring the congress forward to January 30[13].

At the congress, the new BCP leadership confronted the first in a series of great challenges. First, it had to do its best to accomodate both reformers and conservatives, if it was to stay in power. Further, there was the risk that a counter-attack to the new leadership would take form among conservatives; while it was also possible that a large group of reformers would abandon the party, taking with them much of BCP expert capacity. The leadership perceived that it had to be generous toward the new currents in the party, without giving them a chance to dominate and put off those who were concerned about the unity of the party, for the rapid growth of various factions was clearly beginning to cause irritation among party conservatives[14]. If all these different interest and considerations were not skilfully balanced against each other, things could get out of hand. Most importantly, the leadership had to regain the political initiative, just as it wanted the party to do in society at large, to prevent membership and public support from eroding. Media reporting from the party's municipal conferences which preceded the national conference indicated that the leadership had been right in acting fast. Apparently, lively debates of unanticipatedly large proportions were going on in many local party organizations[15].

Yet, the hastily convoked 14th extraordinary congress, attended by 2793 delegates, was a splendid success for the BCP's new leadership. One by one, delegates took the tribune to call for renewal of the party, as well as of society as a whole. On the second day of the congress, February 1, the congress approved new statutes which from then

[13] See Rada Nikolaev, "Bulgarian Communist Party on the Eve of its Extraordinary Congress," *Report on Eastern Europe,* no. 7, 1990.

[14] BTA, January 26, 1990.

[15] See Rada Nikolaev, "Bulgarian Communist Party on the Eve . . ."

on allowed factions and open dissent within the party. A temporary program called "the Manifesto for Democratic Socialism" was also adopted, according to which the party would aim to become a "modern Marxist party." In a declaration issued following the congress, it was again confirmed that the party had embarked on a new course, one that would lead to "genuine *perestroika* (Bulg. *preustroistvo*) of the socialist Society and the party[16]."

The ideological renewal was accompanied by changes in organization. It was decided that the large Central Committee, with its 190 regular members and 121 candidate members, would be replaced with a 131-member Supreme Party Council. At the same time, a Presidium would take the place of the Politburo, while the Secretariat was disbanded althogether. Partly as a consequence of this transformation of the leading bodies, the reformers were successful in purging the top leadership of old guard politicians. To underscore this, only 10 % of the members in the new Supreme Party Council had previously served on the Central Committee. There was also an attempt to bring in a handful of people who in public had criticized the former regime before its downfall. However, this move failed. Four former dissidents appointed to the Supreme Council, *Koprinka Chervenkova, Hristo Ganev, Kiril Vasiliev* and *Ivan Nikolov,* all handed in their resignations immediately after the congress, a severe blow to the credibility of the new body[17].

On February 2 the 56-year-old former Politburo member *Aleksandar Lilov* was made Chairman of the Presidium. He replaced *Mladenov,* who had asked to be relieved in order to concentrate on his duties as head of state. *Lilov* had been a member of both the Politburo and the Secretariat until 1983. He is considered to have played the role of the Communist Party's chief ideologist, when he suddenly fell into disfavor with *Zhivkov.* From 1983 to 1989 *Lilov* served as Director of the Institute for Social Theories at the Bulgarian Academy of Sciences. He apparently stood very close to *Zhivkov's* daughter, *Lyudmila Zhivkova,* who died in 1981[18].

On the last day of the congress, February 2, there was an unambiguous sign that the new leaders had managed to consolidate their positions. In one of the last decisions of the 14th congress, the Supreme Party Council elevated what it called the "nucleus" of the 11-member Presidency, to a *primus inter pares* status. Besides the newly elected party leader *Aleksandar Lilov,* this group included the top names behind the alleged palace coup against *Zhivkov* – Head of State *Petăr Mladenov,* the future Prime Minister *Andrey Lukanov* (still formally a nominee) and Minister of National Defense *Dobri Dzhurov.* Apparently, this was the Supreme Council's way of paying homage

---

16 Declaration published in *Rabotnichesko Delo,* February 9, 1990.

17 See Rada Nikolaev, The Bulgarian Communist Party After Its "Congress of Renewal," *Report on Eastern Europe,* no. 16, April 20, 1990.

18 Lilov had served together with Lyudmila in the Politburo, where she for several years was in charge of the country's cultural affairs.

to the leading quartet, whose power over the party organization was now beyond dispute.

During the course of the BCP congress, Bulgaria changed government. Prime Minister *Georgi Atanasov,* a prime target of the opposition following accusations of corruption and incompetence, resigned on February 1. Two days later, the parliament appointed the BCP's nominee, *Andrey Lukanov,* as *Atanasov's* successor. Whether sincere or not, attempts were also made to include representatives of the opposition in the new cabinet. One of those approached was the UDF Spokesman *Petăr Beron,* who flatly rejected. A declaration issued by the Supreme Party Council stated that it was unfortunate that the UDF and the Bulgarian Agrarian National Union (BANU) – the latter now beginning to regain independence after having been totally subordinated to the BCP – had decided not to join the government, saying the opposition must now be blamed for the failure to create a "broad-coalition government." The declaration went on to say that the BCP would always welcome suggestions on a diversification of the government. On February 8 the National Assembly approved the 19-member, all-Communist cabinet.

It was a younger generation of communist politicians, mostly made up of moderate reformers, that had won the first battle over the power in the BCP. In one of the most extensive analyses of the 14th congress, appearing in *Otechestven Front* on February 9, *Zhelyu Vladimirov* purported to explain what had occurred behind the scenes. Vladimirov drew a mixed picture, but concluded that, by and large, the reformers had at least temporarily gained the upper hand:

> If the reformist wing of the party's leadership, together with delegates mainly from the new groupings and the ASO, demonstrated that they far better understood the real political situation in Bulgaria, a substantial part of the delegates were either passive listeners, applauding homemade appeals, or clearly supportive of superficial renewal of the party. Silent or overt pressure was constantly felt from the conservatives, solidly bound up with the old organization of the BCP and of society.

Many of the more radical reformers were evidently deeply dissapointed with the outcome of the congress. In an article published in *Rabotnichesko Delo* on February 9 *Kiril Vasiliev* and *Ivan Nikolov* of the ASO wrote that they firmly believed that the unity displayed at the congress would not last long. *Vasiliev* and *Nikolov* argued that a political party necessarily must be built on ideological coherence, and that the fact that the party did not split only postponed a natural process of fractionation. Two days later, on February 11, some 30 intellectuals at a meeting of the ASO announced that they would found an *Alternative Socialist Party,* thereby seceding from the BCP. At its constituent congress on March 11, the majority of the ASP voted to support the UDF in its struggle to dismantle totalitarianism. It was the first significant chip out of the Communist Party structure.

Socialism replaces communism

The extraordinary congress signified the onset of a period that brought gradual transformation of the party in a more profound way. The first steps toward ideological revision and organizational change were imposed on an institutional level, but, subsequently, the leadership could begin to steer more decisively in its own direction also concerning practical politics. A clear sign of a new course was the symbolically important question about changing the party's name, which had been discussed at the congress but without a decision being taken. According to the new democratic practices the issue was now referred to an internal referendum. The poll was carried out in March and, on April 3, Defense Minister and member of the BCP's Supreme Council *Dobri Dzhurov* told a large rally in downtown Sofia that 87 % of the members who had used their vote (constituting 64 % of the total membership) supported the party altering its name[19]. *Dzhurov* said the name favored by BCP members was the Bulgarian Socialist Party. On the following day the party daily *Rabotnichesko Delo* ("Workers' Cause"), having existed under its original name for 63 years, was renamed *Duma* ("Word," "Say," or "Opinion"). The new editor-in-chief, the former dissident and moderate reformer *Stefan Prodev,* was appointed by the 14th congress[20].

In another attempt to demonstrate that the party was breaking with its past, the 14th congress approved a mechanism which would rid the organization of some of the most discredited members. This procedure had the advantage of not requiring direct involvement of the new leadership in this sensitive business. A body called the Central Commission on Party Ethics was set up, with the task to investigate charges of corruption and power abuse among party members. Keen on doing a thorough job, the commission right away began to make inquiries among local party organizations concerning certain party members, generally those who were known for having been closely affiliated with *Zhivkov,* studies that could lead to their subsequent expulsion. In one of its most spectacular moves, on April 20 the Commission decided to expel several former top communist officials – *Grisha Filipov* (Politburo member), *Yaroslav Radev* (Prime Minister and Central Committee Secretary), *Vasil Tsanov* (Central Committee Secretary and Minister of Agriculture and Food Industry), *Atanas Maleev* (President of the Medical Academy) and *Angel Tsanev* (Poliburo candidate member and Minister of Internal Affairs) – all at once. The grounds were that they bore personal guilt for the country's current deep political and economic crisis,

---

19 BTA (in English), April 3, 1990. Only the Marxist Alternative Movement strongly, and openly, opposed the decision to change the name of the party; see *Duma,* April 6 and 9, 1990.

20 See Simon Simonov, "Prominent Journalist's Comeback," *Report on Eastern Europe,* no. 10, March 9, 1990.

and that they had played "important roles" in the consolidation of *Zhivkov's* power[21]. Possibly, the latter accusation meant that they had opposed the resignation of the former leader.

However, when the Commission recommended the expulsion of previous Prime Minister *Georgi Atanasov*, it was rebuffed by the new leaders. *Andrey Lukanov* and *Dobri Dzhurov* wrote an open letter to the Commission, demanding that *Atanasov's* role in the ouster of *Zhivkov* be taken into account. The letter, which was published in *Duma* on April 19, said that *Atanasov* should be credited with "taking a risk" when he requested *Zhivkov's* resignation on November 10, 1989[22]. *Lukanov's* and *Dzhurov's* open support for *Atanasov* may very well have been an attempt to assist a co-plotter, but another likely explanation is that they wanted to signal that the whole process of removing the old guard was going a little too far.

Parallel to the intensive intra-party developments, a series of round table negotiations had begun between the BCP and the opposition. The idea was modelled upon the experience of other East European countries, especially Poland and Hungary. After several false starts, the two parties on January 23 managed to agree on an agenda for the talks. It was decided that a wide range of general topics needed treatment, but that the discussions would focus primarily on major political and economic problems. The talks, which lasted nearly three months, for the first time exposed leaders of the Communist Party to live, unedited broadcasts on Bulgarian national radio. Television also began to broadcast extensive coverage of the sessions. Suddently concerned with the impact on the general public, the BCP was forced to begin seriously to consider the image its representatives conveyed through media. Elderly, compromised, or less wellspoken prominent party members soon disappeared from the scene. The BCP leadership also accepted the traditional, precommunist forms of address – *gospodin* (Mr.), *gospozha* (Mrs.) and *gospozhitsa* (Ms.) – for use during the round table discussions, introduced by the opposition. These forms had been almost entirely out of use for decades, ever since the Communist Party decided to substitute the traditional forms with *drugar* (Comrade, masc.) and *drugarka* (Comrade, fem.).

For the Bulgarian public it was quite a novelty to witness uncensored debates, on real issues, between genuine political opponents. Throughout the round table talks, the oppressive apparatus and the Communist Party for obvious reasons attracted particular interest among the public, and the opposition demanded to know the party's

---

21 See Rada Nikolaev, "Expelling Former Zhivkovites: A Problem for the Bulgarian Socialist Party," *Report on Eastern Europe*, no.22, June 1, 1990. A slightly different version concerning Atanasov's behaviour appeared in some press reports. It said Zhivkov in an attempt to drive a wedge between his opponents and avert his ouster on the historic Central Committee plenum had proposed Atanasov for the post as General Secretary, but that he had rejected the proposal.

22 *Ibid.*.

vision of what the positions of these institutions would be in a future, democratic society. The BCP leaders felt they had to make concessions. Breaking with traditional secrecy, on February 6 the recently appointed Minister of Internal Affairs, Colonel General *Atanas Semerdzhiev,* presented to the round table a comparatively full report on the organization of State Security *(Darzhavna Sigurnost)* and the Ministry of Internal Affairs. *Semerdzhiev* claimed that there were already plans to cut Interior Ministry staff by 80%, and that spying on the opposition had ceased. On February 15 Bulgarian media reported that party cells in the armed forces and the Ministry of Internal Affairs, in accordance with State Council decree no. 126 of January 27 (following a Politburo decision on January 24), were being dissolved[23]. After additional pressure from the opposition, the BCP's leadership on February 24 announced that it also would abolish party organizations in work places[24].
In mid-March another issue emerged from obscurity. The round table participants and Bulgarian media turned their attention to atrocities committed in the first two decades of Communist rule. The immense scale of mass trials and imprisonments in the 1940s and 50s had among most ordinary citizens been largely unknown. It was revealed that two concentration camps, in Lovech and Skravena, had been functioning as late as 1962[25]. The Club of the Repressed After 1945, an organization of former political prisoners, estimated that some 180000 Bulgarians had been imprisoned for political reasons between 1945 and 1964[26]. The number of people who had received death sentences and been executed in some 135 mass trials in connection with the communist take-over in 1944–45 was set to 2730 people[27]. In an attempt to reduce the harmful political consequences of the discoveries, all four leading personalities of the BCP – President *Mladenov,* Premier *Lukanov,* party Chairman *Lilov* and Defense Minister *Dzhurov* – made visits to the site of the Lovech camp to pay their respects to its victims[28]. On March 12 a general agreement on transition to democracy was finalized at the round table. This became the basis on which three specific bills could be drawn up and approved by the participants on March 30; they included a law on political parties, a law on elections and a number of necessary amendments of the constitution. Eventually, the BCP agreed to the UDF's proposal that the new parliament should be charged with drawing up a new constitution. Following a tradition

---

23 *Rabotnichesko Delo,* January 27, 1990; and *Trud,* February 14, 1990.

24 See Vera Gavrilov in "Party Organizations in the Work Place," compiled by Patrick Moore, *Report on Eastern Europe,* no. 12, March 23, 1990.

25 *Rabotnichesko Delo,* March 22, 1990; and *Duma,* April 7, 1990.

26 *Otechestven Front,* April 19, 1990; the Club said it was of the opinion that fewer Bulgarians were imprisoned for political reasons after the mid-1960s.

27 *Demokratsiya,* May 3 and 17, 1990.

28 *Duma,* April 18 and 19, 1990. The opposition refused to agree lending Mladenov the title President, so officially he became "Chairman of the Republic."

laid down in the 1879 Tărnovo constitution (Bulgaria's first), such a task should be undertaken by an enlarged parliament – a Grand National Assembly. On April 3 the parliament approved the changes and adopted the laws that set the stage for elections to a Grand National Assembly. The elections were to be held in two rounds, on June 10 and 17. Moreover, *Petăr Mladenov,* who had been head of state in his capacity as Chairman of the State Council, was formally elected President[29].

By the end of April the pre-election campaign was already in full swing. According to opinion surveys, the UDF was still far behind the Bulgarian Socialist Party (BSP), which now formally had changed its name. The Bulgarian Telegraphic Agency (BTA) on April 14 published an opinion poll that gave the BSP 40.7 % of the votes, while the UDF received only 29.7 %. At the same time, as many as 41 % said they could consider voting for individuals member organizations of the UDF. In Sofia, the UDF had obviously the strongest support. A rally on June 7 attracted more than 500 000 UDF supporters (higher figures, up to one million, were also mentioned), while the BSP on the same day gathered some 100 000. Also, the BSP was seriously beginning to be concerned about internal strife. On June 4 party leader *Lilov* declared that seven different factions existed within the BSP, warning the party that some of them could break away after the elections. On the same occasion, *Lilov* solemnly promised that the Socialist party would abide by the election results.

A long hot summer

Early projections of the election results, published on June 12 after the first round, indicated that the BSP despite internal problems had a good chance of winning a legislative victory. As a result, the BANU and the Movement for Rights and Freedoms (MRF), dreading the prospect of a Socialist victory, urged their supporters to vote for the UDF in constituencies where they did not run their own candidates. Soon, the Alternative Socialist Party (ASP) made the same appeal. Also the UDF asked their supporters to favor the candidates of nonsocialist parties before those of the BSP. These late efforts at coordination among the opposition forces did not prevent the Socialists from gaining majority. In the final distribution of seats in the Grand National Assembly the BSP obtained 211 out of 400 possible, that is 52.75 %[30].

There were interesting lessons to be learned by all parties. As expected, the UDF had obtained significantly better results than the Socialists in major cities, especially Sofia, Plovdiv, Varna, Burgas and Ruse. The BSP derived most of its support from the coun-

---

[29] *Rabotnichesko Delo,* March 30 and 31, 1990.

[30] The BSP actually received only 46.25 % of the vote, but the fact that half of the parliamentary seats were distributed according to a majority ("first-past-the-poll") system accounts for the difference.

tryside and gained the vote of elderly people. Despite the BSP's good showing, several prominent party members including Defense Minister *Dobri Dzhurov,* Supreme Party Council Deputy Chairman *Georgi Pirinski* and BSP Spokesman *Filip Bokov* lost in their constituencies. Accusations of rigged returns were many. Local balloting procedures as well as the calculation of results on the national level were criticized. On June 15 the Central Electoral Commission acknowledged that there had been a significant number of irregularities in the first round of balloting. After the second round, the commission stated it had registered a total of 1138 complaints of abuse. Even so, the commission said it had no reason to seriously doubt the validity of the results on the basis of this information, and most of the some 2200 foreign monitors who had been present at many of the ballot boxes supported this view[31].

The announcement of the final election results understandably had different effects on various parts of the Bulgarian public. However, it was striking that the Socialists' celebrations were low-key. In Sofia, the outcome of the elections first seemed to cast a gloom over the city. Then, a group of UDF supporters, mostly university students, declared a sit-in strike at the university. The students took over the rector's office, initially saying that the strike would only last for three days. Instead, the strike grew into a virtual movement, soon joined by thousands of young people at higher educational institutions all over the country.

One of the students' primary demands was the resignation of President *Mladenov,* around whom a major scandal was brewing. In its allocated campaign spot on Bulgarian television between the two rounds of elections, the UDF had run a video tape of *Mladenov,* taken six months earlier at the massive public demonstration in front of the parliament on December 14, 1989. The tape showed *Mladenov's* reactions to the demonstration, as he seemed to be saying: "We'd better send for the tanks[32]!" As expected, the video caused a public outcry. Later on the same evening the film was last broadcast, *Mladenov* appeared on television, claiming the video was a forgery. The students demanded the President's resignation, and on June 22 the Chief Prosecutor's Office opened a public investigation to study the authenticity of the video. The Chief Prosecutor could not prove it was a fake, and, facing increasing pressure also from inside the BSP, *Mladenov* on July 4 admitted having made the remark, though now saying it had been lifted out of the context. However, this statement only aggravated the

[31] See Wolfgang Höpken, "Die Wahlen in Bulgaria – ein Pyrrhus-Sieg für die Kommunisten?" *Südost Europa,* Heft 7–89, 1990, pp. 433–36. In mid-1991 the debate on the fairness of the previous elections was reopened. Two mathematicians argued convincingly that the final results, compared to demographic data, in fact included half a million votes too much.

[32] See Rada Nikolaev, "President Mladenov Resigns," *Report on Eastern Europe,* no. 31, August 3, 1990.

situation and increased the intensity with which the striking students demanded *Mladenov's* resignation.

Another of the students' targets throughout the conflict was the Chairman of the State Television Committee, *Pavel Pisarev*. He was seen as responsible for what the students claimed to be pro-BSP bias in the election campaign broadcasting. On July 4 he left office. Concerned with the intensity of strikes, the UDF Chairman and the BANU Chairmen *Zhelyu Zhelev* and *Viktor Valkov* called on the students to end the strikes, since many of their most important demands had been met. Yet, the students refused. It is difficult to assess whether it was the students' firmness or the internal criticism of the BSP which finally tipped the scale, but on July 6 *Mladenov* announced that he was withdrawing from his post.

There were different ways of expressing dissatisfation with the election results and young people seemed to react most strongly. At first, many did not think of openly demonstrating their distress. Thousands of young and talented people in fact left Bulgaria in disappointment. This "brain-drain" could very well have become a really serious problem, had not Western states at the same time, referring to the democratization process, ceased to offer political asylum to Bulgarians[33]. However, another category of young Bulgarians simply refused to accept that communism was not going to be defeated for some time to come. The students' strike was the first clear expression of such defiance, an attitude which later spread to other parts of Bulgarian society. In early July, only weeks after the parliamentary elections, a genuine, albeit often subtle battle began with communism. The discontent was channeled through a phenomenon called the "Cities of Truth."

The "Cities of Truth" consisted of hundreds of people who decided to make a clear and visible protest. They did it by camping in tents, in front of the President's office in central Sofia, though later in cities all over the country. To begin with, a number of concrete aims were raised, such as the resignation of Prime Minister *Lukanov*, an immediate trial of *Todor Zhivkov*, and a new President not affiliated with the BSP. But after a while it became evident that the foremost demand was exactly what had given the tent city its name – plainly, the truth. The protest perhaps above all was concerned with the truth about Bulgaria's communist rule, about oppression and privileges, power abuse and corruption. Visitors to the cities were also of the impression that the "campers" at the same time were inspired by a will to break with Bulgaria's isolation, and to demonstrate its disagreement with Socialist policies to the outer world[34]. The Socialist government made several attempts to stifle the protests, for instance on July 23 by issuing a decree allowed the authorities to stop "all forms of civil disobe-

[33] See Vera Gavrilov, "Postelection Brain Drain Feared," *Report on Eastern Europe*, no. 30, July 27, 1990.

[34] See Ron Linden, "The Street of Ideas," *Report on Eastern Europe*, no. 32, August 10, 1990.

dience, sit-in strikes and other violations of legal order[35]." The move had little effect, however, because the police were uncertain of their own role and lacked the public support to implement it.

For a time, in downtown Sofia symbols of opposing values coexisted. Not far from Sofia's City of Truth, where a "communist-free zone" was announced, the embalmed body of Bulgaria's first communist leader *Georgi Dimitrov* rested undisturbed, on display in his mausoleum. As late as on *Dimitrov's* 108th birthday on June 18, Prime Minister *Lukanov* had, in company with BSP party leader *Lilov,* solemnly placed a wreath at the entrance of the mausoleum[36]. A group called the Movement for Civic Disobedience repeatedly urged the authorities to remove what they called the "mummy" from the city center, and even the BSP leadership began to realize that the mausoleum constituted an anachronistic form of symbolism. On July 12 *Lukanov* announced on television that *Georgi Dimitrov's* body would be removed from the mausoleum. The remains of *Dimitrov* were cremated on July 18 and buried five days later. However, the funeral procession turned into a political demonstration, as it was followed by thousands of BSP supporters.

The dismantling of the ideological attributes of communism progressed too slowly for some people. In spite of the silent revolution that was taking place in parts of the country, especially in larger cities, most symbols and trappings of communist preeminence still remained in place. Thousands of street signs carrying the names of communist heroes, five-pointed red stars, Lenin statues, had so far all been left untouched by the changes[37]. The UDF submitted a proposal that would ban all party symbols from public buildings; but in the capital opposition radicals were impatient. On July 19 they piled up a six-foot high "Rubbish Heap of Communism" in front of the now empty mausoleum. The impressive collection of communist party literature, pictures and busts of various prominent figures in communist history, was burnt while on-lookers cheered. The BSP could do little to stop such protests, and kept silent.

The proposed ban on party symbols also applied to the five-pointed red star at the top of the Socialist Party headquarters. The star could be seen from many parts of Sofia, and demands were increasing that it should be taken down without delay. At a demonstration supporting the removal of the star on August 26, a group of people suddenly stormed the building and set it ablaze[38]. It took hours before firemen gained control of the raging fire. The building was sacked, a severe blow to the prestige of

---

[35] BTA, July 23, 1990.

[36] *Duma,* June 19, 1990.

[37] See Kjell Engelbrekt, "The Waning of Communist Ideology," *Report on Eastern Europe,* no. 30, July 27, 1990.

[38] See Mark Baskin, "The Politics of the Attack on the BSP Headquarters," *Report on Eastern Europe,* no. 39, September 28, 1990.

the BSP, and the incident instantly caused a rise in political temperature. *Lilov* condemned the act as a "typical neofascist event" for which he claimed "the most right-wing parts of the opposition" were responsible[39]. Indirectly, *Lilov* was pointing his finger at *Podkrepa*'s leader *Konstantin Trenchev,* who had been at the scene, as the instigator of the arson.

Also Bulgaria's new President, former UDF leader *Zhelyu Zhelev,* categorically condemned the sacking of the BSP headquarters. It was the first political crisis *Zhelev* had to handle, and his firm stand undoubtedly helped to reduce tension. *Zhelev* had been elected President as a result of a compromise forged after five unsuccessful rounds of balloting in the parliament. The BSP had been unable to muster the two thirds majority required to elect their own candidate, and had finally agreed to back *Zhelev's* candidacy in the sixth round. He received 284 of 389 votes cast, and Prime Minister *Lukanov* said the BSP parliamentary group supported *Zhelev* to avoid "a national tragedy" from happening. In his acceptance speech, *Zhelev* made a concession to the Socialists, suggesting BSP member *Atanas Semerdzhiev* and former Minister of Internal Affairs for the post as Vice President. *Semerdzhiev* was elected by an overwhelming majority.

By end of the summer, the BSP's election victory had become tarnished. On August 7 party secretary *Rumen Serbezov* revealed that the BSP was actually losing, not gaining new members. *Serbezov* revealed that the BSP had lost some 122 000 members since January, which was an indirect confirmation of previous claims that the figures the party announced during the election campaign had been greatly inflated. Instead of more than one million members, which earlier had been the official figure, the BSP reported that on July 31 exactly 861 803 were registered. Moreover, both the ASO and the Bulgarian Road to Europe held congresses following the elections, on June 23 and 30, respectively, and called for more radical and faster changes in the party. Representatives of the ASO predicted that the BSP would split at its next congress, and the Road to Europe called for a national conference of "reformist forces."

The congress of continuity

The second BSP congress in 1990, held between September 22 and 25, was better orchestrated than the first. A draft platform and preliminary party statutes had been published in advance in *Duma* on August 20 and 30. Also, it was easier to plan this congress because less than half as many delegates had been invited. The congress had originally been scheduled for October 1990, but the date was brought forward to September 22 at a meeting of the Supreme Party Council on August 16 because of the

---

[39] *Duma,* August 28, 1990.

urgency of dealing with the confused post-election situation. It had been decided that the congress was to be called the 39th party congress, even though the previous had been the 14th. The BSP had declared that all congresses of the Bulgarian Social Democratic Party (BSDP) prior to 1948, when BSDP was forced to amalgamate with the Communist Party, should be considered part of its own political heritage.

Allusions to historic ties with social democracy were symptoms that the party leadership realized something should be done to improve the political image of the BSP. One reason was that according to opinion surveys the BSP was constantly losing ground to the UDF[40]. It is also likely that it was understood that the party not only needed a mass base on which to depend in elections, it also had to find a more coherent identity to go with its new role. While the party had previously dominated all spheres of Bulgarian life because of its unique position, the catch-all character was becoming a problem. Chained by obligations to various traditional support groups in the Bulgarian society, it was difficult to introduce profound change[41]. In the pre-election campaign the Socialists had widely been appealing to people to throw a "negative vote," by which they would avoid a worsening of the situation if the UDF took over power. The BSP's own concept was summed up in the word *spoluka,* meaning "fluke," or "stroke of luck." However, the Socialists' victory did not bring much of this luck.

It was the hope of the reformist factions at the 39th congress that the BSP's claim to a common ideological legacy with the social democratic movement would yield a less conservative party. The reformers were further demanding that a great number of senior party officials be dismissed. Chairman of the Bulgarian Road to Europe, *Petăr-Emil Mitev,* even said a "democratic personnel revolution" was required to bring about change[42]. Similar points were made by the ASO and the Movement for Democratic Socialism, at their respective national conferences in mid-September shortly before the 39th congress. Both groups launched criticisms against "the conservative spirit" laid down in the BSP's tentative program and bylaws, and suggested they be amended at the congress. However, they expressed the suspicion that the conservative wing would dominate the 39th congress, as it had done the 14th. A few days earlier, on September 4, six different conservative groupings had formed a loose coalition called the "Marxist Platform for the Unity and Renewal of the BSP"[43].

---

40 See *Demokratsiya,* October 15, 1990; and *Pogled,* no. 43, October 22, 1990.

41 By mid-1990 Zhivkov's classical supporters in the partisan movement from World War II, which he made into a social category of its own (Active Fighters Against Fascism and Capitalism), were gradually dying off, and their political significance had been reduced considerably. When President Zhelev on September 5 signed a decree which abolished a range of privileges that violated "the principles of equality of citizens before the law," the status of the partisans suffered the ultimate blow.

42 BTA, September 23, 1990.

43 *Duma,* September 7 and 12, 1990.

The fears of the reformers proved to have been justified. Already in the opening speech on September 22, *Lilov* set the tone for the rest of the proceedings. He gave the impression of a party leader under great pressure, expressing concern about criticism coming both from within and outside the party ranks. He relentlessly attacked opponents who wanted to exclude the BSP from power, mentioning Czechoslovakia and Hungary as examples, and said such demands could lead to civil war. *Lilov* called on the UDF to enter "constructive dialogue" with the BSP, one that could replace hostility with partnership[44]. Turning toward the party, he urged members to play down internal differences, warning that a split would mean "the annihilation of the party."

Around 70 % of the delegates were from the provinces. This represented a significant shift in power away from cities, where the BSP had been defeated in the elections[45]. Clearly, this greatly contributed to the conservative character of the congress. The relative weakness of the reformist wing at the 39th congress was manifested in the election of party chairman, which brought some of the more heated debates of the proceedings. Several candidates were initially listed to compete for the position, but most of them later withdrew. *Lilov's* victory was not entirely certain at first, but on September 24 *Lukanov,* who probably was the only candidate that could have defeated him, came out in his support[46]. On the next day *Lilov* was re-elected party Chairman by 833 against 462 votes. *Aleksandar Tomov,* the 36-year-old candidate of the reformers and leader of the Movement for Democratic Socialism, collected 286 votes. *Tomov* was the single well-known radical to enter the new Supreme Party Council, and he was also made Vice Chairman of the party.

Not even on the issue of party symbols could the BSP unite to make a clean break with the past. There was great pressure on the delegates to abolish the obsolete communist symbolism, particularly when it was reminiscent of Bulgarian subservience to the Soviet Union. However, these efforts on the part of the reformist wing largely failed. While a red rose on a white background was selected the official party symbol, replacing the Soviet hammer and sickle, the red banner and the five-pointed star were formally retained as "historical symbols" to satify conservatives. The congress ruled that party symbols were no longer to be displayed on public buildings. Consequently, on October 3 the controversial red star at the top of the BSP headquarters in Sofia was removed with the help of a helicopter.

After the congress, factions met to discuss their future strategies. On September 29 a large number of faction members met under the auspices of a new forum, named the Movement for Radical Change (MRC), to evaluate the outcome of the 39th congress.

---

44 AP and Reuter (Sofia), September 22, 1990; *Duma,* September 23, 1990.

45 *Duma,* September 24, 1990.

46 See Duncan M. Perry, "The Bulgarian Socialist Party Congress: Conservatism Preserved," *Report on Eastern Europe,* no. 43, October 26, 1990.

The assembled radicals expressed their disappointment with the still uninterrupted party dominance by what they saw as the old guard affiliated with *Zhivkov,* and which they regarded personified in *Lilov.* In a joint statement they called for another, extraordinary, congress as soon as possible. At their meeting, the MRC members considered the possibility of the leaving the party, but decided that the BSP should change from within. The MRC stated it would constitute a "dynamic, constructive, and united opposition" within the party, though not "at any cost"[47].
In the ASO, some members went further than the MRC radicals. On October 6 a group of the ASO left the BSP and began to call themselves the Forum of Free Democrats[48]. At the ASO's national conference on October 20 another 67 delegates left to form an independent organization, the Bulgarian Socialist Union. The ASP, which had originally emerged as a splinter group of the ASO, distanced itself still further from the Bulgarian Socialist Party. On October 6 the ASP requested admission to the UDF. The move was approved by an extraordinary congress of the ASP, but appears initially to have been against the will of ASP's Chairman *Nikolay Vasilev*[49]. *Vasilev,* who was still re-elected Chairman, had a few days earlier rejected socialism as a "constructive idea" and said that the party might consider changing its name[50]. On October 18 the ASP was admitted to the UDF by eleven votes to two in the Coordinating Council, the coalition's governing body.

Lukanov fails

Even though the BSP had won a secure parliamentary majority in the June elections, *Lukanov* preferred to seek coalition partners in the opposition for the next government. He seems to have felt that the country was almost ungovernable after the political confrontation in the pre-election campaign, and he was aware that pre-election polls had indicated that most Bulgarians opposed a single-party government[51]. On July 15 he went as far as to say he "categorically refused" to form yet another single-party cabinet. *Lukanov* asserted that the failure to form a broad coalition would cause further political polarization in the country. In spite of these repeated appeals for cooperation, there was no positive response to his call. The UDF insisted that the BSP would openly and unreservedly admit its responsibility for the country's economic and political decay, a demand that had been raised since the beginning of 1990 and which the Socialists consistently had chosen to ignore. Eventually, *Luka-*

[47] Bulgarian Radio, September 29, 1990, 5:30 P.M.
[48] *Ibid.,* October 6, 1990, 10:00 A.M.
[49] BTA in English, October 6, 1990.
[50] *Ibid.,* October 3, 1990.
[51] Center for the Study of Democracy, *Stability and Transition in Bulgaria,* pp. 12–13.

nov understood his efforts were futile and gave up trying. On June 30 the BSP nominated *Lukanov* for Prime Minister. Until September, he was only to head a caretaker cabinet.

Bulgaria's economic plight grew more severe during the course of the summer. Discipline in the work place seemed to deteriorate, and a great deal of supply was diverted to the black market where prices were extremely high. In June rationing was introduced for a variety of consumer goods, mostly foods[52]. Bulgaria was also beginning to experience serious difficulties with its energy supply. There was a gradual deterioration of trade relations with the Soviet Union, which traditionally had delivered roughly 90 % of Bulgaria's needs of crude oil, all of its natural gas, and a substantial share of its electricity. On July 21 the government decided to cut its energy costs by doubling the price of oil and gasoline, thus bringung them closer to world market prices[53].

In the report which *Lukanov* presented along with the resignation of his interim cabinet on August 7, the Prime Minister acknowledged that the economic prospects were extremely bleak and that sweeping economic reform was the only possible remedy. *Lukanov* said billions of dollars had been wasted on inappropriate investments abroad under the communist regime, especially in the 1980s. He warned that if no reforms were introduced during the second half of 1990, the budget deficit could reach over 1.2 billion dollars, causing a substantial increase in indebtedness. He underlined that the consequences of reducing trade relations with the East European states and the Soviet Union would be grim[54].

The political confrontation between the BSP and the opposition continued unabated. On August 8 *Lukanov* tried to gain popular sympathy by reiterating his call for a multiparty government, although he must have known it was now useless. He argued that the cabinet should preferably be made up of "competent experts." In mid-September President *Zhelev* presented a similar idea, talking about a "program-based government[55]." Neither appealed to the opposition, which refused even to discuss the matter. The issue can be said to have temporarily been removed from the agenda on September 3, when Bulgarian Social Democratic Party Chairman *Petăr Dertliev* rejected *Lukanov's* offer of 40–45 % of the cabinet seats.

Lukanov now had to act on the basis of the existing conditions, and on September 21 the Grand National Assembly approved a new government. *Lukanov* had managed to produce a cabinet that was surprisingly free from discredited personalities of the

---

52 See Kjell Engelbrekt, "No Quick Solution to Problem of Shortages," *Report on Eastern Europe*, no.34, August 24, 1990.

53 See Vera Gavrilov, "Energy Crisis Looming," *Report on Eastern Europe*, no.34, August 24, 1990.

54 See Rada Nikolaev, "Lukanov's Report on the Economic Crisis," *Report on Eastern Europe*, no.38, September 21, 1990.

55 AP (Sofia), September 14, 1990.

past, although only three members had no affiliation with the BSP[56]. The only exception was *Lyuben Gotsev,* with a long history of close association with secret police operations, who had been appointed the new Minister of Internal Affairs[57]. Although there were few obvious links to *Zhivkov's* regime, it was still a basically conservative group. It could hardly be expected to launch the major reforms that *Lukanov* lately had been talking about. On October 10, three weeks after the formation of the government, *Lukanov* presented his "Program for the Further Democratization of Society and the Accelerated Transition to a Market Economy[58]. On the following day he warned that the transition from the planning system would be "cruel", but he said a good sign was that visiting IMF Executive Director *Michel Camdessus* was positive about the government's economic plans.

Lukanov was never to implement his plans for economic reform. Some have argued that the main reason was that he failed to receive the support of his own party for the proposed sweeping, radical reforms. Others, although acknowledging *Lukanov's* skills as a politician, strongly doubted his ability as an economist[59]. *Lukanov* in fact presented no less than three different programs, one more radical than the other, during his 10 months as Bulgaria's Prime Minister[60]. Clearly, *Lukanov's* possibilities to introduce far-reaching changes were limited from the outset. Immediately after the inception of the new government, both the BSP as a whole and the all-Socialist cabinet came under increasing pressure from an impatient public. In fact, the weakness of *Lukanov's* cabinet was displayed already in connection with the presentation of the state budget to the Grand National Assembly on November 15. The budget was so strongly criticized that *Lukanov* rather than trying to defend it, chose to withdraw it for revision[61].

The patience of the opposition was running out, and the government crisis rapidly deepened. On November 5 the Confederation of Independent Trade Unions in Bulgaria (CITUB) issued a statement saying that a coalition government was the only possible solution to Bulgaria's problems, and that the UDF in such a cabinet should control the key ministries[62]. On November 7 *Podkrepa's* Chairman *Konstantin*

---

[56] See Duncan M. Perry, "Bulgaria's New Government,“ *Report on Eastern Europe,* no. 42, October 19, 1990.

[57] *Demokratsiya,* September 26, 1990.

[58] See Rada Nikolaev, "The Government's Economic Program," *Report on Eastern Europe,* no. 47, November 23, 1990.

[59] See Kjell Engelbrekt, "Bulgaria's Controversial Prime Minister,“ *Report on Eastern Europe,* no. 27, July 6, 1990.

[60] See Marvin Jackson, "The Dangers of Procrastination in the Transition from Socialism to Capitalism," *Report on Eastern Europe,* no. 15, April 12, 1991.

[61] *Demokratisya,* November 16, 1990.

[62] See Duncan M. Perry, "Lukanov's Government Resigns; New Prime Minister Nominated," *Report on Eastern Europe,* no. 51, 1990.

Trenchev joined the protest, demanding the appointment of a caretaker cabinet and a fixed date for new parliamentary elections. *Lukanov* made a futile attempt to rescue his government, arguing that there were more important things to attend to than elections. On November 23 the UDF introduced a vote of no confidence which *Lukanov* narrowly survived, with 201 votes in support among the 400 deputies. Dissatisfied with the outcome, the UDF suspended its participation in the parliament. On November 26 *Podkrepa*'s leader declared a general strike for the following day. Three days later the CITUB announced that it intended to join the strike, and *Lukanov* immediately resigned. On December 7 a 63-year-old Sofia judge, *Dimitar Popov,* agreed to form Bulgaria's first government dominated by noncommunists since the mid-1940s.

Dominating parliament

Already the first sessions of the Grand National Assembly in August 1990 indicated that the prime function of the legislature was to be as political stage rather than the main decision-making body. It was as if the Bulgarian parliament took over the role of the round table as a forum for "dialogue" between the communist establishment and the emerging democratic parties and organiszation. Many times the tone of this dialogue was harsh and aggressive and, on balance, it seldom led to tangible results. Still, it is likely to have enhanced the understanding of democratic procedures among the population at large, and perhaps also to reintroduce confidence in government and state authorities. Since the parliamentary proceedings were consistently broadcast live by national radio, much of the decision-making process was transparent. The public was provided with an opportunity to make its own judgements about politics and politicians.

Foot-dragging was one of the most frequently used tactics resorted to by politicians and parliamentary factions. Ultimately, responsibility for this lay with the BSP, which possessed a safe parliamentary majority. Yet, the Socialists did not always appear united, and BSP conservatives occasionally voted against the will of the more moderate party leadership. On some controversial issues compromises could still be forged with almost all Socialist deputies. An example of the latter was the adoption of a bill on depoliticization of state agencies on October 24. Between the first and second reading, on October 18, the BSP came close to blocking the proposal. The Legislative Comittee had in the last minute come up with the idea that the Ministry of Foreign Affairs should also be depoliticized[63]. The Socialists had earlier agreed to the

[63] See Rada Nikolaev and Duncan M. Perry, "Depoliticizing the State Agencies," *Report on Eastern Europe*, no. 47, November 23, 1990.

depoliticization of the military and the security services, but now balked at the prospect of losing its influence over foreign affairs. *Zhelev* then suggested that his own staff in the Presidency should be included, and an agreement was reached. Another decision controversial to Socialists, though it was of more symbolic than substantive value, was the official name of the country. On November 16 the country's official name was changed to the Republic of Bulgaria, dropping the adjective "People's" as reminiscent of the communist past.

The need for a basic understanding that could facilitate coexistence in the Grand National Assembly became more acute after the fall of the all-Socialist government in late November. President *Zhelev* and the new Prime Minister *Popov* worked hard to find this formula, and they eventually succeeded. On January 3 all major parties and political organizations, except the *Podkrepa* trade union, signed an agreement by which they comitted themselves to a "peaceful transition to a democratic society." The signatories agreed to uphold the country's laws, refrain from anti-government demonstrations and strikes, and support government reforms. Another important commitment was that before the next parliamentary elections, the Grand National Assembly was expected to adopt new legislation on banking, business competition, agriculture, the state budget, taxation, privatization, national security and police, local government, and, above all, a new constitution.

Even so, throughout the spring 1991 little progress was made. On February 13 the President criticized the parliament for slowing down the pace of reform. He urged deputies to consider their responsibility, and to speed up the adoption of laws which were to reform the Bulgarian society. According to *Zhelev,* highest on the priority list stood the transformation of the economy, as well as fundamental changes in the organization of the Ministries of Internal and Foreign Affairs. In spite of his urging, the timetable for adoption of a new constitution was disrupted several times. Matters seemed to become further complicated by a walk-out staged by 44 radical deputies of the oppositional UDF. The walk-out represented a protest against the delay of parliamentary election, which initially had been scheduled for June[64]. The UDF radicals blamed the parliamentary faction of the Socialist Party for blocking the assembly from operating effectively.

It is not impossible that the walk-out actually was the main factor which helped to speed up the parliamentary process. In the beginning of the summer 1991 the assembly began to produce more results. In the first months of the year only one piece of economic legislation, a the bill on farmland, had been adopted on February 22. The bill had represented a not insignificant step in the direction of private farming, but what fol- lowed was of greater importance. From May to August the parliament approved a

---

64 See Kjell Engelbrekt, "The Grand National Assembly to Adopt a New Constitution," *Report on Eastern Europe,* no. 16, April 19, 1991.

law on competition, another law on foreign investments, and a commerical code, all pieces in the puzzle that were to create the legal basis for a market economy[65]. Following an impressive rush toward the end, the constitution was approved on July 12.
The BSP dominance left its mark on much of the new legislation. Socialist deputies were not always prepared to give priority to the requirements of a market economy, and instead supported more egalitarian ideas. Particularly the laws on farmland and foreign investments turned out insufficiently liberal and overcomplicated[66]. Also the constitution carried many elements that were exclusively Socialist suggestions. In the first half of 1990, when BSP member *Petar Mladenov* was President, the Socialists often emphasized the need of a strong head of state. Later, as former UDF Chairman *Zhelyu Zhelev* had gained widespread popularity and appeared to have a good chance of winning the next presidential election (tentatively scheduled for mid-January), they instead opted for circumscription of presidential rights. The constitution furthermore contained unqualified provisions for social welfare, such as a guaranteed employment, which are impossible to realize. Lastly, the constitution was aimed at barring all political parties based on ethnicity, race and religion, a wording that was evidently construed as to outlaw the Turkish-based Movement for Rights and Freedoms (MRF)[67].

In search of a new identity

> the BSP is not the BCP. It is a new party, capable of acting in a democratic state and, with the confidence of the people, of governing in a democratic manner

Made less than two years after the removal of the *Zhivkov* regime, this assertion by sociology professor and party member *Vladimir Topencharov* was in no way unique. By then BSP lumiaries were saying that the Socialist Party had undergone such profound changes that it should no longer be compared with its predecessor, the Communist Party. Three groups of arguments were put forward to support this claim. According to the first, the BSP does not possess the same membership as the Communist Party did. The 39th party congress in September 1991 decided that the BSP would follow the example of the Hungarian communists (the Hungarian Socialist Workers' Party), and demand that all active party members register anew in the rebaptised party. The leadership must have expected a drastic reduction of the mem-

---

65 See Kjell Engelbrekt, "Economic Reform: Results and Prospects," *Report on Eastern Europe,* no.34, August 23, 1991.

66 *Ibid.*

67 See Kjell Engelbrekt, "Constitution Adopted, Elections Set," *Report on Eastern Europe,* no.33, August 16, 1991.

bership, but the first results pointed at a minor disaster. When the original deadline for reregistration set to November 30 had passed, *Lilov* announced that only 250 000 members had bothered to reenlist. One month later the results were less discouraging, reaching 375 000; and by the end of April membership exceeded 500 000. BSP reformers have argued that the loss of roughly 50 % of total membership should be regarded as a *de facto* split of the party[68]. In one sense this is certainly true, as it shows that about half a million members were sufficiently dissatisfied to leave the party. However, there is nothing to prove that this somehow would have contributed to the renewal of the party. It is not a matter of public record either which members abandoned the BSP, or why they chose to do so. Even though the topic could be illuminating, no investigation of this phenomenon has yet been published. Surely some went to other political organizations for ideological or political reasons, feeling that the BSP was either too radical or conservative. But another possibility is that the majority of those who left were people basically disinterested in politics, and who had only used the party as a vehicle in their professional careers or to acquire a higher status or other gains.

A second reason why the BSP felt it could present itself as a new party was because it had publicly acknowledged its "guilt" for some of the most shady sides of its past performance as the Communist Party. Having consistently rejected UDF demands for a formal declaration of responsibility both before and after the 1990 elections, at the 39th congress the BSP began to prepare the ground for such an acknowledgement. As a first result of this, a loosely formulated statement was published in *Duma* on October 27, 1990, in which BSP leaders conceded that some individual party members bore personal guilt for the country's deep crisis, but that the organization as a whole did not. This meant that responsibility was again placed on the shoulders of a small number of people, leaving the rank-and-file members untainted. A document made public in March 1991 went a little further. The statement had been approved on March 25 by the BSP's Supreme Council, and it said that the BSP now accepted "political responsibility" for the country's economic and political plight. Still, the party did not accept the entire blame, saying that others including the opposition parties had also negatively influenced the development[69].

Duma reported also in March that some 3500 BSP party members had been expelled since November 1989, an apparent attempt to demonstrate that leaders were energetically seeking to reform the organization[70]. In comparison with the first statements by the party leadership in December 1989, when merely half a dozen personalities were named, the number of "guilty" party officials had increased manifold.

---

[68] *Ibid.*, June 25, 1991.

[69] *Ibid.*, March 28, 1991.

[70] *Ibid.*, March 27 and 28, 1991.

Still, only a very limited group of people were facing prosecution. On December 11 *Zhivkov* and former Politburo member *Milko Balev* were formally indicted by the Chief Prosecutor's Office, both for abuse of state funds. Yet, the former leadership was not charged with serious abuse of human rights, such as with having organized the brutal Bulgarization campaign against the country's minorities[71].

Some dramatic changes occurred in the party's political philosophy. Beginning at the 14th congress, Marxist-Leninist theory was systematically weeded out from program and bylaws. It was replaced with an ideology that seems to have lent most elements from mainstream European leftist movements, such as the democratic socialist parties in France, Spain, Germany and Scandinavia. Yet, there is reason to believe that this will not be enough for the BSP, which needs a more definite theoretical framework, as it began to turn toward social democracy. Besides the already mentioned inclusion of all congresses of the Bulgarian Social Democratic Party (BSDP) in the BSP's own count in mid-1991, the Socialist Party started to claim a restoration of its "common ideological roots" with the Bulgarian social democrats[72]. This occured under intensive protests from the BSDP itself, which was revived after the fall of *Zhivkov* to become one of the largest individual opposition parties.

The diversity of BSP factions and currents in the party made the possibility of ideological renewal seem less convincing. Even though the party succeeded remarkably well in displaying outward unity, the political tensions have indicated that factions possess a great disparity of values. In an interview published in *Duma* in July, Chairman of the Marxist Alternative faction *Mitryu Yankov* described internal unity as entirely fictitious. *Yankov* said the BSP's nonmainstream groupings could be divided into four general categories, or different ideological "tendencies." He claimed the party leadership was in the hands of the "rightists;" who could be broken down into two main groups – promarket liberals and social democrats. Among ordinary members, however, *Yankov* said he believed "leftists" clearly dominated. Some of the latter were according to *Yankov*, like many in his own Marxist Alternative, people who purported to be true Marxists but who had rejected totalitarian ideas, while others still supported the discredited *Realsocialismus* or even neo-Stalinist values.

The lack of ideological cohesion is an important factor when assessing the strength of the BSP two years after the downfall of hardline communism. Evidently, minor theoretical differences have often threatened to be blown out of proportion. However, this

---

71 There has been information that such charges are being prepared by the Chief Public Prosecutor's Office.

72 Aleksandar Lilov on Bulgarian television, August 3, 1991, 9:39 P.M. See also Kjell Engelbrekt, "Bulgarian Socialist Party Prepares for Elections," *Report on Eastern Europe*, no.36, September 6, 1991. The Bulgarian Communist Party was established in 1919, but was created out of the so-called "narrow socialists" who left the BSDP as early as in 1903.

must not automatically be regarded as the main issue, since it is first concerning conflicts over power that ideological differences have become crucial. So far, the period between November 1990 and January 1991, when the Socialists lost their control over government, seems to have been most critical. Weeks before the crisis became really serious, *Lilov* on November 13 narrowly escaped being brought down at a session of the Supreme Party Council. Later, when *Lukanov* resigned from the post as Prime Minister on November 29, conservative party members warned that this would be a fatal blow to the BSP, actually demanding that *Lukanov* be expelled for "treachery" against the party. Then, the reformers went to attack. On January 11, 1991, it was the ASO's turn to call for the resignation of BSP leader *Aleksandar Lilov*[73]. The ASO said neo-Stalinists were "hiding behind his back," and that, as long as *Lilov* remained in charge, there would always be a danger of a return to totalitarian policies.

New challenges: elections and the moscow coup

Persistant predictions of the BSP's disintegration aside, the first half of 1991 did not produce any major splits. A frequently heard Bulgarian view is that when the party begins really to lose its grip on power, the leadership may no longer be able to keep factions in control. Many forecasted that this would be the case when the BSP lost the full control over the government, a suggestion that now has been disproved. Although the Socialists with their seven ministerial portfolios have had a strong presence in the coalition cabinet installed in December 1990, they held less important posts and were in no position unilaterally to impose their own will. On the other hand, the BSP retained great influence over the decision-making process through its parliamentary majority; and perhaps once that is lost dramatic changes could occur[74].

In the aftermath of the internal crisis around the end of 1990 and beginning of 1991 a certain realignent of forces seems to have occurred. The Marxist Platform for the Unity and Renewal of the BSP, arguably the most conservative faction, demonstrated its strength by a holding congress in mid-December. Unconfirmed reports said that tens of thousands discontented BSP members preferred to go over to the so-called Bulgarian Communist Party, which regarded itself as the the true successor of the previously ruling party. Apparently, this was an exaggerated figure, though such rumors may be an indication of conservative dissatisfaction[75]. To meet the resur-

---

73 BTA, January, 1991.

74 This paper was finished in late September 1991, why the results of the October elections could not be taken into account. For a roundup of subsequent developments, see introduction by W. Höpken.

75 There were at the time several parties that call themselves Bulgarian Communist Party, but no reliable figures on total membership concerning any of them.

gence of communism and the greater coordination among conservatives, BSP reformers decided to assemble all progressive party members under one umbrella, called the Social Democratic Platform "Europe." In 1991, it became one of the most influential intra-party formations[76].

The polarization within the party progressed during the first half of 1991, but did not produce the awaited split. By early August, when the BSP a little more than two months before the elections to parliament and local government held a national conference, the party knew it was in great trouble. Opinion surveys carried out during the summer had indicated that the BSP electorate had shrunk to around 25–30 %, and for the first time since the 1944 communist takeover the party seriously had to face the prospect of an election defeat[77]. Such broad spectrum of the party had indeed not been assembled since the 39th congress, and again there were predictions that the leadership would lose control. Yet, the conference failed to reveal any serious cracks in the BSP *facade,* thus becoming yet another triumpf for the top leadership. So close to the elections all forces clearly had a strong interest in playing down internal differences, and seem to have agreed to do so. Several prominent radicals and conservatives spoke from the tribune, but when it came to decisions they were all united. The only significant issue on which a certain degree of conflict could be detected was the draft electoral platform. The adoption of a platform had been the primary goal for calling the conference. However, the delegates could not reach agreement during the two days that the conference went on, and the text was handed over to a commission to iron out the points of dispute.

At the same time, in order to take up the fight with the opposition, the BSP had to work out a competitive campaign strategy. As far as could be ascertained half-way into the campaign, in many respects the overall concept resembled that of the previous year. The party was again trying to demonstrate that it is the sole guarantor of social justice, gradual change, law and order. Also the predominating method of the BSP appeared to be the same – abundant use of "negative campaigning," that is, playing on people's fears of radical economic reform, of additional worsening of living conditions and social unrest. This may well be effective in obtaining the vote of elderly people and the population in the provinces, as well as state bureacrats and manual farm workers, all anxious about changes and especially afraid of unemployment. In all likelihood, many of the the BSP slogans were at the same time designed to attract sympathies among other categories that are important for the BSP, less as voters than as traditional support groups, such as the military and police forces.

There were also novel features in the campaigning of 1991. Some messages were deliberately directed at the Bulgarian youth. One of the official BSP posters was

[76] See *Otechestven Vestnik,* January 26, 1991; *Pogled,* no. 5, February 2, 1991.

[77] *Svoboden Narod,* June 6, 1991; and *168 Chasa,* July 18, 1991.

showing a guitar-playing rock musician, while another a fashionably dressed young women who was spraying the letters *BSP* on a brick wall. In a symbolic gesture three young reformers, two of whom were aged below 30, were appointed *Lilov's* deputies in the electoral campaign[78]. Furthermore, the BSP was showing clear tendencies toward appealing to nationalist sentiments. On August 15 the BSP suddenly declared that they were entering a coalition with five small parties, none of which separately even garnered 0.5 % of the votes in the June 1990 elections. The inclusion of one of the five, the staunchly nationalist Fatherland Party of Labor (FPL), suggested that the Socialist Party really was aiming to attract the nationalist vote[79]. In addition, several weeks before the October 13 elections the BSP daily *Duma* launched a fierce campaign directed at the predominantly *Turkish Movement for Rights and Freedoms (MRF)*, claiming it was run from Ankara. In several constituencies Socialist candidates locally allied with extreme nationalist organizations.

The news of the August 19 Moscow coup must have turned most plans totally upside down for the Socialist Party. At first, the Socialists seemed stunned by the first reports from Moscow on August 19; soon they realized that they had to act. Both the UDF and President *Zhelev* quickly condemned the coup attempt at an early stage. The BSP leader *Lilov* felt he could not go so far, and instead "expressed concern" about the future democratic development in the Soviet Union. The statement was vaguely critical of the Moscow events, but avoided using terms that would offend the Soviet cabalists or communist die-hards in the BSP. However, this was not enough for the many BSP radicals who felt they could not wait to take a more definite stand against the putsch, and party discipline was now challenged. The Movement for Radical Change called the coup "undemocratic and unconstitutional," regardless who had participated in it[80]. The Movement for Democratic Socialism used even stronger words. It issued a statement saying that the coup had been directed by "conservative neo-Stalinists".

Not even *Lilov's* carefully worded message was published in BSP daily *Duma*. The BSP daily maintained a conspiciously low profile for as long as the putsch carried on. Indeed, the first report was simply titled "Gorbachev Fell, the World Changed." It was an article that laudatorily summed up the achivements of the Soviet leader since 1985, but which lacked any information about how the overthrow actually had occurred and anoting TASS instead of referring to Western sources. The publication of the Marxist Alternative-*Misal*- made a much more serious tactical mistake. On August 19 *Misal* printed the platform of the Moscow cabalists. In early September the Marxist Alternaive was forced to backtrack and annul its indirect support of the coup[81].

---

[78] *24 Chasa*, July 22, 1991.

[79] See Kjell Engelbrekt, "Bulgarian Socialist Party Prepares ..."

[80] BTA, August 21, 1991.

[81] Bulgarian television, August 24, 1991, 9:00 P.M. Reversal announced by Stoil Karatan-

When the putsch eventually failed, many agreed that the BSP had behaved ambiguously during the crisis. The leadership had appeared indecisive, a fact on which the opposition later was to concentrate its criticism of the BSP. The Supreme Party Council had, in spite of intensive debates, failed to issue an official statement on the issue. Even so, following intense discussions, the Supreme Party Council decided to express its approval of *Lilov's* wait-and-see attitude toward the events[82]. At the same time, it was evident that many within the party regarded the official BSP position as totally inadequate. The members of the BSP Municipal Council in Silistra had been among the first to speak their minds. In a letter dated August 21 the council criticized the BSP leadership for not "clearly and categorically" having rejected the Moscow putsch. Other groups soon followed suit. A few days later the ASO leader *Valentin Vatsev* suggested that, after the October elections, those who "had not concealed their satisfaction" with the early reports of the Moscow coup ought to be expelled from the party[83].

Moreover, on August 27 it became known that the top leadership, the party Presidium, had been deeply split throughout the crisis. *Duma* published a letter which outlined the reservations of eleven prominent party members against the Presidium's handling of the coup crisis. The internal controversy seems to have reached a climax two days later. In another letter to *Duma* BSP's Deputy Chairman *Lukanov* joined the criticism against the leadership's failure to condemn the Moscow coup. Although his criticism was mild, *Lukanov* announced that he was resigning from his position as Deputy Chairman and member of the Presidium, both of which he had held since February 21. The stage was set for a new round of intra-party conflicts.

Prospects

It might seem an obvious point, but it should be noted that in 1990 and 1991 it was less the BCP/BSP itself than the Bulgarian political context, within which the party exists, that underwent dramatic changes. One of the most fundamental notions brought to Bulgaria during the democratic East European revolutions in late 1989 was that of competition for power between political parties, a fact once reintroduced caused the abolition of the unique position of the BCP/BSP. From a Western viewpoint the term "political party" was always misleading in a communist political environment, for it was used to denote an institution which ensured political supremacy and economic preferential treatment to the *nomenklatura.* To be sure, this was an in-

chev, member of the Marxist Alternative, on Bulgarian Radio, September 6, 1991, 5:15 P.M.

[82] BTA, August 23, 1991.

[83] Bulgarian television, July 24, 1991, 9:00 P.M.

stitution that had little in common with parties in competitive polities, created to respond to voter and member interests[84].

Similar observations have recently been made by Bulgarians. In early 1990 *Zhelyu Vladimirov,* writing for *Otechestven Vestnik* daily, noted that the BCP was called "party" only for the sake of convention. It was not political ideas or programs that kept the BCP together, *Vladimirov* argued, but rather a need on the part of its members to be noticed – to play a role, however small – in a society entirely dominated by the upper strata of the Communist Party. According to *Vladimirov,* what primarily mattered to the rank-and-file of the party was:

> their *formal* membership, their *affiliation* with a privileged position from which the top leadership ruled the country; as members of primary party organizations they could at least make themselves heard at the work place and in the neighborhood[85].

It is important not to underestimate the emotional factor when trying to understand the behaviour of those who have chosen to remain party members. Obviously, these individuals have once committed themselves to the Communist Party and its ideas, and for various reasons many still feel they should stick with their previous choice.

By mid-1991, the BSP's membership amounted to around 500 000 – a clear sign that the BSP should in no way be counted out of the political scene as of yet. Another explanation why the BSP has retained a considerable size and influence may be related to the absence of a sudden political *Umbruch,* similar to those occurring in East Germany and Czechoslovakia. In these countries, it seems as if the total collapse of the system provided both political actors and ordinary people with a good opportunity to reconsider their earlier positions. In contrast, the gradual waning of communism in Bulgaria appears to have led many party members to believe that the BSP will continue to have a political future, as long as most members refuse to defect and instead resist every attempt to reduce the party's power in society.

There may be a parallel to be made with what political scientists call "internally mobilized" parties. In the classic literature on political parties, these are founded by elites that still occupy positions within a nondemocratic regime, with the overriding objective to ensure that they remain in power also after free elections have been

[84] For a classical argumentation about "interests" and "politics," see, for instance, David Easton, *Political System* (New York: Knopf, 1953). In the contemporary debate among political scientists, there is a wide variety of views on the motivations behind the action of parties. This is not an attempt to become involved neither in this discussion, nor in one about the validity of Easton's "authoritative allocation of values;" my single point is that interests play a greater role in Western democracies than they did in the Soviet or East European communist societies.

[85] *Otechestven Front,* February 9, 1990 (my emphasis).

held[86]. As a rule, such parties are from the outset linked to a social force of class, people who have either benefited from the previous regime or for some other reason remain sympathetic toward it.

When an "internally mobilized" party manages to sustain, or acquire, a broad popular following, this can have important positive effects on a young and unsettled democracy, according to political theory. A successful party, irrespective if its past, is more inclined to approach mainstream politics and to respect the basic rules of democratic government. On the other hand, the existence of a previously nondemocratic party which recently threw the bulk of its ideology overboard may also be hazardous. Lacking firm political values, the Socialist Party has already demonstrated a tendency to try and enlargen its electorate by using populist rhetoric, for instance by advocating egalitarian economic policies or overtly espousing nationalism.

In the short term, the BSP may be in for a tough ride. The effects of the Moscow coup on the Socialist Party indicated that internal discipline is more fragile than has been claimed. Under external pressure, the variations of interests and ideas coexisting under the same roof may prove to be just too diverse. An election defeat, which at the time of this writing seems highly likely, could bring several currently latent conflicts to the fore. Since none of the major opposition parties is expected to let the BSP enter the coalition government which is most likely to be created after the elections, the Socialist must prepare themselves for a difficult time in opposition, very much isolated from other political forces. Finally, I would just like to say that I enjoyed meeting you and your colleagues at the party organized by the Südost-Institut on 9 December. It was a fine opportunity to exchange experiences with some of few people who are working in the same field as myself. I am looking forward too seeing you again.

---

[86] Many political scientists have taken up this distinction between "internally mobilized" and "externally mobilized" parties, but the point was first made by Maurice Duverger, *Political Parties* (London: Methuen, 1959), pp. XXIV–XXXII.

Stefan Troebst

„Demokratie als ethnisch geschlossene Veranstaltung“: Nationalistischer Integrationsdruck und politische Formierung der nationalen Minderheiten in Bulgarien (1989–April 1991)[1]

> Ungeduld und Mangel an Augenmaß, Kennzeichen unserer verspäteten Nation, sie haben zweimal die Wahl von Irrwegen verschuldet. Das drittemal ist uns – Sein oder Nichtsein! – aufgegeben, zuerst kühl die Welt zu betrachten, um das rechte Augenmaß für die [. . .] Dinge zu gewinnen, und sodann geduldig einen Schritt nach dem anderen auf dem Wege voran zu tun, für den wir uns entscheiden werden – nicht aber in den [. . .] Fehler zu verfallen [, . . .] nach Kinderart einen Wunschzettel für den heiligen Abend zu schreiben, der aber auch alles enthält, was der Wünschende für ein Menschenalter zu bedürfen glaubt. Die schmerzliche Selbstzügelung mag uns leichter fallen, wenn wir der Flucht aus unserer jüngsten Geschichte ein Ziel setzen, mit Erfahrungen unsere Neigungen bekämpfen, endlich wenn wir das halbverschüttete Erbe unseres abendländischen Wesens wieder zu Ehren bringen zur Veredelung nationaler Triebhaftigkeit[2].

1. „Neuer“ oder „traditioneller“ Nationalismus?

Auch nach dem Abklingen der Osteuropa-Euphorie des Jahres 1989 ist die Frage nach dem demokratiegefährdenden Potential ethnischer Konflikte innerhalb der einzelnen Staaten Ost- und Südosteuropas wie auch zwischen ihnen nicht allzu populär. Einem derzeit gängigen Argument zufolge bedürfen die embryonalen Demokratien dieser Region gerade aufgrund all ihrer ideologischen Verwerfungen und nationalistischen Kinderkrankheiten vor allem der Ermunterung und Unterstützung, weniger hingegen der Kritik. Mit symptomatischer Mißbilligung heißt es etwa im Editorial einer osteuropabezogenen Zeitschriftenneugründung:

[1] Eine Fortsetzung dieses im Mai 1991 abgeschlossenen Aufsatzes findet sich bei Stefan Troebst: Nationalismus als Demokratisierungshemmnis in Bulgarien. Von der Verfassungsdiskussion zur Präsidentschaftswahl (Mai 1991–Januar 1992). In: Südosteuropa 41 (1992), S. 188–227.

[2] Ludwig Dehio: Deutsche Politik an der Wegegabel. In: Ders.: Deutschland und die Weltpolitik im 20. Jahrhundert. München 1955, S. 143–155, hier S. 155 (Erstveröffentlichung in: Außenpolitik 6 [1955], H. 8 [August], S. 489–494, hier S. 494).

„Nach der enthusiastischen Berichterstattung über die „friedlichen“, „sanften“, „samtenen“ Revolutionen kommt jetzt eine Publizistik auf, die aus der komplexen Vergangenheit dieser Region eine Gefahr für ihre demokratische Zukunft herausliest. [...] Man schreibt über autoritäre Tendenzen, nationale Zwistigkeiten, über Xenophobie und Antisemitismus; aus den alten Geschichtsbüchern kehrt sogar das Gespenst der „Balkanisierung“ zurück[3].“

Einer der direkt Kritisierten, der vor der Gefahr eines „neuen“ Nationalismus in Osteuropa warnende Politiker *Peter Glotz*, konterte mit ebenso deutlicher Gegenkritik: Ihm zufolge enthalten die Zukunftsprognosen einer allzu blauäugig-zweckoptimistischen Osteuropapublizistik „unbeirrt Szenarien, in denen Nationalitätenkämpfe, Minderheitenprobleme, Massenzwangsauswanderungen, nationalistische Pogrome gar nicht vorkommen[4].“ Sicher schwingt bei beiden Standpunkten die klassische Frage nach dem Interpretationsmaßstab mit, hier diejenige, ob das Wasserglas der Demokratie in Ost- und Südosteuropa erst halbvoll oder schon wieder halbleer sei. Wenn aber, wie der Historiker *Peter Alter* in einem der neuesten Syntheseversuche zum Problem festgestellt hat, daß „der Nationalismus [...] eine politische Kraft [ist], welche die Geschichte Europas und der Welt in den letzten beiden Jahrhunderten stärker bestimmt hat als die Ideen der Freiheit und parlamentarischen Demokratie oder die des Kommunismus“[5], dann bedarf eine Fragestellung wie die der folgenden Untersuchung keiner gesonderten Rechtfertigung.

Dabei geht es weder um ein Dramatisieren noch um ein Herunterspielen der ethnischen Spannungen in Bulgarien. Vielmehr soll eine Beschreibung dieser Spannungen seit der „Wende“ vom 10. November 1989[6] sowie ihrer Protagonisten zum einen Entstehung,

---

[3] O. A. [Krzysztof Michalski, Aleksander Smolar]: Editorial. In: Osteuropa – Übergänge zur Demokratie? Hrsg. Krzysztof Michalski u. Aleksander Smolar. Frankfurt/M. 1990, S. 5–9, hier S. 6 (= Transit. Europäische Revue 1 [1990], H. 1 [Herbst]).

[4] Peter Glotz: Neue Freiheit – alter Hader. Der Nationalitätenstreit in Osteuropa verlangt eine andere Sicherheitspolitik. In: Die Zeit Nr. 35 vom 24. August 1990, S. 8. Vgl. auch Ders.: Der Irrweg des Nationalstaats. Europäische Reden an ein deutsches Publikum. Stuttgart 1990.

[5] Peter Alter: Nationalismus. Frankfurt/M. 1985, S. 10 (= Historische Bibliothek. edition suhrkamp NF, 250). Vgl. zur neueren Nationalismus-Literatur auch Ernest Gellner: Nations and Nationalism. Oxford 1983, und Eric J. Hobsbawm: Nations and Nationalism since 1780. Programme, Myth, Reality. Cambridge ²1990.

[6] Zur „Wende“, die als Palastrevolte begonnen hatte, und zu den daraufhin einsetzenden politischen Umwälzungen vgl. Magarditsch A. Hatschikjan: Bulgarien: Aufbruch in eine neue Ära? St. Augustin 1989 (Dezember) (= Forschungsinstitut der Konrad-Adenauer-Stiftung. Interne Studien, 16/1989); Ders.: Der unsanfte Übergang. Bulgariens Weg der politischen Erneuerung. St. Augustin 1991 (Februar) (= Forschungsinstitut der Konrad-Adenauer-Stiftung. Interne Studien, 23/1991); Wolfgang Höpken: Das Ende der Ära Živkov – der Beginn einer neuen Politik? In: Südosteuropa 39 (1990), H. 1, S. 1–35; Ders.: Bulgarien im Umbruch. In: Praxis Geographie 21 (1991),

Verlauf und Natur dieser Konfliktherde aufhellen und zum anderen ihr demokratiegefährdendes Potential abschätzen. Um ein solches Vorhaben sinnvoll durchführen zu können, sind einige Informationen allgemeiner und spezifischer Art über Bulgarien sowie die kurze Klärung verschiedener Begriffe, vor allem des Nationalismus, vonnöten. Sodann sollen exemplarisch drei Aktionsfelder des Nationalismus in diesem Land beleuchtet werden: (1) Der innen- und verfassungspolitische Konflikt zwischen Titularnation und türkischer Minderheit; (2) die nicht minder heftigen Reaktionen der Bulgaren auf das Auftreten einer sich als „Makedonier" im ethnischen, also nicht nur regionalen Sinne bezeichnenden politischen Gruppe; (3) schließlich die Veränderungen im Verhältnis der Titularnation zu den anderen nationalen Minderheiten im Lande, vor allem zu den exponierteren der Roma, Armeniern und Juden. Der dabei jeweils ablesbare Grad der Brisanz und politischen Sprengkraft dieser Art von Konflikten soll dann, wie erwähnt, als Ausgangspunkt einer „Gesamtrechnung" des Gefahrenpotentials Nationalismus für die bulgarische Demokratie dienen.

Informationsquellen zu all dem sind zum einen die bulgarische Tages- und Wochenpresse, zum anderen ein seit Dezember 1989 erscheinender täglicher Pressedienst der bulgarischen Nachrichtenagentur BTA mit dem Titel *Presslužba „Kurier"* („Pressedienst ‚Kurier'"). Die letztgenannte Quelle enthält eine Fülle an Deklarationen, offenen Briefen, Reden usw. von Vertretern politischer Parteien, informellen Gruppen, Bürgerbewegungen, nationalistischen Organisationen usw. Die im Nachstehenden relativ häufigen wörtlichen Zitate aus den genannten Informationsquellen sollen zum einen der größeren Anschaulichkeit dienen, zum anderen aber die frappierende Ideenarmut bzw. – wie es der Ethnologe *Georg Elwert* nennt – „die trennscharf klingenden Leerformeln" und „die charakteristische Wolkigkeit"[7] der zentralen Aussagen auch und gerade des modernen bulgarischen Nationalismus plastisch hervortreten lassen. Das Hinzusetzen eigener Wertungen erübrigt sich so.

H. 5 (Mai), S. 22–26; Stefan Troebst: Warten auf *preustrojstvoto.* Staat und Gesellschaft in Bulgarien am Ende der achtziger Jahre. In: Perestrojka. Multidisziplinäre Beiträge zum Stand der Realisierung in der Sowjetunion. Hrsg. Siegfried Baske. Berlin-Wiesbaden 1990, S. 279–297 (= Multidisziplinäre Veröffentlichungen des Osteuropa-Instituts der Freien Universität Berlin, 1); sowie Ders.: Nationalismus vs. Demokratie: Der Fall Bulgarien: In: Nationalismus in Osteuropa. Gefahrvolle Wege in die Demokratie. Hrsg. Margarete Mommsen. München 1992, S. 168–186+202–203 (= Beck'sche Reihe, 477).

[7] Georg Elwert: Nationalismus und Ethnizität. Über die Bildung von Wir-Gruppen. In: Kölner Zeitschrift für Soziologie und Sozialpsychologie 41 (1989), S. 440–464, hier S. 441. Vgl. auch Ders.: Nationalismus, Ethnizität und Nativismus. Über Wir-Gruppenprozesse. In: Ethnizität im Wandel. Hrsg. Peter Waldmann u. Georg Elwert. Saarbrücken-Fort Lauderdale, FL, 1989, S. 21–60 (= Spektrum, 21), sowie – zugespitzt – Ders.: Fassaden, Gerüchte, Gewalt. Über Nationalismus. In: Merkur 45 (1991), S. 318–332.

In den Nachbarländern Bulgariens, vor allem in der jugoslawischen Teilrepublik Makedonien, verwendet man seit Kriegsende das Schibboleth „San Stefano“ zur Zusammenfassung und Kennzeichnung des bulgarischen Nationalismus mit seinen beiden Stoßrichtungen nach innen und außen[8]. Am 3. März 1878 (n. St.) schlossen die siegreichen russischen Truppen in San Stefano nahe Istanbul mit dem unterlegenen osmanischen Gegner einen Präliminarfrieden, der die Gründung eines fast den gesamten Balkan umfassenden, 172 000 qkm großen unabhängigen bulgarischen Staates vorsah[9]. Ungeachtet dessen, daß dieses Großbulgarien nie in die Tat umgesetzt wurde, da der wenige Monate später stattfindende Berliner Kongreß die Grenzziehung des Vorfriedens gründlich revidierte und Bulgarien auf ein nur 64 000 qkm umfassendes souveränes Fürstentum reduzierte, faßt das Schlagwort „San Stefano“ das Programm des bulgarischen Nationalismus tatsächlich gut zusammen. Es ist daher interessant zu sehen, daß die neuen, nach der „Wende“ entstandenen nationalistischen Organisationen und Parteien in Bulgarien eben diesen Begriff des „San Stefano-Bulgarien“ auf ihre Fahnen geschrieben haben. In der 1990 offen zutage tretenden tiefgreifenden politischen, wirtschaftlichen und moralischen Krise des Landes, in einer Situation der Umwertung aller bisher gültigen Werte, kristallisiert sich die Rückbesinnung auf nationale Traditionen und historische Größe als einziger unbestrittener Wert und damit zugleich als kleinster politischer Nenner der Titularnation der Bulgaren heraus, so daß in Anlehnung an jenen Filmtitel durchaus von einem regelrechten „Fluchtpunkt San Stefano“ gesprochen werden kann[10]. Denn im Vermessungswesen wie in der Malerei meint dieser *terminus technicus* einen tatsächlichen oder auch nur angenommenen Fixpunkt, auf den sämtliche Berechnungen und Messungen bezogen werden bzw. die Bildperspektive ausgerichtet wird. Im allgemeinen Sprachgebrauch hinge-

---

[8] Vgl. zum „San Stefano“-Stereotyp Stefan Troebst: Die bulgarisch-jugoslawische Kontroverse um Makedonien 1967–1982. München 1983, S. 183–184 (= Untersuchungen zur Gegenwartskunde Südosteuropas, 23), sowie zu Geschichte und Programmatik des bulgarischen Nationalismus Marin V. Pundeff: National Consciousness in Medieval Bulgaria. In: Südost-Forschungen 27 (1968), S. 1–27; und Ders.: Nationalism and Communism in Bulgaria. In: Südost-Forschungen 29 (1970), S. 128–170.

[9] Vgl. zum anderen Wendejahr 1878 den Überblick bei Edgar Hösch: Geschichte der Balkanländer. Von der Frühzeit bis zur Gegenwart. München [2]1988, S. 134–139.

[10] Vgl. Stefan Troebst: „Fluchtpunkt San Stefano“: Nationalismus in Bulgarien. In: Die Neue Gesellschaft/Frankfurter Hefte 37 (1990), S. 405–414. – Zur immer schwerer überwindbaren Wirtschaftkrise in Bulgarien vgl. zuletzt Marvin Jackson: Bulgaria: The Dangers of Procrastination in the Transition from Socialism to Capitalism. In: Radio Free Europe/Radio Liberty Research Institute. Report on Eastern Europe, 2. Jg., Nr. 15 vom 12. April 1991, S. 1–7, sowie J[acqueline] H[énard]: „Für den nächsten Winter braucht Bulgarien eine gute Ernte.“ Ein Gespräch mit dem Präsidenten der Nationalbank, Todor Vultschew. In: Frankfurter Allgemeine Zeitung Nr. 88 vom 16. April 1991, S. 17.

gen bezeichnet der Fluchtpunkt einen Ort, an den man sich im Falle der Gefahr in Sicherheit zu bringen versucht. Beides trifft für das politische Denken in Bulgarien zu: „San Stefano“ steht auf der einen Seite für die Geburtsstunde des modernen bulgarischen Nationalstaates und für das Ideal eines fast den gesamten Balkan umfassenden Großbulgarien. Und auf der anderen Seite dient die Fiktion eben dieses Großreiches der Vergangenheit in der gegenwärtigen krisenhaften Lage des von Staat und Gesellschaft in Bulgarien als Zukunftsvision und rückwärtsgewandte Utopie. „Die Geschichte“, so hat *Hans Magnus Enzensberger* die Trostfunktion solcher Reminiszenzen in Krisenzeiten charakterisiert, „dient [...] also als eine Art Kuscheltier[11].“ So treffend dieses Bild auch ist, so trügerisch ist seine Idylle. Denn die Flucht aus der Realität ins San Stefano-Ideal, der eskapistische Rückzug in die historische Schmollecke der ewigen Verlierernation, als die sich die Bulgaren seit den Revisionen der San Stefano-Klauseln in den Verträgen von Berlin 1878, Bukarest 1913, Neuilly 1919[12] und Paris 1947 sehen[13], tröstet nicht nur, sondern macht auch selbstgerecht

---

[11] Hans Magnus Enzensberger: Über die Ignoranz. In: Ders.: Mittelmaß und Wahn. Gesammelte Zerstreuungen. Frankfurt/M. 1988, S. 9–22, hier S. 19.

[12] Wie schon unter T. Živkov wird in Historiographie und Publizistik Bulgariens auch gegenwärtig vor allem das „Diktat von Neuilly“ als schreiendes Unrecht interpretiert, da dieser Vertrag das (1885 und 1912 vergrößerte) Territorium des Landes verkleinert habe. Diese Rechnung geht indes nur dann auf, wenn man vom Jahr 1912 und den Ergebnissen des siegreichen Ersten Balkankriegs ausgeht. Nimmt man indes das Jahr 1911 als Ausgangspunkt, stellt man fest, daß Bulgarien trotz der Niederlagen im Zweiten Balkankrieg und Ersten Weltkrieg seine Fläche um 10% *vergrößern* konnte. Bemerkenswerterweise ist diese wenig aufwendige Rechenoperation in Bulgarien selbst erst vor ganz kurzer Zeit von einem Historiker angestellt worden. Vgl. Plamen Cvetkov: Obedinenieto na Germanija e i šans za Bălgarija. In: Demokracija, I. Jg., Nr. 231 vom 19. November 1990. Dabei handelt es sich allerdings um eine völlig untypische Sichtweise. Zur üblichen Unrechtsperspektive vgl. exemplarisch im selben Periodikum Aleksandăr Kjurkčiev: N'ojskijat dogovor. Kakvi teritorii, gradove i sela zagubi Bălgarija. In: Demokracija, I. Jg., Nr. 144 vom 9. August 1990.

[13] Vgl. zuletzt Jewgenij Alexandrow [Evgeni Aleksandrov]: Ein neues Bulgarien im neuen Europa. In: Europa-Archiv 45 (1990), S. 615–622, wo es heißt: „Bulgarien hat feierlich erklärt, keinerlei Ansprüche auf benachbarte Territorien zu erheben, trotz aller ihm zugefügten historischen Ungerechtigkeiten [...].“ (S. 616). Ebenfalls symptomatisch heißt es hier weiter, daß dessen ungeachtet die Nachbarstaaten historische sowie indirekt territoriale Ansprüche an Bulgarien stellten: „[D]ie Autoritäten in Skopje [unterstellen] weiterhin, daß es eine ‚mazedonische Minderheit‘ in [...] Bulgarien gebe“, wie auch „pantürkistische Ansprüche der Türkei auf Teile der bulgarischen Bevölkerung und dementsprechend des Territoriums weiter“ bestünden (S. 619). Auch ein prominenter nationalistischer Historiker ist der Meinung, die Nachbarstaaten nutzten die fatale ökonomische Lage, in die Bulgarien aufgrund „der sowjetischen Illoyalität“ geraten sei, aus: „Alle bulgarischen Nachbarn halten es für notwendig, jetzt,

und aggressiv[14]. Dies gilt in Zeiten tiefgreifender, sämtliche Werte der unmittelbaren Vergangenheit in Frage stellender Krisen wie im Bulgarien der Gegenwart in erhöhtem Maße. Noch einmal *H. M. Enzensberger:*

> „Wenn ein Kollektiv keine Chance mehr sieht, seine [...] Erniedrigung durch eigene Anstrengung wettzumachen, bietet es seine ganze psychische Energie auf, um unermeßliche Vorräte an Haß und Neid, Ressentiments und Rachsucht anzulegen. Es fühlt sich als Spielball und Opfer der Verhältnisse und leugnet jede eigene Mitverantwortung für die Lage, in der es sich befindet. Die Suche nach dem Schuldigen kann beginnen[15]."

In Bulgarien hat die Suche nicht nur bereits begonnen, sondern auch schon zur Ermittlung von zahlreichen Schuldigen unterschiedlicher Kategorien geführt. Unmittelbar nach der „Wende" ging der Schwarze Peter verständlicherweise an den in der bulgarischen Presse mittlerweile so genannten „Vandalen aus Pravec"[16], also den abgesetzten Partei- und Staatschef *Todor Živkov.* Dieser reichte ihn in bewährt professioneller Manier an seine Politbürokollegen weiter, die ihn ebenso routiniert subalternen Parteichargen sowie der Führung des Repressionsapparates zuschoben. Aber die Verantwortung für gigantische Umweltschäden, gewaltige Auslandsschulden, für notorische Korruption und Depotismus, für eine katastrophale Versorgungslage, für den zweimaligen Beinah-Ausverkauf des Landes an die Sowjetunion in Form eines Beitritts als 16. Republik, für Tausende von Opfern einer Terrorjustiz, für Todeslager und Fememorde des Geheimdienstes, – die Verantwortung für alle diese Untaten, die man dem Regime und der es verkörpernden kommunistischen Partei anlastete, scheint in der bulgarischen Öffentlichkeit weniger schwer zu wiegen als ein anderer, ebenfalls an die Adresse der Kommunisten gerichteter Vorwurf: Der des „nationalen Nihilismus"[17] bzw. des „Verrats an den Interessen der Nation".

---

wo das Land auf den Knien liegt, ihre Prätentionen erneut vorbringen zu müssen." Vgl. Nikolaj Genčev: Zašto Bălgarite ne otchvărlicha komunizma? In: Vsjaka nedelja Nr. 1 vom 16. November 1990.

[14] Vgl. hierzu exemplarisch György Konrád: Die Melancholie der Wiedergeburt. In: Kursbuch 102: Mehr Europa. Berlin 1990, S. 25–42, hier S. 39–40.

[15] Hans Magnus Enzensberger: Saddam = Hitler. In: Der Spiegel, 45. Jg., Nr. 6 vom 4. Februar 1991, S. 26–28, hier S. 26.

[16] Vasil Ljuckanov: Edna „profesorska" propaganda. In: Vek 21 Nr. 17 vom 25. Juli 1990.

[17] Besonders verquer argumentierte in dieser Hinsicht der bereits genannte Historiker Plamen S. Cvetkov, der unter Verweis auf das „letzte moralische Kapital der Bulgaren als tolerantestes Balkanvolk" die von T. Živkov initiierte Zwangsassimilierung als dem bulgarischen Volkscharakter widersprechend und somit als besonders verwerfliche Erscheinung „nationalen Nihilismus" wertete. Vgl. Plamen S. Cvetkov: Za nacionalnija nichilizăm. In: Kultura Nr. 5 vom 1. Februar 1991. Daß die Bulgaren schon immer gleichsam resistent gegen xenophobe, antisemitische und rassistische Ansichten gewesen wären, ist ein nationales Autostereotyp, welches Bulgaren sämtlicher politischer

Der vorgebliche Verzicht des kommunistischen Regimes auf den Anspruch auf Eingliederung sämtlicher im Vertrag von San Stefano als bulgarisch ausgewiesener Territorien in den eigenen Nationalstaat wird dabei als eines von zwei Hauptindizien gewertet. Das andere sind die bescheidenen Minderheitenrechte, die die Volksdemokratie getreu den Lenin'schen Prinzipien der Nationalitätenpolitik den ethnischen Gruppen im Lande, an erster Stelle den Türken, bis in die achtziger Jahre hinein eingeräumt hatte. Diese beiden Punkte werden heute *T. Živkov* und seiner Partei von fast der gesamten bulgarischen Öffentlichkeit als besonders verwerflich angekreidet. Der Umstand, daß von 1967 an bis 1989 die „San Stefano“-Fahne auch und gerade in der Außen- und Balkanpolitik Bulgariens gegenüber Rumänien und vor allem Jugoslawien sehr wohl hochgehalten worden ist – von der Geschichtswissenschaft erst gar nicht zu reden –, wird dabei geflissentlich übersehen. Nicht nur übersehen, sondern regelrecht verdrängt wird auch die Tatsache, daß es *T. Živkov* selbst gewesen ist, der ab 1956/58 die 1984 erfolgte blutige Wende in der Nationalitätenpolitik von Partei und Staat eingeleitet hat. Wie bekannt, wurden im Winter 1984/85 sämtliche Türken des Landes gezwungen, ihre arabisch-islamischen Vor-, Vaters- und Familiennamen abzulegen und slavisch- christliche Namensformen anzunehmen. Ob dabei südslawisch-orthodoxer Atavismus oder eher ein übersteigerter technizistischer Rationalismus den Ausschlag für diese, an die mitteleuropäische Namensänderungspolitik des Mittelalters und der frühen Neuzeit erinnernde Maßnahme gegeben haben, muß offen bleiben. Das Ziel, die Herstellung einer ethnisch homogenen „sozialistischen bulgarischen Nation“, wurde jedenfalls nicht nur verfehlt, sondern es rückte gerade aufgrund dieser Aktion in unerreichbare Ferne[18]. Denn der staatliche Willkürakt rief massiven Widerstand der bulgarischen Türken hervor, welcher nur mit Militäreinsätzen erstickt werden konnte, die wiederum ihrerseits Terrorakte der Minderheit provozierten. Die Bilanz waren, soweit bisher bekannt, 120 Tote, mehrere hundert Schwerverletzte und über 1000 Verletzte. Seit 1985 gab es keinen Unterricht in türkischer Sprache mehr, keine Zeitungen und Rundfunksendungen, wie überhaupt das Sprechen dieser Sprache in der Öffentlichkeit bei Androhung von Geld- und Gefängnisstrafen verboten war. Nun wurde die Existenz einer türkischen Minderheit im Lande, ja das Vorhandensein von nichtbulgarischen ethnischen Gruppen generell, in Abrede gestellt. Insofern dürfte es aus der Sicht des gegenwärtigen bulgarischen Nationalismus also an *T. Živkov* und seiner 35-jährigen Herrschaft eigentlich nur wenig auszusetzen geben. *Adam Michnik*

Richtungen kultivieren. Vgl. als besonders unreflektiertes Beispiel Velko Vălkanov: Mităt Bălgarija. In: Literaturen front Nr. 8 vom 22. Februar 1990.

[18] Stefan Troebst: Zum Verhältnis von Partei, Staat und türkischer Minderheit in Bulgarien 1956–1986. In: Nationalitätenprobleme in Südosteuropa. Hrsg. Roland Schönfeld. München 1987, S. 231–253 (= Untersuchungen zur Gegenwartskunde Südosteuropas, 25).

hat dieses Paradox in die Formel gefaßt, daß der Nationalismus eben *beides* ist, nämlich das „letzte Wort der abziehenden Kommunisten, aber zugleich ein Ausdruck des Widerspruchs gegen dieses antinationale System[19]." Die Beschäftigung mit dem Nationalismus bietet die Möglichkeit, durch die neue politische Polarisierung in Restpartei und Oppositionsbündnis hindurch tiefer gelegene politische Gesteinsschichten zu erkennen. Auf dieser bislang weitgehend verdeckten Ebene verlaufen die Trennlinien nicht entlang politischer Parteigrenzen, sondern folgen im wesentlichen ethnischen Strukturen. Zwar ist nicht anzunehmen, daß die Frage nach der weiteren Entwicklung des Landes ausschließlich auf *einer* dieser beiden Ebenen entschieden wird, wie auch noch offen ist, welcher von ihnen die größere Bedeutung zukommt.

Der französische Osteuropaanalytiker *Jacques Rupnik* hat auf die Frage nach der „Rolle [der] Wiederkehr des Verdrängten nach dem Ende des Kommunismus" zwei Antwortvorschläge – einen pessimistischen und einen optimistischen – parat, die er mit den Schlagworten „Eisschrank" und „Fegefeuer" kennzeichnet:

> „Der Kommunismus, sagen die einen, sei wie ein Eisschrank, in dem jahrzehntelang Menschen lebendig eingesperrt waren. Ihre Probleme und nachbarschaftlichen Rivalitäten wurden eingefroren. Heute erwacht das alles wieder zum Leben: Einiges ist frisch wie am ersten Tage, bis in Sprache und Denken hinein; anderes hat nach fünfzig Jahren ernsthaften Schaden gelitten. [. . .] Aber es muß nicht immer zum Schlimmsten kommen. Es gibt auch eine andere Hypothese, die nicht nur optimistischer ist, sondern der gegenwärtigen Phase des friedlichen Übergangs auch besser entspricht: Der Kommunismus gleiche einem Fegefeuer, aus dem die Menschen im östlichen Europa nun hervortreten und etwas mitbringen: die Erfahrung von vierzig Jahren Widerstand. Das sei die wahre Schule der Demokratie, die allein imstande ist, die nationalistischen Kräfte zu integrieren[20]."

Was den eigentlichen Balkanraum betrifft, so ist die erstgenannte These zweifelsohne die zutreffendere: Mit dem Nachlassen der Tiefkühlwirkung der *pax tito-sino-sovietica* fand hier sowohl innerhalb der einzelnen Staaten wie in ihrer Außenpolitik ein „Dammbruch" statt; in sämtlichen Staaten der Region hat der auf vergangene Größe gegründete moderne Nationalismus als dominantes Wertesystem seine frühere Position wieder eingenommen[21].

---

[19] Zit. nach Gerhard Gnauck: Der Bär ist noch nicht tot, da streitet man um sein Fell. In: Frankfurter Allgemeine Zeitung Nr. 209 vom 8. September 1990, S. 27.

[20] Jacques Rupnik: Eisschrank oder Fegefeuer. Das Ende Kommunismus und das Wiedererwachen der Nationalismen in Osteuropa. In: Osteuropa (wie Anm. 3), S. 132–141, hier S. 139–140. – „Mit dem Ende des Kalten Krieges kommen die nationalistischen Ideen wohl konserviert aus dem Gefrierfach der Geschichte" äußerte sich unter Verwendung eines ganz ähnlichen Bildes G. Elwert in: Fassaden (wie Anm. 7), S. 318 n.

[21] Vgl. Holm Sundhaussen: Jugoslawiens Nationalismen in historischer Perspektive. In: Journal Geschichte (1990), H. 6, S. 33–43.

Aber die Konturen des Gegensatzpaars Nationalismus-Demokratie sind bei weitem nicht so scharf, wie sie sich aus heutiger Sicht darstellen mögen. Noch im Europa des 19. Jahrhunderts waren die Forderungen nach Nationalstaat und parlamentarischer Kontrolle der Exekutive eng miteinander verknüpft, Nationalismus und Demokratie standen also auf der einen Seite der Barrikade, absolutistische Fürstenherrschaft und feudale Zersplitterung auf der anderen. Heute hingegen wird in Westeuropa nationales Denken fast ausschließlich mit autoritären politischen Strömungen, nicht hingegen mit emanzipatorischen in Verbindung gebracht. Diese Sichtweise und die damit verbundenen Wertungen werden nur allzu leicht auch auf die Verhältnisse in Osteuropa übertragen, wobei offenkundige Diskrepanzen häufig übergangen werden. Die Protagonisten und Anhänger der Unabhängigkeitsbewegungen in den baltischen Staaten etwa sind in Personalunion Nationalisten *und* Demokraten, die – ähnlich wie die deutschen 48er Revolutionäre – einem antinationalen und autoritären politischen System gegenüberstehen. Diese „Janusköpfigkeit“ des Nationalismus (*Tom Nairn*[22]) geht bekanntlich auf den grundlegenden Funktionswandel zurück, den diese politische Idee in Westeuropa und andernorts durchgemacht hat, der aber in Teilen Osteuropas nicht stattgefunden hat: Nachdem die national-demokratische Bewegung des 19. Jahrhunderts außerhalb Osteuropas ihre Ziele Nationalstaat und Parlamentarismus erreicht hatte, und für ihr „Mittel zum Zweck“, den Nationalismus, keine Verwendung mehr besaß, wurde dieses nun „herrenlose“ politische Programm von anderen, konservativen politischen Kräften in Beschlag genommen. Nun wurde der Nationalismus nicht als Vehikel zur Errichtung des Nationalstaates, sondern umgekehrt der Nationalstaat als Werkzeug des Nationalismus instrumentalisiert. Im Inneren wirkte der Nationalismus als integrative politische Kraft mit dem Ziel der Schaffung einer Staatsnation, nach außen beförderte und legitimierte er die Schaffung und Vergrößerung imperialer Einflußsphären. Die Erscheinungsformen des heutigen Nationalismus in Südosteuropa, zumal auf dem Balkan, weisen nun daraufhin, daß der genannte Funktionswandel dort noch nicht vollständig vollzogen ist: Zum einen hält man hier die Aufgabe der Errichtung eines Nationalstaates, der nach Möglichkeit sämtliche Angehörige der eigenen Nation miteinschließt, für noch nicht abgeschlossen – Serbien, Makedonien, Albanien und Bulgarien sind dafür gute Beispiele –, zum anderen denkt man in diesen einzelnen Staaten bis heute an imperiale Machtausweitung.

[22] Tom Nairn: Der moderne Janus. In: Ders. [et al.]: Nationalismus und Marxismus. Anstoß zu einer notwendigen Debatte. Berlin (West) 1978, S. 7–44 (= Rotbuch, 199).

2. Zur ethnischen Struktur

Im Gegensatz zu einer außerhalb Bulgariens weitverbreiteten Meinung, erst recht zur Selbsteinschätzung der Bulgaren, ist Bulgarien kein ethnisch homogenes Land[23]. Vermutlich ca. ein Drittel seiner insgesamt knapp über neun Millionen Bürger definiert sich selbst nicht als Bulgaren. Die größte Gruppe dabei bilden die Türken, deren Zahl auf 1 bis 1,5 Millionen geschätzt wird. Es folgen die Roma verschiedener Sprachen und Konfessionen, deren Zahl bulgarischen Quellen zufolge bei etwas über einer halben Million liegt, von den Roma selbst aber mit 800000 bis 1 Million angegeben wird[24]. Weniger exakt sind die Angaben zur Zahl der Muslime bulgarischer Zunge bzw. Pomaken. Auch sie dürften heute eine halbe Million zählen. Problematisch ist die Frage nach der Existenz einer Minderheit der „Makedonier". Obwohl deren Vorhandensein von der Führung der jugoslawischen Teilrepublik Makedonien postuliert wird und seit Ende 1989 auch eine Organisation dieser Minderheit innerhalb Bulgariens besteht, ist doch sehr fraglich, ob sich derzeit eine größere Zahl der Bewohner des bulgarischen Pirin-Makedoniens selbst als „Makedonier", nicht als Bulgaren, definieren würden. Unter den zahlreichen kleineren Minderheiten ist die größte diejenige der Armenier mit ca. 25000 Personen, gefolgt von jeweils ca. 10000 Russen, Griechen, Juden, Gagausen und Tataren. Nur jeweils ca. 1000 Angehörige weisen die Minderheiten von Rumänen, Deutschen, Serben, Tschechen, Slowaken, Albaner und Ungarn auf. Nur noch einige hundert Köpfe hingegen zählen die Hirtennomadengruppen der rumänisch sprechenden Aromunen und der griechischsprachigen Karakatschanen.

Weniger zerklüftet ist die religiöse Struktur der Bevölkerung Bulgariens. Während sich die Angehörigen des Staatsvolks abgesehen von großen Gruppen von Agnostikern und Atheisten sowie sehr kleinen Gemeinschaften von Katholiken und Protestanten und einigen Sekten zum Christentum orthodoxer Prägung bekennen, sind

---

[23] Vgl. Stefan Troebst: Nationale Minderheiten. In: Südosteuropa-Handbuch. Bd. VI: Bulgarien. Hrsg. Klaus-Detlev Grothusen. Göttingen 1990, S. 474–489, sowie ergänzend Ingvar Svanberg: The Turkish-Speaking Ethnic Groups in Europe. In: Europa Ethnica 41 (1984), H. 2, S. 65–73.

[24] In einem Memorandum des ehemaligen Vorsitzenden des Nationalrates der Vaterländischen Front Penčo Kubadinski wird die Zahl 523519 für die Mitte der achtziger Jahre genannt. Vgl. Nova svetlina vom 5. April 1990, hier zit. nach Simon Simonov: Bulgaria: The Gypsies: A Re-emerging Minority. In: Radio Free Europe/Radio Liberty Research Institute. Report on Eastern Europe, 1. Jg., Nr. 21 vom 25. Mai 1990, S. 12–16, hier S. 13. Zur Selbstschätzung der Roma vgl. Petăr Milanov: O, Romà – graždanino na sveta! Talisman za sram. In: Sofijski vesti Nr. 11 vom 5. April 1990, sowie zur letzten westlichen Schätzung Grattan Puxon: Roma: Europe's Gypsies. London [4]1987 (= The Minority Rights Group Report, 14), S. 13, der die Zahl 475000 angibt.

die Mehrzahl der Angehörigen der drei größten ethnischen Gruppen sämtlich Muslime unterschiedlicher Religiositätsgrade[25]. Denn neben den Türken und Pomaken bekennt sich auch die zahlenmäßig stärkste Roma-Gruppe der türkischsprachigen *chorachane* zum Islam[26]. Der Islam dürfte somit den zentralen Bezugspunkt von bis zu 30 % der Bürger darstellen.

Gegenüber den Kriterien Nationalität und Konfession fällt dasjenige der Sprache weniger stark ins Gewicht. Der Umstand, daß etwa die christlichen Gagausen Türkisch sprechen und daß sich mittlerweile fast alle Juden wie vor allem die große Gruppe der muslimischen Pomaken der bulgarischen Sprache bedienen, hebt die ethnisch-konfessionellen Barrieren selbstredend nicht auf. Ja, gerade am Beispiel der traditionalen Teilgesellschaft der Pomaken im Rhodopengebirge tritt deutlich zutage, daß ihr ethnisches Bewußtsein weder durch die Sprachgemeinschaft mit den Bulgaren noch durch die Religionsgemeinschaft mit den Türken im Lande nennenswert beeinflußt wird. Ein weiteres Indiz neben der topographischen Rückzugslage der Pomaken ist ihre weitgehende Endogamie, also das strikte Einhalten einer Heiratsordnung, nach welcher nur innerhalb der eigenen Gemeinschaft geheiratet werden darf[27]. Zum einen verstärken geographische und soziale Trennung das ethnische Selbstwertgefühl, zum anderen sorgt dieses Gefühl für die Beibehaltung der räumlichen und gesellschaftlichen Separation[28]. Erfahrungsgemäß können solche ethnohistorischen Endlosschleifen lediglich durch Prozesse unterbrochen werden, die unter dem Begriff Modernisierung subsumiert werden. Findet in einem Nationalstaat Modernisierung nicht oder nur eingeschränkt statt, kommt es auch nicht zur Akkulturation ethnischer Minderheiten an die Mehrheit. Der integrative, ja imperiale Nationalismus der Mehrheit wird von den Minderheiten in einem solchen Fall ausschließlich als Angriff, nicht

[25] Vgl. Marin Pundeff: Churches and Religious Communities. In: Südosteuropa-Handbuch. Bd. VI: Bulgarien. Hrsg. Klaus-Detlev Grothusen. Göttingen 1990, S. 543–566.

[26] In einem interessanten Artikel über neue „ethnische Prozesse“ in Bulgarien, die durch die nationalitätenpolitische Verschärfung von 1984 ausgelöst worden sind, berichtet ein bulgarischer Historiker von einer zunehmenden ethnischen Identifizierung der Pomaken und *chorachane*, aber auch von bislang kaum beachteten ethnischen Gruppen wie denen der Tscherkessen und *kăzălbaši* (türkischsprachige Schiiten), mit den bulgarischen Türken. Vgl. Atanas Oračev: Etničeski problemi – realnost i razvitie. In: Svoboden narod. XXVIII. Jg., Nr. 68 vom 20. Juli 1990, S. 4.

[27] Vgl. Christo Vakarelski: Altertümliche Elemente in Lebensweise und Kultur der bulgarischen Mohammedaner. In: Zeitschrift für Balkanologie 4 (1966), S. 149–172.

[28] Die ethnische Kluft zwischen Pomaken und Bulgaren ist vor allem durch die am 16. Juli 1970 von Sekretariat und ZK der BKP dekretierte und z. T. gewaltsam verlaufene Namensänderung, wie sie dann ab 1984 auch den Türken verordnet wurde, vertieft worden. Vgl. zur praktischen Umsetzung dieses Beschlusses exemplarisch den detaillierten Bericht über die Zwangsmaßnahmen im Pirindorf Kornica 1973 von Emil Janev: Obiknoven socializăm. In: Podkrepa, I. Jg., Nr. 3 vom 17. April 1990, S. 5.

hingegen als Angebot empfunden. Folglich beharrt diese Gruppe auf ihrer ethnischen Identität, was von der Mehrheit wiederum als Bedrohung des Bestandes des eigenen Nationalstaates interpretiert wird, nicht hingegen als Bereicherung der Art, die gelegentlich mit dem Wortungetüm „multikulturell" belegt wird.

3. Nationalistischer Protest gegen die demokratische Teilrevision der kommunistischen Türken-Politik (Januar 1990 – März 1991)

Die türkische Minderheit in Bulgarien ist Teil des komplexen osmanischen Erbes dieses Landes. Bei der Staatsgründung zahlenmäßig den Bulgaren noch überlegen, sind die Türken durch Auswanderung sowie durch die Immigration von Bulgaren in die Minderheit geraten. Seit 1958 ist ein deutlicher Assimilationsdruck des Staates auf die Minderheit festzustellen, der im Dezember 1984 drastisch verschärft wurde. Die bulgarischen Türken wurden, wie erwähnt, per Dekret zum Namenswechsel gezwungen. Desgleichen wurde das Tragen vermeintlich typisch *türkischer* Kleidungsstücke wie Schleier, Pluderhosen usw., die Ausübung der Beschneidung und islamischer Begräbnisrituale sowie de facto auch der Moscheebesuch verboten[29]. All dies firmierte unter dem bösen Euphemismus vom „Wiedergeburtsprozeß", einer vorgeblich freiwilligen und spontane Massenbewegung. Obwohl die im Frühjahr 1989 neuen Auftrieb gewinnende türkische Widerstands- und Menschenrechtsbewegung ganz maßgeblich zur Krise des Sommers 1989 und damit indirekt auch zum Sturz *T. Živkovs* beigetragen hat, hat die „Wende" vom 10. November 1989 zunächst keine Änderung im Verhältnis zwischen Staatsvolk und Minderheit nach sich gezogen. Immerhin konnten jetzt ca. 120 000 der im Sommer in die Türkei emigrierten 320 000 Türken zurückkommen[30]. Erst als im Dezember 1989 Türken erneut für ihre Rechte auf die Straße gingen, sah sich die damalige Parteiführung zum Handeln gezwungen: Am

---

[29] Vgl. S. Troebst: Zum Verhältnis (wie Anm. 18). Zu einer nicht mehr in die Tat umgesetzten Verschärfung dieser Politik vgl. Ders.: Todor Živkovs nationalitätenpolitisches Vermächtnis [Dokumentation]. In: Südosteuropa 38 (1989), S. 739–743. – Ergebnisse über den Wandel der Einstellung der türkischen Minderheit gegenüber den Bulgaren, der VR Bulgarien und der Republik Türkei, den die Wende in der Türkenpolitik von Partei und Staat seit 1984 bewirkt haben, enthalten vier 1990 veröffentlichte soziologische Erhebungen aus dem Zeitraum Juni-Dezember 1989: Etničeskijat konflikt v Bălgarija 1989. Sociologičeski archiv. Red. Krăst'o Petkov & Georgi Fotev. Sofija 1990.

[30] In der westlichen Publizistik über die „Wende" in Sofija hat der Massenexodus der Türken so gut wie keine Berücksichtigung gefunden. Vgl. paradigmatisch die naive Reportage des kundigen Peter Bender: Immer langsamer voran. In Sofia setzt der Wandel ein, aber eine Wende steht noch aus. In: Die Zeit Nr. 49 vom 1. Dezember 1989, S. 11.

29. Dezember 1989 verkündeten ZK, Staats- und Ministerrat, daß den Türken ihre alten Namen zurückgegeben werden sollten und daß der Strafenkatalog für die obengenannten „Vergehen“ außer Kraft gesetzt sei[31]. Diese Entscheidung führte Anfang Januar 1990 zu einer erdrutschartigen Protestbewegung großer Teile der bulgarischen Bevölkerung in den gemischt besiedelten Gebieten im Osten des Landes. Die lokale Nomenklatura, örtliche Sicherheitskräfte, Betriebsleitungen und Lehrerkollegien organisierten sich in neugegründeten nationalistischen Komitees und Parteien und machten gegen die Entscheidung der Parteizentrale Front. Sie organisierten Massendemonstrationen vor Ort und sorgten dafür, daß mit öffentlichen Verkehrsmitteln ca. 100000 Protestierer nach Sofija transportiert wurden, wo sie das Parlament belagerten[32]. Die neue Führung um *Petăr Mladenov* scheint von der Vehemenz des Protestes völlig überrascht worden zu sein und mit der Gefahr eines Bürgerkrieges gerechnet zu haben. Trotz scheinbar unüberbrückbarer Gegensätze zum neuen politischen Oppositionsbündnis „Union der demokratischen Kräfte“ (UDK), suchte die Regierung deren Unterstützung zur Überwindung der Krise[33], was dann auch mit großer Mühe gelang. Am 15. Januar 1991 schließlich konnte die Regierung dem Parlament einen Kompromißvorschlag vorlegen, der mehrheitsfähig war und einem politischen Waffenstillstand glich. Die Zustimmung zur „Konzession“ des Staates an die türkische Minderheit, nämlich daß diese ihre eigenen Namen wieder annehmen dürften, ließen sich die nationalistischen Kräfte nur nach Aufnahme zahlreicher Vorbehalte in den Parlamentsbeschluß abringen. Im Kern besagte die Deklaration, daß das Parlament bis Ende Februar 1990 ein spezielles Gesetz zur Namensgebung verabschieden werde, in dem die administrativen Prozeduren zum Namenswechsel festgelegt werden würden[34]. Das „Gesetz über die Namen der bulgarischen Bürger“,

---

[31] Nacionalnoto săglasie i edinstvo e dălg na vseki bălgarski graždanin. In: Rabotničesko delo vom 30. Dezember 1989, S. 1. Deutsch in: Südosteuropa 39 (1990), H. 1, S. 76–79.

[32] Vgl. S. Troebst: Warten auf *preustrojstvoto* (wie Anm. 6), 293–294.

[33] Vgl. eine spezielle „Deklaration zu nationalen Frage“ des Oppositionsbündnisses „Union der demokratischen Kräfte“ vom 12. Januar 1990, in der es hieß: „Die Entscheidung des Plenums des ZK der BKP, des Staatsrates und des Ministerrates vom 29. 12. 1989 ist der erste wirklich demokratische Akt, mit dem die Führung der regierenden BKP und die offiziellen Staatsorgane den Versuch unternehmen, sich von einer der schwerwiegendsten Übeltaten des autoritär-totalitären Regimes von Todor Živkov zu distanzieren und sich von der verbrecherischen Politik abzugrenzen, die sich tragisch auf tausende menschlicher Schicksale ausgewirkt, der Seele und der Einheit der bulgarischen Nation tiefe Wunde beigebracht, die ökonomische Krise verstärkt, die soziale Ungerechtigkeit verschärft, explosive Spannung geschaffen und das Land in internationale Isolation geführt hat.“ (Presslužba „Kurier“ Nr. 9 vom 12. Januar 1990, S. 1–3, hier S. 1).

[34] Deklaracija na Narodnoto săbranie na Narodna republika Bălgarija po nacionalnija văpros, Sofija, 15. Januar 1990. In: Rabotničesko delo vom 17. Januar 1990, bes. § 4.

welches nur nach Verzögerung und dadurch ausgelösten neuerlichen Protesten von Türken[35] am 12. März 1990 in Kraft trat, war indes ein mehr als halbherziges Dokument. Es beschrieb detailliert langwierige Amtswege, die unter anderem das Erscheinen auch von Kindern vor Gericht erforderlich machten, wo diese die Freiwilligkeit ihres Namenswechsels attestieren mußten, und enthielt vor allem einen Paragraphen, der slawische Namens*endungen* obligatorisch machte[36]. Begleitet war das Inkrafttreten von heftigen Protesten der nationalistischen Gruppierungen, in deren Folge die Moschee im Zentrum der Rhodopenstadt Chaskovo weitgehend ausbrannte[37]. Auch konnten Obermufti *Haci Nedim Hafız Ibrahim Gencev* und der „Oberste geistliche Rat der Muslime in Bulgarien" ihren Plan, eine islamische Zeitschrift in türkischer Sprache mit dem Titel *Müslüman* („Muslim") zu veröffentlichen, nationalistischer Proteste wegen nicht verwirklichen[38].

Wer sind die neuen nationalistischen Gruppierungen, Organisationen und Parteien, wen repräsentieren sie und was sind ihre Argumente? Einer soziologischen Untersuchung aus Bulgarien zufolge soll es im Sommer 1990 in diesem Land insgesamt 34 Organisationen politisch rechter und nationalistischer Orientierung gegeben haben[39]. Die mitgliederstärkste unter ihnen dürfte das am 31. Dezember 1989 in Kărdžali vom örtlichen Theaterdirektor *Dimităr Arnaudov* gegründete „Gesamtvölkische Komitee zur Verteidigung der nationalen Interessen" sein, welches zwar überregionalen Anspruch erhebt, seine Wurzeln aber im wesentlichen in den gemischt besiedelten Gebieten besitzt[40]. Das Komitee erfreute sich der aktiven organisatorischen Unterstützung durch Stadtparteiorganisation und Stadtrat sowie der Außenstelle der Staatssicherheit in Kărdžali, deren Leiter *Minčo Minčev* und *Milčo Milčev* sich hierbei besonders hervortaten[41]. Eng mit dem Komitee und seiner Hochburg Kărdžali

---

[35] Vgl. dpa/AP: Tausende von Türken demonstrieren in Sofia. In: Der Tagesspiegel Nr. 13 512 vom 6. März 1990, S. 9.

[36] Vgl. Zakon za imenata na bălgarskite graždani. In: Dăržaven vestnik Nr. 20 vom 13. März 1990, sowie die Sendung „Puls" von Rumjana Taslakova. Deutsche Welle, bulgarisches Programm, 12. April 1990.

[37] Vgl. Irina Jordanova: Reportaž ot pepelta. Včera izgorja dzamijata v centăra na Chaskovo. In: Demokracija, I. Jg., Nr. 23 vom 14. März 1990.

[38] Lediglich eine einzige Nummer von *Müslüman* erschien am 26. April 1990 in Sofija. Zur Protestkampagne vgl. Presslužba „Kurier" Nr. 86 vom 2. Mai 1990, S. 9; ibid., Nr. 87 vom 3. Mai 1990, S. 8–9; ibid., Nr. 90 vom 8. Mai 1990, S. 8–9; und ibid., Nr. 88 vom 4. Mai 1990, S. 8–9.

[39] E[rnst] L[evý]: Bulgarische Nationalisten planen Menschenkette. Türkischen Abgeordneten soll Zutritt zum Parlament verwehrt werden. In: Frankfurter Allgemeine Zeitung Nr. 156 vom 9. Juli 1990, S. 6.

[40] Valentin Danevski: Političeski partii, dviženija i organizacii v Bălgarija i technite lideri. Sofija 1990, S. 81.

[41] Vgl. Nikolaj Kolev-Bosija: Protokolite na Politbjuro šte bădat bestselăr. In: Načalo

liiert ist die „Vaterländische Partei der Arbeit“, deren stellvertretender Vorsitzender ebenfalls *D. Arnaudov* ist und der auch seit den Wahlen vom Juni 1990 als bislang einziger Vertreter einer explizit nationalistischen Partei in der Nationalversammlung sitzt. Trotz dieses Erfolges ist es *D. Arnaudov* nur beschränkt gelungen, seine Partei einer breiteren Öffentlichkeit bekannt zu machen[42]. Erfolgreicher waren diesbezüglich zwei andere Parteien dieser Couleur, nämlich die von dem Arzt *Ivan Georgiev* geführte „Bulgarische National-Radikale Partei“ (BNRP) und die von *Borjan Angelov* gegründete „Bulgarische Nationale Demokratische Partei“ (BNDP)[43]. Die letztgenannte publiziert die Zeitschrift *Zora*, die mittlerweile landesweite Verbreitung und Popularität besitzt[44]. Offensichtlich über kein eigenes Organ verfügt die seit dem Sommer 1990 aktive „Bulgarische Vaterländische Partei“, deren Chef *Krum Kumanov* ist[45].

Obwohl die nationalistischen Parteien im Vorfeld der Parlamentswahlen vom Juni 1990 den Versuch einer gemeinsamen Liste machten, blieb dieser im Ansatz stecken. Heraus kam lediglich ein partielles Wahlbündnis mit der Bezeichnung „Allianz für Bulgarien“, mit dem sich der besagte *D. Arnaudov* auch außerhalb des Bezirks Kărdžali Stimmen sichern konnte[46]. Mitglieder- und Anhängerschaft der nationalisti-

---

Nr. 12 vom 19. Juni 1990, und Atanas Spasov: Čij e scenarijata? Štrichi ot kartinata na nacionalnija sram. In: Demokracija, I. Jg., Nr. 120 vom 11. Juli 1990.

42 Anfang Oktober 1990 hatten 73.7 % der in einer Umfrage zum Beliebtheitsgrad bulgarischer Politiker und Parteien Befragten keine Meinung zu D. Arnaudov. Vgl. Cvetozar Tomov, Vasil Tončev: Rejting: oktomvri ’90. In: Pogled Nr. 42 vom 15. Oktober 1990.

43 Vgl. zu dieser Gruppe Christo Troanski: Rodoljubieto – kato duch i săvest. Razgovor s Venceslav Načev. In: Narodna mladež vom 23. Januar 1990, und V. Danevski: Političeski partii (wie Anm. 40), S. 63, sowie die Parodie einer „Agentur ‚Paramystifikation‘“: Agencija „Paramistifikacion“: D-r Ivan Georgiev e balkanskjat Atatjurk. In: Podkrepa, II. Jg., Nr. 18 vom 30. April 1991.

44 Die BNDP steht insofern fest in der bulgarischen nationalistischen Tradition, als sie von der deutsch-bulgarischen „Waffenbrüderschaft“ der beiden Weltkriege ausgehend für eine Anbindung Bulgariens an die Bundesrepublik optiert. Vgl. etwa einen redaktionellen Leitartikel, in dem vom „neuen, wiedervereinigten Deutschland“ als einem „Land, das immer oder fast immer hinter der bulgarischen nationalen Sache gestanden hat“, die Rede ist: „Zora“: S nacionalnite interesi predi vsičko, predsedatelju Želev! In: Zora. Jg. II, Nr. 4 vom 29. Januar 1991. Dergleichen Meinungen kann man allerdings auch in der Oppositionspresse lesen. So z. B: bei P. Cvetkov: Obedinenieto na Germanija (wie Anm. 12).

45 Vgl. Privetstvie na predsedatelja na Bălgaraskata otečestvenata partija Krum Kumanov, Sofija, 30. Juni 1990. In: Presslužba „Kurier“ Nr. 130 vom 4. Juli 1990, S. 7–9, hier S. 9.

46 Vgl. Predizbornata platforma na Alians za Bălgarija. In: Vesti Makedonija. I. Jg., Nr. 3 (Juni), S. 2–3. Diese „Allianz“ ging aus dem am 3. März 1990 erfolgten Zusammen-

schen Gruppierungen sind in erster Linie die bulgarischen Bewohner der in den türkischen Siedlungsschwerpunkten liegenden Städte Kărdžali, Haskovo und Razgrad. Während das agrarische Umland hier zu bis zu 95 % von Türken bewohnt wird, besteht die urbane Bevölkerung zu mehr als der Hälfte aus Bulgaren. Nicht zufällig also betätigen sich vor allem Parteifunktionäre, Kommunalbeamte, Polizisten und Geheimpolizisten als nationalistische Agitatoren und Organisatoren[47]. Dabei versteht sich von selbst, daß hinter dem nationalistischen Aufbruch der Bulgaren vor allem in den gemischt besiedelten Gebieten im Osten des Landes auch handfeste ökonomische Gründe und die Sorge um die Wahrung des sozialen Besitzstandes stehen. Die gesamte kommunale Bürokratie sowie die oberen Leitungsebenen aller Betriebe in diesen Regionen werden von Bulgaren gestellt. Dasselbe gilt für den Bildungssektor, das Gesundheitswesen, die Energieversorgung, große Teile des Transportwesens, Medien, Kultur usw. Kurz, Intelligenz, *white collar workers* samt qualifizierten *blue collar workers* sind dort Bulgaren, während die Berufe niederen Sozialprestiges und geringerer Bezahlung, also vor allem Tätigkeiten in der Landwirtschaft, im Bergbau und in der Lebensmittelindustrie, von Angehörigen der ethnischen Minderheiten, hier vor allem von Türken, ausgeübt werden. Aber das politische Gewicht dieser sozialen und ökonomischen Interessen sollte nicht überbetont werden. Zwar ist das Anliegen der Nationalisten in den gemischten Gebieten, in denen sie einige hunderttausend Bulgaren

---

schluß „Assoziation ‚Bulgarien'" hervor, dem neben dem führenden „Komitee zur Verteidigung der nationalen Interessen" und der „Vaterländischen Partei der Arbeit" regionale Verbände wie der „Rhodopenbund ‚Heimatliebe'" sowie die schon unter T. Živkov nationalistisch orientierte „Militärhistorische Gesellschaft" angehörten. Vgl. Henrik Bischof: Am Vorabend der ersten freien Wahlen in Bulgarien. Eine Parteien-Synpose. Bonn 1990, S. 22 (= Kurzpapier der Abteilung Außenpolitik- und DDR-Forschung der Friedrich-Ebert-Stiftung. Arbeitsbereich „Sowjetunion und Osteuropa", 8). Organ der „Allianz" ist die Wochenzeitung *Bălgarija,* in welcher ein rüder Hetzton vorherrscht. In deutlichem Unterschied zu diesem Blatt übt der „Allianz"-Vorsitzende D. Arnaudov in seiner Wortwahl Zurückhaltung. In einem Appell an die Staatsführung vom 24. Februar 1991 formulierte er das nationalistische Credo nachgerade elegant: „Unsere Befürchtungen sind Ihnen bekannt – es zeichnet sich eine Tendenz zur Anerkennung einer türkischen nationalen Minderheit in der Republik Bulgarien vermittels der konsequenten Einführung kollektiver Rechte und Freiheiten für diese Gemeinschaft ab, und damit werden die individuellen Rechte der Bulgaren in den Regionen mit gemischter Bevölkerung verletzt." Vgl. Obrăštenie ot predsedatelja na Obštonarodnija komitet za zaštita na nacionalnite interesi Dimităr Arnaudov i ot predsedatelja na Regionalnija komitet za zaštita na nacionalnite interesi v Kărdžali Damjan Getev, Kărdžali, 24. Februar 1991. In: Presslužba „Kurier" Nr. 42 vom 28. Februar 1991, S. 1–2, hier S. 1.

[47] Vgl. hierzu einen kritischen Artikel von Zlatko Angelov: Psichologija na edno bezumstvo. In: Vek 21, Nr. 30 vom 24. Oktober 1990.

repräsentieren, nicht nur der – um im Bild zu bleiben – „Schutz der nationalen Interessen“, sondern auch der wirtschaftlichen, doch stellen sie landesweit gesehen lediglich die Speerspitze bzw. treibende Kraft des türkenfeindlichen Protestes dar. Den eigentlichen Resonanzboden hierfür bilden die Bulgaren in den übrigen Landesteilen, die keine ökonomischen, sondern ausschließlich „nationale“ Interessen mit diesem Protest verbinden. Wie groß der Rückhalt für die Nationalisten außerhalb der gemischten Gebiete ist, ist schwer einzuschätzen, doch kann wohl verallgemeinernd gesagt werden, daß er mit dem Grad ethnischer Spannung zunimmt. Eine bürgerkriegsähnliche ethnische Konfrontation zwischen Türken und Bulgaren im Nordosten und Südosten des Landes vorausgesetzt dürfte die überwältigende Mehrheit des Staatsvolkes mit den nationalistischen Organisationen sympathisieren. Hinzu kommt der Konsens, der innerhalb des Staatsvolkes, auch und gerade in der Intelligenz, hinsichtlich des umfangreichen Katalogs nationaler Stereotype über die Türken besteht. Demzufolge seien Türken religiöse Fanatiker und als solche willfährige Werkzeuge eines islamischen Fundamentalismus à la *Chomeini.* Desgleichen wären sie aus dieser Sicht fanatische Nationalisten und agieren in Bulgarien als fünfte Kolonne des von Ankara aus gesteuerten, auf die Sowjetunion und Südosteuropa zielenden Pantürkismus. Dessen politischer Fahrplan wieder, so wird behauptet, sei am Fall Zypern glasklar abzulesen: Politischer Gleichberechtigung für die Türken folge deren Forderung nach Kulturautonomie, mittels derer dann die Sezession und schließlich der Anschluß an die Türkei betrieben werde. Je heftiger die nationalistische Agitation also wird, um so eher können ihre „Argumente“ als *self-fulfilling prophecy* wirken: Je weiter die türkische Minderheit in die Defensive gedrängt wird, desto eher wird sie sich der Republik Türkei als potentiellem Protektor zuwenden. Besonderes Gewicht wird darüberhinaus selbst in Kreisen der bulgarischen Opposition auf das demographische Argument gelegt:[48]
Demzufolge habe das generative Verhalten der Türken, also ihre hohe Geburtenrate, einen politischen Hintergrund. Hinzu kommen eine Reihe konkreterer Vorwürfe, die ihre Wurzel in den Ereignissen der Jahre seit 1989 haben. So seien etwa 1989 die Türken mit Absicht **im Sommer** massenhaft in die Türkei geflohen, damit die Ernte in Bulgarien verrotte. Nach der „Wende“ hingegen seien viele von ihnen nur deshalb

---

[48] So wurde im UDK-Zentralorgan in unheilschwangerem Ton berichtet, daß 35 % aller Neugeborenen auf das Konto der nationalen Minderheiten gingen. Vgl. Božidar Dimitrov: Demografskijat problem u nas. In: Demokracija, Jg. II, Nr. 26 (292) vom 31. Januar 1991. – Was der Autor nicht erwähnt ist, daß der „Jugendsockel“ der Minderheiten vor allem der Armeeführung ein Dorn im Auge ist: Sie sieht die innenpolitische Funktion der in besonders hohen Maße aus Rekruten bestehenden Streitkräfte vor allem im Nordosten und Südosten des Landes durch einen Anteil von ca. einem Drittel an Pomaken und Türken gefährdet. Vgl. Daniel N. Nelson: Political Dynamics and the Bulgarian Military. Köln 1990, S. 19 (= Berichte des Bundesinstituts für ostwissenschaftliche und internationale Studien, 43-1990)

zurückgekehrt, um mit Krediten aus der Türkei in den gemischten Gebieten massenhaft Land und Immobilien aufzukaufen und so den ohnehin beschränkten „Lebensraum“ der Bulgaren weiter zu verengen. Und schließlich wird argumentiert, die Forderung der Türken nach politischer Partizipation werde nur deshalb erhoben, um durch Übernahme der kommunalen Ämter ein Machtmittel zur Rache für den von *T. Živkov*, nicht aber vom bulgarischen Volk initiierten „Wiedergeburtsprozeß“ in der Hand zu haben.

Die verzögerte Rückgängigmachung der 1984/85 aufoktroyierten Namen durch das bürokratische Namensänderungsgesetz, vor allem aber auch das Auftreten der nationalistischen Gruppierungen, haben den politischen Organisationsgrad der türkischen Minderheit stark erhöht. Treibende Kraft hierbei war der junge Philosoph *Ahmet Doğan*, der 1984 in „Medi Doganov Doganov“ umbenannt worden war. 1985 hatte er eine mehrere hundert Personen umfassende Untergrundorganisation mitgegründet, am 6. Juni 1986 wurde er verhaftet und zu zehn Jahren Gefängnis verurteilt, von denen er dreieinhalb abgesessen hat[49]. Den Ausschlag für *A. Doğan*, die von ihm am 4. Januar 1990 in Varna gegründete „Bewegung für die Rechte der Türken und Muslime in Bulgarien“ zu einer politischen Partei mit dem zugleich kryptischen wie vielsagenden Namen „Bewegung für Rechte und Freiheiten“ umzubilden, hat zweifellos die Türkenpolitik des Oppositionsbündnisses „Union der demokratischen Kräfte“ gegeben. Die vereinigte Opposition hat die Organisation *A. Doğans* trotz mehrmaliger Bitten in den Monaten Januar bis März 1990 weder in ihr Bündnis aufgenommen noch ihr, wie mit anderen Parteien geschehen, einen ihrer Plätze am seinerzeitigen Runden Tisch abgetreten[50]. Nach ihrer ordentlichen Gründungskon-

[49] Vgl. das Interview von Georgi Stojčev: Strachăt izjažda dušata. Achmed Dogan, predsedatel na Dviženieto za prava i svobodi, pred v. „Podkrepa“. In: Podkrepa. I. Jg., Nr. 16 vom 17. Juli 1990 [Die Angst frißt die Seele auf]. Zur Biographie A. Doğans vgl. auch V. Danevski: Političeski partii (wie Anm. 40), S. 14–15; Eric Flandrin: Ahmed Dogan and the Bulgarian Turks. In: Uncaptive Minds, 3. Jg. Nr. 4 (13), Aug.–Sept. 1990, S. 39–41; und Kjell Engelbrekt: Bulgaria: Profiles of Opposition Leaders. In: Radio Free Europe/Radio Liberty Research Institute. Report on Eastern Europe, 1. Jg., Nr. 35 vom 31. August 1990, S. 1–5, hier S. 3–4. – Im November 1990 hat der Vorsitzende einer anderen türkischen Organisation, der Leiter der „Demokratischen Liga zum Schutz der Menschenrechte in Bulgarien“, Mustafa Ümer, A. Doğan vorgeworfen, er habe sich während seines Prozesses 1987 als Marxist und Anhänger von T. Živkovs Nationalitätenpolitik bekannt. Dies geht zum einen aus den vorgelegten Zitaten so nicht hervor wie zum anderen die spezifische Prozeßsituation nicht einfach übergangen werden kann. Vgl. Deklaracija na členove na Demokratičnata liga za zaštita na pravata na čoveka v Bălgarija, Varna, 25. November 1990. In: Presslužba „Kurier“ Nr. 241 vom 6. Dezember 1990, S. 5–8, hier S. 7.

[50] Otčeten doklad na Centralnoto operativno bjuro na Dviženieto za prava i svobodi pred Părvata učreditelna konferencija (26–27 mart 1990 g.). In: Presslužba „Kurier“

ferenz Ende März 1990 stellte die „Bewegung für Rechte und Freiheiten“ daher den Antrag, als eigenständige politische Partei zugelassen zu werden. Diesen Entschluß begründete der Parteichef wie folgt:

> „1. In keiner einzigen der Plattformen der politischen Kräfte fand sich ein ausgearbeitetes Programm zur Lösung des sogenannten ethnisch-nationalen Problems in Bulgarien. Das Problem der Grundrechte und -freiheiten der Bürger und der ethnischen Minderheiten in Bulgarien wurde nur am Rande erwähnt.
> 2. In keiner einzigen der politischen Plattformen gab es eine klare Konzeption zur immanenten Verbindung des Demokratisierungsprozesses in Bulgarien mit der garantierten Einhaltung der Grundrechte und -freiheiten des Menschen und der menschlichen Gemeinschaften[51].“

Als daher am 10. April 1990 das neue „Gesetz über die politischen Parteien“ in Kraft trat[52], stellte die „Bewegung für Recht und Freiheiten“ den Antrag, als Partei registriert und damit zu den Parlamentswahlen am 10. und 17. Juni zugelassen zu werden. Diesem Antrag wurde am 26. April 1990 entsprochen. Die Opposition bezeichnete diesen, von der kommunistischen Regierung gefällten Beschluß als taktischen Schachzug, um dem Oppositionsbündnis in den gemischt besiedelten Gebieten entscheidende Stimmen zu entziehen[53], die nationalistischen Gruppierungen protestierten erneut, aber auch innerhalb der ehemaligen KP selbst gab es Stimmen, die von einem „Verbrechen“ sprachen und die *A. Doğans* „Bewegung“ in die Nähe faschisti-

---

Nr. 74 vom 13. April 1990, S. 3–5, hier S. 4–5. Vgl. auch Rumjana Georgieva, Radost Pateva: Lichvi za neprostimi grechove. Razgovor s Achmed Dogan, Plamen Simov, Miroslav Dărmov i Jenal Bekir. In: Otečestven front vom 13. April 1990. Auf diesen Artikel folgte eine harsche ungezeichnete Antwort, in welcher A. Doğan als Mitglied einer terroristischen Organisation namens *Turska răka* (Türkische Hand) bezeichnet und der Mitschuld am Tod von sieben Kindern bezichtigt wurde. Noch verwerflicher jedoch erschien dem ungenannten Autor A. Doğans Forderung, Türken müßten zu den Offiziersrängen in der bulgarischen Armee zugelassen werden. Vgl. O. A.: Petata kolona. In: Zora, I. Jg., Nr. 3 vom 7. Juni 1990, S. 7.

51 Otčeten doklad na Centralnoto operativno bjuro na Dviženieto za prava i svobodi, iznesen ot presedetelja na Dviženieto Achmed Dogan pred Izvănrednata nacionalna konferencija na 20–21 oktomvri 1990 godina v Sofija [Teil I]. In: Presslužba „Kurier“ Nr. 209 (227) vom 23. Oktober 1990, S. 1–5, hier S. 3.

52 Vgl. Zakon za političeskite partii. In: Dăržaven vestnik Nr. 29 vom 10. April 1990.

53 Vgl. stellvertretend Äußerungen eines oppositionellen und nationalistischen Historikers, der vom „absolut antinationalen Verrat der Kommunisten, die die ‚Bewegung für Rechte und Freiheiten‘ registriert haben“, sprach, was die Opposition 40 der 400 Parlamentssitze gekosten habe: Nikolaj Genčev: Opozicijata – kritičen pogled otvătre. In: Kultura Nr. 5 vom 1. Januar 1991.

scher Organisationen rückten[54]. Sämtliche Kritiker bezogen sich dabei auf Paragraph 3, Abs. 2, des neuen Parteiengesetzes der lautete:

> „Eine politische Partei kann nicht gegründet werden: 1. welche gegen die Souveränität oder territoriale Integrität des Landes und die Einheit des Volkes, die Rechte und Freiheiten der Bürger gerichtet ist; [. .] 3. auf religiöser oder ethnischer Grundlage oder zum Schüren von Rassen-, nationalem, ethnischem und religiösem Haß[55]."

Vor allem die nationalistischen Organisationen unterstellten der neuen Partei „separatistische Ziele" wie etwa die „Schaffung nicht nur einer kulturell, sondern auch politisch autonomen Republik"[56], und warnten:

> „Leute mit fremdem nationalem Selbstbewußtsein sollen befugt werden, im bulgarischen Parlament die bulgarischen nationalen Probleme zu entscheiden. Wie können wir das Schicksal unserer Kinder und unser eigenes Schicksal bloß in die Hände von solchen Leuten legen[57]?!"

Ihr Lösungsvorschlag war ebenso unoriginell wie naheliegend:

> „Die ethnischen Gruppen mit fremdem nationalem Bewußtsein sollen sich in Gottes Namen mit Hilfe von Emigrationsabkommen ihr eigenes Vaterland suchen[58]!"

Je näher die Wahlen rückten, desto heftiger wurde das Sperrfeuer gegen die „Bewegung für Rechte und Freiheiten", desto klarer kündigte sich aber auch deren Wahl-

[54] Ilčo Dimitrov: Trevoga za nacionalnoto edinstvo. In: Duma Nr. 74 vom 16. Juni 1990. Dem Historiker, Akademiemitglied, hohen Parteifunktionär und ehemaligem Volksbildungsminister I. Dimitrov wurde nicht nur eine geharnischte Entgegnung seitens der „Bewegung" zuteil – Plamen Simov: Opit za restavracija na živkovizma? In: Duma vom 15. Juli 1990 –, sondern auch seine enge Verbindung zu T. Živkov wurde thematisiert. Vgl. V. Ljuckanov: Edna „profesorska" propaganda (wie Anm. 16), und Georgi Krumov: „Trevoga za nacionalnoto edinstvo". In: Demokratična sedmica, I. Jg., Nr. 11 vom 10. August 1990. Zur politischen Karriere I. Dimitrovs – dem das Pech zuteil wurde, daß ein Sammelband seiner Panegyrika für Todor und Ljudmila Živkovi noch im Oktober 1989, also nur Tage vor dem Sturz des Gehuldigten, erschienen ist (Ilčo Dimitrov: Ravnosmetka. Istoričeski očerci i statii. Plovdiv 1989) – vgl. den Eintrag: Dimitrov, Ilcho Ilchev, Prof., Dr. In: Who's Who in the Socialist Countries of Europe. Ed. Juliusz Stroynowski. Vol. 1: A-H. München [u. a.] 1989, S. 240.

[55] Zakon za političeskite partii (wie Anm. 52).

[56] Protestna deklaracija na Bălgarskata Nacionalno-Radikalna Partija, Sofija, 16. Mai 1990. In: Presslužba „Kurier" Nr. 98 vom 18. Mai 1990, S. 8–9, hier S. 9.

[57] Ibid.

[58] Političeska pozicija po nacionalnija văpros na Bălgarskata otečestvenata partija, Plovdiv, 7. Juni 1990. In: Presslužba „Kurier" Nr. 119 vom 19. Juni 1990, S. 5–8, hier S. 7. Derselbe Text wurde auf einer nationalistischen Protestkundgebung in Sofija am 30. Juni 1990 verlesen. Vgl. Privetstvie (wie Anm. 45).

erfolg an. Denn die Wahlplattformen der beiden politischen Hauptantagonisten enthielten zum einen hinsichtlich der Forderungen der türkischen und anderen Minderheiten nur äußerst verschwommene Formulierungen, zum anderen aber starke nationale Unter- und Obertöne[59]. So konnte sich *A. Doğans* „Bewegung“ in ihrer eigenen Wahlplattform den nationalen Minderheiten als ebenso glaubwürdige wie unabhängige Alternative präsentieren[60].

Im Ergebnis der beiden Wahlgänge erhielt die „Bewegung für Rechte und Freiheiten“ 386 929 bzw. 6 % der abgegebenen Stimmen und damit 23 der 400 Abgeordnetenmandate[61], die ihr politisch nahestehende „Sozialdemokratische Partei (Nichtmarxisten)“ errang ein weiteres Mandat[62]. Obwohl die Partei *A. Doğans* also

---

[59] Vgl. Predizborna platforma na SDS. Sofija 1990, wo ganz im Stil der späten Živkov-Ära statt von Türken die Rede von „Bürgern mit türkischem oder anderem ethnischen Selbstbewußtsein“ bzw. von „der muslimischen Bevölkerung“ die Rede war (S. 10); auch wird der Begriff „Minderheit“ hier ausschließlich auf Bulgaren im Ausland angewendet, während die nationalen Minderheiten im Inland als „ethnische Gruppen“ firmieren (S. 11). Damit in harmonischer Übereinstimmung stand das Wahlprogramm der kommunistischen Regierungspartei, in welchem von „der türkischsprachigen bulgarischen Bevölkerung“ bzw. von „den bulgarischen Muslimen“ die Rede war. Vgl. Predizborna platforma na Bălgarskata socialističeska partija. In: Duma, I. Jg., Nr. 2 vom 5. April 1990, S. 1–2+5, hier S. 5. Die Opposition präzisierte nicht einmal in einem eine Woche vor der Wahl eigens erlassenen Aufruf an die „Brüder Muslime“ ihre Vorstellungen zur Minderheitenpolitik. Vgl. Koordinacionen săvet na SDS: Obrăštenie na Săjuza na demokratičnite sili kăm mjusjulmanite v Bălgarija. In: Svoboden narod, XXVIII. Jg., Nr. 32 vom 1. Juni 1990.

[60] Vgl. Platforma na Dviženieto za prava i svobodi za izborite za Veliko narodno săbranie, Sofija, 18. Mai 1990. In: Presslužba „Kurier“ Nr. 109 vom 5. Juni 1990, S. 6–7, und Nr. 110 vom 6. Juni 1990, S. 3–5. Vgl. auch die scharfe Abgrenzung gegen KP, Oppositionsbündnis und Bauernpartei: Deklaracija na Dviženieto za prava i svobodi ot člena na Centralnija săvet Mechmed Rachimov, Sofija, 3. Juni 1990. In: Presslužba „Kurier“ Nr. 110 vom 6. Juni 1990, S. 9–10.

[61] Die wichtigsten der nunmehr 22 Parlamentarier sind neben A. Doğan sein Stellvertreter Miroslav Dărmov, die beiden Fraktionssprecher Julij Bachnev und Yünal Lütfi sowie die Abgeordneten Kadir Celil, Yaşar Şaban, Hasan Ali, Orhan Memiş, Ibrahim Tatarli und Mehmed Beytulla. – Der an der Bulgarischen Akademie der Wissenschaften tätige Turkologe Ibrahim Tatarli bzw. 1984–1989 „Ilko Trajanov Tatarliev“ ist im Frühjahr 1991 in den Verdacht geraten, im Zeitraum 1947–1949 geheimdienstliche Tätigkeit ausgeübt zu haben. Vgl. seine Entgegnung: Deklaracija na narodnija predstavitel Ibrachim Tatarlă văv vrăzka s publikacija văv v. „Faks“. In: Presslužba „Kurier“ Nr. 81 vom 25. April 1991, S. 2–5.

[62] Vgl. Obrăštenie kăm bălgarskija narod ot regionalnata organizacija na Socialdemokratičeskata partija (nemarksisti) v Sliven, Sliven, 15. Juni 1990. In: Presslužba „Kurier“ Nr. 121 vom 21. Juni 1990, S. 8–9.

aufgrund ihres niedrigen Organisationsgrades ihr Wählerreservoir nicht völlig ausgeschöpft haben dürfte, war sie damit zur drittstärksten Fraktion hinter dem überragenden Sieger KP (mit 211 Mandaten) und dem unterlegenen Oppositionsbündnis (mit 144 Sitzen) und noch vor der Bauernpartei (mit 16 Sitzen) aufgerückt. In ihren Hochburgen wie etwa im Wahlkreis Kărdžali eroberte die „Bewegung" 10 von 11 Sitzen. Aber nicht nur in türkisch besiedelten Gebieten, sondern auch im pomakischen Wahlkreis Bansko im Pirin-Gebirge war sie erfolgreich[63]. Dennoch ist *A. Doğan* der Versuchung nicht erlegen, das parlamentarische Gewicht der Bewegung zur sofortigen und die Aggressionen weiter anstachelnden Durchsetzung türkischer Partikularinteressen zu nutzen. Vielmehr vermied er es sorgsam, seinen Gegnern Angriffsflächen zu bieten. Bezeichnend in diesem Zusammenhang war, daß er im September 1990 das Fraktionsmitglied *Adem Kenan* nach einem rhetorischen Ausrutscher im Parlament umgehend aus Fraktion und Partei ausschloß.

Die Nationalisten errangen, wie erwähnt, nur einen der 400 Parlamentssitze. Die alles erfassende politische Polarisation zwischen Kommunisten und Oppositionsbündnis dürfte der ausschlaggebende Grund dafür gewesen sein. Hinzu kam, daß die nationalistische Orientierung der kommunistischen Kandidaten aus der Sicht der bulgarischen Wähler gesonderte Parteien überflüssig machte.

Das gute Abschneiden der „Bewegung für Rechte und Freiheiten" löste schon am 11. Juni, also noch vor dem zweiten Wahlgang am 17., eine neuerliche nationalistische Protestwelle aus. Die BNRP organisierte rund um die Uhr eine Mahnwache vor dem Parlamentsgebäude in Sofija, „um die Verwandlung der Großen Nationalversammlung in einen Anhang des türkischen Parlaments nicht zuzulassen[64], bzw. zu verhindern daß „Bulgarien ein Anhängsel des Kalifats wird[65]". Und das Organ von *D. Arnaudov* forderte gar:

> „Bulgaren, Heimatliebende, vereinigt Euch zu einem mächtigen Stoßverband gegen das Verrätertum an Sippe und Heimat. Türken raus aus dem Parlament! [...] Brüder und Schwestern, ihr Jungs von der Armee, das Vaterland ist in Gefahr[66]!"

---

[63] Zur Wahl im allgemeinen und zum Ergebnis des „Bewegung für Rechte und Freiheiten" im besonderen vgl. Wolfgang Höpken: Die Wahlen in Bulgarien – ein Pyrrhussieg für die Kommunisten? In: Südosteuropa 39 (1990), S. 429–457, bes. 448–449.

[64] Apel ot Bălgarskata nacionalno-radikalna partija do răkovodstvoto na Otečestvenata partija na truda i do răkovodstvoto na Nacionalna demokratična partija, Sofija, 17. Juni 1990. In: Presslužba „Kurier" Nr. 124 vom 26. Juni 1990, S. 7.

[65] P. Kamenarski: Šte stani li Bălgarija pridatăk na chalifata? In: Christijan demokracija. Izdanie na Bălgarskata christijandemokratičeska partija (centăr) Nr. 5 vom 22. Juni 1990. Hier wurde „Doğan efendi" als „Marionette, mittels derer die arabischen Scheiche das Land mit Kapitalien überfluten werden", porträtiert.

[66] Ivan Trenev: Mochamed – apostol na allacha, nastăpva otnovo. In: Bălgarija. Sedmičnik za politika i kultura, I. Jg., Nr. 10 vom 14. Juli 1990, S. 5.

In ganz besonderem Maße stieg die nationalistische Empörung gegen die „Bewegung für Rechte und Freiheiten", als deren Vorsitzender *A. Doğan* am 14. Juni in einer *live* ausgestrahlten Fernsehdiskussion seinen ersten (und bislang einzigen) politischen Fehler beging: Im Zusammenhang mit den überaus mäßigen Exportchancen bulgarischer Produkte im Ausland und der Einwerbung ausländischer Kredite für die bulgarische Wirtschaft faßte er seinen Appell zur Wirtschaftskooperation mit dem Nahen Osten und der arabischen Welt in die Worte: „Bulgariens Weg nach Europa wird über den Bosporus und über islamische Teppiche führen[67]." Sowohl in der damals noch allein regierenden kommunistischen Partei als auch in den nationalistischen Gruppierungen, aber auch im Oppositionsbündnis und einigen Parteien der Mitte, war die Geduld nun zu Ende[68]. *A. Doğans* Diktum wurde als „schlagender Beweis" dafür gewertet, daß der „Neopantürkismus" zum Sturm auf Bulgarien ansetzt[69], sowie als Vorbote einer Wiederholung der „Tragödien von Zypern, Kosovo, Armenien und Libanon[70]". Die kommunistische Alleinregierung distanzierte sich am 29. Juni von ihrer eigenen Entscheidung vom 26. April, mit welcher sie die „Bewegung für Rechte und Freiheiten" als politische Partei zugelassen hatte[71].

Aber auch nach den Wahlen hielten die ethnischen Spannungen an: Am 30. Juni 1990 organisierten die nationalistischen Gruppierungen vor der Aleksandr-Nevskij-Kathedrale in Sofija eine Kundgebung, zu der unter anderem ca. 3000 Bulgaren aus Kărdžali anreisten. Der Vorsitzende des Stadtrates von Kărdžali hatte zu diesem Zweck den lokalen und regionalen Busverkehr eingestellt, um so für die Protestierer 60 Busse bereitstellen zu können[72]. Die auf der Kundgebung verlesenen Protestresolutionen zeigten deutlich, daß sich die nationalistischen Organisationen aufgrund des Wahlerfolgs der „Bewegung für Rechte und Freiheiten" und ihres eigenen Mißerfolgs zunehmend radikalisierten. Nicht nur der „die bulgarische Sprache mit Akzent sprechende Kandidat der philosophischen Wissenschaften Medi Doganov" und die „Herren westorientierten abstrakten Humanisten von der ‚Union der demokratischen Kräfte'" wurden jetzt als Verräter der nationalen Inter-

---

67 Wiedergegeben in Trud vom 15. Juni 1990.

68 Vgl. hierzu den bereits genannten Artikel von I. Dimitrov: Trevoga za nacionalnoto edinstvo (wie Anm. 54), sowie weiter Luko Zachariev: Pătjat kăm Evropa ne minava prez Bosfora. In: Otečestven vestnik, XLVII. Jg., Nr. 13 457 vom 22. Juni 1990, S. 4, und Valentin Šajkov: Kăm Evropa prez Bosfora!? In: Trud vom 26. Juni 1990.

69 Velko Jordanov: Prava i svobodi, ili ... In: Anteni Nr. 26 vom 27. Juni 1990.

70 Deklaracija-priziv na Bălgarskata nacional-radikalna partija, Sofija, Juni 1990. In: Presslužba „Kurier" Nr. 126 vom 28. Juni 1990, S. 1–2, hier S. 2.

71 Beležka na redakcijata. In: Puls Nr. 28 vom 10. Juli 1990.

72 Deklaracija na regionalnata organizacija na Socialdemokratičeskata partija – nemarksisti v Kărdžali i Ivajlovgrad, o. O., o. D. In: Presslužba „Kurier" Nr. 131 vom 5. Juli 1990, S. 13-14.

essen Bulgariens gebrandmarkt, sondern auch Teile der ehemaligen KP. An die Adresse dieser „Genossen und Herren Totalitär-Demokraten“ wurde der Vorwurf gerichtet:

> „Wir haben bereits gesehen, welches parlamentarische Menü Sie auf den verarmten Tischen des ausgehungerten bulgarischen Volkes angerichtet haben – einen bitterheißen rot-blauen Brei, den mit ihrem scharfen Gewürz in einen Pilav zu verwandeln sich die Bewegung von Herrn Doganov anschickt ... Fremde nach Geist und Glauben, vor allem aber in ihrem politischen Appetit, schicken sich nicht ohne Ihre verräterische Mithilfe an, die Rolle des Schiedsrichters in der bulgarischen Großen Nationalversammlung zu spielen. Ja, der türkische Halbmond erhebt den Anspruch als parlamentarische Waagschale zu fungieren, um so mal nach links, mal nach rechts zu schaukeln [...][73].“

Anfang Juli wurde der Tenor der Äußerungen der nationalistischen Organisationen deutlich härter: Die „Bewegung für Rechte und Freiheiten“ wurde jetzt nicht nur allgemein als terroristische Formation bezeichnet, sondern aktuelle Verbrechen wurden mit ihr in Verbindung gebracht[74], und beim Generalstaatsanwalt wurde ein Verbotsantrag gestellt[75]. Vor allem aber sammelte die Nationalradikale Partei unter *I. Georgiev* bereits seit den Wahlen Unterschriften, um ihrer Forderung nach Kassierung sämtlicher Mandate der „Bewegung“ Nachdruck zu verleihen. Sollte dies nicht vor der Eröffnung der Siebten Großen Nationalversammlung in der alten Zaren- und Hauptstadt Veliko Tărnovo am 10. Juli geschehen, so die Partei, werde sie mittels Menschenketten verhindern, daß Abgeordnete mit „fremdem Nationalbewußtsein“ an dem Festakt teilnähmen[76]. Obwohl mehrere hundert Personen diesem Aufruf

[73] Obrăštenie na regionalnite organizacii na Komiteta za zaštita na nacionalnite interesi i na Otečestvenata partija na truda v Chaskovo, Sofija, 30. Juni 1990. In: Presslužba „Kurier“ Nr. 130 vom 4. Juli 1990, S. 2–5, hier S. 3. – Blau bzw. hellbau ist die Parteifarbe des Oppositionsbündnisses.

[74] Vgl. Žorž Chisov: Političeski terorizăm. Organizirano napadenie ot členove na DPS vărchu semejstvoto Boevi. In: Bălgarski glas, I. Jg., Nr. 8–9 vom 3. Juli 1990, S. 2.

[75] Vgl. Borjan Angelov: Molba do Glavnija prokuror na Republikata ot Bălgarskata nacionalna demokratičeska partija, Sofija, 4. Juli 1990. In: Presslužba „Kurier“ Nr. 133 vom 9. Juli 1990, S. 6–7 [BNDP]. Am selben Tag wurde auch ein identischer Verbotsantrag gegen die Leitungsgruppe der Vereinigten Makedonischen Organisation „Ilinden“ gestellt (Ibid.).

[76] E. L[evý]: Bulgarische Nationalisten (wie Anm. 39). – Das Organ der Nationalradikalen, *Bălgarski glas*, enthielt am 10. Juli neben einer martialischen Fotografie des Parteichefs einen hysterischen „Offenen Brief an Medi Doganov von einer Bulgarin“ sowie eine in drohendem Ton verfaßte „Warnung“ an Präsident P. Mladenov aus der Feder des Chefredakteurs. Vgl. Minka Trajkova: Otkrito pismo do Medi Doganov ot edna bălgarka. In: Bălgarski glas, I. Jg., Nr. 10 vom 10. Juli 1990, S. 1–2, und Dimităr Penev: Predupreždenieto. Ibid., S. 3. Vgl. vom selben Datum auch einen verbalradikalen Artikel von Venceslav Nacev: Za kogo bie kambanata na istorijata. In: Puls Nr. 28 vom

Folge leisteten, gelangten die 23 Abgeordneten der „Bewegung für Rechte und Freiheiten“ unversehrt zu Eröffnung[77]. In Sofija nutzten die Nationalisten dann die erste Arbeitstagung der Nationalversammlung am 17. Juli 1990, um vor dem Parlamentsgebäude erneut Menschenketten zu bilden[78]. Besonders erregten sie sich darüber, daß der kommunistische Parlamentspräsident *Nikolaj Todorov A. Doğan* bei seinem türkischen, nicht bei seinem „bulgarischen“ Namen nannte[79]. Die Reaktion der „Bewegung für Rechte und Freiheiten“ war sowohl auf regionaler wie auf Republikebene ausgesprochen gemäßigt und zurückhaltend. Sie rief ihre Anhänger, aber auch ihre Gegner, zu Ruhe und Ordnung auf[80], so daß selbst konservative Zeitungen lobende Worte fanden[81].

Allerdings kam es vom 11. Juli an in den Ostrhodopen und im Deli Orman/Ludogorie zu einer Wiederbelebung der nationalistischen Proteste, die über drei Wochen lang anhielt. Gefordert wurde von den lokalen „Komitees für die Verteidigung der

19. Juli 1990. – Die besagte Briefschreiberin Minka Trajkova erhielt übrigens ihrerseits Post: Lilijan Gančev: Turčin – no s . . . bălgarsko samosăznanie. Otkrito pismo do g-ža Minka Trajkova, prerodoljubiva bălgarka săs svoe mnenie za samoopredelenieto na čoveka. In: Demokracija, I. Jg., Nr. 128 vom 21. Juli 1990.

77 dpa/Reuter: Parlamentseröffnung in Bulgarien von Demonstrationen begleitet. In: Der Tagesspiegel Nr. 13616 vom 11. Juli 1990, S. 7. Einer bulgarischen Quelle zufolge lautete der Schlachtruf der Demonstranten „Dajte ni Dogan!“(„Gebt uns Doğan!“). Vgl. Volen Siderov: „Parlamentăt – bălgarski!“ Ne linč za Dogan, a săd za prestăplenijata na komunističeskija režim. In: Demokracija, I. Jg., Nr. 124 vom 17. Juli 1990. Einer anderen Quelle zufolge wurde außerdem gerufen „Ne iskame vtori Kipăr!“ („Wir wollen kein zweites Zypern!“) und „V parlamenta turci ne!“(Keine Türken im Parlament!“). Vgl. Ekip na „Demokracija“: Sedmo Veliko Narodno Săbranie. In: Demokracija, I. Jg., Nr. 120 vom 11. Juli 1990. – Allerdings erhielt A. Doğan, anders als die Führer der übrigen großen Parteien, keine Gelegenheit zu einer Eröffnungsansprache. Vgl. Wieder nationalistische Demonstrationen in Sofia. In: Der Tagesspiegel Nr. 13 622 vom 18. Juli 1990, S. 7.

78 Ibid.

79 Vgl. Deklaracija na Komiteta za zaštita na nacionalnite interesi – Chaskovo, izpratena do Velikoto narodno săbranie, Chaskovo, 20. Juli 1990. In: Presslužba „Kurier“ Nr. 146 vom 26. Juli 1990, S. 13–14, hier S. 14.

80 Vgl. Kăm nacionalno săglasie. In: Demokracija, I. Jg., Nr. 128 vom 21. Juli 1990, und Deklaracija na okrăžnija săvet na Dviženieto za prava i svobodi – Kărdžali, văv vrăzka s efektivnata stačka, provеždašta se v grada, Kărdžali, 19. Juli 1990. In: Presslužba „Kurier“ Nr. 142 vom 20. Juli 1990, S. 3–4.

81 So wurde A. Doğan attestiert, er habe vor dem Parlament „eine makellose Rede“ gehalten, und insbesondere sein Vergleich zwischen Bulgarien und „einer zerstrittenen Familie“ wurde als passend empfunden. Vgl. B[inka] Peeva: Parlamentăt – način da se običame . . . In: Reporter, I. Jg., Nr. 7 vom 13./19. Juli 1990. Vgl. aber in derselben Nummer Rumjana Bratovanova: Skăpijat danăk na demokracijata.

nationalen Interessen" und anderen Organisationen die ausdrückliche Verneinung der Existenz nationaler Minderheiten, vor allem von Türken und Makedoniern, im Lande durch das Parlament, die Entsendung von Parlamentsabgeordneten zu den Protestierenden sowie die Absetzung türkischer Kommunalbeamter. Vor allem in Kărdžali, Chaskovo und Razgrad, aber auch in Šumen, Ajtos, Isperich und andernorts, streikten auf Initiative des „Komitees zur Verteidigung der nationalen Interessen" und der „Vaterländischen Partei der Arbeit" die Belegschaften fast aller Betriebe und des öffentlichen Nahverkehrs, Läden und öffentliche Einrichtungen blieben geschlossen, und die Fernverkehrs- und Kommunikationsverbindungen wurden unterbrochen. Insonderheit wurde die Versorgung der Hauptstadt Sofija mit Lebensmitteln eingestellt. Die politische Exekutive in den genannten Städten war machtlos, vor allem da die örtlichen Organe des Innenministeriums nicht zu einem Eingreifen bereit waren, sondern häufig offen die sich in „Komitees des bürgerlichen Ungehorsams" umbenennenden Streikkomitees unterstützten[82].

Trotz der seit den Ereignissen nach den Wahlen im Lande weiter anhaltenden ethnischen Hochspannung[83] normalisierte sich das kulturelle und politische Leben der türkischen Minderheit in gewisser Weise. Im Oktober 1990 wurde in Varna eine landesweite „Kultur- und Bildungsorganisation der Türken und Muslime in Bulgarien" „Alev" – „Flamme" – gegründet[84], die „Bewegung für Rechte und Freiheiten" kün-

---

[82] Julija Ljuckanova: Nevralgična teritorija. In: Demokracija, I.Jg., Nr.123 vom 16.Juli 1990, S.1; Dies., Atanas Spasov: Nacionalistite zaplašvat. Ibid., Nr.126 vom 19.Juli 1990, S.1; Rumen Chinkov: Opasnost ot stačna vălna. Ibid., S.1; Ders.: Eskalacija na naprežanieto. Ibid., Nr.127 vom 20.Juli 1990; Julija Ljuckanova: Politika na etničeska osnova. Ibid., Nr.128 vom 21.Juli 1990. Vgl. auch einen Appell des Parlamentes an Exekutive, Justiz und Staatsanwaltschaft, in den Spannungsgebieten ihres Amtes zu walten; Obrăštenie na Velikoto narodno săbranie, Sofija, 20.Juli 1990. Ibid. Zu den Lebensmittelblockaden vgl. Georgi Karakačanov, Vanja Christova: Šte bădat li prekrateni dostavkite za stolicata. Iskanijata na stačnicite v Kărdžali, Chaskovo i Razgrad. In: Otečestven vestnik, XLVII.Jg., Nr.13478 vom 21.Juli 1990, S.1, zur Verflechtung zwischen Miliz und Nationalisten Julija Ljuckanova: Edin spekulativen diktat. In: Demokracija, I.Jg., Nr.132 vom 26.Juli 1990, und Kalina Bozeva, Părvan Stojanov: Razgradski triptich: Okoto na burjata. In: Demokracija, I.Jg., Nr.142 vom 7.August 1990.

[83] Ein deutlicher Beleg dafür war das Ergebnis einer Umfrage nach dem Grad der Beliebtheit bzw. Unbeliebtheit von Politikern: A.Doğan landete mit 49.6% ablehnenden Stimmen auf dem letzten Platz. Aufschlußreich indes war der Umstand, daß sowohl er als auch der Nationalistenführer D.Arnaudov jeweils nur 13.3 bzw. 13.6% Zustimmung erfuhren. Diese Zahlen mögen als vage Anhaltspunkte für die numerische Stärke der beiden politischen Pole dienen. Vgl. Tomov – Tončev: Rejting: (wie Anm.42).

[84] Vgl. Bechčet Kerim: „Alev" znači plamăk. In: Demokracija, I.Jg., Nr.105 vom 8.Oktober 1990, und Izmail Zogo: „Alev" v Sofija. In: Demokracija, I.Jg., Nr.200 vom 13.Oktober 1990.

digte die Herausgabe einer gleichnamigen Zeitschrift in bulgarischer und türkischer Sprache an[85], auf einem Kongreß der „Bewegung“ am 21. und 22. Oktober hielt ein Gastredner der „Union der demokratischen Kräfte“ eine Begrüßungsansprache in türkischer Sprache[86], in Sofija wurde ein islamisches Bildungsinstitut eröffnet, und in Šumen entstand eine Nachfolgeinstitution für die bis in die siebziger Jahre dort tätige und seinerzeit in der gesamten islamischen Welt bekannte theologische Hochschule „Nüvvab“[87]. Die Antwort der Nationalisten hierauf war ein erfolgreicher Bombenanschlag auf die örtliche Zentrale der „Bewegung für Rechte und Freiheiten“ in der Nacht vom 24. zum 25. Oktober 1990[88]. Zuvor schon hatte der Abgeordnete *D. Arnaudov* im Parlament für politisches Störfeuer gegen eine sich abzeichnende diplomatische Annäherung zwischen Sofija und Ankara gesorgt[89].
Anfang November 1990 beriet das Parlament auf Antrag der „Bewegung“ über eine Novellierung des Namensgebungsgesetzes, die den Türken und Pomaken ein vereinfachtes bürokratisches Verfahren nicht nur bei der Wiedererlangung ihrer alten Namen, sondern auch bei der Wiederherstellung der ursprünglichen türkischen Namensformen – nämlich ohne die slavischen Endungen *-ov, -ev, -ova* und *-eva* – ermöglichen sollte[90]. Bereits diese Debatte war von heftigen Einwirkungsversuchen

---

[85] Otčeten doklad na Centralnoto operativno bjuro na Dviženieto za prava i svobodi, iznesen ot presedatelja na Dviženieto Achmed Dogan pred Izvănrednata nacionalna konferencija na 20–21 oktomvri 1990 godina v Sofija [Teil II]. In: Presslužba „Kurier“ Nr. 210 (228) vom 24. Oktober 1990, S. 2–6, hier S. 5.

[86] Vgl. Violina Lalovska: Četivo N° 1 za „leka nošt“ na A. Doganov. In: Bălgarski glas, I. Jg., Nr. 29 vom 31. Oktober 1990, S. 7. In diesem nationalistischen Artikel heißt es: „Symptomatisch war bereits der Anfang der Außerordentlichen nationalen Konferenz der ‚Bewegung‘: ein Bukett von Großworten in türkischer Sprache!!! (Wiss. Oberass. L. Ivanov von der UDK . . .).“

[87] Duncan M. Perry: Ethnic Turks Face Bulgarian Nationalism. In: Radio Free Europe/Radio Liberty Research Institute. Report on Eastern Europa, 2. Jg., Nr. 11 vom 15. März 1991, 5–8, hier S. 6.

[88] Pressložba „Kurier“ Nr. 213 (231) vom 29. Oktober 1990, S. 1–2.

[89] Vgl. drei parlamentarische Anfragen dieses Abgeordneten vom 23. Oktober 1990 in: Pressložba „Kurier“ Nr. 216 vom 1. November 1990, S. 3–4. Zu den diplomatischen Kontakten vgl. Volker Hentges: Sofia und Ankara begraben das Kriegsbeil. In: Neues Deutschland vom 7. November 1990, und Nechide Alieva: Nie sme edna ot opornite sili na povrata v otnošenijata s Turcija. Razgovor s Dimităr Ludžev. In: Nova svetlina vom 6. November 1990.

[90] Irina Jordanova, Georgi Koritarov: Predstoi spravedliva promjana v zakona za imenata. Văv Veliko Narodno săbranie. In: Demokracija, I. Jg., Nr. 223 vom 9. November 1990. Vgl. auch Volker Hentges: Bulgarien: Streit um Namensgesetzgebung. In: Neues Deutschland vom 27. November 1990.

nationalistischer Organisationen gekennzeichnet[91]. Als das Parlament schließlich am 15. November diese Novellierung verabschiedete[92], kam es zu einer neuerlichen massiven Protestwelle im Lande. Während am 16. November Sprecher der bulgarischen Bevölkerung der Städte Kubrat und Kărdžali zur Emigration ins „christliche Griechenland"[93] aufriefen[94], erklärten die nationalistische „Vaterländische Partei der Arbeit" und mehrere „Regionalkomitees zur Verteidigung der nationalen Interessen" die Aufkündigung des Gehorsams der Bürger von Kărdžali, Ajtos und Razgrad gegenüber dem Staat[95]. Das Komitee in Kărdžali verbreitete folgenden Aufruf:

> „Wir fragen uns: Wo leben wir eigentlich, wenn die Bulgaren im Raum Kărdžali ebenso wie diejenigen in Nordostbulgarien sich als Emigranten in ihrem eigenen Land fühlen? Was ist das für ein Staat, in dem eine auf ethnischer und religiöser Grundlage beruhende politische Organisation anerkannt wird [...]. Die Gefahr einer ‚Kosovisierung' in unserem Lande ist bereits Tatsache geworden. Sie steht auf unserer Türschwelle, sie ist ein von äußeren und inneren Säften genährter Tumor, der seine fatalen Metastasen sehr schnell verbreiten wird[96]."

Am heftigsten war die Bewegung in Razgrad, dem Verwaltungszentrum der nordostbulgarischen Region Ludogorie bzw. Deli Orman. Neben Straßenblockaden, Streiks und der Besetzung öffentlicher Gebäude bauten nationalistische Protestierer sogar paralelle Verwaltungsstrukturen auf. Da aus ihrer Sicht die Große Nationalversammlung, der Präsident und die Regierung des Landes keine Legitimität mehr besaßen,

[91] Vgl. etwa den Protest eines „Initiativkomitees der Frauen der Region Chaskovo" vom 12. November 1990 gegen die „gewaltsamen Türkisierung unter dem Schutz unserer offiziellen Regierung". In: Presslužba „Kurier" Nr. 227 vom 16. November 1990, S. 8–9.

[92] Vgl. Zakon za izmenenie na Zakona za imenata na bălgarskite graždani. In: Dăržaven vestnik Nr. 94 vom 23. November 1990, S. 1–2.

[93] Deklaracija na regionalnite răkovodstva na Otečestvenata partija na truda i na Komiteta za zaštita na nacionalnite interesi v Ruse, Ruse, 20. November 1990. In: Presslužba „Kurier" Nr. 233 vom 26. November 1990, S. 11–12, hier S. 12.

[94] Vgl. z. B. Deklaracija na regionalite răkovodstva na Otečestvenata partija na truda i na Komiteta za zaštita na nacionalnite interesi – grad Kubrat, Kubrat, 20. November 1990. In: Presslužba „Kurier" Nr. 232 vom 23. November 1990, S. 7.

[95] Vgl. Georgi As'ov: V Šopsko se čuka, v Ludogorieto se puka. In: Demokracija, I. Jg., Nr. 235 vom 23. November 1990.

[96] Obrăštenie kăm graždanstvoto na Kărdžali i kăm celija bălgarski narod ot imeto na Koordinacionnija săvet na Obštonarodnija komitet za zaštita na nacionalnite interesi (OKZNI), Kărdžali, 19. November 1990. In: Presslužba „Kurier" Nr. 230 vom 21. November 1990, S. 5–6, hier S. 6.

riefen sie eine autonome „Razgrader Bulgarische Republik“ aus[97]. Ihre entsprechende Deklaration, die „An alle Bulgaren, an alle Botschaften Bulgariens, an die ganze Welt!“ gerichtet war, lautete wie folgt:

> „Empört über die verräterische protürkische Politik des bulgarischen Parlamentes, erschüttert vom Schicksal unseres Vaterlandes verzichten die Bürger Razgrads auf die Dienste der zentralen Staatsführung. Entschlossen, die nationalen Interessen Bulgariens bis zum äußersten zu verteidigen, haben sie die Existenz der Razgrader bulgarischen Republik proklamiert.
> Die ersten Beschlüsse der Razgrader bulgarischen Republik sind:
> 1. Die Leitungsorgane der Republik sind nicht das Parlament, die Regierung und der Präsident, sondern die Streikkomitees der Stadt.
> 2. Die einzige offizielle Sprache ist die bulgarische.
> 3. Alle Bürger besitzen unabhängig von ihrer Konfession gleiche Rechte und Pflichten.
> 4. Die Grundpflicht jedes Bürgers ist das Eintreten für die nationalen Interessen Bulgariens.
> Razgrad, den 22. November 1990[98].“

Aufschlußreich ist auch eine Sympathiedeklaration nationalistischer Organisationen im nordbulgarischen Ruse für die Protestierer in Razgrad und Kărdžali. Hier hieß es:

> „Elf Jahre haben nicht ausgereicht, uns in eine Provinz des faschistischen Deutschlands zu verwandeln, 45 Jahre reichten nicht, uns zur 16. Sowjetrepublik zu machen, aber nach nur einem Jahr ‚demokratischer Regierung‘ sind wir auf dem besten Weg, ein türkisches *vilâyet* (= Provinz) zu werden[99].“

Obwohl der Ministerrat all dies in einer Deklaration verurteilte, Präsident *Želju Želev* einen seiner Vizepräsidenten in die Region entsandte sowie persönlich die örtlichen Polizei- und Justizorgane zu hartem Durchgreifen aufrief, verhielten diese sich bestenfalls passiv[100]. Im Ergebnis errangen die Nationalisten einen be-

---

[97] Vgl. Konstantin Punev: Da ne stavame săučastnici. In: Vek 21, Nr. 35 vom 28. November 1990; Radoslav Čerkezov: „Dăržava“ v dăržavata. In: Demokracija, I. Jg., Nr. 236 vom 24. November 1990.

[98] Obrăštenie na Regionalnija komitet za zaštita na nacionalnite interesi – Razgrad do vsički bălgari, do vsički posolstva na Bălgarija, do celija svjat, Razgrad, 22. November 1990. In: Pressslužba „Kurier“ Nr. 232 vom 23. November 1990, S. 2.

[99] Deklaracija na regionalnite răkovodstva na Otečestvenata partija na truda i na komiteta za zaštita na nacionalnite interesi v Ruse, Ruse, 20. November 1990. In: Pressslužba „Kurier“ Nr. 233 vom 26. November 1990, S. 11–12, hier S. 12.

[100] E[rnst] L[evý]: Bulgaren setzen ihre Proteste fort. „Beschluß zur Einführung des Türkisch-Unterrichts aussetzen“. In: Frankfurter Allgemeine Zeitung Nr. 56 vom 7. März 1991, S. 6. Vgl. auch einen Protest der „Union der demokratischen Juristen in Bulgarien“, in dem die sofortige Untersuchung durch das Innenministerium und die Generalstaatsanwaltschaft gefordert wurde: Deklaracija na Săjuza na juristite demokrati v

trächtlichen politischen Prestigeerfolg: Sie hatten der Staatsgewalt gegenüber einen „Staat im Staate" mehrere Wochen lang aufrecht erhalten. Die Autorität des der Opposition angehörenden Präsidenten war nachhaltig beschädigt; zurück blieb der Eindruck eines Zusammenwirkens von Nationalisten, lokalen Behörden und kommunistischer Regierungspartei[101].

Daß es während der Krise von Razgrad nicht zu einer Eskalation der Gewalt kam, hing wohl vor allem damit zusammen, daß parallel zu diesem Konflikt in Sofija eine schwere Regierungskrise, weiter ein Machtkampf zwischen Opposition und Regierungspartei sowie zusätzlich ein oppositionsinternes Ringen stattfanden. Denn kurz nachdem am 29. November 1990 der zweite (post-)kommunistische Regierungschef *Andrej Lukanov* seinen Rücktritt angekündigt und damit den Weg zu einer Koalitionsregierung unter dem Oppositionspolitiker *Petăr Beron* freigemacht hatte, trat der Kopf einer anderen Gruppierung im Oppositionsbündnis, der Führer der als Gewerkschaft firmierenden Partei „Podkrepa", *Konstantin Trenčev,* mit einer brisanten Information an die Öffentlichkeit: *P. Beron* stehe seit 21 Jahren im Dienst der bulgarischen Staatssicherheit. Nach einem Teilgeständnis war *P. Beron* politisch nicht mehr tragbar, so daß die Opposition einen neuen Ministerpräsidentenkandidaten suchen mußte[102]. Dieser wurde in der Person des parteilosen Abgeordneten und Juristen *Dimităr Popov* gefunden, den auch die nun als Sozialisten firmierenden Kommunisten als Chef einer zu bildenden paritätischen Koalitionsregierung am 7. Dezember mitwählten[103]. Die Ernennung *D. Popovs* beruhigte in gewissem Umfang zugleich die Nationalisten, da der neue Mann als ausgemachter Gegner von Konzessionen an Türken und Pomaken galt. Am 8. Dezember beispielsweise erschien in der Wochenendbeilage *Ruse dnes* der nordbulgarischen Provinzzeitung *Utro* ein Interview mit *D. Popov,* in welchem dieser weitreichendes Verständnis für die Initiatoren der „Razgrader bulgarischen Republik" vom Vormonat zeigte. „Dort", so der neue Regierungschef „gibt es eine rein bul-

---

Bălgarija po povod na protivodăržavnite dejstvija na nacionalšovinističnite sredi v Razgrad, Kărdžali, Šumen, Ajtos i njakoi săsedni selišta, Sofija, 24. November 1990. In: Presslužba „Kurier" Nr. 248 vom 17. Dezember 1990, S. 9–10.

[101] Daß die letztgenannte zumindest starke Sympathien für die Razgrader „Republikaner" besaß, ging aus einem Artikel in ihrem Parteiorgan hervor. Vgl. Bojka Asiova, Kipra Dobreva: V Razgrad vsičko (li) e spokojna?. In: Duma Nr. 7 vom 7. Januar 1991. S. hierzu die geschliffene Erwiderung eines bulgarischen Türken: Hakkă Rufiev: Otkrito pismo. Do gospodin Stefan Prodev, glaven redaktor na v. „Duma". In: Nova svetlina vom 24. Januar 1991.

[102] Bulgarien: Sechste Abteilung. In: Der Spiegel Nr. 51 vom 17. Dezember 1990, S. 151–152.

[103] Christoph von Marschall: Parteiloser neuer Regierungschef. In: Süddeutsche Zeitung Nr. 282 vom 8. Dezember 1990.

garische Bevölkerung, die von Schande und Tod bedroht ist[104].“ Desgleichen malte er das Gespenst eines international expandierenden aggressiven Islam an die Wand und war in diesem Zusammenhang der Meinung, Bulgarien „hat das undankbare historische Schicksal, die Barriere zu sein, die die Muslime aus Europa heraus hält[105].“ Damit wiederholte er lediglich, was in der bulgarischen Intelligenz ungeachtet ihrer Parteizugehörigkeit geistiges Allgemeingut war: Am selben Tag wie das besagte Interview erschien eine mit „Rettet das Vaterland!“ überschriebene „Deklaration bulgarischer Intellektueller“, darunter der Byzantinist *Dimităr Angelov,* der Islamwissenschaftler *Nikolaj Mizov* und der sich als Opfer der Parteidiktatur gerierende Schriftsteller *Ljuben Dilov,* in der es hieß:

> „An öffentlichen Orten, in Geschäften, Restaurants, Cafés, Behörden – überall überwiegt die türkische Zunge. Die bulgarische Sprache hört in bestimmten Gebieten des Landes auf die offizielle Staatssprache zu sein; [...]. Bedroht und mit Füßen getreten werden die Bürger- und Menschenrechte der bulgarischen Bevölkerung. Völlig übergangen werden die Gesetze des Landes, die Menschenrechtserklärung, die Helsinki-Beschlüsse[106].“

Die Spannung stieg weiter als am 26. Dezember 1990 die „Bewegung für Rechte und Freiheiten“ im Dorf Benkovski bei Kărdžali zu einer Gedenkveranstaltung für drei am 26. Dezember 1984 im Zuge des Živkovschen „Wiedergeburtsprozesses“ von der Miliz getötete Türken aufrief, welchem 30000, nach anderen Angaben sogar 100000 Teilnehmer Folge leisteten. Das örtliche nationalistische „Komitee zum Schutz der nationalen Interessen“ machte dabei Videoaufnahmen, die es auf einer Protestversammlung vorführte. Als besonders verwerflich wurde dabei der Gebrauch der türkischen Sprache durch die „Bewegung für Rechte und Freiheiten“ sowie die Äußerung gebrandmarkt, „Wenn ich nicht verbrenne, wenn du nicht verbrennst, wer soll uns dann im Kampf gegen die Bulgaren leuchten?“. Breite Publizität gewann die Sache, als die Armeezeitung *Narodna armija* – „Volksarmee“ – am 10. Januar 1991 einen Artikel mit dem drohenden Untertitel „Es könnte tatsächlich jemand verbren-

---

[104] Zit. nach Deklaracija na Viššija duchoven săvet na mjusjulmanite v Bălgarija, podpisana ot Glavnija mjuftija d-r Chadži Nedim Chafăz Ibrachim Gendžev, Sofija, 12. Dezember 1990. In: Presslužba „Kurier“ Nr. 246 (264) vom 13. Dezember 1990, S. 2–3, hier S. 3.

[105] Zit. nach Duncan M. Perry: The New Prime Minister and the Moslems. In: Radio Free Europe/Radio Liberty Research Institute. Report on Eastern Europe, 2. Jg., Nr. 3, vom 18. Januar 1991, S. 9–10. Ähnlich äußerte sich auch der der vormaligen KP angehörende Präsident des bulgarischen Parlamentes, Nikolaj Todorov, in einer Diskussion, die sich einem von ihm am 2. Mai 1991 im Osteuropa-Institut der Freien Universität Berlin gehaltenen Vortrag zum Thema „Bulgaria's Road to Europe and the Actual Situation on the Balkans“ anschloß.

[106] Dimităr Angelov [et al.]: Da spasim otečestvoto. Deklaracija na bălgarski intelektualci. In: Bălgarija, I. Jg., Nr. 30 vom 8. Dezember 1990, S. 2.

nen“[107]. Bereits am Vortag hatte der Sofijoter Ortsverband des „Komitees zum Schutz der nationalen Interessen“ im Namen mehrerer nationalistischer Organisationen einen verbalradikalen antitürkischen Protest an Präsident, Regierungschef, Bildungsminister und Volksversammlung veröffentlicht.

> „Jede Mißachtung des Schutzes der Verfassung und der nationalen Interessen durch die türkische Mafia in Parlament und Öffentlichkeit wird zum Steigen der sozialen Spannung führen[108].“

Die Sprachenfrage wurde nun zum Hauptthema des nationalistischen Protestes[109]. Die dabei gegen einen – wohlgemerkt fakultativen und zusätzlichen – Unterricht in türkischer Sprache vorgebrachten Argumente grenzten nicht selten ans Absurde. Die besonders aktive BNRP etwa führte an, auch in anderen Ländern würden ausschließlich solche Fremdsprachen, die „von den Vereinten Nationen anerkannt“ seien – nämlich Deutsch, Französisch, Russisch und Englisch –, unterrichtet. Desgleichen, so die Partei weiter, werde der Koran seit exakt 644 Jahren in allen Staaten der Erde ausschließlich in seiner Originalsprache, nämlich Arabisch, keinesfalls hingegen in türkischer Übersetzung, verwendet[110]. Wesentlich wirksamer war da ein anderes Argument, welches eine „Föderation der patriotischen Jugendverbände «Junges Bulgarien»“ vorbrachte: Die Einführung des Türkischunterrichtes war ihr zufolge „ein gefährlicher Präzedenzfall, der zur Forderung nach Einführung der makedonischen, zigeunerischen, jüdischen und armenischen Sprache in das System der bulgarischen Schule führen und nichtwiedergutzumachende Folgen haben

---

[107] Vgl. Ivan Ivanov: Njakoi naistina može da izgori. In: Narodna armija Nr. 12603 vom 10. Januar 1991, und Deklarcija na narodnija predstavitel Ibrachim Tatarlă po povod publikacija văv v. „Narodna armija“, Sofija, 15. Januar 1991. In: Presslužba „Kurier“ Nr. 13 vom 18. Dezember 1991, S. 7–8.

[108] Obrăštenie na Regionalnija komitet za zaštita na nacionalnite interesi – Sofija, Sofija, 9. Januar 1991. In: Presslužba „Kurier“ Nr. 8 vom 11. Januar 1991, S. 13, hier S. 3.

[109] Vgl. zu dieser Art von ethnischem Konflikt in Südosteuropa im allgemeinen Norbert Reiter: Sprachenstreit auf dem Balkan als Ausdruck gesellschaftlicher Gegensätze. In: Zeitschrift für Balkanologie 20 (1984), S. 173–191. – Ähnlich wie bei Religionskonflikten steigt auch bei Sprachenkonflikten mit dem Verwandtschaftsgrad die Intensität des Konflikts. Vgl. zum südosteuropäischen Paradebeispiel und seiner linguistischen Absurdität Gero Fischer, Friedl Garscha: Untersuchungen zum bulgarisch-makedonischen Sprachenstreit. In: Sprache & Herrschaft. Zeitschrift für eine Sprachwissenschaft als Gesellschaftswissenschaft (Wien), Nr. 9 Dezember 1980, S. 11–60, sowie Norbert Reiter: Das Problem „Einzelsprache“ dargestellt am Mazedonischen. In: Südosteuropa-Mitteilungen 27 (1987), H. 1, S. 51–55.

[110] Deklaracija na Bălgarskata Nacionalno-Radikalna Partija (BNRP) po văprosa za izučavaneto na turski ezik, Sofija, 28. Januar 1991. In: Presslužba „Kurier“ Nr. 24 vom 4. Februar 1991, S. 3–4.

wird[111]." Ebenfalls nicht ganz ohne Wirkung dürfte auch der Hinweis auf die Kosten des Zusatzunterrichtes geblieben sein. Dessen Einführung erfordere die Bereitstellung „von Millionen von Leva für den Lernprozeß von Kindern, von denen jede Woche dreißig in die Türkei fahren und für immer dort bleiben. Bulgarien ist nicht so reich, um sich eine solche Verschwendung zu erlauben[112]."

Obwohl schon für den 15. Januar 1991 geplant, kündigte die Regierung *Popov* erst am 4. Februar an, daß zunächst 28 000 türkische Schüler der zweiten bis vierten Schulklassen in Zukunft vier zusätzliche Wochenstunden Türkischunterricht erhalten sollten. Daraufhin organisierten die nationalistischen Parteien und Bewegungen in Kărdžali einen Schülerstreik, mit dem 20 000 Kinder und Jugendliche zwischen 7 und 15 Jahren sämtliche Schulen lahmlegten[113]. Als der Minister für Volksbildung *Matej Mateev* am 13. Februar sein Vorhaben im Fernsehen in modifizierter Form vorstellte – nur probeweise Einführung des fakultativen Zusatzunterrichtes –, riegelten Nationalisten die Stadt durch Bus- und Bahnblockaden von der Außenwelt ab. Mit Ausnahme der ehemaligen Kommunisten traten daraufhin alle Stadträte Kărdžalis zurück. Ende Februar kam es dann zu einzelnen gewaltsamen Auseinandersetzungen zwischen Bulgaren und Türken im Stadtgebiet[114]. Am 1. März 1991 schließlich verkündete der Minister den sofortigen Beginn der Probephase in zunächst 17 Schulklassen in Kărdžali. Daraufhin nahm die nun vorrangig von der BNRP gesteuerte Protestwelle erneut an Intensität zu. In Kărdžali wurde auch der innerstädtische Verkehr blockiert, 500 bulgarische Lehrer bestreikten sämtliche Schulen der Stadt, und bulgarische Schüler traten in den Hungerstreik. Solche Hun-

---

[111] Stanovište na Federacijata na mladežkite patriotični săjuzi (FMPS) «Mlada Bălgarija» po văprosa za izučavaneto na turski ezik, o. O., o. D. In: Presslužba „Kurier" Nr. 24 vom 4. Februar 1991, S. 5.

[112] Deklaracija na Regionalnija komitet za zaštita na nacionalnite interesi i Otečestvenata partija na truda – Chaskovo, Chaskovo, 1. Februar 1991. In: Presslužba „Kurier" Nr. 27 vom 7. Februar 1991, S. 4–5, hier S. 4.

[113] Duncan M. Perry: Ethnic Turks (wie Anm. 87), S. 7. – Auch in den regionalen Unterorganisationen des Oppositionsbündnisses stieß die Einführung des muttersprachlichen Unterrichts für Türken auf Widerstand. Nur mit dem Hinweis darauf, daß „anders Bulgarien niemals in die Gemeinschaft der zivilisierten Staaten eintreten wird", konnten Vertreter des Leitungsgremiums der Opposition diese Bedenken überwinden. Vgl. Silvija Stefanova, Georgi As'ov: K[oordinacionen] S[ăvet] na S[ăjuza na] D[emokratičnite] S[ili] za nespolukite na opozicijata v provincijata. In: Demokracija, II. Jg., Nr. 15 (281) vom 18. Januar 1991. In ähnlichem Tenor ist auch eine öffentliche Proklamation der Union im Folgemonat gehalten: Stanovište na Săjuza na Demokratičnite Sili za čuždoezikovoto obučenie v dăržavnite učilista. In: Demokracija, II. Jg., Nr. 33 (299) vom 8. Februar 1991.

[114] dpa: Gewalt gegen türkische Minderheit in Bulgarien. In: Frankfurter Allgemeine Zeitung Nr. 52 v. 2. März 1991, S. 1.

gerstreiks von Schülern gab es auch in Razgrad[115], Kubrat und Ajtos, während gleichzeitig in Ruse mit einem Generalstreik gedroht wurde[116]. Die „Bulgarische Vaterländische Partei“ um *Kr. Kumanov,* die ausdrücklich den Streik „der Kinder der bulgarischen Christen zur Verteidigung ihrer Rechte“ gut hieß[117], artikulierte den Gegensatz zwischen den gemischten Gebieten und dem Rest des Landes besonders deutlich: „Bulgaren mit hellblauer und roter Mütze aus den zentralen Gebieten [. . .], weit entfernt vom Brandherd“, seien es, die „in konjunkturbedingten Entscheidungen“ „Stück für Stück“ die Interessen der Nation preisgäben[118]. Hauptzielscheibe unter diesen „Pseudodemokraten“ oppositioneller und kommunistischer Couleur war dabei der Staatspräsident:

> „Alle diese Unruhen, die derzeit in ganz Bulgarien und vor allem in den besagten Gebieten stattfinden, sind Folgen der Erklärungen des Herrn Präsidenten der Republik Bulgarien bei seinen Besuchen in den USA und Straßburg und England, [die dieser getätigt hat,] ohne die nationale Einheit und die Meinung und den Standpunkt der tatsächlichen außerparlamentarischen Opposition in diesen für Bulgarien so wichtigen Kardinalfragen zu beachten[119].“

Die ethnische Spannung hielt danach nicht nur an, sondern stieg in bestimmten Gegenden im Verlauf des April weiter. In der Provinzstadt Razgrad sowie im nahegelegenen Dorf Brestovene kam es zu blutigen Zusammenstößen zwischen Bulgaren und Türken[120].

---

115 In Razgrad war es inzwischen zu einer Zusammenarbeit der nationalistischen Organisationen mit der Ortsgruppe der „Union der demokratischen Kräfte“ gekommen. Vgl. Obšta deklaracija na regionalnite răkovodstva na BZNS, Bălgarska Nacionalno-Radikalna Partija, Bălgarska Socialističeska partija, Otečestvenata partija na truda, Săjuz na demokratičnite sili v Razgrad, Razgrad, 31. Januar 1991. In: Presslužba „Kurier“ Nr. 24 vom 4. Februar 1991, S. 4.

116 E. L[evý]: Bulgaren setzen ihre Proteste fort (wie Anm. 100). – Bemerkenswert, da völlig untypisch, war hingegen ein Aufruf eines bis dahin noch nicht hervorgetretenen „Sozialistischen Jugendverbandes“, der Unterricht in „jüdischer, armenischer, makedonischer, türkischer, Zigeuner- u. a. Sprachen“ forderte: „Jede andere Position bezeichnen wir als Ausfluß einer barbarischen Mentalität.“ Vgl. Jurij Borisov: Pălen tekst na stanovišteto na Nacionalnija săvet na Socialističeskija mladežki săjuz văv vrăzka s rešavaneto na nacionalnija văpros i văveždaneto na izučavaneto na turski ezik. In: Presslužba „Kurier“ Nr. 45 vom 5. März 1991, S. 9–11, hier S. 10.

117 Vgl. Stanovišteto na Bălgarskata otečestvena partija po văprosa za izučavaneto na turski ezik. In: Presslužba „Kurier“ Nr. 102 vom 28. Mai 1991, S. 9–12, hier S. 10.

118 Ibid., S. 10–11 (Hellblau ist die UDK-Parteifarbe, rot die der ehemaligen KP).

119 Ibid., S. 9.

120 Vgl. Informacija za povišavaneto na obštestveno-političeskija gradus v Razgrad, izpraten ot regionalnoto răkovodstvo na Christijanrepublikanskata partija – Razgrad, Razgrad, 24. April 1991. In: Presslužba „Kurier“ Nr. 94 vom 15. Mai 1991, S. 12–13,

Eines immerhin war bemerkenswert: Die Nationalisten gerieten insofern in die Defensive, als sie nun ihrerseits Gegenvorschläge darüber zu machen hatten, in welcher Form türkische Schulkinder ihre Muttersprache lernen sollten. Bislang hatten sie diese Notwendigkeit ja von vorneherein abgestritten. Die Forderung, dieser Unterricht solle außerhalb des staatlichen Schulsystems stattfinden, um dieses finanziell nicht zu belasten, wurde bald von den Nationalisten selbst als kontraproduktiv erkannt, da sich der Staat so jeglicher Kontrolle über diesen Unterricht begäbe und vermeintlichem islamisch- pantürkischen Extremismus Tür und Tor geöffnet würden. Daher wurde die Forderung erhoben, die Türken hätten auf eigene Kosten eine Art Volkshochschule zu gründen, in der vom Staat ausgebildete und angeleitete, aber nicht bezahlte, Lehrer einem gleichfalls staatlich erstellten Lehrplan zu folgen hätten. Ein Entstehen jeglicher Art unkontrollierbarer türkischer Privat- oder Koranschulen müsse untersagt werden[121].

Aber der Sprachenstreit beschränkte sich nicht auf die östlichen Bezirke des Landes, sondern fand auch andernorts, wenngleich in subtilerer Form, statt. Als im Februar 1991 die 30000 vorwiegend türkische Abonnenten erreichende bulgarische Zeitung *Nova svetlina* den Versuch unternahm eine türkische Parallelausgabe herauszubringen, wurde dies von den Arbeitern und Angestellten der Staatsdruckerei „Dimităr Blagoev" sabotiert. Anfang März wurde auch die Produktion der bulgarischen Ausgabe gestoppt – angeblich aus Papiermangel[122]. Erst seit April 1991 konnte das mittlerweile nur als *Svetlina* erscheinende Blatt auch in einer türkischen Wochenausgabe mit dem Titel *Işık* publiziert werden.

Obwohl der Hauptgegner der „Bewegung für Rechte und Freiheiten" weiterhin die nationalistischen Organisationen waren, beteiligte sie sich auch aktiv an einem innermuslimischen Konflikt. Am 12. Januar 1991 verlas das bulgarische Fernsehen eine Deklaration von 137 islamischen Geistlichen, darunter zahlreiche Pomaken, in welcher der 1985 von *T. Živkov* eingesetzte Obermufti *N. Gencev* beschuldigt wurde,

---

und Otvoreno pismo na učitelskija kolektiv ot osnovno učiliste „Christo Botev" v selo Brestovene – Razgradska oblast, podkrepeno ot 33 podpisa, po povod na konfrontacijata sred naselenieto v seloto, Brestovene, 7. Mai 1991. Presslužba „Kurier" Nr. 95 vom 16. Mai 1991, S. 8–10.

121 Vgl. stellvertretend für viele derartige Stimmen: Deklaracija na Mladežkija patriotičen săjus – Ajtos, o. O., o. D. In: Presslužba „Kurier" Nr. 39 vom 25. Februar 1991, S. 5–6.

122 Ivan Badžev: Deklaracija na v. „Ăšăk – Svetlina" za problemite koito redakcijata ima po vreme na abonamentnata kampanija, o. O., o. D. In: Presslužba „Kurier" Nr. 55 vom 19. März 1991, S. 14–15. Zu dieser geplanten Zeitung vgl. auch Vesela Ivanova: Dogan se gotvi za izbori: Predvižda koalicija i srešta săs Simeon. In: Demokracija, II. Jg., Nr. 14 vom 17. Januar 1991, wo Chefredakteur Zlatko Angelov mit den Worten zitiert wird, man plane eine Auflage von jeweils 100000 bulgarischen und türkischen Exemplaren.

ehemaliger Offizier der Staatssicherheit gewesen zu sein[123]. Während sich die „Bewegung für Rechte und Freiheit" der gleichzeitig erhobenen Rücktrittsforderung anschloß[124], stellte sich der „Oberste geistliche Rat der Obermuftibehörde" hinter *N. Gencev.* In einer Erklärung vom 5. Januar 1991 bezeichnete der Rat die Rücktrittsforderung als Intrige der „Bewegung für Rechte und Freiheiten" mit dem Ziel, „das Bezirksmuftiamt von Smoljan von der Obermuftibehörde abzutrennen und in eine Obermuftibehörde für Smoljan zu verwandeln[125]." Unterstützt wurde er dabei von der besagten „Kultur- und Bildungsorganisation der Türken und Muslime in Bulgarien «Alev»"[126]. Die Muslime der zum Einflußbereich des Imam von Smoljan, dem ehemaligen Paşmaklı, gehörenden Zentralrhodopen sind fast ausschließlich Pomaken, keine Türken. Hinter den Auseinandersetzungen um *N. Gencev,* der selbst Pomake ist, scheinen daher weniger persönlich-politische als vielmehr ethnische Gründe zu stecken. Dies dürfte eine Spätfolge der Živkovschen Konfessionspolitik sein, denn bis 1989 setzte das Regime gezielt Pomaken als Imame und Hodschas in den türkisch besiedelten Gebieten ein. Ob die ehemalige KP und/oder die Opposition Anteil an diesem innermuslimischen Konflikt hatten, ist unbekannt.

Es wäre nun allerdings falsch anzunehmen, die bulgarische Titularnation sei in der Frage der Minderheitenrechte für die Türken, von einer großen Gruppe von Indifferenten abgesehen, ganz auf der Seite der nationalistischen Gruppierungen. Vielmehr hat sich während der ersten großen antitürkischen Protestwelle vom Januar 1990 eine kleine, aber zunehmend an Prestige und somit Einfluß gewinnende Gruppe gebildet, die sich das Zustandebringen eines bulgarisch-türkischen Dialogs im Lande zur Aufgabe gemacht hat. Treibende Kraft innerhalb dieses „Komitees für nationale Versöhnung" ist neben einem Bulgaren und einem Türken – *Michail Ivanov* und *Süleyman Gavazov* – bezeichnenderweise eine (ebenfalls bulgarische) Osmanistin, die junge Historikerin *Antonina Željazkova*[127]. Obwohl dieses „Komitee" von den Füh-

---

123 Deklaracija, podpisana ot 63 imami i 74 džamijski nastojateli ot cjalata strana, s kojato se izrazjava vot na nedoverie i se iska ostavkata na Glavnija mjuftija na mjusjulmanite v Bălgarija, o. O., Januar 1991. In: Presslužba „Kurier" vom 18. Januar 1991, S. 8–12.

124 Deklaracija na Centralnija săvet na Dviženieto za prava i svobodi po povod iskanijata za ostavka na Glavnija mjufti na Bălgarija, Sofija, 22. Januar 1991. In: Presslužba „Kurier" Nr. 16 vom 23. Januar 1991, S. 5–6.

125 Deklaracija na Visšija duchoven săvet kăm Glavnoto mjuftijstvo, Sofija, 25. Januar 1991. In: Presslužba „Kurier" Nr. 20 vom 29. Januar 1991, S. 4–6.

126 Deklaracija na predsedatelstvoto na Kulturno-prosvetnata organizacija na turcite i mjusjulmanite v Bălgarija „Alev", Varna, 24. Januar 1991. In: Presslužba „Kurier" Nr. 22 vom 31. Januar 1991, S. 10.

127 Vgl. Droht ein neuer Nationalismus in Bulgarien? Interview mit Antonina Željazkova, Mitbegründerin des „Komitees für nationale Versöhnung". In: Tageszeitung (Berlin) vom 24. Juli 1990.

rungen der nationalistischen Organisationen gleichsam zwangsläufig als Hilfstruppe der „Bewegung für Rechte und Freiheiten“ abgelehnt wird, hat es offensichtlich dennoch einen gewissen Einfluß auf die regionale Nationalistenorganisation in den Rhodopen, vor allem auf das „Komitee zur Verteidigung der nationalen Interessen“ in Kărdžali[128]. Die Funktion des „Komitees für nationale Versöhnung“ ist somit von zentraler Bedeutung: Es hält als einzige informelle Instanz Verbindung sowohl zu den Konfliktpartnern wie zu den übrigen politischen Parteien und staatlichen Instanzen. Vor allem der enge Kontakt zum mittlerweile zum Staatspräsidenten gewählten ehemaligen Oppositionschef *Ž. Želev* sowie die Mitwirkung in der „Parlamentskommission zur Untersuchung der nationalen Frage“ gewährt dem Komitee politischen Einfluß. Wenn es in Bulgarien eine Institution gibt, der man das Aufbrechen der Sprachlosigkeit im nationalistischen Lager zutrauen kann, dann ist es das „Komitee für nationale Versöhnung“[129].

4. Nationalistischer Protest gegen das Auftreten einer makedonischen Minderheit

Das komplizierte Thema Makedonien und die Rolle, die es für den gegenwärtigen bulgarischen Nationalismus spielt, können hier nur kurz angerissen werden[130]. Der Kern der Makedonischen Frage, wie sie im 19. Jahrhundert als Bestandteil der Orientalischen Frage entstanden ist, ist der Streit um die politisch-administrative wie ethnische Zugehörigkeit dieser zentralbalkanischen Region. Griechenland, Bulgarien und Serbien bzw. später Jugoslawien haben hierauf Ansprüche angemeldet, die sie auf der

---

[128] Interview von Rumjana Taslakova mit Michail Ivanov, dem Vorsitzenden des „Komitees für nationale Versöhnung“. Deutsche Welle, bulgarisches Programm, Juli 1990. – Das „Komitee zum Schutz der nationalen Interessen“ scheint trotz allem die gemäßigste unter den nationalistischen Formationen zu sein. Am 1. März 1990 unterzeichnete es gar gemeinsam mit der „Bewegung für Rechte und Freiheiten“ ein Gewaltverzichtsabkommen. Vgl. Deklaracija na Obštonarodnija komitet za zaštita na nacionalnite interesi, Rodopskija săjuz „Rodoljubie“ i Dviženieto za prava i svobodi, Sofija, 1. März 1990. In: Presslužba „Kurier“ Nr. 130, S. 1–2; Plamen Asenov: Istinsko bălgarsko choro. Razgovor s Damjan Getev, predsedatel na Komiteta za zaštita na nacionalnite interesi v Kărdžali. In: Podkrepa, I. Jg., Nr. 9 vom 29. Mai 1990; sowie o. A.: Šte padnat li duvarite na nedoverieto. Razgovor s Jenal Bekir. In: Demokracija, I. Jg., Nr. 89 vom 4. Juni 1990.

[129] Vgl. zu den Zielen des Komitees auch Michail I. Ivanov: Etničeskijat problem meždu stracha i zakona. In: Načalo. Vestnik na Alternativnata socialističeska partija, I. Jg., Nr. 17 vom 24. Juli 1990.

[130] Vgl. zum historischen, ideologischen und ethnopolitischen Hintergrund S. Troebst: Die bulgarisch-jugoslawische Kontroverse (wie Anm. 8).

einen Seite mit historischen, auf der anderen aber mit ethnischen Argumenten begründeten und partiell auch durchsetzen konnten. Was das ethnische Argument betrifft, so steht Athen auf dem Standpunkt, große Teile der Bevölkerung der Region seien slavophone Griechen, in Belgrad postuliert man die Existenz von sog. Süd- bzw. Bergserben, und in Sofija hält man alle Slaven dort für Westbulgaren. Die ohnehin schon verzwickte Situation wurde noch verwickelter mit der Machtübernahme der Kommunisten in Jugoslawien und Bulgarien. Ab 1944 war man in Belgrad und Sofija vorübergehend übereinstimmend der Ansicht, die slavischen Bewohner aller drei Teile Makedoniens seien weder Serben noch Bulgaren, geschweige denn Griechen, sondern bildeten eine eigenständige Nation, die der Makedonier. Die daraus resultierenden bulgarisch-jugoslawischen Föderationspläne wurden zwar durch den Tito-Stalin-Bruch von 1948 obsolet, doch galten in Bulgarien die Einwohner des südwestlichen Pirin-Gebietes noch bis 1958 als Makedonier, bevor sie dann wieder zu waschechten Bulgaren umdefiniert wurden. Seitdem bestehen zwischen Sofija und der vardarmakedonischen Republikshauptstadt Skopje diametral entgegengesetzte Ansichten über die ethnische Struktur der Bewohner Makedoniens. Daß der bulgarische Standpunkt vom rein bulgarischen Charakter auch der Bevölkerung des jugoslawischen Makedoniens nach der Wende von 1989 von zahlreichen gesellschaftlichen Gruppen in Bulgarien noch lauter als unter *T. Živkov* verkündet werden würde, war zu erwarten gewesen. Dies sah man wohl auch in Skopje so, so daß man zwar mit gleicher Münze zurückzahlte und die Provokation mit Provokationen beantwortete, dabei aber die schon Ende der sechziger Jahre erreichte Polemikobergrenze nicht überschritt[131]. Was indes nicht nur die bulgarischen Nationalisten, sondern die gesamte bulgarische Öffentlichkeit, darunter auch und gerade die sich politisch formierende Opposition, schon im November 1989 in hochgradige nationale Erregung versetzte, war ein innenpolitisches Ereignis: Ein politischer Niemand mit dem geschichtsträchtig-religiösen Phantasienamen „Georgi Solunski" – Georg von Saloniki – gründete eine Organisation mit der nicht minder historische Emotionen freisetzenden Bezeichnung „Ilinden" – St. Elias-Tag –, deren Mitglieder sich nicht als Bulgaren, sondern als „Bürger Bulgariens makedonischer Nationalität" bezeichneten[132]. Der Hysteriegrad, mit dem Medi-

---

[131] Vgl. Patrick Moore: The Macedonian Question Resurfaces. In: Radio Free Europe/Radio Liberty Research Institute. Report on Eastern Europe, 1. Jg., Nr. 14 vom 6. April 1990, S. 46–49.

[132] Otvoreno pismo do Velikoto narodno săbranie na Obedinena makedonska organizacija „Ilinden", Blagoevgrad, 20. Juli 1990. In: Presslužba „Kurier" Nr. 151 vom 2. August 1990, S. 9–10, hier S. 9. – Die Gruppe nannte sich zunächst „Unabhängige Makedonische Organisation «Ilinden»", dann „Vereinigte Makedonische Organisation «Ilinden»". Vgl. Duncan M. Perry: The Macedonian Question Revitalized. In: Radio Free Europe/Radio Liberty Research Institute. Report on Eastern Europe, 1. Jg., Nr. 34 vom 24. August 1990, S. 5–9, und Ivan Solev: Il problema della minoranza

en, Öffentlichkeit und Parteien des „gewendeten“ Bulgarien auf die Verletzung dieses nationalen Tabus reagierten, war symptomatisch. Hier ging es mitnichten nur um das Verhindern der Forderung einer weiteren ethnischen Gruppe nach Anerkennung bzw. Rehabilitierung als nationale Minderheit, sondern hier wähnte man das „San Stefano“-Ideal in Gefahr. Denn, so die nationalistische Perspektive, wenn Sofija die Existenz einer eigenständigen makedonischen Nation in Jugoslawien und einer makedonischen Minderheit im eigenen Lande anerkenne, dann bedeute dies den freiwilligen Verzicht nicht nur auf Vardarmakedonien mit Skopje und Ohrid, sondern sei zugleich die Vorstufe zur Abtretung des Südwestteils des eigenen Landes. Das demokratische Recht weniger hundert Staatsbürger auf ihre ethnische Selbstdefinition könne, so die einhellige Meinung sämtlicher bulgarischer Parteien, gegenüber den imaginären Interessen der Titularnation in keiner Weise ins Gewicht fallen. Die Organisation „Ilinden“ sei daher als antibulgarisch und separatistisch gesinnte staatsfeindliche Gruppe umgehend zu verbieten. Dafür gab es zwar keine gesetzliche Handhabe, doch lehnten die Behörden unter dem Druck der Öffentlichkeit eine Registrierung von „Ilinden“ gemäß dem Parteiengesetz im Juli 1990 ab[133]. Dennoch hält der Ende 1989 einsetzende Sturm der Entrüstung über die Existenz dieser Gruppe mit unverminderter Stärke an. Mal wird „Ilinden“ als „vaterlandsverräterische Separatistenorganisation“[134], welcher „umfassende Hilfe und Anleitung aus Belgrad“ zukommt[135], mal als „ein kleines

macedone in Bulgaria. In: Balcanica. Storia, cultura, politica. Rivista trimestrale VII (1990), H. 1/2, S. 64–74. – Über die Mitgliederzahl von „Ilinden“ liegen keine gesicherten Angaben vor. G. Solunski selbst teilte im Dezember 1989 mit, seine Organisation besäße im Piringebiet und in Plovdiv insgesamt 500 Mitglieder. Vgl. Vladimir Tulevski: „Ne zaboravaj deka si makedonec.“ Razgovor so Ǵorǵi Solunski, pretsedatel na nezavisnoto združenie «Ilinden» od Bugarija. In: Nova Makedonija [Skopje] vom 17. Dezember 1989, S. 1–2. Zur Person G. Solunskis vgl. einen diffamierenden Artikel von Stoil Loboski: „Makedonecăt“ Georgi Solunski. In: Demokracija, I. Jg., Nr. 27 vom 20. März 1990.

133 Vgl. Kiril Aksarov: Sădăt otchvărli „Ilinden“. In: Otečestven vestnik, XLVII. Jg., Nr. 13 477 vom 20. Juli 1990, S. 1. Vgl. auch Deklaracija na Obštobălgarski săjuz „Makedonija“, o. O., 5. Juli 1990. In: Presslužba „Kurier“ Nr. 139 vom 17. Juli 1990, S. 3–4 sowie Pismo do Velikoto narodno săbranie na Otečestvenata partija na truda, Obštonarodnija komitet za zaštita na nacionalnite interesi i Nacionalen stačen komitet, Sofija, 24. Juli 1990. In: Presslužba „Kurier“ Nr. 145 vom 25. Juli 1990, S. 3–4.

134 Deklaracija ot Izpălnitelnija komitet na Bălgarskata Nacionalna Demokratičeska partija, Sofija, 10. Juli 1990. In: Presslužba „Kurier“ Nr. 136 vom 12. Juli 1990, S. 4–5, hier S. 5.

135 Evg. Ekov, D[imităr G.] Gocev: Otvoreno pismo ot Săjuza na makedonskite kulturno-prosvetni družestva v Bălgarija, o. O., o. D. In: Presslužba „Kurier“ Nr. 136 vom 12. Juli 1990, S. 5–6, hier S. 6.

Grüppchen analphabetischer Ignoranten und psychisch gestörter Individuen“[136] bezeichnet. Die Existenz der zahlenmäßig unbedeutenden „Ilinden“-Gruppe war und ist aber nicht nur in dieser Hinsicht von beträchtlicher politischer Bedeutung. Denn das Ergebnis der Parlamentswahlen vom Juni 1990 fiel in der überwiegend agrarisch strukturierten Pirinregion gänzlich anders aus als in den übrigen ländlichen Gebieten des Landes. Während die Landbevölkerung in der Regel kommunistisch wählte, errang die oppositionelle „Union der demokratischen Kräfte“ in sechs der sieben Wahlkreise des südwestlichen Wahlbezirks Blagoevgrad glänzende Siege[137]. Der Hauptgrund hierfür war ein doppelter: Zum einen verlor die BSP/KP, weil man sie im Piringebiet für die Makedonisierungs- und Entbulgarisierungspolitik der Jahre 1944–1958 verantwortlich machte, zum anderen siegte die Opposition, weil die Sprecher einiger in ihr vertretener neuer Parteien am lautesten gegen „Ilinden“ protestiert hatten[138]. „Ilinden“ aber wurde von den Wählern als späte Frucht der kommunistischen Nationalitätenpolitik der vierziger und fünfziger Jahre gewertet[139]. Das Thema Makedonien blieb also in Bulgarien eines der politisch brisantesten. Dies mußte auch Präsident *Ž. Želev* erfahren, der in einem Interview im Herbst 1990 nicht von der Makedonischen Frage, sondern stattdessen – *horribile dictu* – von „der *sogenannten* Makedonischen Frage“ sprach. Die gesamte bulgarische Presse mit Ausnahme derjenigen der nationalen Minderheiten fiel daraufhin über ihn her[140].

Das im Vergleich zum Konflikt mit der türkischen Minderheit auf den ersten Blick geradezu mikroskopisch kleine Makedonier-Problem im Bulgarien der Gegenwart, ist aus subjektiver bulgarischer Sicht dennoch von größter Bedeutung. Dies zweifelsohne deshalb, als seinen Kern in noch höherem Maße als bei der Frage von Türken und Pomaken ein genuin bulgarischer Identitätskonflikt ausmacht. Die bei allem zur Schau getragenen nationalem Selbstbewußtsein große Unsicherheit über die eigene Identität wird durch die von „Ilinden“ vorgeführte Möglichkeit ethnischen Seitenwechsels weiter verstärkt. So erklärt sich der auf den ersten Blick irrationale Eifer in

[136] Obrăštenie na Kulturno-prosvetnoto družestvo „Todor Aleksandrov“ – gr. Petrič s predsedatel G. Margaritov do Meždunarodnija izpălnitelen sekretaria na Konferencijata po čoveškite izmerenija, zasedavašta v Kopenchagen, o.O., o.D. In: Presslužba „Kurier“ Nr. 126 vom 28. Juni 1990, S. 14.

[137] Vgl. Marieta Deribeeva: Pirinska Makedonija – zona, čista ot komunizăm. In: Podkrepa. Sedmičnik na Konfederacijata na truda, I. Jg., Nr. 12 vom 19. Juni 1990, und W. Höpken: Die Wahlen in Bulgarien (wie Anm. 63), S. 443–444 sowie die Karte S. 456.

[138] Vgl. z.B. „D“: Separatistko săbranie. In: Demokracija, I. Jg., Nr. 21 vom 12. März 1990 oder Christo Trojanski: Otrodnici. In: Podkrepa, I. Jg., Nr. 10 vom 5. Juni 1990.

[139] Miroslav Popov: Plodovete ot starite grechove. Kăm „belite petna“ po istorijata na „makedonskija văpros“. In: Demokracija, 1. Jg., Nr. 111 vom 28. Juni 1990.

[140] Vgl. exemplarisch: Deklaracija na Nacionalen demokratičeski forum „Obedinenie“, o.O., 1. Oktober 1990 in: Presslužba „Kurier“ Nr. 197 vom 5. Oktober 1990, S. 5–6.

diesem Punkt. Insofern ist das bulgarische Verhalten in der Makedonischen Frage eine Art Lackmustest für den Stand der Demokratisierung.
Diese Funktion des makedonischen Problems, nämlich seine Verwendbarkeit als Indikator für den Grad der Demokratisierung, bezieht sich indes nicht nur auf die Innenpolitik, sondern auch und gerade auf die Außenpolitik des Landes. Auf eine Darstellung der in beträchtliche Bewegung geratenen politischen Beziehungen im Dreieck Sofija-Belgrad-Skopje seit 1989 sei hier verzichtet, doch soll das Kopenhagener KSZE-Treffen vom Juni 1990 über die sogenannte „menschliche Dimension“ kurz gestreift werden. Ganz zweifellos versuchte die bulgarische Außenpolitik in engem Zusammenwirken mit der Opposition hier durch das Vorführen diplomatischer Zerknirschung in der Türken-Frage sowie durch einen offensichtlich in opportunistisch-anbiedernder Absicht eingebrachten eigenen Resolutionsentwurf zum Verbot der Folter Boden gutzumachen[141]. Aber eine jugoslawische Initiative zur Gewährung von Minderheitenrechten für die bulgarischen Makedonier im Pirin-Gebiet, welche von einem ebenfalls anwesenden bulgarischen Vertreter von „Ilinden“ unterstützt und damit legitimiert wurde, durchkreuzte das bulgarische Konzept. Damit blieb nur die Flucht nach vorne, d.h. das Aufstellen der Forderung nach Minderheitenrechten für die in Sofijoter Sicht 1 200 000 ethnischen Bulgaren in der jugoslawischen Teilrepublik Makedonien[142]. Die Frage nach den Rechten der sich als Makedonier definierenden Staatsbürger wurde von der Delegation mit undiplomatischem Gebell beantwortet (bzw. eben nicht beantwortet).

---

[141] Vgl. den bereits im Vorfeld der Konferenz auf einer wissenschaftlichen Tagung ebenfalls in Kopenhagen gehaltenen Vortrag von Julij Bachnev, unter T. Živkov Mitglied des von Konstantin Tellalov geleiteten regierungsnahen „Komitees für Menschenrechte“: Yulii Bahnev: Muslimis [sic!] with Turkish Ethnic Identity in Bulgaria. In: Minority Rights. Policies and Practice in South-East Europe. Reports for the Conference in Christiansborg, Copenhagen, March 30th – April 1st, 1990. Ed. by The Danish Helsinki Committee & The Minority Rights Group. Kopenhagen–London 1990, S. 1–17 (sep. pag.). Vortragender und Vortrag wurden allerdings von einem bulgarischen Menschenrechtler, der ebenfalls an der Konferenz teilnahm, als in höchstem Maße opportunistisch kritisiert. Vgl. Rumen Vodeničarov: Prevăplaštenijata na Juli Bachnev. In: Demokracija, I. Jg., Nr. 124 vom 17. Juli 1990. Zur Person Ju. Bachnevs vgl. Binka Peeva: „Bălgarija nad vsičko“ ili Bălgarija za vsički! Razgovor s Julij Bachnev. In: Reporter, I. Jg., Nr. 7 vom 13.–19. Juli 1990.

[142] Vgl. Bojko Nikolov: V Kopenchagen se gotvja zaključitelnijat dokument. In: Demokracija, I. Jg., Nr. 107 vom 22. Juni 1990, sowie ein Interview mit dem Leiter der bulgarischen Delegation von Pavel Talev: Bălgarija na Konferencijata po čoveškite prava. Razgovor s Ivan Garvalov. In: Sofijski vesti Nr. 25 vom 12. Juli 1990. Von jugoslawischer Seite vgl. o. A.: Prava za Makedoncite vo Grcija i Bulgarija. Memorandum za makedonskoto nacionalno malcinstvo. In: Makedonija. Ilustrirano spisanie na Maticata na iselenicite od Makedonija 37 (1990), Nr. 448 (August), S. 8–11.

Das am 29. Juni 1990 verabschiedete Schlußdokument der Konferenz enthält einen langen Teil mit detaillierten Bestimmungen zur Gestaltung des Verhältnisses von Nationalstaaten und Titularnationen auf der einen und nationalen Minderheiten bzw. ethnischen Gruppen auf der anderen Seite. Daß auch die bulgarische Delegation ihre Unterschrift geleistet hat, ist wohl nur durch den starken internationalen Druck, unter dem sie stand, zu erklären[143]. Denn im Dokument heißt es: „Die Zugehörigkeit zu einer nationalen Minderheit ist Angelegenheit der persönlichen Entscheidung eines Menschen [...][144]." Und weiter: „Die Teilnehmerstaaten werden die ethnische, kulturelle, sprachliche und religiöse Identität nationaler Minderheiten auf ihrem Territorium schützen und Bedingungen für die Förderung dieser Identität schaffen[145]." Das Dokument empfiehlt darüberhinaus, „geeignete lokale oder autonome Verwaltungen einzurichten, die den spezifischen historischen und territorialen Gegebenheiten dieser Minderheiten Rechnung tragen"[146], und weist die Signatarstaaten „auf die besonderen Probleme der Roma (Zigeuner)" hin[147]. Während etwa in Ungarn sofort eine breite öffentliche Debatte über diese Empfehlungen einsetzte und erste Schritte zu ihrer Umsetzung unternommen wurden, wurde das Dokument in Bulgarien wohlweislich nicht publik gemacht.

Eine ähnliche Verknüpfung der nach innen wie außen gerichteten nationalistischen Aspirationen, wie sie sowohl in Sofija wie in Skopje beim Thema Makedonien vorgenommen wird, findet in weniger drastischer Form in Bulgarien auch auf den Problemfeldern „Thrakien", „Dobrudža", „Westliche Randgebiete" (an der Grenze zu Serbien) und neuerdings „Bessarabien" statt: Zum einen mobilisieren Vertreter von Vertriebenenverbänden erfolgreich die bulgarische Öffentlichkeit, um so außenpolitische Initiativen gegenüber den in Frage stehenden Staaten – Griechenland, Türkei, Rumänien, Jugoslawien bzw. Serbien und UdSSR (Ukrainische und Moldauische SSR) – zu bewirken[148], zum anderen fordern sie Wiedergutmachung bzw. Entschädi-

---

[143] Dies räumte auch der bulgarische Parlamentspräsident N. Todorov in der erwähnten Diskussion vom 2. Mai 1991 (wie Anm. 105) ein.

[144] Vgl. Das Dokument des Kopenhagener KSZE-Treffens über die menschliche Dimension vom 29. Juni 1990. In: Europa-Archiv 45 (1990), S. D 380–D 394, hier S. D 390.

[145] Ibid., S. D 391.

[146] Ibid.

[147] Ibid., S. D 392.

[148] Vgl. etwa ein Interview mit dem nationalistischen Sprecher derjenigen Emigranten aus Makedonien, die sich anders als die „Ilinden"-Anhänger nicht als Makedonier, sondern als „Bulgaren aus Makedonien" verstehen: Ljubomira Budeva: Njakolko miliona bălgari očakvat svoeto priznanie. Razgovor s Dimităr Gocev. In: Pogled Nr. 6 vom 11. Februar 1991. Aus der Fülle der publizistischen Reaktionen vgl. stellvertretend Božidar Dimitrov: Edna (ne)zabravena tema. Bălgarskite malcinstva v čužbina. In: Večerni novini vom 11. April 1990, und Vesela Džerekarova: A kakva e sădbata na băl-

gung von der bulgarischen Regierung[149]. Was dabei die neuerdings von Sofija besonders bemutterten bessarabischen Bulgaren und ihre unlängst entstandene Nationalbewegung betrifft, so wird von deren Sympathisanten in Sofija geflissentlich übersehen, daß jene ihre Minderheitenrechte in enger Kooperation mit den gleichfalls im Raum Kišinëv-Bendery-Tiraspol lebenden Gagausen, einer christlichen Gruppe türkischer Herkunft und Sprache (!), durchzusetzen versuchen. Dergleichen „ethnische Mésalliancen" finden in den bulgarischen Medien keine Erwähnung[150].

5. Nationalistische Aversionen gegen Juden, Armenier und Roma

Was das Verhältnis der Bulgaren zu den übrigen autochthonen Minderheiten betrifft – die allochthonen wie die ca. 25 000 Vietnamesen[151] und eine ebenfalls große Zahl an Arabern, Afrikanern u. a. seien hier außer acht gelassen –, so ist auch diesbezüglich durch die nationalistische Welle seit der „Wende" eine Veränderung festzustellen. Auffällig ist vor allem, daß jetzt auch die unter *T. Živkov* einen privilegierten Sonderstatus genießenden „Vorzeigeminderheiten" der Armenier und Juden zur Zielscheibe nationalistischer Angriffe wurden. Während die Armenier aufgrund der Existenz der armenischen Sowjetrepublik gleichsam zwangsläufig Immunität genossen, hatten sich bis 1989 für die Juden gleich zwei Faktoren günstig ausgewirkt. Dies war zum einen der Umstand, daß in der bulgarischen vor allem auf den Westen gerichteten Auslandspropaganda die Rettung der Juden in Bulgarien im Zweiten Weltkrieg eine zentrale Rolle spielte. Der offiziellen Version zufolge war es das bulgarische Volk mit der kommunistischen Partei an der Spitze gewesen, welches sich 1943 dem Diktat NS-Deutschlands nach Deportation der bulgarischen Juden entschlossen und erfolgreich entgegengestellt hatte. Ohne auf diese historisch fragwürdige Sichtweise weiter einzugehen, ist festzuhalten, daß ihre außenpolitische Instrumentalisierung die Gewährung eines nationalitätenpolitischen Sonderstatus für die Juden im Lande gleichermaßen zwingend erforderte. Der zweite Grund hierfür war die Tatsache, daß diejenigen bulgarischen Juden, die sich dem Massenexodus nach Israel im Jahre 1948 *nicht* ange-

---

garskite malcinstva? Razvogor s Stajko Trifonov. In: Pogled Nr. 26 vom 25. Juni 1990, S. 4.

149 Vgl. z. B. G. Dimitrov, K. Karamitev: Deklaracija na Centralnoto rǎkovodstvo na Sǎjuza na trakijskite kulturno-prosvetni družestva, o. O., o. D. In: Presslužba „Kurier" Nr. 137 vom 13. Juli 1990, S. 1–3.

150 Vgl. aber eine solche Erwähnung in dem genannten Pressedienst: Deklaracija na Družestvoto za vrǎzki s besarabskite i tavričeskite bǎlgari „Rodoljubec", o. O., Juli 1990. In: Presslužba „Kurier" Nr. 141 vom 19. Juli 1990, S. 6–10.

151 Vgl. als Beispiel für diesbezügliche diffamierende Presseberichte Nora Stoičkova: Vnimanie, vietnamci! In: Podkrepa, I. Jg., Nr. 17 vom 24. Juli 1990.

schlossen hatten – damals emigrierten 48 000 Personen –, in enger Verbindung mit der kommunistischen Partei standen, ja daß sie zum großen Teil derjenigen Sofijoter Stadtteilsorganisation der Partei angehörten, die schon vor 1944 von *T. Živkov* geleitet worden war. Aus diesem Grund konnten die ca. 6000 zurückgebliebenen bulgarischen Juden nicht nur ihren organisatorischen Zusammenschluß, nämlich die „Gesellschaftliche Kultur- und Bildungsorganisation der Juden in der Volksrepublik Bulgarien" – 1990 in „Šalom" umbenannt – behalten, sondern sogar zwischen 1944 und 1989 ohne Unterbrechung ihr Presseorgan *Evrejski vesti* („Jüdische Nachrichten") publizieren. Ähnliches galt für die vor allem in Plovdiv ansässigen Armenier, die ebenfalls einen Kulturverein und ein Periodikum, beide mit dem Namen *Erevan,* behalten durften. Aus diesem Grund scheinen von seiten der bulgarischen Titularnation nicht nur Antisemitismus und Xenophobie Juden und Armenier zur Zielscheibe zu machen, sondern gerade auch die Erinnerung an deren bescheidene „Privilegierung" unter *T. Živkov.*

Die Aktionsformen des seit Ende 1989 offen auftretenden bulgarischen Antisemitismus ähneln denen im übrigen Europa. In Kjustendil etwa wurden die Wohnungstüren jüdischer Familien mit Davidssternen gekennzeichnet[152], dem populären Schauspieler jüdischer Herkunft *Josif Sărčadžiev* wurde in einer anonymen Drohung bedeutet, daß den Juden im Lande das, was die bulgarischen Türken bereits hinter sich hätten, noch bevorstehe[153], und im März 1990 wurde in der Sofijoter Synagoge, der größten Südosteuropas, ein Brand gelegt. Daß es sich dabei um eine gezielte antisemitische Aktion gehandelt hat, geht aus der Vorgeschichte dieser Brandstiftung deutlich hervor. Eine Woche vor dem Brand hatte eine Abordnung des besagten „Gesamtvölkischen Komitees zur Verteidigung der nationalen Interessen" die jüdische Kulturorganisation besucht und dort ein gemeinsames Vorgehen gegen den „Panislamismus" der bulgarischen Türken angeregt. Schließlich, so das Argument, werde ja auch Israel vom Islam bedroht. Dieser Vorschlag stieß auf kategorische Ablehnung. Nach dem Brandanschlag ging dann in der Redaktion der „Jüdischen Nachrichten" ein Bekennerbrief ein, in dem es hieß, das nächste Ziel eines Anschlags werde das jüdische Kulturhaus im Zentrum Sofija sein[154]. Aber Antisemitismus und Xenophobie machen sich in Bulgarien auch in subtilerer Form bemerkbar. So wurde dem Filmregisseur und Parla-

[152] Asparuch Georgiev: Neka sme naštrek! In: Rabotničesko delo vom 11. Januar 1990.

[153] Der Text dieser in Druckbuchstaben auf einem Stück Toilettenpapier geschriebenen Drohung lautete: „Mrăsno čifutče! Sled turcite idva i vašijat red" („Dreckiger Judenbengel! Nach den Türken seid ihr dran"). Vgl. Josif Sărčadžiev: Pomirenie li? Ne ni e nužno! In: Svoboden narod, XXVIII. Jg., Nr. 4 vom 28. Februar 1990. Vgl. hierzu auch Vivian Bojadžieva: Žălto pismo. In: Evrejski vesti Nr. 6 vom 27. März 1990, sowie dass. unter dem Titel: Cvetjata na roda. In: Otečestven front vom 30. März 1990.

[154] Robert David: Požarăt v sinagogata ne e ugasnal. In: Demokracija, I. Jg., Nr. 26 vom 19. März 1990. Ibid. wird auch von Drohanrufen an Juden und Hakenkreuzschmierereien in Sofija berichtet.

mentsabgeordneten *Angel Vagenštajn* von der Rechtspresse mehrfach bedeutet, sein Engagement für die türkische Minderheit im Lande stelle eine Einmischung in Angelegenheiten dar, die ihn schon aus genetischen Gründen gar nichts angingen. Und in ebenso souveräner wie symptomatischer Verdrehung der Tatsachen wurde gedroht:

> „Es ist uns unangenehm betonen zu müssen, Herr Vagenštajn, daß Sie seit einigen Monaten systematisch und unermüdlich eine gegen das bulgarische Judentum gerichtete Stimmung schaffen – etwas, das selbst für den zutiefst demokratischen Geist unseres Volkes unzulässig und unerträglich ist. Denn wenn es irgendwo in Bulgarien Antisemitismus gibt, dann ist er in Ihnen selbst, und daher fordern wir Sie auf, mit Ihrer plumpen Manipulation aufzuhören, mit der Sie sich als ein nicht allzu würdiger Sohn ihres Volkes, mit welchem die Bulgaren immer in Frieden und Freundschaft gelebt haben, erweisen[155].“

Es war also vor allem das öffentliche Auftreten von Juden, zumal Intellektuellen, aber auch von Angehörigen anderer nationaler Minderheiten, das zu nationalistischen Reaktionen führte. Nachdem etwa die beiden bekannten Journalisten *Kevork Kevorkjan* und *Josif Davidov,* der eine Armenier, der andere Jude, ein Interview mit dem bulgarischen Exilzar *Simeon II.* veröffentlicht hatten, schrieb das Organ der kommunistischen Partei in einer vorgeblich satirischen Rubrik:

> „Journalisten mit Jerusalemer Bewußtsein und kaukasischer Identität, wenngleich bulgarischer Zunge, haben Bulgarien vorgeschlagen, der sich als Deutscher fühlende Bürger Simeon von Sachsen-Coburg-Gotha möge den bulgarischen Thron besteigen[156].“

---

155 „Zora“: Otkrita molba. In: Zora, I. Jg., Nr. 10 vom 7. August 1990, S. 3. – Einen ganz ähnlichen Tenor wies ein Protest gegen A. Vagenštajn von Studenten der Universität V. Tărnovo aus dem Januar 1990 auf. Zum einen wurde ihm Verleumdung des bulgarischen Volkes vorgeworfen, weil er auf antisemitische und antiarmenische Ressentiments hingewiesen habe, zum anderen ziele seine Forderung nach Rückkehrmöglichkeit für die noch in der Türkei befindlichen, dorthin im Sommer 1989 geflohenen bulgarischen Türken angeblich auf die politische Destabilisierung Bulgariens: „Die Rückkehr von weiteren 200000 antibulgarisch gesinnten Türken wäre für uns nicht nur eine politische und ökonomische, sondern auch eine totale nationale Katastrophe.“ Vgl. Văzvanieto na Iniciativnija komitet na prepodavatelite, studentite i služitelite văv Velikotărnovskija universitet «Kiril i Metodij», Veliko Tărnovo, 3. 1. 1990 g. In: Presslužba „Kurier“ Nr. 7 vom 10. Januar 1990, S. 5–6, hier S. 6.

156 Na šega. In: Rabotničesko delo vom 21. Februar 1990. Faksimile bei: Eliezer Alfandari: Po-svobodni sme. In: Evrejski vesti Nr. 5 vom 13. März 1990. Vgl. auch zwei Leserbriefe von Isak Buko Levi und der Sofijoter Redaktion der armenischen Zeitschrift „Erevan“: Opasni šegi. In: Rabotničesko delo vom 2. März 1990. – Die vorgeblich „unpatriotischen“ Fernsehkommentare des der Opposition nahestehenden K. Kevorkjan waren auch der Auslöser eines Sitzstreiks kommunistischer Parteiveteranen im Juli 1990. Vgl. Aleksandăr Dinekov: „Mnogocvetnijat“ armenec. In: Demokracija, I. Jg., Nr. 120 vom 11. Juli 1990; „D“: Ot blagordarnite „mrăsni armenci“. In: Demokracija, I. Jg., Nr. 124 vom 17. Juli 1990.

Allerdings hatten diese antisemitischen und antiarmenischen Äußerungen und Aktionen auch interne Folgen für die in Frage stehenden Minoritäten: Die Passivität der alten regimetreuen Führungen der jüdischen und armenischen Kulturorganisationen stärkte deren innerorganisatorische Gegner und führt zur Erneuerung beider Vereine. Am 17. März 1990 konstituierte sich die gewendete „Organisation der Juden in Bulgarien «Šalom»“[157], und „Erevan“ erhielt eine neue Führung[158].
Anders als Makedonier, Juden und Armenier, ja selbst als die bulgarischen Türken, besitzt die Minderheit der Roma in Bulgarien – wie fast überall – so gut wie keine intellektuelle Elite, die als ihr politischer Anwalt auftreten könnte. Schon vor der Auflösung der „Kultur- und Bildungsorganisation der Zigeunerminderheit in Bulgarien“ in den fünfziger Jahren und der Einstellung der in Romani geschriebenen Zeitschrift *Nevo drom* („Neuer Weg“) 1968 haben Staat und Partei den Roma gegenüber einen harten Assimilationskurs gefahren[159]. Erfolge konnten sie dabei nicht verzeichnen, da sich anders als bei den Türken etwa die katastrophale soziale und materielle Lage der Roma nicht veränderte. Die Säuglingssterblichkeit ist heute bei Roma sechsmal höher als bei den Bulgaren, die Chance an Tuberkulose zu erkranken dreimal höher, der Alphabetisierungsgrad ist mit ca. 50 % extrem niedrig, und etwa zwei Drittel der Roma sind als arbeitslos registriert[160]. Ein eher *politisches* Handicap der Roma als nationale Minderheit ist ihre Siedlungsstruktur. Anders als Türken und Pomaken leben sie nicht in kompakten Siedlungsgebieten, sondern sind extrem verstreut. In 160 der 237 Städte Bulgariens gibt es Roma-Ghettos, wie auch in der Hälfte aller bulgarischer Dörfer Roma anzutreffen sind[161].
Aus den genannten Gründen ist es daher nicht verwunderlich, daß die erste und zunächst einzige Roma-Organisation in Bulgarien nach der Wende ein Unternehmen der KP war: In der ostbulgarischen Stadt Sliven, die einen besonders hohen Anteil bulgarischsprachiger Roma orthodoxer Konfession aufweist, entstand Ende Dezember 1989 eine „Unabhängige sozialistische demokratische Vereinigung der Zigeuner

[157] Vgl. Valerija Kalčeva: „Šalom“ znači mir. In: Demokracija, I. Jg., Nr. 26 vom 19. März 1990, und Deklaracija na Organizacijata na evreite v Bălgarija „Šalom“. In: Evrejski vesti Nr. 6 vom 27. März 1990.

[158] Araksi Agopjan: V imeto na istinata. Obrăštenieto kăm armencite v Bălgarija. In: Demokracija, I. Jg., Nr. 127 vom 20. Juli 1990.

[159] Vgl. Petăr Milanov: V načaloto be „Egipet“ ... In: Sofijski vesti Nr. 11 vom 5. April 1990, und S. Troebst: Nationale Minderheiten (wie Anm. 23), S. 481–482.

[160] P. Milanov: O, Romà (wie Anm. 24). Vgl. auch S. Simonov: Bulgaria: The Gypsies, hier S. 13 (wie Anm. 24); S. Troebst: Nationale Minderheiten (wie Anm. 23), S. 481–482; und Dimităr Vasilev: Ciganite – ne možem veče da se pravim, če gi njama. In: Kooperativno selo vom 3. April 1990.

[161] P. Milanov: O, Romà (wie Anm. 24). Vgl. auch S. Simonov: Bulgaria: The Gypsies (wie Anm. 24), S. 13.

in Bulgarien“. Aber Ende Januar 1990 gründete in Sofija der pensionierte Theater- und Fernsehregisseur *Mustafa Demirev,* dessen Name zweimal geändert worden war – 1942 in „Ljubomir Aliev“ und 1984 in „Manuš Romanov“ –, die „Demokratische Union «Roma»“[162]. Die Roma, so hieß es im Gründungsaufruf dieser Union, „sind der braune Farbfleck *[murgavata bagra]* auf der Palette der Farben, die die bulgarische Nation bilden“[163]. Als *M. Romanov* in der Wahl 1990 für die Opposition ein Mandat erringen konnte und im Parlament Minderheitenrechte für die Roma anmahnte, wurde ihm von seiten der nationalistischen Parteien der Vorwurf gemacht, „unser Vaterland in irgendein ethnisches Mosaik zu verwandeln[164].“
Die tagtägliche Diskriminierung der Roma durch Behörden und Betriebe, wie sie unter der Parteiherrschaft üblich war, hat sich seit der Wende nicht geändert, auch wenn diese Praxis jetzt mehr Publizität gewinnt[165]. Ja, die feindselige Stimmung gegen die Roma im Lande hat sich durch die Wirtschaftskrise weiter verstärkt. Denn zum großen Teil sind sie es, die den sich ständig ausweitenden Schwarzmarkt versorgen. Ihre unter *T. Živkov* gesammelte Erfahrung beim Ausfüllen ökonomischer Nischen gibt ihnen hier einen beträchtlichen Vorsprung vor den weniger professionellen Bulgaren[166]. Da die Mehrheit der Bevölkerung den Schwarzmarkt nicht als Folge der Wirtschaftskrise, sondern umgekehrt als Grund für die Versorgungsmängel auffaßt, wird die Gesamtverantwortung kollektiv den Roma zugeschrieben. In einem „Aufruf an die Bulgaren zigeunerischer Herkunft in Bulgarien“ einer in Sofija ansässigen und offensichtlich KP-nahen „Bewegung für die kulturell-bildungsmäßige und soziale Entwicklung der Bulgaren zigeunerischer Herkunft“ vom Oktober 1990

---

162 Die Gründungsdaten der *Nezavisimo demokratično socialističesko obedinenie na ciganite v Bălgarija* und der zunächst als *Demokratičen săjuz na ciganite v Bălgarija,* sodann als *Demokratičen săjuz „Roma“* firmierenden Organisationen bei H. Bischof: Am Vorabend (wie Anm. 46), S. 24–25, und S. Simonov: Bulgaria: The Gypsies (wie Anm. 24), S. 14, widersprechen sich. Vgl. auch Deklaracija na Demokratičnija săjuz na ciganite v Bălgarija, Sofija, 23. Januar 1990. In: Presslužba „Kurier“ Nr. 20 vom 29. Januar 1990, S. 9–10.

163 Ibid., S. 10. Vgl. auch Petăr Milanov: Baronăt Manuš. In: Sofijski vesti Nr. 11 vom 5. April 1990; Keva Apostolova: Čovek na ciganite. In: Demokracija, I. Jg., Nr. 74 vom 20. Mai 1990; und Georgi Stojčev: Ciganskite problemi ne sa ciganska rabota. Razgovor s Manuš Romanov. In: Podkrepa, I. Jg., Nr. 25 vom 18. September 1990.

164 Vencislav Nacev: Kăde ste, pastiri narodni? In: Zora, I. Jg., Nr. 10 vom 7. August 1990, S. 1.

165 Vgl. z. B. Petăr Iliev: Koj ne običa ciganite. In: Demokracija, I. Jg., Nr. 59 vom 3. Mai 1990, oder Dobri Chazarbasanov: Tuk živejat cigani staštlivi. In: Demokracija, I. Jg., Nr. 104 vom 19. Juni 1990.

166 Vgl. Carol Silverman: Bulgarian Gypsies: Adaption in a Socialist Context. In: Nomadic Peoples 1986, H. 21–22, S. 51–62 (Themenheft „Peripathetic Peoples“), und Dies.: Gypsies, Music, and Politics in Bulgaria. In: Etudes Tziganes 34 (1988), H. 4, S. 14–20.

etwa wurde den Roma des Plovdiver Stadtviertels Stolipino pauschal „Spekulantentum, Diebstähle, Gewalttätigkeit, Alkoholismus, Nichtstun [...], Störung der öffentlichen Ordnung, Vandalentum" vorgeworfen[167].

Die Lage der Roma in Bulgarien hat sich also durch die Wende keineswegs gebessert; zwar ist diese Minderheit der Willkür der Staatsbürokratie nicht mehr im selben Umfang ausgeliefert, wie dies vor dem 10. November 1989 der Fall war, doch ist sie dafür in noch höherem Maße zur Zielscheibe nationalistischer Ressentiments geworden. Dafür, daß sich der bulgarische Staat auf dem Kopenhagener KSZE-Nachfolgetreffen über die „menschliche Dimension" vom Juni 1990 dazu verpflichtet hat, Roma nicht nur gleichzustellen, sondern besonders zu fördern[168], können sie sich (noch) nichts kaufen. Schon eher zu praktischen Konsequenzen könnte der Umstand führen, daß *A. Doğans* „Bewegung für Rechte und Freiheiten" auch die Interessen der Roma in ihre Forderungen einbezieht[169].

6. Über eine neue Verfassung und Parlamentsneuwahlen zur Demokratie?

Die eingangs beschriebene und im ausgehenden 19. Jahrhundert in Alteuropa zerbrochene Interessenidentität von Demokraten und Nationalisten besteht in Südosteuropa partiell fort, da beide Richtungen Gegner der früheren Parteiherrschaft und des ehemaligen sowjetischen Hegemons sind; allerdings klafft zwischen ihnen in der Frage der Minderheitenpolitik ein politischer Riß. Während sich für die einen aus dem demokratischen Prinzip die Gewährung von Kollektivrechten auch an nicht der Titularnation zugehörige ethnische Gruppen gleichsam automatisch ergibt, wollen die anderen das Bekenntnis der ethnischen Zugehörigkeit zur Mehrheit als Vorbedingung für die Wahrnehmung demokratischer Rechte festgeschrieben wissen. Nationales Denken im Bulgarien nach der „Wende" von 1989 trägt also sowohl die Züge des anti-imperialen, emanzipatorischen Nationalismus des vergangenen Jahrhunderts wie solche des nach außen expansiven, nach innen integrativen Nationalismus des 20.

---

[167] In: Presslužba „Kurier" Nr. 202 vom 12. Oktober 1990, S. 6–7, hier S. 6. Ebenfalls KP-nah dürfte die „Kultur- und Bildungsvereinigung der Zigeuner «Einheit» in Chaskovo" sein, die am 23. November 1990 das Parlament des Verrats an den Interessen der bulgarischen Nation und der „Separierung einer türkischen Minderheit samt Autonomie auf bulgarischen Boden" bezichtigte. Vgl. Presslužba „Kurier" Nr. 241 vom 6. Dezember 1990, S. 4–5.

[168] Das Dokument des Kopenhagener KSZE-Treffens (wie Anm. 144), S. D 392.

[169] So etwa in einem Protest gegen die diskriminatorische Praxis der Armee, Türken und Roma ausschließlich in die unbewaffneten sog. Bautruppen einzuziehen. Vgl. Programna deklaracija na Dviženieto za prava i svobodi, Sofija, März 1991. In: Presslužba „Kurier" Nr. 57 vom 21. März 1991, S. 8–11, hier S. 10.

Ist diese Gleichzeitigkeit des Ungleichzeitigen an sich schon problematisch, kommt im Falle des bulgarischen Nationalismus erschwerend hinzu, daß er trotz seiner relativen Jugendlichkeit bereits mit den genannten Traumata behaftet ist. Die Hauptquelle nationalen Sentiments unter den Bulgaren seit dem Aufruf des Mönchs *Paissij* von 1762 ist wie bei anderen südosteuropäischen Nationen auch die Vorstellung, historisches Unrecht zugefügt zu bekommen. Sowohl in der Zeit, als der bulgarische Nationalismus als antiosmanische Befreiungsideologie wirkte, wie in derjenigen, in der er das imperiale Programm des neuen Nationalstaats verkörperte, stilisierten seine Ideologen die eigene Nation zum ewigen Prügelknabe der Nachbarnationen, ja zum „Stiefkind der Weltgeschichte". Der „San Stefano"-Mythos ist das beste Beispiel dafür, besagt er doch nicht nur, daß am 3. März 1878 das mittelalterliche bulgarische Großreich nach fünfhundertjährigem „Joch" unter den Osmanen wiederauferstanden ist, sondern auch und vor allem, daß die an diesem Tag auf der Karte gezogenen politischen Grenzen, die sich weitgehend mit den äußersten ethnischen Grenzen der Bulgaren in Südosteuropa deckten, nicht nur „gerecht", sondern auch „rechtmäßig" waren und dies in Gegenwart und Zukunft weiterhin sind[170]. Die Bulgaren, so wird hier impliziert, hätten also trotz der ethnischen Gemengelage auf dem Balkan und der völlig konträren Aspirationen von Serben, Griechen, Rumänen, Türken und später auch Makedoniern ein „historisches" und „ethnisches", auf jeden Fall aber unveränderliches „Recht" auf diese Territorien. Daß man zum Aufgeben dieses Maximalprogramms trotz aller gegenläufiger Beteuerungen bis heute nicht bereit ist, macht der Umstand deutlich, daß das bulgarische Parlament im Februar 1990, also nach der „Wende", den Nationalfeiertag vom 9. September 1944 – der Tag des Einmarsches der Roten Armee – auf den 3. März verlegt hat[171]. Die Wirkung solcher programmatischer Feiertage auf die ihrerseits historische und territoriale Ansprüche hegenden Nachbarstaaten und damit auf die politische Stabilität in der Region ist nicht zu unterschätzen, auch wenn aus westeuropäischer Perspektive derartige Symbolik überholt erscheinen mag[172].

---

[170] So zuletzt besonders unverblümt der Historiker Nikolaj Genčev, wiedergegeben bei Donka Nenkova: Den za razmisăl. Razgovor s Nikolaj Genčev i Stefan Dojnov. In: Pogled Nr. 9 vom 26. Februar 1990, demzufolge das in San Stefano entworfene Großbulgarien nicht nur den ethnischen, sondern auch „den historischen und geographischen Rechten der bulgarischen Gesellschaft entsprach und in geeigneter Weise die balkanischen Wechselbeziehungen löste."

[171] Wenig erhellend ist die Analyse eines bulgarischen Historikers hierzu. Vgl. Andrej Pantev: Otkăde idva treti mart. In: Kultura Nr. 9 vom 9. März 1991. – Ähnliches geschah anschließend auch Rumänien, wo man nicht den 22. Dezember, also den Tag des Umsturzes 1989, sondern den 1. Dezember, den Tag der Gründung des modernen Großrumäniens 1918 zum Nationalfeiertag machte.

[172] Man stelle sich aber vergleichshalber die Reaktion des offiziellen Frankreich vor, wenn

Ausgehend vom besagten bulgarischen Maximalprogramm und seiner nach dem papierenen San Stefano-Vertrag nur zweimal, unter den Ägiden *Wilhelms II.* und *Adolf Hitlers,* kurzfristig erfolgten Verwirklichung stellt sich dem bulgarischen Nationalismus die moderne Geschichte des Landes als eine Kette fremdverschuldeter nationaler Katastrophen dar, in deren Ergebnis nach 1947 nur noch das allerengste ethnische Kerngebiet des einstigen „San Stefano"-Bulgarien übriggeblieben ist. Die heutige Republik Bulgarien nimmt sich aus dieser Sicht also als ein von Großmächten und Nachbarstaaten verstümmelter, nur mit knapper Not noch lebensfähiger Torso aus. So wird auch die Vehemenz verständlich, mit der nicht nur nationalistische Organisationen in diesem Land, sondern auch die überwiegende Mehrheit der Titularnation auf das Einfordern politischer Partizipationsrechte durch ethnische Minderheiten, zumal durch die türkische, reagiert. Aus nationalistischer Sicht ist die Forderung der bulgarischen Türken nach verfassungsmäßig verankerten kollektiven Minderheitenrechten wie freie Namenswahl, muttersprachlicher Unterricht, eigene Medien und kulturelle Institutionen u. a. ein doppeltes Unding: Zum einen wird die Vorstellung, den vorgeblich ohnehin schon bis zum äußersten beschränkten Lebensraum der bulgarischen Nation mit Nicht-Bulgaren, gar Muslimen, teilen zu müssen, als undenkbar, ja ungeheuerlich zurückgewiesen. Zum anderen werden die Muslime im Land, vor allem die bulgarischen Türken, mit der einstigen Hegemonial- bzw. „Besatzungs"-Macht Osmanisches Reich identifiziert. Daß – so diese Sichtweise – die Tyrannen von gestern heute in den von ihnen aufgrund angeblich unverantwortlichen generativen Verhaltens mehrheitlich besiedelten Gebieten im Nordosten und Südosten des Landes mit dem fadenscheinigen Vorwand der Demokratie erneut über Bulgarien herrschen wollen, nimmt sich so als unerträglicher Gedanke aus. Die Lösung, die die Nationalisten den Türken und anderen ethnischen Minderheiten anzubieten haben, ist die ebenso traditionelle wie ultimative Gegenforderung *love it or leave it:* Also entweder freiwillige totale Akkulturation, ja Assimilation, oder sofortige Emigration. Dieses universal-nationalistische Denkmuster hat der ungarische Schriftsteller *György Konrád* in einem Aufsatz mit dem hinsichtlich des bulgarischen Falls besonders treffenden Titel „Die Melancholie der Wiedergeburt" einfühlsam beschrieben:

> „Der Mehrheit mißfällt es, daß sich die Minderheit nicht assimilieren will. Warum nicht? Gefallen wir ihnen etwa nicht? Halten sie sich etwa für etwas Besonderes? Die Minderheit erwartet doch nicht gar, daß sich die Mehrheit zu einer ersten freundlichen Geste versteht?! Nun, wenn sie nicht so sein wollen wie wir, wenn sie ihre eigene Sprache sprechen wollen, wenn sie stolz sind auf ihre nationalen Traditionen, wenn sie sich von uns unterscheiden, wenn sie uns kritisieren wollen, wenn wir ihnen nicht gefallen, dann sollen sie sich doch zum Teufel scheren. Anfangs erwartet die ungeduldige Mehrheit eine schnelle Assimilation, und

---

die Bundesregierung den Tag der Versailler Reichsgründung 1871 zum Staatsfeiertag erhöbe, oder die der vormaligen Sowjetunion auf das Datum des Friedens von Brest-Litovsk von 1918.

schließlich eine umso raschere Dissimilation: Was haben sie hier zu suchen, sollen sie doch das Land verlassen[173]!“

Die politische Kraft des bulgarischen Nationalismus einzudämmen oder zumindest zu kanalisieren, fällt nicht nur den in sich instabilen und durch die ökonomische Krise an sich schon schwachen Nach-„Wende“-Regierungen schwer – so sie dies denn anstreben –, sondern mit diesem Problem hatten sämtliche bulgarischen Regierungen seit 1878 zu kämpfen. Mit einigem Erfolg ist dies lediglich den autoritären unter ihnen gelungen. Die parlamentarische Königsdiktatur *Boris' III.* von 1935 bis 1943, die sowjetische Besatzungsherrschaft von 1944 bis 1947 und die ersten beiden Jahrzehnte der Parteiherrschaft von 1947 bis 1967 sind Beispiele hierfür. Unter breiter legitimierten politischen Regimes in Bulgarien indes hat der Nationalismus die Regierungspolitik beständig mitgestaltet, gelegentlich gar dominiert. Die „Innere Makedonische Revolutionäre Organisation“ der Zwischenkriegszeit etwa stellte ab 1919 nicht nur einen „Staat im Staate“ dar, sondern in den zwanziger und beginnenden dreißiger Jahren einen regelrechten „Staat über dem Staate“. Diese großbulgarisch ausgerichteten Nationalrevolutionäre bestimmten zum einen die Außenpolitik der Sofijoter Regierungszentrale und drängten zum anderen deren Einfluß auf Teile des Staatsterritoriums völlig zurück[174]. Deutliche Parallelen zur Zeit nach 1989 drängen sich dabei auf: Auf der einen Seite bietet die breite Palette politischer Partizipationsmöglichkeiten, die der Demokratisierungsprozeß auch den nationalistischen Gruppierungen gewährt, diesen die Möglichkeit, sich lautstark auch nach außen Gehör zu verschaffen. Die unmittelbar nach der „Wende“ in Bulgarien in einer Art zwanghaftem Reflex wiederaufgeflammten Polemiken zwischen Sofija und Skopje über das Makedonien-Problem belegen dies. Zum anderen aber nutzen die Nationalisten die inzwischen restriktiver gewordene Ausübung des staatlichen Gewaltmonopols samt Reduzierung des Repressionsapparates zur Mißachtung staatlicher Autorität. Der zweifelsohne verfassungsfeindliche Akt der Ausrufung einer autonomen „Razgrader bulgarischen Republik“ mit eigenen politischen Organen ist ein deutliches Indiz hierfür. Ziviler, ja auch bewaffneter Ungehorsam unter Berufung auf die „Interessen der Nation“, Insubordination mit dem Hinweis auf „antibulgarische Akte der Regierung“ bzw. „Verrat an der nationalen Sache“ durch den Staat weisen auf das Wechselverhältnis zwischen politischem System und Nationalismus-Freiräumen hin. Daß Demokratie zwangsläufig einen größeren Aktionsradius auch für politische Gruppierungen mit sich bringt, die entweder die Demokratie an sich in Frage stellen oder sie zumindest dosieren wollen, ist bekanntlich nichts Neues.

---

[173] Gy. Konrád: Die Melancholie der Wiedergeburt, S. 39 (wie Anm. 14).

[174] Vgl. hierzu Stefan Troebst: Mussolini, Makedonien und die Mächte 1922–1930. Die „Innere Makedonische Revolutionäre Organisation“ in der Südosteuropapolitik des faschistischen Bulgarien. Köln–Wien 1987.

Hinsichtlich des Gefahrenpotentials ethnischer Konflikte in Ost- und Südosteuropa hat der Friedens- und Konfliktforscher *Dieter Senghaas* ausgeführt, daß dieses wesentlich größer sei als bei Interessenkonflikten westeuropäischer Prägung. Während sich die letztgenannten ökonomisch „übersetzen" und somit vergleichsweise einfach lösen ließen, z.B. Tarifauseinandersetzungen, handle es sich bei den erstgenannten um Identitätskonflikte, die rasch zu Sprachlosigkeit und damit zur Eskalation führten[175]. Diesen Sachverhalt, also die archetypischen Denkmuster des Nationalismus, hat *Gy. Konrád* in seinem genannten Aufsatz wie folgt beschrieben:

> „Formale Logik befremdet den nationalen Fundamentalisten, auf die gestellten Fragen gibt er ausweichende Antworten, seine Dialogbereitschaft ist nur geheuchelt. Nie gibt es eine gemeinsame Sprache, denn die Durchsetzung der Sonderinteressen steht weit über dem Anspruch, einen Ausgleich herbeizuführen. Nicht nur, daß er den anderen nicht versteht, er will ihn auch gar nicht verstehen. Verständnis für den anderen macht ihm Angst, das könnte ihn verunsichern. Dann ist es ihm schon lieber, stetig wiederkehrend die verbrecherischen Neigungen der anderen Gemeinschaft nachzuweisen[176]."

Zu dieser Sprachloskeit, jenem *disagree to disagree,* trägt paradoxerweise auch und gerade die neue Freiheit zur politischen Meinungs- und Willensäußerung bei. Während die nationalen Minderheiten bis 1989 in Bulgarien öffentlich praktisch nicht in Erscheinung traten und damit auch nicht „provozieren" konnten, hat sich dies nun geändert. Die Bulgaren nehmen erst jetzt wahr, daß der von *T. Živkov* vom Beginn der siebziger Jahre an mit so großem Aufwand propagierte und 1984 schließlich proklamierte ethnisch homogene Nationalstaat eine Fiktion war, ist und zudem bleiben wird. Führt schon diese, für viele Bulgaren durchaus neue Erkenntis zu engerem Zusammenrücken der Angehörigen der Titularnation, so tun es die seit Januar 1990 aufgeflammten Proteste gegen Namen und Sprache der Türken im Osten des Landes um so mehr. Dem erwähnten Ethnologen *G. Elwert* zufolge stabilisiert „nichts [...] Gemeinschaften stärker als Kämpfe und Kriege[177]." Denn dadurch wird aus der bis dahin – nach *Benedict Anderson* – lediglich „eingebildeten Gemeinschaft" *(imagined community*[178]*)* ein realer, da greif-, sicht- und fühlbarer Zusammenschluß von Kämpfenden. Vor allem vor Ort sorgen die neuen Formen zivilen Ungehorsams wie Demonstrationszüge, Menschenketten, Hungerstreiks, Drohungen mit öffentlichem

---

[175] Dieter Senghaas: Demokratischer Umbruch in Osteuropa – ein Jahr danach. Vortrag auf der Tagung „Zivile Gesellschaft, Modernisierung, europäische Integration" im Osteuropa-Institut der Freien Universität Berlin, 15. Februar 1991.

[176] Gy. Konrád: Die Melancholie der Wiedergeburt (wie Anm. 14), S. 40.

[177] G. Elwert: Nationalismus und Ethnizität (wie Anm. 7), S. 460.

[178] Benedict Anderson: Imagined Communities. Reflections on the Origin and Spread of Nationalism. London 1983.

Selbstmord[179], Sitzstreiks, Behördenbesetzungen, Schulboykotts usw. für das Sichtbarwerden der Wir-Gruppe der Bulgaren, wobei es nicht einer gewissen Perfidie entbehrt, daß die bulgarischen Nationalisten diese Protestformen von derselben türkischen Menschenrechtsbewegung im Lande übernommen haben, gegen die sie nun ihrerseits protestieren.

Gibt es für die derzeitigen ethnischen Konflikte in Südosteuropa erfolgversprechende Lösungsansätze jenseits von militärischen Mitteln, Grenzneuziehungen *at gunpoint* und staatlich verordneten Bevölkerungstransfers? Mit dem ebenso unverwüstlichen wie abstrakten Optimismus des Sozialwissenschaftlers hat der besagte *D. Senghaas* eine doppelte Empfehlung ausgesprochen: Zeitgleich mit der Beseitigung von Altlasten müßten neue Perspektiven eröffnet werden[180] – der feste Blick nach vorn soll demnach die Wunden der Vergangenheit vergessen machen. Dies ist ein einleuchtender, aber doch wenig konkreter Vorschlag. Denn der reformbereite Teil der politischen Elite Bulgariens hat ja die Altlastbeseitigung in der Minderheitenpolitik mit einer demokratischen Perspektive verknüpft, ist damit aber schon beim bloßen Herstellen des *status quo ante* 1984 auf erbitterten Widerstand gestoßen. Und auch ein weiterer Vorschlag *D. Senghaas'*, nämlich die feste Einbindung nationalismusgeschüttelter Staaten in ein Netz internationaler Abkommen, Organisationen und Zusammenschlüsse[181], dürfte im bulgarischen Fall zumindest kurz- und mittelfristig kaum zu handfesten Ergebnissen führen. Die weitgehend gegenstandslose bulgarische Unterschrift unter das Kopenhagener KSZE-Dokument zur „menschlichen Dimension“ vom Sommer 1990 ist ein Beleg dafür. Gewissen Erfolg immerhin verspricht das Mittel finanziellen Drucks von außen, also die Verknüpfung von Kredit- und anderen Unterstützungszusagen mit politischen Konditionen. Zwar wird dieses Mittel derzeit auf Bulgarien nicht angewandt, doch haben die Ereignisse des Januars 1990 seine potentielle Wirksamkeit hinlänglich vorgeführt: Nur durch den Hinweis auf die rapide verfallende Bonität des Landes konnten kommunistische Führung und oppositionelle Intellektuelle die Nationalisten in den Rhodopen zum Abbruch ihres Protestes gegen die Rückgängigmachung des Živkovschen „Wiedergeburtsprozesses“ der Türken zwingen[182]. Würde der bulgarischen Regierung von außen die

[179] Vgl. zu diesem in Bulgarien besonders verbreiteten Phänomen Jacqueline Hénard: Die radikale Geisel. Selbstmord und Politik in Mitteleuropa. In: Frankfurter Allgemeine Zeitung Nr. 222 vom 24. September 1990, S. 33, und Z. Angelov: Psichologija na edno bezumstvo (wie Anm. 47).

[180] Dieter Senghaas: Die Neugestaltung Europas. Perspektiven und Handlungsgebote. In: Aus Politik und Zeitgeschichte B 18/91 vom 26. April 1991, S. 11–20.

[181] Vgl. Dieter Senghaas: Europa 2000: Rückblick auf die neunziger Jahre. In: Ders.: Europa 2000. Ein Friedensplan. Frankfurt/M. 1990, S. 81–94, hier S. 84–87 (=edition suhrkamp NF, 1632).

[182] Es deutet einiges daraufhin, daß Staatspräsident Z. Želev diese Erkenntnis zu seiner ei-

kreditpolitische Daumenschraube angelegt, hätte sie wiederum nach innen ein plausibles Argument, um die nationalistischen Organisationen erneut unter Kompromißdruck zu setzen: Wenn die – und sei es zähneknirschende – Zustimmung zu einer demokratischen Minderheitenpolitik ausbleibt, dann bleiben auch Auslandskredite aus. Zum anderen könnte sie ihr (bulgarisches) Gesicht mit dem Hinweis darauf wahren, daß auch sie nur unter dem Druck von außen zu solchen Maßnahmen griffe. Bis zu dem Punkt, an dem sowohl die Nationalisten in Kărdžali, Razgrad und Ajtos erkennen, daß das nationale Gesamtwohl Vorrang vor ihren regionalen Partikularinteressen haben muß, als auch das politische Sofija Demokratie nicht länger als „Chefsache" auffaßt, ist es allerdings noch ein weiter Weg. Anfang Februar 1990, also wenige Monate nach der „Wende" und einige Wochen nach dem ersten Proteststurm von Kărdžali, hat der kundige Journalist *Viktor Meier* gewarnt, „[d]ie Frage der türkischen Minderheit [stellt die] Hauptgefährdung der Demokratie" in Bulgarien dar[183]. Über ein Jahr später, im Frühjahr 1991 kamen sogar kritische bulgarische Beobachter zur selben Diagnose. „Die Einheit von «Demokraten» und «Nationalisten» in der Anfangsphase des Kampfes gegen das totalitäre System", so einer von ihnen, „hat der Konfrontation Platz gemacht. Durch Verabsolutierung nationaler Gefühle und Interessen verwandelt sich der extreme Nationalismus in eine höchst unangenehme Alternative zur Demokratie[184]." Während die Haltung der selbsternannten Sprecher der Titularnation, also der Bevölkerungsmehrheit, den nationalen Minderheiten gegenüber immer intransigenter wird, wird der Standpunkt des Staates immer verschwommener. Zwar scheint die Frage der türkischen Namen vorerst gelöst zu sein, diejenige des türkischen Schulunterrichtes, der Lehrerausbildung, der Einrichtung türkischer Fernseh- und Radioprogramme, des Neuaufbaus des türkischen Verlagswesens, des Status der türkischen Sprache im öffentlichen Leben oder der Rückgabe

---

genen gemacht hat. Vgl. hierzu etwa H. H.: Neue Verfassung ist in Vorbereitung. Bulgarien strebt schnelle Mitgliedschaft im Europarat an. In: Das Parlament Nr. 11–12 vom 8./15. März 1991, S. 10–11; E[rnst] Levý]: Bulgarien will dem Europarat beitreten. Präsident Želev bekräftigt Bekenntnis Sofias zu den Menschenrechten. In: Frankfurter Allgemeine Zeitung Nr. 27 vom 1. Februar 1991, S. 6; sowie Ders.: „Wirtschaftsreformen wichtigster Schritt zur Demokratie". Ein Gespräch mit dem bulgarischen Staatspräsidenten Schelew. In: Frankfurter Allgemeine Zeitung Nr. 63 vom 15. März 1991, S. 5. – Bedauerlicherweise wertlos, da völlig unkritisch, ist das Želev-Porträt von Wolf Oschlies: „Wer, wenn nicht Du – wann, wenn nicht jetzt". Präsident Shelju Shelev und Bulgarien nach der ‚Wende'". In: Europäische Rundschau 19 (1991), H. 1, S. 77–88.

183 Viktor Meier: Die Kommunisten bleiben die führende Kraft in Bulgarien. Die Frage der türkischen Minderheit Hauptgefährdung der Demokratie. In: Frankfurter Allgemeine Zeitung Nr. 30 vom 5. Februar 1990, S. 12.

184 Blagovest Njagulov: Nacionalnata ideja i demokracijata. In: Demokracija, Jg. II, Nr. 7 (237) vom 9. Januar 1991.

des Haus- und Landbesitzes an Türken, die im Zuge der Emigrationswelle vom Sommer 1989 das Land verlassen haben, dann aber wieder zurückgekommen sind, ist es hingegen nicht. Dasselbe gilt für die Rückgabe der ehemaligen Arbeitsplätze dieses Personenkreises[185] sowie sogar für die Freilassung von mehreren Dutzend türkischer Gefängnisinsassen, die unter *T. Živkov,* z. T. aber auch noch im Februar 1990, aufgrund von Gesinnungsparagraphen verurteilt worden sind[186]. Dieser Vorrat an in rascher Gärung befindlichem Konfliktstoff wird nur langsam zu erschöpfen sein.

Die Regierung gerät so immer mehr in ein gefährliches Dilemma: Entweder sie fährt mit ihrem Kurs zögerlicher Zugeständnisse an die Minderheiten fort und riskiert dabei eine Eskalation des nationalistischen Protestes, oder sie dreht die Schraube zurück und nimmt so das Risiko einer womöglich gar in militantem Separatismus resultierenden Entfremdung vor allem der ca. 10% Türken im Lande in Kauf. Das von beiden politischen Polen vertretene Konzept, den nationalen Minderheiten die Demokratie nur in homöopathischen Dosen zu verabreichen, um so Minoritäten wie Nationalisten ruhig zu halten, ist jedenfalls gründlich gescheitert. Es deutet einiges darauf hin, daß die Regierung und die großen Parteien des Landes die nationale Frage durch eine Politik des Herunterspielens zu entschärfen suchen. So enthält der Entwurf einer neuen bulgarischen Verfassung, der bereits das Parlament in erster Lesung passiert hat, keinerlei Hinweise auf die Existenz von in ethnischer Hinsicht nichtbulgarischen Staatsbürgern. Würde er in dieser Form verabschiedet, unterschiede sich diese „demokratische“ Verfassung negativ nicht nur von der volksdemokratischen sog. Dimitrov-Verfassung vom 4. Dezember 1947, die noch „nationale Minderheiten“ kannte und diesen kollektive Rechte einräumte, sondern selbst noch von der Živkov-Verfassung vom 8. Mai 1971. Hier hieß es im Artikel 45, Absatz 7, immerhin: „Bürger nichtbulgarischer Abstammung haben das Recht, außer der obligatorischen Erlernung der bulgarischen Sprache auch ihre eigene Sprache zu lernen.“ Während

---

[185] Vgl. hierzu eine Protestresolution von 92 arbeitslosen türkischen Lehrern: Deklaracija na učitelite i roditelskata obštestvenost ot obština Dulovo, Razgradska oblast, Dulovo, 3. Juli 1990. In: Presslužba „Kurier“ Nr. 135 vom 11. Juli 1990, S. 15–16.

[186] Vgl. amnesty international: Bulgaria. Amnesty International's Remaining Concerns Regarding Ethnic Turks in Bulgaria, March 1990, EUR 15/03/90, wo die Verhaftung des türkischen Arztes Enver Achmedov Chatibov (alias „Belčin Perunov Perunov“) vom 19. Februar 1990 wegen des Verrats von „Staatsgeheimnissen“ an Ausländer kritisiert wird. Im August 1990 protestierten 39 mehrheitlich türkische Gefangene des Gefängnisses von Stara Zagora gegen das im Gefängnis geltende Verbot der türkischen Sprache – vgl. Pismo na grupa zatvornici ot Starozagorskija zatvor, Stara Zagora, 1. August 1990. In: Presslužba „Kurier“ Nr. 158 vom 13. August 1990, S. 9–10 –, und noch im Oktober 1990 saßen im selben Gefängnis 28 Türken wegen nicht näher spezifizierter „Spionage“ ein. Vgl. Komitet „273“: Nakazanie bez prestăplenie. In: Demokracija, I. Jg., Nr. 206 vom 20. Oktober 1990.

von westlicher Seite der autoritären Parteiherrschaft diese Modifizierung seinerzeit noch als minderheitenfeindliche Manipulation angekreidet wurde, würde ein solcher Satz, gelangte er denn in den gegenwärtigen Verfassungsentwurf, zweifelsohne eine neuerliche Woge nationalistischen Protestes auslösen. Auch dies ist also ein guter Indikator dafür, wie rasch das politische Gewicht des bulgarischen Nationalismus inzwischen zugenommen hat.

Die Frage, was für ein politisches System in Bulgarien im Ergebnis des noch im Gange befindlichen Umwälzungsprozesses entstehen wird, muß also auch weiterhin offen bleiben. Die Gewährung des Grundrechtes auf ethnische Selbstdefinition und -organisation wird der Prüfstein für das Demokratieverständnis der Bürger und Parteien Bulgariens sein. Dafür, daß sich die embryonale Demokratie in Bulgarien dennoch in absehbarer Zeit stabilisiert, gibt es also zwar etliche Anhaltspunkte, eine Garantie hingegen nicht.

Kasimir Kanev

Interethnische Einstellungen und das Bild vom Anderen

Eine der Basishypothesen der Untersuchung, die die ethnische Identifizierung als eigentümlichen „Träger“ der zwischenreligiösen Übereinstimmung umfaßt, bezieht sich auf die vier Hauptgruppen in Bulgarien – die Bulgaren, die Türken, die Pomaken, die Zigeuner.

Durch diese Hypothese kann die Untersuchung der zwischenethnischen Einstellungen unter diesen vier Gruppen, ausschöpfend die Gesamtheit der Muslime und 95 % der Christen, dienlich für einen methodologischen Ausgangspunkt einer detaillierteren Erforschung der „reinen Rolle“ des religiösen Faktor in Verbindung mit Übereinstimmung und Nichtübereinstimmung sein.

Die Untersuchung der zwischenethnischen Einstellungen beinhaltet:

- Erforschung der negativen Vorurteile;
- Erforschung der sozialen Distanz;
- Erforschung der Beziehung gegenüber zulässigen Normen, ethnische Identität auszudrücken;
- Erforschung der zwischenethnischen Unterschiede bei den allgemeineren Wertorientierungen.

Alle Schlußfolgerungen, einschließlich Abstufung, sind auf der Grundlage des Vergleichs erfolgt:

a) mit der historischen Dynamik der negativen Einstellungen in der bulgarischen Gesellschaft, speziell nach 1990;
b) mit analogen Untersuchungen zu Einstellungen in anderen Ländern;
c) mit Resultaten für eine andere Gruppe im Rahmen der vorliegenden Untersuchung.

1. Negative ethnische Vorurteile und soziale Distanz

A) Vorurteile gegenüber den Hauptminderheiten

Nach der Definition von Olpert aus dem Jahre 1954 ist ein negatives ethnisches Vorurteil eine „Antipathie, begründet auf fehlerhafter und ausdauernder Verallgemeinerung. Sie kann nur gefühlt oder ausgedrückt werden. Sie kann auf eine Gruppe als

Ganzes oder auf ein Individuum gerichtet sein, da es als dieser Gruppe zugehörig betrachtet wird."[1] In der Untersuchung wurde für Zustimmung oder Ablehnung eine 5-stufige Skala angeboten, die auf der Methode von Likart beruht und eine Serie von Behauptungen darstellt – Ausdruck fehlerhafter Verallgemeinerungen, die Qualitäten einer gesamten Gruppe, ohne Blick auf individuelle Unterschiede innerhalb dieser, beschreibend.

Die Behauptungen beinhalten die am häufigsten angetroffenen Denkstereotype, das Prisma, durch welches die andere Gruppe wahrgenommen wird.

1. Die Türken

Die negativen ethnischen Vorurteile gegenüber den Türken sind unter den Bulgaren am stärksten (Tabelle 1).

Unter den Zigeunern und den Pomaken sind sie gegenüber den Türken von bedeutend geringerer Wertigkeit. Am geringsten sind sie unter den Pomaken.

Im Vergleich zu 1992 läßt sich eine Verringerung bei zwei der grundlegenden Vorurteile gegenüber den Türken besonders unter den Bulgaren beobachten. Diese beiden Vorurteile sind die Annahme, die „Türken seien untereinander sehr ähnlich" und „religiöse Fanatiker" (Tabelle 2)[2]. Möglich ist, daß dazu die aktive Rolle der DPS auf der politischen Bühne beigetragen hat. Der türkisch-weltliche Politiker unterhöhlte das Bild vom Türken als religiösem Fanatiker und die Unterschiede in den politischen Positionen innerhalb der DPS, einschließlich während der Ausweitung

Tabelle 1: Negative ethnische Vorurteile gegenüber den Türken

Bejahende Antworten in Prozent (%): 1 – absolut einverstanden; 2 – eher einverstanden

	Bulgaren		Pomaken		Zigeuner	
	1	2	1	2	1	2
Es gibt Ausnahmen, aber allgemein ähneln sich alle Türken	42,7	24,9	28,6	21,7	32,7	23,6
Die Türken sind religiöse Fanatiker	51,8	20,5	20,7	19,5	33,4	20,9
Den bulgarischen Türken kann man nicht glauben und mit ihnen rechnen	37,9	24,4	12,1	19,0	21,6	19,3

[1] Allport, G. The Nature of Prejudice. Addison-Wesley, Mass. etc., 1966, p. 9.

[2] Vsički danni za 1992 să ot izledvaneto „Etnokulturnata situazija v Bălgarija – 1992", provegeno ot Zentra za isledvane na demokrazijata ot kolektiv: Z. Georgiev, I. Tomova.

Tabelle 2: Dynamik einiger negativer ethnischer Vorurteile gegenüber den Türken

Bejahende Antworten in Prozent (%)
(für 1994 „absolut einverstanden + eher einverstanden“)

	Bulgaren		Pomaken		Zigeuner	
	1992	1994	1992	1994	1992	1994
Es gibt Ausnahmen, aber allgemein ähneln sich alle Türken	79,5	67,6	43,8	50,3	56,1	56,3
Die Türken sind religiöse Fanatiker	83,8	72,3	62,9	40,2	61,4	54,3

des politischen Terrains, weichten die Vorstellung vom monolithen Block der Türken ein wenig auf.
Wie aber im Weiteren sichtbar werden wird, ist dies nicht notwendig mit einer toleranteren Beziehung gegenüber ihren Minderheitenrechten verbunden.
Unter den Pomaken ist der Abfall des Vorurteils, die Türken seien religiöse Fanatiker, besonders hoch.
Dieser Abfall ist das Resultat der Verringerung des ethnischen Vorurteils, nicht das der Erhöhung der Religiosität unter den Pomaken, die auf dem Niveau von 1992 verblieb.

2. Die Pomaken

Auch gegenüber den Pomaken sind die negativen Vorurteile unter den Bulgaren am stärksten (Tabelle 3). Wieder ist der Unterschied zwischen den Bulgaren auf der einen und der Türken und Zigeuner auf der anderen Seite sehr groß. Im Allgemeinen ist jedoch die Stufe der Voreingenommenheit unter den Bulgaren, Türken und Zigeunern gegenüber den Pomaken niedriger, als die Stufe der Voreingenommenheit unter den Bulgaren, Pomaken und Zigeunern gegenüber den Türken. Jedoch ist auch hier eine allgemeine Tendenz zum Rückgang der Voreingenommenheit gegenüber dieser Gruppe zu bemerken.
Die Erforschung der Einstellungen gegenüber den Pomaken wird jedoch immer mit einem großen Prozentsatz Antwortablehnungen oder „Ich weiß nicht“ – Antworten der Befragten konfrontiert. Die Kontakte mit den Pomaken sind für einen großen Teil der bulgarischen Bürger eher sporadisch.
In der Untersuchung „Die ethnokulturelle Situation in Bulgarien“ von 1992 war bei der Erforschung der Vorurteile die Möglichkeit der „Ich weiß nicht“ – Antworten nicht gegeben. Registriert wurden lediglich Antwortsverweigerungen.
In der vorliegenden Untersuchung existierte diese Möglichkeit. Von daher beträgt der Prozentsatz der „Ich weiß nicht“ – Antworten zu den Pomaken bei den Bulgaren 1994 durchschnittlich 35 %, bei den Türken 45 % und mehr als 50 % bei den Zigeu-

Tabelle 3: Negative ethnische Vorurteile gegenüber den Pomaken

Bejahende Antworten in Prozent (%): 1 – absolut einverstanden;
2 – eher einverstanden

	Bulgaren		Türken		Zigeuner	
	1	2	1	2	1	2
Die Pomaken sind religiöse Fanatiker	20,5	16,6	8,3	10,6	11,2	10,7
Den Pomaken kann man nicht glauben und mit ihnen rechnen	15,1	15,4	4,4	6,1	9,1	9,1
Es gibt Ausnahmen, aber allgemein sind alle Pomaken gleich	27,0	19,5	12,0	11,4	19,4	11,9

nern. 1992 betrugen die Antwortsverweigerungen durchschnittlich 17 % bei den Bulgaren und den Zigeunern und 10 % bei den Türken.
Diesen Zahlen Rechnung tragend, offenbart sich, trotz der allgemeinen Tendenz zur Vorurteilsverminderung, eine größere Beharrlichkeit der Vorurteile unter den Bulgaren und den Zigeunern. Möglich ist, das die Kampagne der „Türkisierung" und der verstärkten Annäherung an die Türken unter den Pomaken zusammen mit anderen Faktoren für dieses Ergebnis verantwortlich ist.

Tabelle 4: Dynamik einiger negativer ethnischer Vorurteile gegenüber den Pomaken

Bejahende Antworten in Prozent (%)
(für 1994 „absolut einverstanden + eher einverstanden")

	Bulgaren		Türken		Zigeuner	
	1992	1994	1992	1994	1992	1994
Den Pomaken kann man nicht glauben und mit ihnen rechnen	28,5	30,5	18,4	10,5	26,6	18,2
Die Pomaken sind religiöse Fanatiker	49,5	37,1	37,0	18,9	38,4	21,9
Es gibt Ausnahmen, aber allgemein sind alle Pomaken gleich	67,8	46,5	59,7	23,4	52,5	31,3

Tabelle 5: Negative ethnische Vorurteile gegenüber den Zigeunern

Bejahende Antworten in Prozent (%): 1 – absolut einverstanden; 2 – eher einverstanden

	Bulgaren		Türken		Pomaken	
	1	2	1	2	1	2
Die Zigeuner sind faul und verantwortungslos	56,1	27,7	41,6	27,1	44,5	30,4
Die Zigeuner neigen zu kriminellen Handlungen	68,1	23,1	49,3	31,1	54,2	26,9
Den Zigeunern kann man nicht glauben und mit ihnen rechnen	61,2	24,4	43,4	30,1	49,2	24,9

3. Die Zigeuner

Die Untersuchung registriert einen verhältnismäßig hohen Grad der Voreingenommenheit gegenüber den Zigeunern unter allen anderen drei Gruppen – Bulgaren, Türken, Pomaken (Tabelle 5). Die Wertigkeiten der Vorurteile sind um vieles höher als gegenüber den Türken und Pomaken, was sich bei einem Indikator, der für alle drei Gruppen gleich ist, besonders deutlich zeigt. Am höchsten sind die Vorurteile unter den Bulgaren. Bei ihnen sind die Antwortsverweigerungen am geringsten, und wo sie vorhanden sind in 9 von 10 Fällen Ausdruck eines Vorurteils.

Die hohe Wertigkeit der Vorurteile gegenüber den Zigeunern hat sich im allgemeinen über die Zeit bewahrt.

Unter den Türken und Pomaken läßt sich ein bestimmter Abfall beobachten, der jedoch, der in dieser Untersuchung eingeräumten Möglichkeit mit „kann ich nicht beurteilen" zu antworten, zu schulden sein dürfte.

B) Die soziale Distanz

Die sozialen Distanzen zwischen den einzelnen Gruppen wurden anhand des Standardtests von Bogardus gemessen, der für die Untersuchung „Die ethnokulturelle Situation in Bulgarien" von 1992 dem bulgarischen kulturellen Kontext angeglichen und so spezifiziert wurde.

Die Reihenfolge der Fragen ist determiniert durch die Beziehung der drei Grundgruppen gegenüber den Zigeunern nach der sinkenden Häufigkeit der negativen Antworten. In der vorliegenden Untersuchung verfestigte sich nun diese Reihenfolge und erwies sich für den bulgarischen kulturellen Kontext als passend.

Tabelle 6: Dynamik einiger negativer ethnischer Vorurteile gegenüber den Zigeunern

Bejahende Antworten in Prozent (%)
(für 1994 „absolut einverstanden + eher einverstanden")

	Bulgaren		Türken		Pomaken	
	1992	1994	1992	1994	1992	1994
Die Zigeuner sind faul und verantwortungslos	85,2	83,8	74,6	69,3	88,3	74,9
Die Zigeuner neigen zu kriminellen Handlungen	90,3	91,1	86,9	80,4	92,3	81,1
Es gibt Ausnahmen, aber allgemein ähneln sich alle Zigeuner	90,1	85,3	81,6	65,8	90,7	73,5

Tabelle 7: Soziale Distanzen gegenüber den Türken

Verneinende Antworten in Prozent (%)

	Bulgaren		Pomaken		Zigeuner	
	1992	1994	1992	1994	1992	1994
Heirat mit einem Türken, einer Türkin	80,8	82,9	41,3	49,0	48,6	47,2
Freundschaft mit einem Türken, einer Türkin	38,7	41,0	17,8	18,9	25,5	24,1
Mit Türken im selben Wohnbezirk leben	41,2	31,2	19,8	10,8	39,9	18,2
Mit Türken am selben Arbeitsplatz arbeiten	17,6	22,1	6,4	7,4	9,8	12,2
Mit Türken in derselben Siedlung leben	31,4	20,3	14,2	6,3	31,4	11,2
Mit Türken im selben Land leben	26,5	13,4	14,3	7,0	25,5	9,2

1. Soziale Distanzen gegenüber den Türken

Die Angaben für soziale Distanzen gegenüber den Türken offenbaren im Allgemeinen stärkere Einstellungen zur Distanz unter den Bulgaren als unter den anderen zwei Minderheitengruppen (Pomaken und Zigeuner).

Sie offenbaren ebenfalls ein konstant ausdauerndes Niveau der Einstellungen zur Distanz unter Pomaken und Zigeunern in Fällen, wo nach persönlichen Verbindungen (brüderliche Partnerschaft, persönliche Freundschaft, Arbeit am selben Arbeitsplatz) gefragt wurde.
Geht es jedoch um Möglichkeiten für Zusammenleben auf einem bestimmten Territorium (Wohnbezirk, Siedlung, Land) läßt sich eine Verringerung der Einstellung zur Distanz gegenüber den Türken bei allen übrigen Gruppen beobachten.
Die Erklärung hierfür kann auf zwei Feldern gesucht werden, die eine eigenständige, ergänzende Erforschung verdienen: die Entfremdung innerhalb der Nachbarschaft als allgemeine Entwicklungstendenz der gesellschaftlichen Beziehungen in den letzten vier Jahren; der Fakt, daß es während der ökonomischen Krise ein großer Teil der Türken geschafft hat, Auswege zu finden (hauptsächlich Emigration und Unterstützung von Verwandten aus der Türkei), die jedoch nicht in Verbindung mit einem abweichenden Verhaltenstyp stehen.

2. Soziale Distanzen gegenüber den Pomaken

Die Angaben zu den Pomaken (Tabelle 8) offenbaren ebenfalls wieder stärkere Einstellungen zu Distanz unter den Bulgaren, als unter den Türken und den Zigeunern. Doch zeigt sich auch hier eine Tendenz zur Verringerung unter allen verbliebenen Bevölkerungsgruppen, wobei diese Tendenz unter den Bulgaren am größten ist.

Tabelle 8: Soziale Distanzen gegenüber den Pomaken

Verneinende Antworten in Prozent (%)

	Bulgaren		Türken		Zigeuner	
	1992	1994	1992	1994	1992	1994
Heirat mit einem Pomaken, einer Pomakin	80,4	76,7	62,1	64,9	65,9	57,5
Freundschaft mit einem Pomaken, einer Pomakin	46,6	35,2	18,9	20,7	37,9	30,6
Mit Pomaken im selben Wohnbezirk leben	40,1	21,6	26,9	8,4	34,7	22,3
Mit Pomaken am selben Arbeitsplatz arbeiten	21,8	16,5	6,2	6,7	16,3	17,4
Mit Pomaken in derselben Siedlung leben	28,4	14,3	17,8	5,8	26,3	15,4
Mit Pomaken im selben Land leben	19,3	11,3	14,5	4,6	15,7	13,0

Tabelle 9: Soziale Distanzen gegenüber den Zigeunern

Verneinende Antworten in Prozent (%)

	Bulgaren		Pomaken		Türken	
	1992	1994	1992	1994	1992	1994
Heirat mit einem Zigeuner, einer Zigeunerin	89,0	93,8	78,0	93,6	87,8	94,0
Freundschaft mit einem Zigeuner, einer Zigeunerin	64,1	69,0	60,2	67,5	47,7	66,6
Mit Zigeunern im selben Wohnbezirk leben	62,7	58,8	41,4	54,7	49,0	46,5
Mit Zigeunern am selben Arbeitsplatz arbeiten	38,8	48,3	37,3	40,0	20,3	37,6
Mit Zigeunern in derselben Siedlung leben	48,2	38,2	35,9	34,5	31,5	31,9
Mit Zigeunern im selben Land leben	34,2	27,9	21,5	23,7	20,7	18,4

Die Türken, wird von der traditionell problematischen Beziehung zwischen den beiden Gruppen, verbunden mit der Endogamie, abgesehen, zeichnen sich als toleranteste Gruppe gegenüber den Pomaken ab.
Wie schon gegenüber den Türken ist auch gegenüber den Pomaken eine größere Verringerung der Distanz zu beobachten, verbunden mit den Möglichkeiten für ein Zusammenleben und verbunden mit den Möglichkeiten für interpersonelle Kontakte.

3. Soziale Distanzen gegenüber den Zigeunern

Von allen untersuchten Minderheiten ist die der Zigeuner offensichtlich die, die am stärksten abgelehnt wird.
Dabei sind die Einstellungen zur Distanz sowohl unter den Bulgaren, wie auch unter den Türken und Pomaken von hoher Wertigkeit. Unter den Bulgaren sind sie, wie schon gegenüber den anderen beiden Minderheitengruppen, höher als unter Türken und Pomaken. Für die letzten zwei Jahre läßt sich unter den Bulgaren eine Verstärkung der Einstellungen zur Distanz bei Möglichkeiten zu interpersonellen Kontakten und eine Abschwächung bei Möglichkeiten für gemeinsames Zusammenleben innerhalb eines bestimmten Territoriums beobachten.
Unter den Türken und den Pomaken ist die Verstärkung der Einstellungen zur Distanz in einigen Fällen dramatisch (z. B. bei der Frage nach Freundschaften mit Zigeunern oder der Möglichkeit an ein und demselben Arbeitsplatz unter Türken zu arbeiten).

Tabelle 10: Soziale Distanzen gegenüber den Bulgaren

Verneinende Antworten in Prozent (%)

	Pomaken		Türken		Zigeuner	
	1992	1994	1992	1994	1992	1994
Heirat mit einem Bulgaren, einer Bulgarin	33,4	40,2	63,4	65,7	40,5	34,0
Freundschaft mit einem Bulgaren, einer Bulgarin	9,0	6,0	11,0	16,3	11,3	6,9
Mit Bulgaren im selben Wohnbezirk wohnen	17,7	0,9	23,2	1,7	32,0	2,4
Mit Bulgaren am selben Arbeitsplatz arbeiten	2,5	0,6	1,5	0,9	2,4	1,1
Mit Bulgaren in derselben Siedlung leben	13,9	0,2	13,3	1,1	24,1	1,1
Mit Bulgaren im selben Land leben	5,6	0,2	11,3	1,0	17,2	1,3

4. Soziale Distanzen gegenüber den Bulgaren

Einstellungen zur Distanz gegenüber den Bulgaren sind unter den Minderheitengruppen (Tabelle 10) geringer als in umgekehrter Richtung, wie auch zwischen den Minderheiten selbst. Bedeutende soziale Distanzen lassen sich besonders für die Beziehungen feststellen, die mit der Endogamie verbunden sind. In allen übrigen Punkten sind sie von geringer Bedeutung.

2. Unterschiede in bezug auf zulässige Normen, ethnische Identität auszudrücken

Die drei größten Minderheiten in Bulgarien, die Gegenstand dieser Untersuchung sind, können in zwei Untergruppen aufgeteilt werden: auf der einen Seite die Türken, eine Gemeinschaft mit betontem Gefühl für die eigene Identität, das besonders stark während der Attacken ihr gegenüber (gemeint ist hier die gewaltsame Kampagne zu ihrer Umbenennung 1984/85) war; auf der anderen Seite die Zigeuner und Pomaken, die immer unter Identitätsproblemen litten, die zu jeweils unterschiedlichen Perioden unterschiedliche Ergebnisse zur Folge hatten.
Bei beiden Untergruppen läßt sich eine unterschiedliche Beziehung zu zulässigen Normen des ethnischen Identitätsausdrucks feststellen.

Tabelle 11: Beziehung zu Minderheitenrechten

Verneinende Antworten in Prozent (%)

	Bulgaren		Pomaken		Türken		Zigeuner	
	1992	1994	1992	1994	1992	1994	1992	1994
Schaffung von Organisationen und Vereinigungen zum Schutz der Minderheit und zu ihrer kulturellen Entwicklung	25,5	20,8	7,7	6,3	1,9	1,1	5,0	3,2
Druck von Büchern und anderen Druckerzeugnissen in der Sprache der Minderheit	39,6	43,4	13,3	16,2	1,9	1,5	11,2	10,8
Erlernbarkeit der Sprache der Minderheit an staatlichen Schulen	59,7	66,7	31,1	30,6	4,1	2,3	17,5	19,6
Erlernbarkeit der Sprache der Minderheit an privaten Schulen	–	24,8	–	15,6	–	10,7	–	15,5
Sprache der Minderheit als allgemeine Unterrichtssprache an Schulen	82,6	82,1	52,6	63,3	47,5	50,0	38,9	49,0
Vertreter der Minderheit im Parlament	34,2	36,9	7,8	8,2	2,9	0,9	7,3	4,1
Vertreter der Minderheit in regionalen Verwaltungen	–	40,0	–	11,5	–	0,8	–	4,5
Das Recht, Bekanntmachungen in der Sprache der Minderheit in der Siedlung und ihrer Umgebung aufzuhängen	–	34,1	–	56,5	–	31,3	–	39,4
Das Recht der Minderheit auf eigene politische Parteien	62,6	64,7	–	28,6	33,6	7,7	19,9	20,2
Das Recht der Minderheit auf territoriale Autonomie	90,5	93,3	68,5	79,9	52,9	52,9	53,5	57,0

Diese Hypothese wird durch die Untersuchung der Beziehung zu Minderheitenrechten verstärkt (Tabelle 11).
Einerseits ist die Beziehung der Bulgaren zu Minderheitenrechten viel restriktiver als die der Minderheiten selbst, andererseits kann auch innerhalb der Minderheitengruppen ein Unterschied gemacht werden, da z. B. bei den Türken die restriktiven Einstellungen von niederer Wertigkeit sind, als bei Pomaken und Zigeunern. Bei den Letztgenannten sind diese Einstellungen von geringfügig höherer Wertigkeit.
Die Unterschiede bei den restriktiven Einstellungen zwischen Mehrheit und Minderheiten sind besonders groß bezüglich der Rechte, die auf der ein oder anderen Stufe schon verfassungsmäßig garantiertes oder faktisches Recht sind.
Vom rein gesellschaftspolitischen Standpunkt aus am alarmierendsten mag das Anwachsen des Teils der Bulgaren sein – im Vergleich zu 1992 – der restriktive Einstellungen gegenüber der Möglichkeit ausdrückt, daß Angehörige der Minderheiten ihre Sprache in staatlichen Schulen erlernen, wie auch der große Unterschied zwischen diesem Teil und dem entsprechenden Teil unter den Türken.
Diese, weiter auseinanderdriftenden Positionen enthalten ohne Zweifel das Potential für zwischenethnische Spannungen. Das Bild, das sich bei den zwischenethnischen Unterschieden in der Beurteilung von Minderheitenrechten abzeichnet, hat seine Parallele bei den zwischenethnischen Beziehungen gegenüber den Möglichkeiten zur politischen Partizipation und gegenüber einigen spezifischen politischen Rechten.
Befragt nach der Möglichkeit, für einen Vertreter einer bestimmten ethnischen Gruppe zu stimmen, wenn dieser aus einer Partei hervorgeht, mit der der Befragte sympathisiert (Tabelle 12), ist unter den Bulgaren die Neigung, einen Vertreter einer Min-

Tabelle 12: Fragestellung: „Wenn die Partei, mit der Sie sympathisieren, zur nächsten Wahl einen geeigneten Kandidaten (kompetent, ehrlich) aufstellt, würden Sie diesen wählen, wenn er:“

Verneinende Antworten in Prozent (%)

	Bulgaren		Pomaken		Türken		Zigeuner	
	1992	1994	1992	1994	1992	1994	1992	1994
Bulgare	–	–	7,9	3,3	10,8	6,0	12,6	3,2
Pomake	64,3	54,8	–	–	31,5	6,8	51,6	27,5
Türke	66,0	64,2	26,6	23,3	–	–	40,4	32,5
Zigeuner (durchschnittlich für Muslime und Christen)	81,7	68,3	57,2	43,0	54,2	31,8	–	–

wäre?

derheit abzulehnen größer, als unter den Minderheiten gegenüber einem bulgarischen Vertreter. Der Unterschied beträgt 10 bis 15 mal.

Im Allgemeinen hat sich jedoch die Neigung zu einer verneinenden Antwort im Vergleich zu 1992 verringert. Unter den Bulgaren, wie auch unter Angehörigen der Minderheiten wird die Möglichkeit zur Bereitschaft, Vertretern anderer Gruppen politisches Vertrauen zu erweisen, höher eingeschätzt.

Die Untersuchung der Beziehung zur Möglichkeit, daß ein Angehöriger einer Minderheit eine bestimmte Dienststellung (Tabelle 13) einnimmt, offenbart viel höhere negative Einstellungen unter den Bulgaren. Die größte Toleranz diesbezüglich ist unter den Zigeunern zu finden und besonders unter den Türken gegenüber den Pomaken.

Kurios und alarmierend zugleich ist der hohe Teil der negativen Einstellungen unter den Zigeunern gegenüber der Möglichkeit, selbst eine bestimmte Dienststellung zu übernehmen. Diese Einstellung zur „Selbstablehnung" verdeutlicht vor sozialem Hintergrund eine marginalisierte und endlich etablierte Abhängigkeit unter den Minderheiten selbst und gemeinsam damit hält das „Sklavensyndrom" Einzug auf der gesellschaftlichen Werteskala.

Ähnliche Einstellungen unter der schwarzen Bevölkerung Amerikas trugen zu Beginn der 50-er Jahre zu einem Anwachsen einer breiten gesellschaftlichen Bewegung für die Staatsbürgerrechte bei.

Die Untergliederung in Zigeuner christlichen und islamischen Glaubens gibt die Möglichkeit, die Rolle des religiösen Faktors bei der Formierung zwischenethnischer Einstellungen zu bewerten. Diese Rolle ist unter Bulgaren, Türken und Pomaken jedoch, wenigstens in der Beziehung zu den Zigeunern geringfügig – die Basiseinstellung ist bestimmt durch die Sicht auf den Zigeuner als Angehörigen einer bestimmten Ethnie.

Tabelle 13: A) Die Beziehung der Bulgaren hinsichtlich der Möglichkeit, ein Angehöriger einer Minderheit nähme eine bestimmte Dienststellung ein.

Nicht einverstanden in Prozent (%)

	Leiter einer Polizeidienststelle	Offizier in der Armee	Minister
Pomaken	64,7	65,0	66,3
Türken	78,8	76,7	76,4
Zigeuner (Christen)	81,1	77,8	79,2
Zigeuner (Muslime)	82,4	79,6	80,7

B) Die Beziehung der Pomaken hinsichtlich der Möglichkeit, ein Angehöriger einer Minderheit nähme eine bestimmte Dienststellung ein.

Nicht einverstanden in Prozent (%)

	Leiter einer Polizeidienststelle	Offizier in der Armee	Minister
Pomaken	2,9	2,9	4,6
Türken	29,7	25,8	33,4
Zigeuner (Christen)	58,8	52,5	58,6
Zigeuner (Muslime)	57,9	51,9	58,9

C) Die Beziehung der Türken hinsichtlich der Möglichkeit, ein Angehöriger einer Minderheit nähme eine bestimmte Dienststellung ein.

Nicht einverstanden in Prozent (%)

	Leiter einer Polizeidienststelle	Offizier in der Armee	Minister
Pomaken	3,5	3,4	3,9
Türken	2,1	2,7	2,8
Zigeuner (Christen)	43,1	39,3	41,3
Zigeuner (Muslime)	42,4	38,5	40,6

D) Die Beziehung der Zigeuner hinsichtlich der Möglichkeit, ein Angehöriger einer Minderheit nähme eine bestimmte Dienststellung ein.

Nicht einverstanden in Prozent (%)

	Leiter einer Polizeidienststelle	Offizier in der Armee	Minister
Pomaken	26,7	24,6	27,5
Türken	34,4	32,9	35,6
Zigeuner (Christen)	15,3	13,9	15,9
Zigeuner (Muslime)	28,1	26,3	29,0

3. Interethnische Unterschiede in der Verhaltenstoleranz und bei einigen grundegenden Werteinstellungen

Die Verhaltenstoleranz, im Unterschied zur interethnischen Toleranz, ist anhand der Beziehung zu bestimmten Verhaltenstypen meßbar, unabhängig, ob diese Verhaltensmuster Vertretern bestimmter ethnischer Gruppen eigen sind oder nicht.
Wie auch bei der ethnischen Toleranz variieren ihre Abstufungen in Abhängigkeit vom Verhaltensmuster, das zur Bewertung vorgegeben wird.
In der vorliegenden Untersuchung wurde die Beziehung der Befragten zu bestimmten Formen des Verhaltens anhand einer dreistufigen Skala untersucht. Zusätzlich aufgenommen wurden in die Liste zu den Verhaltensformen auch Angehörige anderer ethnischer Gruppen, Ausländer und Atheisten, um einen Vergleich zu ermöglichen (Tabelle 14).

Tabelle 14: Zwischenethnische Unterschiede in der Verhaltenstoleranz

Antwortende, die jegliche Beziehung zu diesen Menschen ablehnen in Prozent (%)

	Bulgaren	Pomaken	Türken	Zigeuner
Für kriminelle Handlungen Verurteilte	62,8	63,5	65,6	47,4
Angehörige anderer ethnischer Gruppen	16,8	7,6	5,4	4,3
Alkoholiker	55,6	44,7	41,5	34,0
Kommunisten	12,8	14,1	20,5	8,7
Überzeugte Antikommunisten	18,9	16,5	18,8	14,8
Psychisch Kranke	27,6	23,4	23,0	23,0
Westliche Ausländer	7,3	5,7	5,7	5,7
Ausländer aus der Dritten Welt	16,9	12,0	10,3	14,2
Drogenabhängige	78,8	75,5	74,4	71,2
Homosexuelle	80,3	79,5	79,4	72,1
Prostituierte	78,6	77,0	74,9	65,1
AIDS-Infizierte	71,3	72,6	74,5	71,4
Religiöse Fanatiker	70,7	46,1	48,5	54,1
Atheisten	10,1	19,0	18,8	9,7

Tabelle 15: Beziehung zu demokratischen Rechten und Freiheiten

Fragestellung:
„Wären Sie damit einverstanden, für kurze Zeit einige der demokratischen Rechte und Freiheiten zu begrenzen, wenn damit für Ruhe und Ordnung sowie eine stabile Wirtschaft gesorgt werden könnte?"
Einverstanden in Prozent (%)

	Ja, absolut einverstanden	Eher einverstanden
Bulgaren	44,0	27,9
Pomaken	46,1	27,3
Türken	27,6	22,2
Zigeuner	38,9	24,6

Die Analyse der Ergebnisse zeigt im Allgemeinen eine geringfügig höhere Wertigkeit der negativen Einstellungen gegenüber den aufgestellten Gruppen unter den Bulgaren, als unter den Minderheiten. Die hier angeführten Unterschiede zwischen Mehrheit und den Minderheiten sind jedoch viel geringer als die Unterschiede bei den zwischenethnischen Einstellungen. Dies zeigt sich, vergleicht man die unterschiedlichen Antworten bezüglich „Angehörige anderer *ethnischer* Gruppen" und „Angehörige anderer Gruppen".

Unter den Zigeunern sind die Einstellungen zu unterschiedlichen Formen gesellschaftlich abgelehnten Verhaltens im Allgemeinen am niedrigsten, verglichen mit den Wertigkeiten der anderen Gruppen.

Die Untersuchung der restriktiven Einstellungen bezüglich der freiheitlichen Grundrechte (Tabelle 15), teilt die untersuchten Gruppen in zwei Untergruppen: auf der einen Seite die Bulgaren und die Pomaken mit einem verhältnismäßig hohem Anteil restriktiver Einstellungen unter ihren Gruppen und auf der anderen Seite die Türken und die Zigeuner mit einem verhältnismäßig niedrigerem Teil. Unter den Türken, einzigartig bei den untersuchten Gruppen, drückte weniger als die Hälfte der Befragten restriktive Einstellungen in irgendeiner Form aus. Hier wirkt wahrscheinlich das Syndrom des „Wiedergeburtsprozesses", der den Blick für die Bedeutung von Beschneidungen der demokratischen Rechte und Freiheiten klar geschärft hat.

Ein anderer charakteristischer Indikator für weltanschauliche Einstellungen ist das Grundgefühl für den Platz des Individuums in der Welt (Tabelle 16), das offenkundig für ein hohes Frustrationsniveau unter allen Gruppen sorgt.

Zweifellos ist der Streß des Übergangs, mit allen ihn begleitenden Effekten – ökonomische Krise, Anwachsen der Kriminalität, Wandel der Lebensweise für eine große Masse der Menschen-Grundlage dafür, daß ein hoher Prozentsatz die Welt als feindlicher und gefährlicher empfindet und annimmt. Dabei ist für die untersuchten Min-

Tabelle 16: Grundgefühl für den Platz des Individuums in der, ihn umgebenen Welt

Bejahende Antworten auf jede der Behauptungen in Prozent (%)

	Die Welt ist feindlicher und gefährlicher	In 30 Jahren leben wir in einer besseren Welt
Bulgaren	71,5	28,5
Pomaken	79,3	20,6
Türken	81,0	19,0
Zigeuner	78,0	22,0

Tabelle 17: Beziehung zur Todesstrafe

Befürworter in allen + den schwersten Fällen in Prozent (%)

	Mord	Spionage	Vergewaltigung	Diebstahl
Bulgaren	91,4	63,2	83,7	39,3
Pomaken	91,1	54,4	81,0	28,3
Türken	85,3	55,0	75,5	25,4
Zigeuner	82,3	50,3	73,9	28,1
Repräsentativer Auszug aus der volljährigen Bevölkerung	90,9	61,7	82,7	37,6

derheiten, anders als bei den untersuchten Mehrheitengruppen, ein geringeres Frustrationsniveau charakteristisch; ein Phänomen, das von Forschern schon in den 50-er Jahren als besonders typisch für diskriminierte Minderheiten beobachtet wurde[3]. Das im Allgemeinen hohe Frustrationsniveau, einhergehend mit starken restriktiven Einstellungen und Verhaltenstoleranz, erklärt die hohe Befürwortung der Todesstrafe unter allen untersuchten Gruppen (Tabelle 17).

Die Ebene der Unterstützung ist so hoch, daß der Teil der Befürworter in Bulgarien, der die Todesstrafe für Diebstahl – ein Delikt, welches schon seit Jahrhunderten in Europa nicht mit dem Tod bestraft wird – fordert, so hoch ist, wie der Teil der allgemeinen Befürworter in einigen europäischen Staaten.

[3] Cf. Mussen, p. Differences between the TAT responses of Negro and white Boys. Journal of Consulting Psychology, 17 (1953).

Bezüglich dieses Punktes sind die repressiven Einstellungen unter den Bulgaren von höherer Wertigkeit, als unter den Minderheiten. Das größte „Mitleid" – nicht jedoch bei Diebstahl – ist unter den Zigeunern zu beobachten.

4. Unterschiede innerhalb der bulgarischen Gemeinschaft

Die Untersuchung von Unterschieden bei zwischenethnischen Einstellungen und allgemeinen Wertvorstellungen innerhalb der bulgarischen Gemeinschaft verdient besondere Aufmerksamkeit, da die Situation der Minderheiten in der Gesellschaft immer von der Bereitschaft der Mehrheit abhängt, diesen einen bestimmten Grad der Integration zu ermöglichen und zu sichern. Die Auswahlmöglichkeit bei den Bulgaren besteht lediglich darin, innere Unterschiede an verhältnismäßig großen Blöcken zu untersuchen, wie zum Beispiel Geschlecht oder politische Sympathieverteilung. Spezielles Interesse verdient die Erforschung der Unterschiede innerhalb der Gruppen bei Menschen, die ausdauernde Kontakte zu Angehörigen der Minderheiten haben oder solchen, die ihre Einstellungen ohne Kontakt zu anderen Gruppen bilden.

Die geschlechtspezifische Untersuchung offenbart im Allgemeinen ethnozentristischere Einstellungen unter den Frauen, als unter Männern. Am größten sind die Unterschiede in bezug auf soziale Distanzen, wo sie bei Einverständnis oder auch Ablehnung ungefähr 10 % betragen (Tabelle 18). Bei den Minderheitenrechten, einschließlich der politischen Rechte beträgt dieser Unterschied ungefähr 5 %.

Bulgaren und Bulgarinnen sind gegenüber Zigeunern negativer eingestellt, als gegenüber Pomaken und Türken, jedoch sind die Unterschiede bei den Frauen in jedem Fall höher: gegenüber den Türken sind sie größer als gegenüber den Zigeunern. Unter den Frauen sind auch die negativen Einstellungen gegenüber unterschiedlichen Formen des abweichenden Verhaltens stärker. Bei ihnen überwiegen im Allgemeinen konservativere Wertorientierungen, wie sie auch pessimistischer eingestellt sind und von der Zukunft mehr Streß erwarten.

Tabelle 18: Soziale Distanzen unter den Bulgaren nach Geschlecht

Verneinende Antworten in Prozent (%)

	Männer	Frauen
Freundschaft mit Türken	35,6	47,4
Im selben Wohnbezirk mit Türken leben	28,3	34,9
Freundschaft mit Zigeunern	66,4	73,3
Im gleichen Wohnbezirk mit Zigeunern leben	59,6	59,7

Tabelle 19: Soziale Distanz unter den Bulgaren nach politischer Anhängerschaft

Verneinende Antworten in Prozent (%)

	BSP	SDS
Freundschaft mit Türken	45,4	39,6
Im selben Wohnbezirk mit Türken leben	35,8	30,6
Freundschaft mit Zigeunern	67,6	69,4
Im selben Wohnbezirk mit Zigeunern leben	58,6	63,3

Die Untersuchung der Unterschiede bei politischen Sympathieverteilungen läßt sich lediglich unter Anhängern der beiden stärksten politischen Kräfte, der BSP und der UDK realisieren. Bezüglich der Zigeuner lassen sich bei ihnen keine statistisch bedeutsamen Unterschiede zwischenethnischer Einstellungen beobachten. In anderen Punkten ließen sich bei Anhängern der UDK negativere Einstellungen feststellen. Gegenüber den Türken, wie auch gegenüber den übrigen Minderheitengruppen aber herrschen bei Anhängern der BSP ein stärkerer Ethnozentrismus und restriktivere Einstellungen, als bei Anhängern der UDK, vor (siehe Tabelle 19). Besonders stark sind die Unterschiede bei Indikatoren, die die Einstellungen zu den Juden messen. Die Toleranz gegenüber den Juden, wenn nach der Möglichkeit der Stimmabgabe für einen Juden gefragt wurde, ist mit 15–20 % höher unter Anhängern der UDK. Unter den Anhängern der UDK lassen sich tolerantere Wertorientierungen wie auch eine höhere Verhaltenstoleranz beobachten. Der Unterschied bezüglich der gegenwärtigen Streßbewältigung und des Zukunftspessimismus beträgt ungefähr 20 % hinsichtlich größeren Optimismus bei UDK-Anhängern.

Die Untersuchungsergebnisse lassen den Schluß eines bestimmten Zusammenhangs zwischen interethnischen Einstellungen und sozialem Kontakt unter Vertretern der einzelnen Gruppen ziehen. Es fehlen aber ausreichende Indikatoren, um den Effekt dieses Kontaktes im Allgemeinen zu bewerten, unabhängig von dessen Form. Mit Sicherheit kann jedoch angenommen werden, das ein solcher Kontakt, wie zum Beispiel gegenseitige Besuche, offensichtlich zur Reduzierung zwischenethnischer Spannungen beiträgt. Unter den Befragten, die Angehörige einer anderen Gruppe zuhaus besuchten, sind Vorurteile seltener zu beobachten, die sozialen Distanzen niedriger, die allgemeine Beziehung zu Minderheitenrechten nicht so restriktiv und die Wertorientierungen liberaler. Der Effekt gegenseitiger Besuche ist gegenüber jeder einzelnen Minderheit unterschiedlich, wie auch die Unterschiede in den Einstellungen. Aber er ist immer positiv.

5. Einige Vergleiche

Die im Jahr 1990 periodisch durchgeführten Untersuchungen zu Einstellungen in den europäischen Ländern, Kanada und den Vereinigten Staaten eröffnen im Allgemeinen eine höhere ethnische Intoleranz unter der volljährigen Bevölkerung Osteuropas im Vergleich zu den westlichen Ländern. Die Werte für Bulgarien sind unter allen untersuchten osteuropäischen Ländern am höchsten[4].

Tabelle 20: Toleranz gegenüber Vertretern marginalisierter Minderheiten in Bulgarien und den USA

Fragestellung:
„Wären Sie einverstanden, wenn Ihr Kind zusammen in einer Klasse leben würde, mit ...“
Verneinende Antworten in Prozent (%)

	Bulgarien					
	Bulgaren		Türken		Pomaken	
	1992	1994	1992	1994	1992	1994
1. Einigen Zigeunern	41,7	30,1	24,1	14,0	37,1	22,5
2. Die Hälfte sind Zigeuner	85,9	73,8	71,8	50,0	74,7	60,0
3. Mehr als die Hälfte sind Zigeuner	89,9	82,2	82,2	62,7	82,4	71,1

USA[5]

Verneinende Antworten der weißen US-Amerikaner, die auf die analoge Frage in folgenden Jahren verneinend antworteten – in Prozent (%)

	Eltern aus Nordstaaten					Eltern aus Südstaaten				
	1963	1965	1966	1969	1970	1963	1965	1966	1969	1970
1. Einigen Schwarzen	10	7	6	6	6	61	37	24	21	16
2. Die Hälfte sind Schwarze	33	28	32	28	24	78	68	49	46	43
3. Mehr als die Hälfte sind Schwarze	53	52	60	56	51	86	78	62	54	69

---

[4] Viz obzora za vsički islegvani strani v: P. Ester, L. Halman, R. de Moor. The Individualizing Society (Value Change in Europe and North America) Tilburg Univ. Press, 1993, p. 211–212.

[5] Angaben für die USA aus: F. Armbruster, D. Yokelson.
The Forgotten Americans. Arlington House, New Rochelle, N.Y. 1972, p. 349.

Tabelle 21: Bereitschaft einem Vertreter einer marginalisierten Minderheit seine Stimme zu geben (Bulgarien und USA)

Fragestellung:
„Wenn die Partei, mit der Sie sympathisieren, für die nächste Wahl in ihrem Bezirk einen geeigneten Vertreter (kompetent, ehrlich) aufstellt, der Zigeuner (für die USA – Neger) ist, würden Sie für ihn stimmen?"
Verneinende Antworten in Prozent (%)

Bulgarien						USA[6]					
Bulgaren		Türken		Pomaken							
1992	1994	1992	1994	1992	1994	1958	1963	1965	1967	1969	1971
31,7	68,3	54,2	31,8	57,2	43,0	53	45	34	40	23	23

Die vorliegende Untersuchung verfestigt diese Schlußfolgerung hinsichtlich der ethnischen Toleranz. Vergleichend die Toleranz gegenüber Angehörigen einer marginalisierten Minderheit, wie sie die Zigeuner in Bulgarien sind, mit einer ähnlichen in den USA, wie sie dort von den 50-er bis zu den 70-Jahren die Afro-Amerikaner darstellten (Tabelle 20), kommt man zu dem entmutigenden Schluß, daß die Einstellungen unter den Bulgaren gegenüber den Zigeunern auf dem Niveau der negativen Einstellungen der weißen amerikanischen Bevölkerung der Südstaaten gegenüber den Negern zu Beginn der 60er Jahre liegen. Das Niveau der Intoleranz gegenüber den Zigeunern unter Türken und Pomaken ist, obwohl von geringerer Wertigkeit, gemessen an diesem Standard trotzdem sehr hoch. Zu einer analogen Schlußfolgerung gelangt man, wenn man die Bereitschaft für einen Angehörigen einer Minderheit zu stimmen, in Bulgarien und den USA vergleicht (Tabelle 21).[6]
Unter den Bulgaren ist der Teil derer, die nicht für einen Zigeuner stimmen würden höher als der Teil der Amerikaner, die nicht für einen Neger stimmen würden gegen Ende der 50-er Jahre. Einzig und allein sind die Ergebnisse unter den Türken mit denen in den USA Mitte der 60er Jahre vergleichbar.
Die vergleichende Analyse der Toleranz gegenüber einem bestimmten Verhaltenstyp, der als abweichend angesehen wird, ist mit Blick auf den Platz, den Bulgarien unter den zivilisierten Staaten einnimmt, nicht so kategorisch. Die Toleranz gegenüber einem bestimmten Verhaltenstyp (z. B. Homosexualität) ist sehr gering, aber zu anderen bemerkenswert höher (Tabelle 22). Hinsichtlich des Ehebruchs und der Schwangerschaftsunterbrechung lassen sich unter der volljährigen Bevölkerung Bulgariens Einstellungen beobachten, die mit denen in einem der liberalsten westlichen Länder – Frankreich – vergleichbar sind. Diese Schlußfolgerungen wurden durch die

[6] Angaben für die USA bezüglich der Person des Präsidenten aus:
F. Armbruster, D. Yokelson, Op. cit., p. 350.

Tabelle 22: Toleranz gegenüber Homosexualität, Ehebruch und Schwangerschaftsabbruch[7]

Ausgedrückte Toleranz auf einer 10-stufigen Skala in Prozent (%)

	Homosexualität	Ehebruch	Schwangerschaftsabbruch
Osteuropa	9,1	5,5	15,6
Westliche Welt	13,9	3,5	14,5
Bulgarien	3,8	12,0	27,4

Tabelle 23: Beziehung zum Sicherheitsdilemma – Menschenrechte in Bulgarien und Großbritannien

Befürworter in Prozent (%)
Bulgarien (1994)
„Wären Sie persönlich mit einer kurzfristigen Einschränkung der demokratischen Rechte und Freiheiten einverstanden, wenn damit wieder für Ruhe und Ordnung gesorgt wäre?“
70,4
Großbritannien (1991)[8]
„Die Zerschlagung der Kriminalität ist wichtiger, als der Schutz der Bürgerrechte.“
43,7

vorliegende Untersuchung bestätigt. Hinsichtlich der allgemeinen demokratischen Werte sind die Einstellungen der bulgarischen Bevölkerung restriktiver als die in den entwickelten westlichen Demokratien (Tabelle 23).
So zum Beispiel gegenüber der Todesstrafe.

Schlußfolgerungen

Die Stufe und Dynamik der negativen ethnischen Vorurteile und sozialen Distanzen bewertend, kann man die Frage: „Existiert gegenwärtig ein Potential für zwischenethnischen Spannung in Bulgarien?“ vereinfacht mit „ja“ beantworten. Die negativen ethnischen Vorurteile gegenüber den Minderheiten in Bulgarien sind stark, die sozialen Distanzen groß. Im Vergleich zu 1992 verringerte sich unbestritten die Voreingenommenheit gegenüber den Pomaken. Gegenüber den Türken und den Zigeunern

---

[7] Angaben aus: P. Ester, L. Halman, R. de Moor.
The Individualizing Society (Value Change in Europe and North America) Tilburg Univ. Press, 1993.

[8] Angaben für Großbritannien nach: British Social Attitudes (9–th Report). Darthmouth, 1992.

sind die Daten gleich – in einigen Beziehungen verringern sich Voreingenommenheiten und soziale Distanzierungen, in anderen steigen sie auch. Die gleiche Tendenz läßt sich bezüglich der Minderheitenrechte unter den Bulgaren beobachten: die Tendenzen zur Restriktion überwiegen.

Allgemein ausgedrückt, sind die Minderheiten unvoreingenommener und haben schwächere Einstellungen zur Distanz gegenüber der Mehrheit (die Bulgaren) und gegenüber anderen Minderheiten.

In der Hierarchie der vier Hauptgruppen stehen die Bulgaren auf dem ersten, die Pomaken auf dem zweiten, die Türken auf dem dritten und die Zigeuner auf dem letzten Platz. Diese Hierarchie existiert so im Bewußtsein der Bulgaren, wie auch im Bewußtsein der Minderheiten.

Wie Olpert betont: „... ist das Mitglied der Minderheit bemüht, seine Einstellungen denen der dominierenden Mehrheit anzupassen. Mit anderen Worten ist für ihn die Mehrheit die referierende (entscheidende) Gruppe. Sie übt auf ihn eine anziehende Kraft aus, die Anpassung der Einstellung verlangend."[9]

Objekt der stärksten Vorbehalte sind die Zigeuner. Die Stärke der Vorurteile und der Einstellungen zur Distanz gegenüber ihnen sind mit Sicherheit nicht nur in das kulturelle Leben des Landes eingedrungen, sondern in allen gesellschaftlichen Bereichen existent. Ohne Zweifel können diese starken Vorurteile sehr schnell und sehr leicht die Tendenz zu ihrer Operationalisierung hervorrufen – in der Praxis bei der Arbeitseinstellung oder Entlassung, bei der Verteilung sozialer Hilfen, in der Bildung, bei der Beziehung zu Organen der Rechtssprechung. 65 % aller bulgarischen Bürger begrüßen die Idee, daß „die Zigeuner isoliert leben und sich nicht mit uns vermischen". Diese Überzeugung ist sowohl unter den Bulgaren als auch unter den Türken und Pomaken weit verbreitet, d.h. die Einstellung zu Distanzierung ist soweit verfestigt, daß sie in Abtrennung und Isolierung umschlägt.

Die starken ethnischen Vorurteile und die großen zwischenethnischen Distanzen haben ihre Parallele in hohen Wertigkeiten bei einigen Formen der Verhaltenstoleranz, während diese wiederum bei anderen Formen nicht so hoch sind wie in anderen europäischen Staaten.

Jedoch hat die höhere ethnische Intoleranz unter den Bulgaren ihre Parallele in der höheren Verhaltensintoleranz unter dieser Gruppe im Vergleich mit der Intoleranz unter den Minderheiten.

---

[9] Allport, G. The Nature of Prejudice, Addison-Wesley, Mass. etc., 1966, p. 39.

Petar Mitev

Relations Between Muslims and Christians in Everyday Life in Bulgaria

1. Level of religiousness

Traditionally Bulgaria has stood out for an inferior level of religiousness in comparison to the countries of Central Europe and Russia, so much a Balkans distinction. This could very likely account for the great impact of the atheistic pressure exercised in the postwar period. On the one hand the Bulgarian Orthodox Church was not sufficiently equipped to counter Polish or Hungarian Catholics, on the other mental barriers persisting among the population themselves were considerably smaller. A sociological survey on the religiousness of the population in Bulgaria (1), scientifically directed by prof. Jivko Oshovkov, under the method of the indirect inquiry, displayed that 35.5 % of the adult population of the country were pious with considerable differences between the ethnic groups: 33 % of the Bulgarians, 67 % of the Turks and 45 % of the Romanies. The comparison with data obtained in censuses taken in 1926 (2), 1934 (3) und 1946 (4) exposed some drastic inconsistencies: according to them the various religions creeds spread out to cover consistently the entire population of the country (84–86 % Christians, exclusively Eastern Orthodox, 14–15 per cent Moslems.). To obtain the exact picture, however, we must take into account the fact that the Church was not fully separated from the Bulgarian state: marriages and births were licensed by religious institutions. Thus persevering atheists were registered as believers. The situation was reversed in the wake of 1946, when by the church birth and marriage certificates issued lost their worth. In their turn believers were forced to adapt to the already dominant atheism.
An empirical study, carried out in 1992, under the guidance of Senior research Associate P. Bojikov, uncovered a characteristic intermediary phase in the rehabilitation of religiousness in the country. Nearly half of the persons polled determined themselves as religious. Another portion stated they were "neither religous, nor nonreligious." This reply contravenes the logical tennet of "tertium non datur" and is hence utterly absurd. And yet it was supplied by more than one fifth of persons polled, a fact indicative of the degree of ideological ambiguity and confusion.

Table 1: Religiousness in Bulgaria (%)

Would you say, you are:	1992	1994
Deeply devout	11	12
Religious to a point	37	48
Rather unreligious	16	19
Utterly atheist	14	17
Neither religious, nor unreligious	22	–
Don't know, can't say	–	4

The new study indicates that the group of the unoriented has diminished though it has not vanished in full. It has most of all joined the ranks of the category of "religious up to a point." The number of those openly stating they are atheists has grown too. Only the small group of the "deeply devout" has remainded unaltered.
By way of comparison we shall quote findings of sociological studies in Poland. (6). Differences are indeed outstanding: 97 per cent of Polish citizens and only 60 % of Bulgarian nationals trust in a religious creed; the left-totalitarian system did not alter in a profound way the piety of the Polish. Naturally the lath of Polish religiousness is elevated indeed highly to be easily emulated by the other countries of Central and Eastern Europe. Results of studies carried out in Germany speak of a closer proximity to the Bulgarian circumstances and a higher efficiency of atheistic propaganda. (7).: In the Western provinces of Germany nearly two thirds of young people believe in God, while in the Eastern only 15 to 20 %. In Bulgaria 29 % "completely believe" in the existence of God, another third would "rather believe." In West Germany 30 to 40 per cent of young people have never prayed, in the Eastern parts of the country comparable figures stand at 62–68 per cent; in Bulgaria at 65 %. Some 55 % in West Germany trust in afterlife, in the eastern provinces of the country only 19 per cent; in Bulgaria only 18 % believe "totally" and another 11 per cent "rather believe, but are not fully convinced."

Table 2: Religiousness in Poland (%)

Despite your involvement inreligious practices, do youconsider yourself to be:	1992	1994
Deeply devout	31	28
Rather religious	65	69
Rather a non believer	2	2
Totally atheistic	2	1

However, most specific for Bulgaria has proved to be not so much lower degrees of religiousness compared to the former GDR than an unprovided for discrepancy. In the degree of stated faith in God Bulgarians seem to stand closer to the western provinces of Germany, while in the degree of religious practice it is in a closer proximity to the Eastern ones. In Bulgaria the number of people professing religion exceeds the number of those practicing religion. Thus the gap between Bulgaria and the Polish model tends to expand further, if the quality of the piety is taken into account.

The census taken in 1992 manifested that formally religiousness in Bulgaria had been re-instated at its traditional level: 86.6 % are Christians and 13.1 % are Moslems. The sociological survey carried out in 1994 clarified the essence of process that had occurred. The major part of the Christian-Bulgarians (80 %) identify with the Eastern Orthodox creed. One out of five, however, declares his adherence to "Christian culture as a whole." We can then maintain that we are faced with a characteristic phenomenon for the post-totalitarian society, a specific new type of religiousness. (9). It would be rather hasty however to assume that this is a transient occurrance and is going to become a part of one of the already traditionally established Christian creeds. Sociological surveys in Russia manifested that this phenomenon may easily expand its scope (22 % in Russia said they were "Christian altogether" in 1990; in 1991 the relevant figure was 47 % and in 1992 – 55 per cent.) (10). For the present and future we cannot forecast the emergence of a similar state of affairs in Bulgaria. In return the relativity of difference between the ones who have determined themselves through the Eastern Orthodox creed and those who have done the same through Christian culture as a whole merits special attention.

Apparently the structures of self-determination degree of religiousness are similar for the two types of identification. The most frequent answer appears to be "religious up to a point, the group of the deeply devout is small in number, and the group of the unreligious-significant in number. It is only feasible to suppose that the more religious ones are from the ranks of those who have determined themselves as Eastern Orthodox. Surprisingly, however, one out of three "Eastern Orthodox Christians" is either "rather unreligious," or even "utterly atheistic."

In both cases, then we witness religion comes back mostly along secular lines: in the company of para-religious and quasi-religious phenomena. It is secularized to a large degree though it remains Eastern Orthodox. In more radical cases it is reduced to its common Christian foundation and is also secularized.

Table 3: Religiousness of the Bulgarian Christians

Identification	Deeply relig.	up to a point	rather unrelig.	atheist	don't know
Eastern Orthodox	9	53	21	14	3
Christian culture as a whole	4	42	21	26	6

If we refer to sociological portraiture then we could say that the Christian Bulgarians "as a whole" rather believe in the existence of God, but are confident there is no Satan, neither any supernatural powers, an afterlife, Hell or Paradise, a rebirth. They do not perceive godlessness as a vice; once in a while they go to Church; they do not pray; they celebrate major religious feasts; regularly do not observe religious fasts; they are not familiar with the contents of the Bible; they use the Christian calendar for 1994.

Comparably the Moslem-Bulgarian Mohammedans and notably the ethnic Turks, believe totally in Allah. The Bulgarian-Mohammedans are confident that is there no Satan, while the Turks believe that he does exist. Both trust in supernatural powers in afterlife in Hell and Paradise, particularly the Bulgarian Mohammedans, but they are definitely sure there is no reincarnation. The Bulgarian Mohammedans do not go to the Mosque whereas the Turks- do once in a while. The Bulgarian Mohammedans do not pray, the most Turks do so in individual cases. Great religious feasts are celebrated by both. Religious fasts are observed by the Turks unlike the Bulgarian Mohammedans. Both are familiar with a certain amount fact from the contents of the Kur'an. Neither use the Islam calendar for 1994.

If we compare things with Poland then we could draw the interesting inference that the Polish Catholics are more religious (believers and practising Catholics) than both orthodox Bulgarians and Moslems in Bulgaria. It is worth mentioning, among otherthings, a characteristic discrepancy between the results of the 1992 census and the ones from the sociological study. According to the census the Moslems in Bulgaria are either Sunnites (mostly) or Shiites. No third option is mentioned. However, according to the study there is a third option and appears to be the prevalent one: only 17 % of Turks and 13 per cent of Bulgarian Mohammedans determine themselves as Sunnites, 2 % of the first and 1 % of the latter – as Shiites, while 68 % of one and 52 % of the other identify themselves through "Islamic culture as a whole." The information provided by the sensus is not wrong, but it characterises the religiousness of the Moslems through the identification of the Muftis, and not through the religious consciousness of the believers themselves.

Data supplied by the survey has allowed the formulation of the following conclusions:

1. The majority of Bulgarian society declare their religiousness.
2. The level of religiousness amongst the various ethnic groups is widely diverse: most devout are the ethnic Turks (RF = 0.727); followed by the Bulgarian Mohammedans (RF = 0.706) and the Romanies (RF = 0.649). Least religious are the representatives of the major ethnic group – the Christian Bulgarians. (RF = 0.520)
3. Most essential religious practises, such as prayer and the visit to a house of worship (church, Mosque) are irregularly carried out by the two basic religious communities. Exception is made for major religious feasts.
4. A new type of religious identification is present – throughout Christian culture as a whole, which includes forms of secularisation of the faith which vary in degree and concern the secularisation of the faith and its intelectualisation.
5. The Eastern Orthodox identification assumes for a portion of the Bulgarian population the significance of a most general culturological legitimization, a characteristic of affiliation to the Christian world and the Bulgarian national tradition. This broad concept includes utter atheists too.
6. A Generational trend towards the enhacement of religiousness is not observed. Among all groups studied the percentage of the deply devout among the youngest (18–29 years) is lower, despite post-totalitarian religious fashions. Particularly significant is the drop of religiousness among young Moslems- Turks and Bulgarian Mohammedans. And it is namely among young people that we most frequently come across self-determination through Christian culture in general.
7. The ideological vacuum, generated by the downfall of administrative socialism provided unique chances to the Bulgarian Orthodox Church. The study established that as a whole these chances have either been missed or realized minimally.

2. Religious Tolerance

As a whole, the picture presented by the representative sociological study and the surveys of the individual communities, indicates a HIGH LEVEL OF RELIGIOUS TOLERANCE.

The conviction in the exclusiveness of one's own faith is not shared by the majority both among Christians and Moslems. The dogmatic arrogance, typical of the Middle Ages has been reduced to tiny, though rock-hard islets-strikingly equal in magnitude (16 %) both with Bulgarians and Turks. People of other faiths are viewed as "people just like any other." This is found to be most emphatic among Moslems. Intolerance is there as an exception among Moslems (3–5 %) and a small group of Bulgarians (10 %).

Atheism, too, appears to be well tolerated. Less than one fifth of Christians and less than one third of Moslems believe that "godlessness is a vice". The great majority perceive those who do not believe in God also in a normal fashion – "as people just like any other." Here the degree of tolerance is higher among Moslems. They appear to be more inclined than the Christians to accept the man of other faiths and less-atheism.

The great majority of both communities is convinced that "there must be freedom of religious creeds in Bulgaria." The atheistic assumption that "religion is a prejudice that society must overcome" is rejected. Emphatic demands for curtailing and banning are made only with reference to religious sects. They are most prominent among the Christian population, but are found to prevail among Moslems too. 10 per cent of the Bulgarians polled declare to be for the banning of Islam (again). A Slightly higher figure would like to have Judaism and Budism (14 %) banned.

The religious fanatic is, for the Moslems, a more negative figure than the atheist. This fact has a broader context, too: persons polled treat with emphatic reserve both religious and political fanatics.

The suspicion that the "others" are religious fanatics diminishes. This must be specially underlined as regards the attitude of the Christian Bulgarians to the ethnic Turks and the Bulgarian Mohammedans. This major fact could be interpreted in a dual context: once as the result of an actual drop in the religiousness of the Moslem popula- tion, and twice-as a manifestation of positive trends in ethnic relations.

The feasts of the other religions are treated differently. Furthermore the number of Moslems is not insignificant (one out of three Bulgarian Mohammedans) who celebrate Christian holidays as well.

The associative experiment exposed a dominant rationality in the attitude both to one's religion and that of the others. Nearly 70 percent of Moslems and Christians respond to the word-stimuli of "Moslem" and "Christian" rationally, and do not perceive the believer subject as an enemy, but rather as a devout man. No single Moslem has formed an emotionally negative response to the Bulgarian religious feasts and the Christian Church. If we recall that only one hundred and twenty years ago a typical moslem association for "Christian" would be "infidel" we must appreciate the recurrance now of "Bulgarian," "a believer," "a man," even "the righteous one" and the depth of change: Islam has lost its confrontational target for the normal everydaylife consciousness of the ethnic Turks. A state of affairs very similar to the above is observed among the Bulgarians too, with the proviso that among the latter a greater number of emotionally negative responses to the stimuli "Turk" and "Moslem" are prevail.

Perhaps most interesting are the results of the sociological survey. It was found out that during the dramatic days of the "process of renaming" the Bulgarian population in the surveyed village commiserated with the Moslem residents on account of the gross violation of the religious faith of their fellow-villagers. The Bulgarians were particularly outraged by the desecration of the Moslem cemetery, though it was said to have been carried out for "scientific purposes." According to the representative survey the Bulgarian Christians who are religious in a greater degree tend to be more condemnatory to the "Process of renaming of the Turks."

Religious fanaticism does not have any considerable chances in Bulgaria of 1994. At least until the group of 10 % does not have any feasible chances in social administration.

3. Religious presence in ethnic relations

The study confirmed the assumption of a profound transformation of interrelations between one's own religious and ethnic relations.

Data indicate that the prepareness to live in the same country (F = 0.03), the same settlement (F = 0.04) and the same neighbourhood (F = 0.04) with ethnic Turks, to work together with them (F = 0.03), to visit their homes (F = 0.05) or just be friends with some of them (F = 0.05) is not contingent upon the piety of the Bulgarians and the degree they trust in the Christian God and observe Christian rituals. An analogous picture is detected as a whole in the adjustments of the ethnic Turks. If they are willing to work and live together with Bulgarians we must not seek the reason in any departure from Islam. The attitude of the Bulgarians to the Turks and vice-versa has been reduced to an ethnic one.

At the same time the attitude to the Romanies has not elevated above its ethnic basis. The social gap between Bulgarian Christians and Romanies is insignificantly narrowed owing to the fact that the latter's religion is not Moslem, but Christian. In just the same manner polled Turks and Bulgarian Mohammedans do not evince any particular preferences for the Moslem Gypsies. Curious as it may appear, the Bulgarians are apt to make a bigger differentiation between the Judaic Jew and the Christian Jew, than between the Christian Gypsy and the Moslem Gypsy. This can hardly allow a conclusion that for them Judaism is less eligible than Islam. It is rather a case of exception, which confirms the rule: tradition aligned the Jew adopting Christianity with the major ethnic group. The Jew is integrated in civil society by virtue of his profession, culture, way of life. His only particularity is his non-Christian religion. The Gypsy continues to be distanced with his cultural status and way of life both from the Bulgarians and the Turks. Religious faith does not seem to alter anything in this onthological fact, it has proved insufficient to bridge the gap on its own.

In the case of different religions but a common ethno-origin we obtain different results: the Christian Bulgarians nearly in all cases display a greater openness to the Bulgarian Mohammedans, than to the ethnic Turks.

The associative experiment indicates that to the word-stimulus "Moslem" the Bulgarians would most frequently (one out of three) respond with "a Turk," while the word-stimulus "a Turk" is polysemantic and will on rarer occasions (one out of ten) bring forth the association of "Moslem." Islam is identified with a concrete ethnic subject, the reverse is already less likely.

Religion thus turns from a fundamental demarcation line between the righteous and the infidels into a subordinate moment in ethnically motivated relations. Its place in the hierarchy of personal and group relations is modified. It does not follow from here that it has lost its significance but that this significance is modified in the course of the historical process.

4. The end of the process of renaming

The most significant barrier in the relations between Christians and Moslems is related to lingering memories and consequences of the "Process of renaming". Although the immediate target of this process was to alter the ethnic and not the religious identification, the process of renaming deeply affected the religious confidence and consciousness of the Moslem population. The painful wounds inflicted in the period 1985–1989 on the relations between the two religious communities, could have proved indelible too.

The study allows the formulation of the following conclusions:

1. As a whole, a considerable, we could say even a resolute stride towards a national consensus has been made in the assessment of the "Process of renaming" in comparison with 1990. The majority of Bulgarian-Christians view the "renaming process" as an offence. The negative replies of the Christian Bulgarians (29 %) have closer to the replies of the Bulgarian Mohammedans (20 %), exceed considerably the replies by Romanies (14 %) and prominently differ from those supplied by the Turks (2 %).
2. The political responsibility for the process of renaming is not transformed into an ethnic fault of all Bulgarians. The largest share of all groups, notably so the Turks, link the responsibility to the role played by Todor Zhivkov and his encirclement. Only a small percentage tend to consider that "all communists" are to blame. Exception is made by all those Turks, Romanies and Bulgarian Mohammedans (2 %) who consider "all bulgarians" to be responsible. There is a considerable similarity in the structure of the replies itself.
3. The issue of the process of renaming is not as yet sufficiently clarified to the Bulgarian public. The number of those (37 % Bulgarian Christians and 47 % of Romanies) who "cannot say" with the fault lies is still too great. The reason for such a lack of orientation is too apparent. The platforms and manifestoes of the major political forces diligently steer clear of the process of renaming. In the circumstances of a blunt political confrontation society has not as yet provided a convincing balance of responsibilities in their moral, political and judiciary aspects. Such a balance could not be made only via relings of state bodies or declarations of the political forces. In order to become a fixture in popular consciousness it must become also the object social and even philosophical rationalization.

4. There is a certain reserve of nationalist sentiments. If those who are now unable to judge whether the so-called Process of Renaming was a criminal offence, or otherwise, are open to manipulation on the part of old and new champions of renaming, then a new confrontational configuration may emerge.
5. The formation of a new civil society is the fundamental transformation which contributes to the phasing out of the process of renaming. It should not in the meantime be forgotten that we are considering here a complex process linked to a stratification of society, which may allow certain political factors to seek an ethnic vent.
6. The social and socio-political consequences of the process of renaming for the Turkish community and the country as a whole are only now beginning to show in their full scale.

The study has exposed the big stride made towards the secularization of Islam mentality. Secondly – the generational evolution in the Turkish community. The process of renaming subverted and blew up paternalism in the Turkish family.

Todor Zhivkov flattered himself at the thought of furthering the cause of the great Bulgarian men of state. However history apportioned him a somewhat different role, that of a humble continuator of the cause of Kemal Ataturk.

5. Informal communication

Day-to-day life, on the street, the enterprise or the firm, neighbours, friends, sex, the family, where informal communication plays a key role.

The study established a generally calm atmosphere and a propitious climate for informal communication in everyday life.

1. Good neighbour relations. Despite urbanization and migration processes relations between neighbours have retained their outstanding closeness for nine out of every ten persons interviewed. Poor contacts are an exception (Bulgarians, Romanies and Bulgarian Mohammedans) or a very great exception (Turks). It may be taken for granted that neighbour contacts in the ethnic minorities are characterised with a great closeness; surviving traditional customs within the smaller scope of settlement systems and the ethnic differentiation itself are largely conducive to this end. The replies obtained be come even more meaningful when we take into account the Bulgarian tradition and the Bulgarian Mohammedan one, as well as the Turkish tradition. In the words of Iv. Hadjiisky: Neighbourliness was a moral environment which was very close to kinship. In the village where the old way of life has persisted they continue to consider their neighbours as their next of kin. (11).
2. Paying visits. As expected the highest number of visits have been made at the homes of Bulgarians (they have been visited by 87 per cent of Turks, 89 per cent of Romanies and 92 % of Bulgarian Mohammedans.) The number of Turks who have visited Bulgarian homes is twice that of Bulgarians who have been to Turkish homes.

The difference appears to be still greater in the contacts between Bulgarians and Romanies. This fact confirms the greater reticence of the Bulgarians, already established by the study of the Ethnocultural situation. We have to add to already available explanations of this assymentry, the fact that the representatives of the dominant ethnic group occupy key social positions, i. e. public motivation of the retention of distance on the part of the ethnic majority and the respective narrowing on the part of minority groups is on hand.

3. Neighbour wicket. A specific form of good-neighbour relations in the small towns and in the country in Bulgaria are the wicket gates. Ivan Hadjiisky writes in this relation the following: "Even in the low-brow towns the fences were until recently bedecked with the neighbour wickets, which would never be closed and which actually turned the yards into communicating vessels of sorts; through them the women would help each other in every possible way . . .," "the widely practiced lending as a favour made many of the proprietors of things and objects only their guards, since the neighbour had the right just to walk into his yard and help himself without asking for special permission. The law was: "whatever you want, if I have it" (12).

The process of renaming proved unable to obliterate neighbour wickets and we could hardly think of a better symbol of its demise than the reinstatement of the wickets.

4. Informal communication in the mixed regions is more intensive. The status of informal communication in the regions with a mixed population is an indicator of relations between the religious and ethnic communities. Mounting tensions inexorably generate alienation, a higher degree of aloofness between the two communities exactly in the points where they negotiate directly. The study manifested a reverse trend: in the regions of mixed population the relations between Christians and Moslems are more intensive, the distance between them is shortened. 33 % of Bulgarians residing in exclusively Bulgarian populated regions have visited the homes of Turks. Comparable figures for regions with a mixed populations and exclusively Turk-populated regions are 61 % and 80 % respectively. What is meant here are not only superficial contacts: if 22 per cent of Bulgarians in exclusively Bulgarian – populated regions have Turks as friends, in the regions with mixed population the comparable figure is 51 per cent.

5. Informal communication affects ethnic mindsets. The study gives an idea of a number of relations whose further analysis will have to be carried out via qualitative methods. For example, Bulgarians who have been at the homes of Turks would more often speak in favour for freedom of religion. On the other hand, Turks, who have visited Bulgarian homes, are less inclined to state that "there is only one righteous faith." Naturally in these cases it is rather difficult to find out what is the reason and the result, but it will hardly be an exaggeration to assume the existence of a mutual link. It is indicative indeed that one of the essential prejudices of the Turks – "the Bulgarians are privileged," is visibly washed away ($F = 0.239$) on visiting a Bulgarian

household. The same refers to the assumption that "the Bulgarians are religious fanatics."

It was pointed out earlier that ethnic inclinations do not as a whole depend on the degree of piety. However informal communication does have a visible impact of them. Thus the Bulgarians who have Turkish friends are far more strongly inclined to live in the same country with Turks (F = 0.188), the teacher of their children to be an ethnic Turk (F = 0.218), to have an ethnic turk for a cabinet minister. (F = 0.185) Or the difference (F = 0.133) between the Bulgarians, who have been to the home of Turks and those who haven't is obvious when the attitude to the cultural organizations of the minorities is considered. The number of relevant examples can easily be expanded.

6. Limits of informal communication. It can be assumed that informal communication powerfully affects the behavioral patterns. For instance Bulgarians who have Turkish friends are far more inclined to see an ethnic Turk as their Chief of Police. However the study disclosed that there are clearly outlined limits of the impact of informal communication. Evidently among Bulgarians persists the opinion which rejects the education of minorities in their mother tongue in all school subjects. There is no difference of opinion between people who have visited Turkish households (F = 0.2), whether they have Turkish friends or otherwise (F = 0.5). This comes also true in the case of positive public opinion, for example on the question whether minorities could study their mother tongue in private schools. Here again there is no difference deriving from informal communication, it rather generates from an already built positive opinion.

7. Business ties. Private business generates new prospects and options for informal communication. Sociological surveys in the Deliorman area have brought interesting facts: private firms are created by Bulgarian businessmen with Turkish capital. The Turks would rather have a man from the basic nationality "operate" their investment. Trust is secured by common friends – Bulgarians and Bulgarian Turks.

Deviant forms. The promotion of informal contacts has its pathological developments: these are criminal associations with the participation of various ethnic groups in all possible combinations: Bulgarians and Gypsies or Bulgarians and Turks and even Bulgarian, Turks and Gypsies. However we could not contend that this is an instance of a mass scale phenomenon.

The stage that has been reached inofficially has been the positive intra-ethnic relations, established by the study.

6. Basic adjustments and inclinations

The study shows a significant similarity and proximity of mindsets, inclinations and value-relationships of the various religious and ethnic communities, as well as characteristic differences. The similarity refers not only and not so frequently to the state of value-adjustments as to the trends in their transformation. In many important instances the differences are concurrently similarities too in alternating generations, i. e. the value orientation of the young Moslems are close to those of the parents of Bulgarian Christians, and those of parent-Moslems-to those of the Christian great-grandparents.

1. *Liberalization of Moral adjustments.* As a whole we establish a high degree of liberalization even in comparison with the (most developed) European countries. The majority (56 %) of Bulgarian Christians considers normal pre-marital sex, nearly one third – extra-marital sex, the majority (52 %) does not object to concubinage and abortions as well as for a single woman to give birth to and bring up children on her own. Sex between people of the same sex is considered a private matter. The sexual liberalism of the Romanies is close to that of the Bulgarian Christians. In some cases it even exceeds it. Closest to traditional morals seem to be the ethnic Turks, but it is namely here that the generational gap is most prominent. It is only now that the majority of young Turks (66 %) consider pre-marital sex normal as well as concubines, (51 %), while sex between people of the same sex is seen by 53 % as a private matter. Most significant to the problem, however, is the fact that liberalisation directly affects ethnic and religious relations. For the first time ever young Turks believe it is not important that spouses necessarily have the same religion. In the case of the Bulgarian Christians and the Bulgarian Mohammedans this hurdle has been cleared by those belonging to the 30–39 age bracket. Analogous is the answer to the question whether it is important for spouses to be of the same nationality. Evidently the overcoming of the religious and ethnic barriers has occurred simultaneously or to be more exact these are the two sides of the same barrier.

2. *Repressive mindsets.* It could be well expected that the penalty of death has been winning an increasing number of champions in the circumstances of mounting criminal offences. The results of the study, however, surpassed any preliminary forecasts: Amazingly, nearly half of the people polled (the representative sample) consider the death penalty mandatory "in all cases of murder," 40 per cent in all cases of rape, more than one third desire that death penalty be given in cases of theft too. (!) We could then safely maintain that the various ethnic groups as a whole respond in the same manner regardless of their religion. The ethnic Turks appear to have a greater degree of clemency for offenders. Difference would rather seem to derive from the extent of defencelessness: the eldest are the fiercest.

3. *Egalitarianism.* The widely used test question for or against the restrictions on salaries shows that the stride towards the surmounting of egalitarian concepts is characteristic of all ethnic groups. The replies supplied by Bulgarian Christians and ethnic Turks are nearly identical. The inclination towards more significant levelling is observed with the Romanies, a fact, easily accounted for with the problems besetting their everyday life.

4. *Depolitization.* If the loss of interest in the political life is considered as a sickness than we could assert that an epidemic has spread over all ethnic groups: half of the

Bulgarians, two thirds of the Turks and the Bulgarian Mohammedans and three fourths of the Romanies are not interested in politics. This result is in drastic contrast to public sentiments of some three – to four years ago. The significance of the fact is enhanced by the mass-scale abscence of firm political preferences for a certain party or coalition (59 per cent of the Bulgarians, 64 per cent of the Turks, 64 percent of the Romanies, 73 per cent of the Bulgarian Mohammedans.) Only just over a half of the persons polled have given a firm yes to the question if they were going to vote at the next Parliamentary elections. (55 % of the Bulgarians, 58 % of the Turks, 55 % of the Romanies, 44 % of the Bulgarian Mohammedans.)

5. *Drop of trust in institutions.* The loss of interest in political life must probably be directly linked with the substancial drop of confidence in the major institutions of state. In this case we are again faced with a such a great similarity, that we can almost say it becomes identical. All ethnic groups hold the National Assembly in lowest esteem (its performance is approved by only 3 % of the Bulgarians, 6 % of the Turks, 4 % of the Romanies and 5 % of the Bulgarian Mohammedans.) All communities seem to have the greatest respect for the army (Its performance is approved by 43 per cent of Bulgarians, 42 per cent of Turks, 41 per cent of Romanies and 54 per cent of the Bulgarian Mohammedans). The attitude to president, government, police, courts and the Prosecutor's Office is also similar in some rather unexpected twists. For instance the Romanies hold the president of the republic in lowest esteem. Certain differences, notably so between Bulgarian Christians and Turks are observed in their attitude to the direct exercise of administrative power in individual municipalities.

6. *Appraisal of the period 1944–1989.* Rather surprisingly perhaps data speak of a considerable approximation of views on the postwar socialist history. The largest share of negative assessment comes from Bulgarian Christians (25 per cent), to be followed by the Turks (17 per cent), the Bulgarian Mohammedans (12 per cent) and the Romanies – only 8 per cent. The views of the ethnic Turks on the issue appear to be most well balanced: ("There was both good and bad, you couldn't say which was more"). Among the remaing groups we most frequently come across the answer of "There were errors and difficulties, but achievement was there indeed." Five years have elapsed since the time of the: "Grand Excursion," which a sufficient distance to be able to view the postwar period not only through the prysm of the dramatic events of the "Process of renaming."

7. *Views on responsibility for Bosnia.* The direct conflict between Moslems and Christians in Bosnia generates explicable differences of views. The fact is, however, that the differences are not so great and are not religiously motivated. All respondents see that the responsibility should be equally apportioned to Christians and Moslems. Only one fifth of the Turks and one tenth of the Bulgarian Mohammedans see the fault lying only with the Bosnian Serbs. The fact is highly indicative of a calm, rationalized and balanced approach on the part of the Moslems in Bulgaria to a vicious conflict which has assumed religious and ideological connotations.

8. *Geopolitical adjustments.* There is a misgiving that Islamic fundamentalism may jeopardize the future of the country, but its scale is limited and does not generate a flagrant difference in the views of the individual religious communities. In return opinions tend to polarize, specifically so between Bulgarian Christians and Turks on the matter of import of capital from the Islamic countries. The only rather significant difference appears to be in the views on the possible hazards that may be entailed by the "ambitions of the Turkish state." The guarantees of national security are equally obscure to all respondents. The danger of another Balkan war seems to generate a common anxiety. The view that "the world is growing even more hostile and dangerous" is shared by 72 % of the Bulgarian Christians, 81 % of the Turks, 78 % of Romanies and 79 % of the Bulgarian Mohammedans.
The study manifests the presence of common or similar basic moral norms and values adjustments which are in themselves the most underlying groundwork of the compatibility between the ethnic communities. Along with this, the formation of a national public opinion evinces itself. Direct differences emerge on the basis of economic and administrative interests.

7. Negative mindsets and adjustments

The positive trends in ethnic and religious communication do not justify an assumption that an ethnic idyll is on hand. Datae point to the presence of ethnic subconsciousness, still congested with prejudice and negativism even under the guise of tolerant behavior.
1. Social gaps, gauged with a variety of possible degrees of proximity, from citizenship on the hand all the way to a common family are very differentiated. The Bulgarian Christians are accepted on all the levels mentioned, they are however never desired as husband or wife in a Turkish family (the majority of young Turks, have surmounted the yoke of bias in this case.) This is a fundamental fact, because the attitude to the Bulgarian Christians is the most important ethnic indicator of the degree of socialization in the state of Bulgaria. On the opposite pole stand the Romanies, the most rejected ethnic group. The majority of all groups accepts them in the country, the place of residence and the workplace but would like to have them in the neighbourhood, in friendly communion and particularly so in the family. Impressively, the Bulgarian mohammedans appear to stand at a greater distance from the Turks than the Bulgarian Christians.
As a whole the picture reiterates the positive trends, and compared to 1992 results indicates (to) a shrinkage of the gap, specifically between Bulgarians and Turks. As a whole the Bulgarians tend to be more reticent, more aloof from the other communities, a fact which has certain socio-psychological and administrative implications. In any case the contacts with the dominant ethnic group in the country are far more

necessary for the minorities than vice-versa. The problem evidently arises from the psychological consequences of the gap rather than from its objective determination.

2. The ethnic prejudices are motivated primarily by the idea and knowledge of the status of one ethnic group and the personal qualities of its representatives. With reference to the Bulgarians negative adjustments are mostly linked with the concept that they are priviliged (according to 46 % of the Turks, 69 % of the Romanies and 45 % of the Bulgarian Mohammedans). They are further believed to themselves seek such a status by avoiding hard work desiring managerial and administrative posts only. "By way of exception only are the Bulgarians viewed as" religious fanatic. The assertion that they "could not be trusted and relied upon" is firmly rejected.

Paradoxically, however, the suspicion of a privileged status is not the privilege of the Bulgarian Christians. More than half of the Bulgarian Christians believe the Bulgarian Turks are the priviled ones, and more than two thirds that "the Turks have occupied too many key posts in the administration of the country." More than 60 % of the Bulgarian Christians, contrary to traditional good neighbour relations, consider that "the Bulgarian Turks cannot be trusted nor relied upon," or that "the Turkish minority is hostile to the Bulgarians." Despite the process of renaming the Turks do not believe the Bulgarians are hostile to them. On the contrary, the majority of Bulgarian Christians continue to think the Turkish minority views them with animosity. This assymetry allows us to perceive the populist aspects of the nationalist strategy, materialized in the process of renaming. The varying openness in the relationship Bulgarians – Turks points to the extent of fear and lack of confidence in the Bulgarian National subconscious. A major argument to benefit such an inference is the fact that Bulgarians in the regions with mixed population do not complain more than the others that the Turks have grabbed "key places in the administration of the country." And last but not least one third of the Bulgarians concede that "everything possible must be done to let the greatest possible number of Turks migrate to Turkey." The result corresponds to contradictions within the mentality of the Bulgarian Christians. Furthermore the Turks tend to differentiate far more between the Bulgarians, than the Bulgarians do them. Only $^1/_4$ of the Turks consider the Bulgarians to look all the same, while for $^2/_3$ of the Bulgarians the Turks are but a depersonalized mass of people.

A more alarming fact perhaps has been the accumulation of prejudice with regard to the Gypsies. The only thing they are not credited with is that they are religious fanatics; only (but) few consider them to be privileged. Beyond this their collective image is depicted entirely in the black-colour range: lazy and irresponsible, inclined to criminal offences, they cannot be trusted nor relied upon, they are all the same, they must live separately on their own and should not mix with us. The rest of ethnic minorities generally agrees with the Bulgarians on the matter of the Gypsies. The only departure concerns the Gypsy ghetto.

The Bulgarian Mohammedans are the most broadly accepted group, possibly being seen as Bulgarians by the Bulgarian Christians and as Moslems by the Turks. However, the Bulgarian Christians have sustained substancial prejudices with regard to them, too: religious fanatics (for 37 %), people that cannot be trusted nor relied upon (30 %), generally taken very much alike (46 %).

The amazing degree of willingness to equalize the representatives of one ethnic group speaks of the path that must be traversed by the society itself in order to narrow the gap between the ethnic groups, between the country as a whole and the latterday civilizational level. The volume of ethnic prejudice can be explosive: the presence of generalized concepts and mindsets is a convinient vehicle for the attribution of collective fault and hence-nationalist manipulation.

3. The rights of Minorities. The discrepancy between the Bulgarian Christians and the "other" culminates in this point, attaining possibly administrative completeness. The Bulgarian Christians concede the right of the minorities to create organizations and associations for the preservation and the development of their culture; there is a major consensus on the issue. On the other hand the minorities do not seek territorial self-rule. Within the thus set out limits of recognition of the culture and the ammission of territorial autonomy there exist a broad range of minority problems, entailing a host of different view points. Only half of the Bulgarian Christians acknowledge the right of the minorities to have their own deputies in the National Assembley and the bodies of local government, and less than $^1/_4$ to maintain their own political parties. The last issue could be considered as a sheer compliance with the present Constitution, if the right to Parliamentary representation and representation in local government were not challenged too. In a most general context minorities have not been clamouring to have their children instructed in all general school subjects in their mother tongue. Here the difference is striking when compared to the bluntness of the Bulgarian Christians. There is a consensus on the question of having one's mother tongue privately tutored. The Bulgarian Christians repeal the studying of minority languages in the state-run schools (67 % of Bulgarians are "against," and 85 % of the Turks are "pro").

The motivation of such treatment of the rights of the minorities manifests clearly in the preparedness to endorse people from other ethnic groups on important public positions. The Bulgarians refuse to be governed in *his* capacity of a cabinet minister, to be defended in *his* capacity of an army officer or as Chief of the local Police Force by whatever representative of the minorities: A Turk, a Bulgarian Mohammedan, a Gypsy – Christian or Moslem. They would not further agree to have their children taught by a teacher from another ethnic group.

Further to the general impression of the need for a mandatory evolution of the Bulgarian mentality towards greater openness and inner stability two clusters of concrete problems emerge. The accumulated negative adjustments generate potential hazards in two directions. One is the relationship between the Bulgarians and the most enlightened and organized part of the ethnic minorities – the Bulgarian Turks. The other lies in ostrachism to which the Romanies are subjected, and which, if allowed to persist, would gradually push them down to the social bottom.

8. The print media

Within the frame of the study publications on ethnic and religious problems in the country in 65 central and regional newspapers spanning a period of 15 months were examined. The volume of material and the time span allow the substanciation of the following conclusions.

1. Specific gravity and structure. As a whole the newspapers allot considerable attention to the general state and (ethnic and religious problems) in the country. (2795 publications). Attention is distributed unevenly, it is directed mostly to the Turks and Gypsies (a total of 343 publications are devoted to the Bulgarians: 1153 to the Turks; 1114 to the Romanies and 155 to the Bulgarian Mohammedans). The potential of tensions, concealed in the ethnic subconscious of the Bulgarians themselves, remains in the shadow. The subject structure of the publications covers the two above outlined clusters of problems, but treats them one-sidedly.

As concerns the thematic structure most characteristic seem to be: crime as a problem of ethnic relations (22.7%), the process of turkification (13.0%); the problem of Islam (8.9%) the problem of life – gypsies (7.7%) neo-fashism, racism, xenophobia (5.7%); unification and protection of the gypsies (5.0%). The structure reflects the close dependence of the press on the "topic of the day."

2. Debalance – Compatibility – incompatibility. Out of the registered aggregate, 885 publications or 33.66% concern directly the links of compatibility and incompatibility between Christians and Moslems in Bulgaria. From among them only 30 inform readers about cases of compatibility while the predominant part (855) deal with instances of and causes for incompatibility.

The publications are unevenly spread in the various periodical publications in compliance with editorial policy. The greatest number of cases of tensions and controversy among Christians and Moslems are covered by "Duma," "24 Hours," "New Life," "Down." A considerable number was carried by "Trud," "Continent," "Democrazia," "Standart," "The day," "Maritsa." These as a matter of fact are the newspapers with the largest circulation. Special mention must be made of the leading place occupied in this unenviable standing by the "Duma" newspaper.

The materials, dealing with cases of demonstrated compatibility between Christians and Moslems, take up an inconsiderable share (1.07 %). These are mostly cases related to the joint celebration of religious holidays, the construction of Houses of worship, or economic aid.

The number is much greater of publications devoted to incompatibility, tensions and controversy between Christians and Moslems. The Major reason for this, according to the press in the turkification of the Bulgarian Mohammedans, the pressure brought to bear upon them to adopt Turkish names and a turkish consciousness – 42.69% out of the total share of publications. According to 15.67%. The Movement for Rights and Freedoms is one of the major factors generating the emergence of incompatibility in the regions with mixed population. Thus is evaluated the performance of a variety of emmisaries of the World Islamic Fundamentalist Organizations, who come from abroad (from Iran mostly) and who operate intensively on the territory of the republic.

The major fault for the relations of incompatibility between Christians and Moslems is attributed to the Moslems: only in one tenth of instances cited (9.60 %) of tensions and controversy the fault is though to be found with the Christians, in the balance of over 90 % the cause is found to be in the behaviour and positions of the Moslems.

Information carried in the press expose the fact that the emergence of tensions and incompatibility between Christians and Moslems is imported from outside, by political formations, Islamic religious leaders, foreign propaganda, for reasons entirely beyond the average people.

3. Negative tonality. Over the 15 months of observation the periodical publications have as a whole been most critically oriented towards the gypsies and the Turks, shades in the negative tonality being insignificant. The best position is apparently occupied by the Bulgarian Mohammedans. The publications criticizing the Bulgarians treat mostly instances of pro-fascist inclinations towards the Gypsies and extreme manifestations of nationalism in the regions with mixed population.

A negative attitude to the Turks is demonstrated in the largest degree by the pro-nationalist Dawn newspaper. An unmistakably negative attitude to the Gypsies is taken up both by general newspapers, oriented towards a heterogenous audience and the publications, printed in the mixed population regions. In the weekly "Rights and Freedoms" (in Bulgarian) a large number of critical materials are published on the behaviour of the average Bulgarian and representatives of power. The "Moslems" newspaper asserts the necessity of cooperation and tolerance between Christians and Moslems.

The print media abound in headlines such as "Gypsies abduct girls," "Cops mugged by gypsies," "Gypsies terrorise social workers," "A Righteous one maims his wife," "Gypsy stabs neighbour to death," etc. Though the facts in the mentioned publications have not been checked to verify, to confirm truth is not twisted, it is easy to perceive that the facts have been generalised and turned into suggestions of a collective fault and guilt of an entire ethnic group. Comparably, no link is ever made in the case of criminal offence concerning Bulgarians with the ethnos of the perpetrator. The ethnicity is linked up only in the case of minorities.

If we take into account the circulation and the priodicity, the greatest reponsibility for the dissemination of distorted and inadequate facts about Turks and Gypsies lies mostly with newspapers published in the capital. Only 1.07 % of all publications work towards the cultivation of normal, tolerant relations between Christians and Moslems.

4. Images. The analysis of the press has allowed the scrutiny of the formation of definite images of the major ethnic groups in the country:

The Bulgarian. Positive image: A Christian, respects Christian values, sets great store by his family, loves his country. Negative image: Hates gypsies excessively. For him they are nothing but dirt, utterly despises them and is prepared to carry out all kinds of extreme activities against them, pogroms and linching included. Does not wish to have Gypsies for neighbours, dreams about a bulgarian Ku-Klux-Klan.

The Turk. Positive image: honest, hard = working, studious, loves his children strongly, takes care of his house of worship. Negative image: If placed in a highly administrative post in the regions with mixed population operates in an utterly arbitrary manner over the Bulgarian population, renames public sites and projects from Bulgarian into Turkish. Puts up the crescent and the stars in Bulgarian towns. Watches Turkish television only, listens only to the Turkish Radio. Spreads hate and intolerance. Propagates Islam. Prepared to use arms to insure the victory of Islam over Chris- tianity. Does not approve of the Bulgarian. Mixed Christian-Moslem marriages are an anachronism.

The Gypsy. Positive image: Aware of the value of art, loves his family, next of kin, good mixer, light-hearted, merry. Negative image: Has no God, rejects Christian and universal human moral norms, does not respect the work and labour of other people and private property as the symbol of individual endeavour and success. Treacherous and dishonest. Does not accept responsibility, cannot stand by his word. Illiterate and incredibly indolent and idle. A criminal first and foremost. A potential murderer, rapist, bully, marauder, plunderer, thief, robber, cheat, forger. Starts on the road of delinquency in minor age.

The Bulgarian Mohammedan. Positive image: Person of integrity and courage. Today goes back to Christianity and this is a demonstration of his Bulgarian national consciousness. Defends the Bulgarian ethos. Negative image: ignorant, easy to manipulate/Subjected to brutal turkification he is not able to hold his own and surrenders. Forsaken by God and state. Scared, traumatized, his national consciousness is strongly turbid.

5. Genres: Newspapers appear to have chosen in their majority the informational genres (nearly 80 % of all publications, 66.69 being informations and 12.85 % – chronicles.) Nationalist leaders have been outspoken most in the extensively provided space for interviews. In the meantime commentaries have occupied only 10.84 %, articles – 2.11 %. Which comes to imply that the press has, on a daily basis, bombed their readers with news, without ever helping them to find their bearings in this rather tangled matter.

6. Authors: Journalists dominate the field of authors (73 %) to be followed by staff writers (unsigned publications – 26.23 %). A special point needed to made here is that the publications demonstrated the lack of expertise on the part of the Bulgarian journalists in dealing with issues of the religious ethnic interrelations. And this of itself deprives the public in Bulgarian of competent sources for the formation of ethnic culture.

The study allows to gauge one particular kind of journalistic populism, namely, the press would rather bank on popularity by seeking to persuade the mass of its readers in the validity of its prejudices, rather than attempt to tread against the current.

9. Political parties

1. Attitude to religion. The analysis of 37 programmes and 29 election platforms of political formations in the Bulgarian society disclosed that there is no party in Bulgaria to propagate religious intolerance, neither intolerance of religion in general, nor of a certain religion either. Even the extreme left parties (for instance the BCP-Marxists) not only recognize the principle of the freedom of religious creed but also refrain from declaring themselves as atheistic formations.

There are no political documents with anti-Islamic character. Even the nationalist organizations do not relate religious and ethnic problems in their political messages. In public life no moves are made towards the curbing of the rights of Moslems in Bulgaria. Within the frame of the nationalist arsenal of ideas it is rather the evangelistical sects that may come under fire.

The Bulgarian society accepted the existence of the Movement for Rights and Freedom (MRF), originally a movement for rights and freedom of the ethnic Turks and Moslems in Bulgaria, which is actually a political organization of the Bulgarian Turks. All campaigns seeking to bann the MRF on the basis of the present Constitution outlawing the creation of parties on ethnicity principles, have so far failed.

As a whole the degree of tolerance towards religion tends to be high, political tensions are caused only by the activities of some of the evangelistical sects and internal strifes in the Bulgarian Orthodox Church.

2. Nationalism. One of the characteristic features of the Bulgarian political transition to democracy was the fact that the downfall of the Totalitarian regime coincided with with the political scandal surrounding the so called "Process of renaming" of the Bulgarian Turks. Partially owing to this for quite sometime unconcealed nationalist doctrines were considered to be a case of poor taste. That is why parties which declared themselves to be pro-nationalist came forward with very well tempered programmes on the national issue and recognized the basic rights of the minorities. In any case no programme of any party appearing successfully in the 1990 and/or 1991 election did not feature overly nationalistic theses.

Now on the political scene, though with a rather secondary role for the time being several nationalist oriented political formations are to be found. They profess not so much aggressiveness towards the minorities than fear of an eventual aggressiveness on the part of the minorities. These parties failed to win expansive political space, but still captured the vote of more than 100 000 electors. Special mention must be made here of the programme of the Bulgarian National Radical Party, which urges the creation of a single name system for new-born Bulgarian citizens, condemns the rearing of children from "non-Christian families and clamour" for an absurd restriction, under which every citizen may via private ways and on private means study only the UN-recognized international languages: English, German, French and Russian. This truly "unique" manifesto declares the struggle for supremacy between Christianity and Islam a global problem. Out of the host of nationalist formations, emerging in the wake of 1991, the most extreme appears to the Bulgarian National Party "Princedom of Bulgaria," which upholds "the eradication of Islam on the Balkans with the exception of the Turkish part and Albania." The same party declares there are no Turks in Bulgaria. And the Romanies are urged to fight for their right to exist in a state of their own. The most considerable nationalistic potential is to be found in the VMRO, an organization which exploits the name and the traditions of the former Macedonian revolutionaries.

Nationalist tendencies in Bulgaria gravitate to the fear for the national identity and apossible future national division or partitioning. They tend to be closed off, anxious over the conservation rather than the unification of the nation and this sense has very few points of contact with the Great Bulgaria nationalism of the 30's. There is also the fear of higher birth rates in the minorities, notably so among the Romanies. The extension of the rights of the minorities is viewed as a gradual expansion of the hazard of assimilation and/or the fragmentation of the Bulgarian community.

Bulgarian nationalism is anti-Turkish and anti-Romany in purpose. The anti-Turkish nationalism is projected outward, Turkey is perceived as the traditional threat for the Bulgarian nation, and the Bulgarian Turks, either as its fifth column or as the victims of Turkish propaganda. The anti-Romany sentiments view the Romanies, unlike the Turks, as an inside enemy, and have been assuming increasingly of late an undisguised zenophobic nature.

For the time being the "direct" impact of nationalism on Bulgarian politics has been rather weak, though we should not underrate possible speculation with populist nationalist sentiments, particulary anti-Romany inclinations.

3. Ethnic parties. The Movement for rights and freedoms is essentially a party of the Bulgarian Turks, based on ethnic principles, although it has never owed up to the fact, in official documents or public activity. At least 90 % of its membership and more than 90 % of its voters are ethnic Turks. The attempts to create other political organizations of the Bulgarian Turks are the result of ideological and political bikerings within the Movement for rights and freedom.

As a whole the MRF has operated on the political scene as a moderate organization of a centrist type, seeking to strike the balance between the two imperious "poles" in the Bulgarian political life – the UDF and the BSP. MRF has had a rather tempering down impact on the outbursts of Great Turkey nationalism among the Turkish minority. The organiszation has always had an emphatically critical attitude on the issue. Attempts have continued, though abortive so far at the creation of a Turkish nationalist Party. The Islamic Calendar for 1994, published in the "Moslems" newspaper and which flagrantly inculcates the suppression of the Bulgarian state tradition and Bulgarian culture fully identifies it with the Turkish state tradition and culture, motivated through Moslem suggestions.

The MRF has relatively consistently defended the demands for the expansion of the cultural and religious autonomy of the Bulgarian Turks. It did however got involved in the adoption of a number of Bills, which affected badly the socio-economic interests of that community. The major role the Movement is set to play in the political life of the country, at least within the limits of the forseable future, is out of question. There are no indications that the Bulgarian Turks are motivated to support any other than ethnically oriented political vote.

There have been attempts to create political organizations of the Romanies, Jews and Macedonians. These organizations have feeble impact and no national significance. Certain Macedonian organizations, however, given certain political circumstances may assume major regional impact in the Pirin mountain region.

4. The Christian parties. Roughly ten Bulgarian parties call themselves Christian. It cannot be maintained, however, that they have anything in common with the political tradition of the Christian parties in Western Europe. With no material exception what we have is the utilization of traditional, verbally acceptable labels and nothing more. Possible some of the mentioned parties may evolve towards the political ideas and principles of modern-day Christian democracy.

The independently existing parties, claiming to be Christian, have a next-to-none political impact. The formations, which coalesced with the UDF or with the BSP have had a certain humble measure of influence.

5. Political sentiments among the electors of the minorities. The Bulgarian Turks are totally oriented towards an ethnic vote in favour of the MRF. The sentiments of criticism towards this organization have been mounting among its electorate, but, as yet, a mass re-orientation of the vote is impossible. At the same time this group of voters is very likely to lessen its electoral activity, which was exceedingly high at the previous election. It may be that the Bulgarian Turks re-orient themselves towards other organizations, claiming to safeguard their rights. In any case these will be organizations built on ethnicity lines.

The Romanies are the community most alienated from politics. At the preceding election their vote was scattered between the BSP, the UDF and the MRF. It may well be expected that a part of the Romanies will continue to support the MRF, but that number will diminish. The UDF has been losing credibility among the Romanies at the expence of the BSP, other parties (Romany parties included) have no impact. A situation is emerging where this community is inclined in the largest measure to support the former Communist party. The explanation should have sought in the massive disenchantment of the Romanies with the socio-economic situation in the country over the last few years. A huge majority of the Romanies in the country subsist on social benefits only and see in the person of the BSP a guaranteur of a more efficient social policy. As a whole however the political affiliations of the Romanies are too volatile and if any forecasts should be attempted on their future political behavior, those should be made only for a short term period.

The Bulgarian-Mohammedans have diverse political preferences depending on their immediate encirclement as well as on more general ethno-cultural factors. The Bulgarian Mohammedans residing in regions, bordering on Turks tend to be more inclined to turn to an anti-MRF vote (the BSP in most cases). In the regions, neighbouring with Bulgarians, the vote in favour of the MRF prevails. Among the Bulgarian Mohammedans in the Pirin mountain area preferences are in favour of the UDF and the MRF. The choice is dual-on the one hand between a Turkish (the MRF) and a Bulgarian party, on the other-between the two major Bulgarian formations, the tendency being towards the growth of the impact of the BSP.

For the time ethno-religious problems do not constitute "the apple of discord" in the Bulgarian political life. Extreme political doctrenes are not popular. Parties, created on ethno-religious lines have a feeble impact with the exception of the MRF, which has so far led a well moderated policy, seeking the containment and not the exacerbation of intra-ethnic tensions.

10. The ethno-cultural communities in an economic context

1. The comparative analysis of the economic status of the various ethno-cultural communities allows us to assert that by the time the study was carried out the representatives of the Romany minority have the lowest economic status.

The Romanies offer the largest relative share of working-age population in the country, which does not hold a permanent job (64 %); the smallest number of respondents who have savings in the bank (only 11 %). Most often too they have debts to repay to the State Savings Bank and other Banks (13 %), to relations and acquaintances (18 %). Practically the entire community (93 %) has remained outside the process of land restitution in Bulgaria since it does not own any land.

The representatives of the community in the smallest measure can rely on permanent and guaranteed income, such as salaries and retirement pensions. In return, however, for 21 % of the households studied, social benefits are the major source of income. Another 11 % rely on support from relatives or close friends.

In a situation where they cannot rely on a permanent job income, the Romanies, far more actively than the representatives of other ethnocultural communities have sought a way out in some sort of a private enterprise (commerce most often). Despite all this their economic situation remains difficult without any prospects for a substancial betterment in the near future.

2. The other three communities, the Bulgarian Christians, the Bulgarian Mohammedans and the Turks, live in rather similar circumstances. Differences between them

appear to be statistically insignificant: in the three comunities between 66 and 70 % of the persons investigated may receive land; between 38 and 41 % have savings in the bank; between 10 to 16 % are repaying loans to the State Savings Bank, other banks, relatives or acquaintances.

And yet results give us the good ground to assume that the economic status of the Bulgarians is slightly better than that of the Bulgarian Moslems and the Turks.

First, unemployment, or in the more frequent of cases the lack of permanent employment, is a phenomenon, affecting far more often the representatives of the mention two communities than the Bulgarian Christians. To compare: 25 % of Bulgarian Christians; 41 % of Bulgarian Mohammedans and 42 % of Turks in working age do not hold a permanent job.

Second, the relative share of household, which are entitled to receive their land back is nearly the same in all three communities. But while, the greater number of Bulgarians, who are not entitled to receive any land back reside in towns and cities, hold a permanent job or have some sort of city property, from which they can obtain some sort of an income, the Bulgarian Mohammedans and the Turks live predominantly in rural areas and are worse affected by unemployment. That is why, the lack of landed property among Turks and Bulgarian Mohammedans has had a more adverse effect upon them than upon the Bulgarians.

It is worth mentioning that as a whole, the huge majority of Bulgarian Mohammedans are entitled to receive small plots of land (up to 10 dca).

3. An immediate comparison along the basic economic indicators displays that at the moment of the investigation the Christians in Bulgaria enjoy as a whole more advantageous circumstances than the Moslems. But can we, hence, draw the conclusion that religion is a significant factor in economic status differentiation?

To test the strength of the hypothesis we have introduced in the analysis such concealed variables as ethnicity, geographic and economic characteristics of the regions, where the two communities live predominantly, the degree of urbanization of the regions, etc.

And we have arrived at the following facts:

- No statiscally important differences in the economic status of the Christian Romanies and the Moslem Romanies are observed;
- None were either established in the comparison between Bulgarian Christians and Moslem Turks in the mixed regions with a low degree of urbanization in the Northeastern and Southeastern parts of Bulgaria;
- Abscent also are statistically important differences in the economic status of the Bulgarian Moslems (residing mostly in the mountainous regions of Southern Bulgaria) and the Bulgarian Christians living in similar geographical and economic conditions.

All this gives us good reasons to assert that despite established differences in the economic status of Christians and Moslems, religion is not among the significant factors, which can account for it.

The rather in this case is, that an expansive share (roughly 70 %) of Moslems and a much smaller share (15 %) of Christians in Bulgaria populate regions in which the economic infrastructure is less developed than the average for the country level. To this we should add the fact that namely these regions have been hit worst by the economic crisis, which the country has experienced since the second half of the 80's. As a result a enormous number of jobs were closed down in the industrial enterprises, which had been created in the mentioned regions not so much for reasons of economic expedience, rather than for reasons of social welfare. The major means of local livelihood for the rural population, tobacco-cultivation sustained a severe blow. That is why unemployment and the drop in living standards have such high values both among the Moslem and the Christian population.

4. The similar economic destiny of both Christians and Moslems in the regions of mixed population does not signify that the economic inequality between the two communities established by the study across the country ceases to be a potential source of tensions between the two religious creeds. Just the reverse. We can judge from the strength of certain indirect indicators that inequality is a fact in the minds of the Moslems and is assumed by them to be a sign of economic discrimination. Such sentiments could constitute excellent material for political and religious usage, which, given certain circumstances could transform an otherwise basically regional economic drama into political and religious conflicts.

11. Regional and socio-demographic factors

1. In all groups studied, sex differences are uniform. A common fenale characteristic is their high religiousness. They tend to be more conservative in their views, when we consider basic adjustments and inclinations. The women are more aloof in their contacts with representatives of other ethnic groups, particularly so Moslem women. There is no material differentiation between men and women in the level of religious tolerance. On the other hand, however, women from all ethnic groups are more apt to absolve the champions of the renaming process.

Men exibit a far more stronger interest towards political life and declare a higher electoral activity. The attitude of both sexes to the political institutions is equally critical. The Bulgarian women are more inclined to vote for the BSP unlike the men. Lesser trust in the MRF is characteristic of males from the Turkish community.

2. Age appears to be the most potent socio-demographic characteristic. The survey has exposed greater differences of views among the generations than among the individual groups studied. The younger the age of the respondents, the lower their religiousness and vice versa. This fact seems to contravene the emerging over the last couple of years a tendency towards the enhancement of declared religiousness. Evidently it is not only young people who are the carriers of the trend only, it affects all

age groups. It expresses the gradual dissolution of the bias that religion is something bad, persistently cultivated by atheistic propaganda until 1989.
Parallel to this the impact of religion upon the younger generations has weakened the generational differences seem to be stronger with the Turks and the Bulgarian Mohammedans, than with the Bulgarians.
With the Romanies the situation is rather specific: the level of piety is weakly affected by age; intragenerational divergences are but feeble.
Most prone to intolerance with respect to other religions are the people of the two age poles, the eldest (over 60 years of age) and the youngest (under 30 years of age). In the case of the elders this is accounted for with the basically higher degree of religiousness. With the young ones, however we witness the operation of other factors, one of which is the age inclination to extremes. Most tolerant is the median generation (31–50 years of age).
A very propitious fact is the one that the younger generations open up to each other. This is particularly characteristic of the Turkish community, where the relative share of people up to the age of 30, who have visited the homes and have friends in other ethnic communities is two times that of elders. Though less strongly evinced this trend is characteristic also of Bulgarians, Bulgarian Mohammedans and Romanies.
Turks up to the age of 50 are definitely tolerant with respect to abortions (nearly 60 % consider them to be fully admissible), while only one out of four Turks, above the age of fifty holds a similar opinion. With the youngest (up to age of 30) the Turks have a higher degree of tolerance with respect to abortions than the Bulgarians. The greater conservatism of the Turkish community on the issue derives totally from the third age. Among the Bulgarians, only people above the age of 60, disprove of abortions. The sole feasible explanation could be that the process of rejection of the norm started much later among the Moslems. This is in fact a concealed projection of the slower process of modernization of values in the Bulgarian village in comparison with urban life, since the Moslems are the only one among the surveyed communities which resides primarily in the villages. We are faced with a similar situation of attitudes to other patriarchial sexual taboos too. It is only a negative attitude among Moslems to single motherhood that is strongly evinced among the young generation and derives, in all likelyhood, from ethno-religious factors.
In terms of politics, there have been detected material differences in the political choice, among the Bulgarians. The UDF has a stronger, though already lessening, influence among young people, while the BSP is a party supported by retired pensioners. The negative attitude towards political institution and the forbearance from a political choice are the major characteristics of the political behavior of people under 30 years of age.
3. Education is an essential factor. The less educated are more religious. This is valid for all groups surveyed, the Romanies included. Highly educated people tend to be the most tolerant towards the religious rights and freedoms of the others. People with

primary education only, mostly so among the Bulgarians and the Turks, provide the most agressive views on the events of the period of the process of renaming. Low-educated Bulgarians are in the largest degree prone to support that political operation; low-educated Turks do in the largest degree accuse all Bulgarians for it (invariant – all Communists).

The better educated Bulgarians and Turks communicate more frequently with the Bulgarian Mohammedans, but not with the Romanies.

With regard to political adjustments we could note the characteristic aversion of the highly educated Bulgarians to the bi-polar political choice between the UDF and the BSP. However there are considerable differences in the view of Bulgarians and Turks on the limits of the cultural autonomy of the minorities, which are more strongly evinced among people with high-school and higher education.

4. The differences between town and country are considerable among Bulgarians, Turks and Bulgarian Mohammedans. In the case of the Romanies there are no material differences, that is within the framework of the issues investigated. The higher level of piety among residents of smaller settlements is to a certain extent explained with the impact of several factors: lower educational status of the residents of villages and smaller towns, higher median age, higher relative share of the Turkish minority, which resides primarily in such places and is the most powerfully religious ethnic community in Bulgaria. The greater devotion to traditional values among residents of villages and smaller country towns is a characteristic feature for all groups surveyed. Another strange fact superficially is that village residents declare higher electoral activity.

5. It is significant to note here that ethnocultural communities of the Turks in Northern and Southern Bulgaria, populating the relatively dense regions of the Deliorman and the Eastern Rhodopes, do differ to a certain degree. The Turks in Southern Bulgaria are as whole more religious, there is a weaker intragenerational gap in views, they are more self-contained to the other communities and are most sensitive to the issue of "religious rights." In the Northeastern parts of Bulgaria Turks seem to take a much calmer and more balanced view on this group of questions.

The implications of the process of renaming do appear to die out more slowly in Southern Bulgaria, than in Northern Bulgaria, among the Turks in the Rhodope mountains than among the Turks in the Ludogorie area. The option of "practically all Bulgarians are to blame for the renaming" is met with only in Southern Bulgaria (4 % of Turks in Southern Bulgaria have thus replied against a negligible 0.7 % in Northern Bulgaria.) 93 percent of Turks in Southern Bulgaria consider the Process of renaming as sheer crime, while in Northern Bulgaria the comparable figure is 83 %, and one out of six would rather refrain from a categorical statement. As a whole the Turks in Southern Bulgaria continue to be extremely sensitive to the issue.

As a whole intra-ethnic contacts are very popular in Northern Bulgaria. There 94 % of Turks have been to Bulgarian homes, and 90 % have Bulgarians for friends. In

Southern Bulgaria-respectively 77 % and 70 %. 31 % of Bulgarians in Northern Bulgaria have visited Turkish households, against 24 % for the Southern ones. 22 % of Northerners have Turkish friends and only 15 % among the Southerners.
Most closed for the ethnic minorities is the dominant community of the Bulgarians. The Turks in Southern Bulgaria maintain most frequent contact with the Romanies, evaded in the largest measure by the other communities.
Differences between Northern and Southern Bulgaria as concerns political preferences are also considerable. In southern Bulgaria the UDF and the BSP are nearly equally popular (17 % against 19 % of all respondents-Bulgarians). In Northern Bulgaria 24 per cent of the Bulgarian determine themselves as BSP voters, and 10 per cent as UDF voters.
The Turks in Northern Bulgaria tend to be more critical to the MRF. 11 % there declare an unethnic choice in favour of the BSP (7 %) or the UDF (4 %). The UDF has only a feeble impact among Turks in Southern Bulgaria and the BSP – practically none.
6. More important general conclusions:
– Turkish communities in the Deliorman and the Rhodope mountains differ materially in the degree of openness to other communities and mostly so to the Bulgarians. The Northern Turks are more integrated, intra-ethnic tensions in the region are weaker. The consequences of the Process of renaming in the Deliorman have to a large extent been surmounted, while tensions continue to persist in the Kurdjali area.
– Intragenerational differences are stronger among the Turks, the Bulgarians and the Bulgarian Mohammedans. They are considerably inferior among the Romanies. Intraethnic tolerance is higher among the young generations, but not with respect to the Romanies.
The highly educated groups of all ethnic communist do basically manifest high ethnic tolerance. There are however substancial differences of outlook between Bulgarians and Turks with respect to the limits of the cultural autonomy of the minorities.
– Differences between town and country tend to be controversial. On the one hand ethnic prejudice persists most strongly among the rural population and on the other, rural population has a better experience in informal communication.

12. Conclusion

The results of the survey are multifaceted. Data collected reveal an ambivalent picture of complex and dynamically transforming relations.
"The good news": Relations between Moslems and Christians in day-to-day life are relatively calm, good neighbour relations. The Process of renaming is dying out. The neightbour wicket gates have been reinstated. Religious tolerance has become part of the way of thinking. There are no fundamentalists-neither Islamic, nor Christian,

neither religious, nor anti-religious. The younger generations are far more open to contacts and cooperation with people from another ethnic community or another religion. The programme documents of the major political forces are in general terms well calibrate in the liberal spirit of religious and ethnic tolerance. Political groups and parties which would like to play the nationalist trump are for the time being without any significant influence. Prerequisites for compatibility mount.
"The bad news": There are deeply ingrained ethnic prejudices. The Bulgarian Christians are strongly suspicious of the ethnic Turks. The general rejection of the Romanies by all other ethnic groups marginalizes them and pushes them down to the social bottom. Explosive material is rather freely exploited by the print media; serious analytical approach is missing in the print media, in terms of enhancing ethnic culture. Economic inequality is seen as discrimination. The major political forces have their "nationalist avantguards;" conditions for ethnic tensions above the level of everyday life are continually reproduced and augmented in certain departments.
The balance of prospects and hazards today is in favour of options. In order to preserve and even improve on this ratio tomorrow, the Bulgarian society needs more rationality in ethnic relations and Bulgarian Christians – a loftier confidence of a free people in a self-governing country.

IV. Summary

The study surveys a broad range of religious and ethnic problems in the bulgarian society of today. A series of interrelated methods have been used: a representative sociological study with four autonomous subsamples for Bulgarians, Turks, Romanies and Bulgarian Mohammedans, realised with the same implements; a content-analysis of the publications in 65 central and local newspapers, treating the surveyed problems; a monograph survey in the Deliorman, an area of compact masses of Bulgarian Turks population; a verbal-associative experiment, statistical analysis of the ethnodemographic structure of the population; a documentary analysis of party programmes and political platforms of the major political parties in Bulgaria, a secondary analysis of data from sociological surveys, carried out in the period of 1990–1993, expert interviews with MPs from the regions with overwhelming mixed population.
1. In comparison with 1992 the general level of religiousness, gauged with a certain religious identification, has gone up, specifically so among the Bulgarian Christians.
2. Regardless of considerable differences between the ethnic communities (relatively most religious are the ethnic Turks, followed by the Bulgarian Mohammedans, the Romanies and the Bulgarian Christians), while the relative share of the deeply devout both among Christians and Moslems is low. A definitely streamlined process of secularization of religion is going on in both communities. This accounts for the established negative attitude to religious fanaticism and the almost utter lack of territory

for its manifestation. The Eastern Orthodox religion is assuming for the majority the essence of a most general culturological legitimization, a sign of belonging to the Christian world and the Bulgarian National Tradition.

3. As a whole, the picture compiled by the representative sociological study and the surveys of the individual communities speak of a high level of religious tolerance. The people of other religions are viewed normally, just like any other people. Intolerance is displayed by way of exception among the Moslems (3–5 %) as well as by a small group of Bulgarians (10 per cent). Attitude to atheism is also tolerant. Less than $^1/_5$ of Christians and less than $^1/_3$ of the Moslems assume that godlessness is a vice. The great majority in both communities is convinced that in "Bulgaria there must be a freedom of religious creeds." Definitely deferential is the attitude to the holidays of the other religions; one out of three Bulgarian Mohammedans observes Christian feasts as well. Persistant demands have been raised only for the curtailing and banning of religious sects.

4. With regard to religious presence in ethnic relations the study established that religion is becoming a subordinate moment in ethnically motivated relations. Despite their religious affiliations the Romanies are relatively the most isolated ethnic element. The gap is explained with the way of life and the cultural level and is practically never linked with religion professed. It does not follow from here, that religion has lost its significance, but that it is getting modified in the course of the historical process.

5. The consequences of the process of renaming are dying out in the fifth year of its infamous finale. Compared to 1990 a resolute step has been made in society towards a national concensus in the outlook on this dramatic act of totalitarian power as an act of crime. The political responsibility for the process of Renaming is not transformed into the ethnic fault of each and every Bulgarian. Other significant, though indirect consequences of renaming have been the preclusion of the formation of vehement nationalist tendencies and the subversion and blowing up of patternalism in the Turkish family.

6. Relations of good-neighbourliness dominate the sphere of informal communication. There are no serious negative relations between the ethnic groups on the level of everyday life. In the mixed region communication is more intensive, contrary to expectations and bias. The link between the intensity of informal contacts and the surmounting of prejudices in religious, ethnic and social aspects has been proved.

7. The study uncovered substancial similarity and proximity in the adjustments and the values relations of the various religious and ethnic communities. They concern the liberalization of moral adjustments (attitude to premarital and extra-marital love, concubinate, homosexuality, marriage between people of different religions.), repressive mindsets, egalitarianism, depolitization, drop of confidence in institutions, etc. With respect to events in Bosnia only $^1/_5$ of Turks and $^1/_{10}$ of Bulgarian Mohamme-

dans see the fault only with the Serbians. It can be ascertained that there is a well formed National public opinion on most of the issues of great import to the life of the people and the fate of the nation.

8. The study established lingering ethnic prejudice. The negative adjustments are most of all related tyo the idea of the privileged status of one ethnic group at the expense of another. Suspicions of privileges are mutual. The Bulgarian Christians are more mistrustful; they believe the Turks have occupied too many key posts in the administration of the country. Indicatively, the majority of turks does not consider the Bulgarians to be hostile towards them, while the majority of Bulgarians are convinced in the animosity of the Turkish community. The negative attitude to the Romanies is common for all, the ethnic minorities differing from the Bulgarians only in the attitude towards an eventual "Gypsy Ghetto".

9. On the issue of the rights of the minorities the study verified the culmination in the discrepancy between the Bulgarians and "the others." There is a societal consensus on basic issues. The image of the concentration of power resources in the minorities generates intransigence among the Bulgarians. Two potential hazards are underlined by the study: first the relations between the Bulgarians and the largest and best organized part of the ethnic minorities the Bulgarian Turks. Second: the ostrachism to which the Romanies are subjected.

10. Etnic and ethnoreligious relations are the subject of considerable attention on the part of mass media. As a whole the balance of compatibility-incompatibility is keenly disrupted in favour of controverses. Negative images persist only for the Romanies. Analytical information is scanty.

11. The programme documents and the election platforms of the major political forces are in general terms well calibrated in the liberal spirit of religious and ethnic tolerance. The political parties and groups who would like to profit from the nationalist trump are for the time being without any material influence. However the major political forces have their own "nationalist avantguards".

12. The balance of prospects and hazards is today according to the study to the advantage of prospects. In order to preserve and even improve in this ratio tomorrow, the Bulgarian society and particulerly so the Bulgarian Christians need more rationality in the ethnic relationships and a loftier confidence of a free people in a self-governing country.

13. The immediate comparison of major economic indicators displays that at the moment of the survey Christians in Bulgaria as a whole are in a more advantageous position than the Moslems. Religion, however, is not among the significant factors, accounting for this difference. We can however perceive also that the said inequality is a fact of the Moslem thinking and is seen by the Moslems as a sign of economic discrimination. Such sentiments and mindsets are a good material for political and religious usage, which, given certain conditions may easily transform from an otherwise regional economic drama into political and religious conflicts.

14. The Turkish communities in the Deliorman area and the Rhodope mountains area differ considerably in the degree of openness to the other communities and mostly so to the Bulgarians. The Northern Turks are more integrated, the intra-ethnic tensions in the region are weaker. The consequences of the process of Re-naming in the Deliorman area have to a large degree been overcome, while tensions continue to persist in the Kurdjali area.
Generational differences are strong among the Turks (particularly so), the Bulgarians and the Bulgarian Mohammedans, and considerably smaller among the Romanies. Ethnic tolerance is higher among the younger generations, with the exception of the attitude to the Romanies.
The highly educated groups from all communities basically manifest high ethnical tolerance. However there are substancial differences in the outlook of Bulgarians and Turks on limits of the cultural autonomy of the minorities.
Differences between town and country are controversial. On the one hand, ethnic prejudices linger among the rural populations, on the other-people there have a better experince in informal contacts.

Remarks

1. The process of surmounting religion in Bulgaria. A sociological survey. Collective research under the directorship and editorship of proff. J. Oshavkov., 1968.
2. General results of the census in the Kingdom of Bulgaria, taken on December 31st, 1926. Book I.
3. Census of the population in the Kingdom of Bulgaria on December 31st 1934. General results. Book 1.
4. PR of Bulgaria. Census of the population taken on December 31st 1946. General results. Book 1.
5. Religion and the adult population. A sociological survey, Sofia, 1992.
6. Religijnosc polakov: 1984–1994. Centrum Badania opinii spolecznej. Warszawa, 1994.
7. Heiner Barz. Postsozialistische Religion. Am Beispiel der jungen Generation in den neuen Bundesländern. Jugend und religion 3. Leske + Budrich, Oplanden 1993.
8. The comparison is conditional as far as the age contingents do not coincide fully. The germany survey concerns two age groups: 12–18 years of age and 19–24 years of age. The Bulgarian survey concerns people 18–24 years of age.
9. "Religions sans frontiers?" Present and future trends of Migration. culture and communication. Roma, 1994 p. 121.
10. Ibid., p. 122.
11. Ivan Hadjiisky. Way of life and mentality of our people. 1966, p. 319.
12. Ibid., p. 97.

Ilse Grosser

Bulgariens Wirtschaft im Übergang

1. Einleitung

Die folgende Anlayse des wirtschaftlichen Übergangs zu einer Marktwirtschaft in Bulgarien beruht auf einer Aufgliederung in die – wechselseitig verbundenen – Bereiche Systemtransformation und makroökonomische Stabilisierung. Die Systemtransformation umfaßt die Schaffung rechtlicher Grundlagen für eine Marktwirtschaft und deren Umsetzung in die Praxis, den Aufbau marktgerechter Strukturen und Institutionen, darunter die Privatisierung der Wirtschaft, sowie Liberalisierungen im Sinne der Ablösung direktiver (vertikaler) Steuerungsmechanismen durch marktmäßige (horizontale) Koordinationsmechanismen der Wirtschaftsprozesse. Die Stabilisierungspolitik hat den Abbau makroökonomischer Ungleichgewichte mit Instrumenten der Fiskal-, Geld- und Lohnpolitik zum Ziel. In Wechselwirkung mit beiden genannten Bereichen der Übergangspolitik steht das Verhalten der Wirtschaftssubjekte: es wird einerseits von Systemtransformation und Stabilisierungspolitik beeinflußt, gestaltet andererseits deren Verlauf bzw. Ergebnisse mit.

Zum Jahresanfang 1991 reihte sich Bulgarien in die Gruppe jener Länder ein, die den Weg einer sog. Schocktherapie beschreiten (vgl. Abschnitt 2), jedoch unter wesentlich ungünstigeren wirtschaftlichen Ausgangsbedingungen (vgl. Abschnitt 3). Entsprechend der Akzentsetzung der aktuellen Übergangspolitik werden im folgenden Liberalisierungen (als Teil der Systemtransformation) und Stabilisierungspolitik zusammengefaßt (vgl. Abschnitt 4), während die Systemtransformation im institutionellen Sinne gesondert behandelt wird (vgl. Abschnitt 5). Abschließend werden die Übergangsprozesse anhand der ersten Ergebnisse zusammenfassend eingeschätzt (vgl. Abschnitt 6).

2. Grundzüge des laufenden Wirtschaftsprogrammes

Gestützt auf Vereinbarungen zwischen den tragenden politischen und gesellschaftlichen Kräften des Landes leitete die Ende 1990 konstituierte erste Mehrparteienregierung *Anfang 1991* in Absprache mit dem Internationalen Währungsfonds (IWF) ein

Wirtschaftsprogramm ein, welches die charakteristischen Züge einer sog. *Schocktherapie* trägt – vergleichbare Programme werden in der Tschechoslowakei (ebenfalls seit Anfang 1991) und in Polen (Anfang 1990) durchgeführt. Im Falle Bulgariens brachten erst diese Schritte – relativ spät – eine klare Entscheidung für den Übergang zu einer Marktwirtschaft.

Die übergeordneten *Ziele* des monetaristisch orientierten Wirtschaftsprogramms sind die Beseitigung des chronischen Nachfrageüberhanges und erste Schritte in Richtung Marktmechanismen, mit anderen Worten die Umwandlung der Wirtschaft von einer angebotsbeschränkten in eine nachfragebeschränkte. Dementsprechend stehen Maßnahmen in den Bereichen *Liberalisierung und Stabilisierung* gegenüber institutionellen Reformen im Vordergrund des Programms und der Praxis der Übergangspolitik. Im Februar 1991 wurden gleichzeitig Preise und Außenhandel weitgehend liberalisiert und die (beschränkte) interne Konvertibilität der Währung eingeführt, verbunden mit einer drastischen Abwertung des Lew. Zur Bekämpfung des durch diese Maßnahmen freigesetzten Inflationsdrucks wurden Geld-, Kredit-, Fiskal- und Lohnpolitik auf einen ausnehmend restriktiven Kurs umgestellt (vgl. 4.1 und 4.2)[1].

Das *Programm* ging davon aus, daß nach dem unvermeidlichen Inflationsschock und dem durch die Austeritätspolitik bedingten Produktionseinbruch *sehr rasch* eine *Stabilisierung* eintreten würde. Es sah schon für das zweite Halbjahr 1991 eine monatliche Inflationsrate von nur noch 1–2% und das Einsetzen wirtschaftlicher Belebungstendenzen in einigen Sektoren vor. Für die zweite Jahreshälfte waren – nach der erhofften makroökonomischen finanziellen Stabilisierung – vorsichtige Maßnahmen zur Stützung einer Reaktion der Angebotsseite (darunter eine vorsichtige Lockerung der Kreditpolitik und beschäftigungspolitische Maßnahmen) und eine Beschleunigung der institutionellen Reformen in Aussicht genommen, um eine produktive Nutzung von freigesetzten Ressourcen zu sichern.

Im Laufe der folgenden Monate wurde offenkundig, daß die ersten Programmansätze – analog zu den Erfahrungen mit dem polnischen Stabilisierungsprogramm[2] – überaus *optimistisch* gewesen waren. Die Wirtschaftsprognosen für das Jahr 1991 mußten entsprechend revidiert werden (vgl. Abschnitt 6).

---

[1] Vgl. dazu z. B. Hughes, G.: „Foreign Exchange, Prices and Economic Activity in Bulgaria", in: European Economy, The Path of Reform in Central and Eastern Europe, Special edition No. 2/1991, Commission of the European Communities, S. 157 ff.

[2] Vgl. z. B. Gabrisch, H.: „Restoring the Growth Potential of Formerly Centrally Planned Economies", in: Intereconomics 2/1991, S. 88 ff.

3. Wirtschaftliche Ausgangsbedingungen

Nach dem Sturz des Živkov-Regimes im November 1989 konnte die Kommunistische Partei, im April 1990 umbenannt in Sozialistische Partei (BSP), ihre Machtpositionen wesentlich länger halten als in den meisten anderen osteuropäischen Ländern. Ihr Positionswandel im Sinne von Erklärungen, das Land ebenfalls in Richtung Marktwirtschaft führen zu wollen, wurde von der erstarkenden Opposition für unzulänglich erachtet und im Westen mit Zurückhaltung aufgenommen. Die internen Machtverhältnisse und politischen Auseinandersetzungen führten im Jahr *1990* zu einem weitgehenden *Verlust* der Handlungsfähigkeit und der *Kontrolle* über die Wirtschaft: Während die alte kommandowirtschaftliche Ordnung zusehends zusammenbrach, wurde mit dem Übergang zur Marktwirtschaft praktisch nicht begonnen. Dazu kam eine Häufung *ungünstiger außenwirtschaftlicher Entwicklungen,* von denen Bulgarien stärker betroffen war und ist als die anderen zentral- und osteuropäischen Länder. Im Handel mit den *RGW-Ländern,* auf die in den letzten Jahren etwa 80% des bulgarischen Außenhandels (ohne Korrektur der Überbewertung des Transferrubels gegenüber dem US-Dollar) entfielen, kam es insbesondere zu erheblichen Kürzungen der sowjetischen Lieferungen von Öl und anderen industriellen Rohstoffen und zum weitgehenden Ausfall des DDR-Marktes. Die durch die *Golfkrise* bedingten Verluste, für 1990 geschätzt auf 1,4 Mrd. $, umfaßten neben dem Verlust des relativ bedeutenden irakischen Exportmarktes ausbleibende irakische Kredittilgungen, Ausfälle von Öllieferungen auf Rechnung der Sowjetunion im Rahmen von Dreiecksgeschäften und von Deviseneinnahmen aus dem internationalen Transportgeschäft. Im März 1990 war von Bulgarien einseitig ein Moratorium auf die Tilgung der von westlichen Geschäftsbanken gewährten Kredite erklärt worden, auf die mehr als 80% der bulgarischen Verschuldung (Ende 1990 insgesamt 10,3 Mrd. $ brutto) entfallen. Im Juli wurde das *Moratorium* auf Zinszahlungen ausgeweitet, im Laufe des Jahres geriet auch die Bedienung von Krediten aus offiziellen westlichen Quellen in Verzug. Da die Devisenreserven erschöpft und als Folge des Moratoriums der Zutritt selbst zu Handelskrediten versperrt war, mußten die Importe aus dem Westen drastisch gekürzt werden.

Die wirtschaftlichen *Rahmenbedingungen* für den Übergang zu einer Marktwirtschaft *verschlechterten sich* im Jahre 1990 erheblich. Eine angebotsbedingte Schrumpfung des Bruttoinlandsprodukts (BIP) um 11,8% war von zunehmenden Ungleichgewichten begleitet. Budgetdefizit und Geldüberhang stiegen erheblich an, bei beschleunigter offener und versteckter Inflation breiteten sich Versorgungsengpässe aus (Güter des Grundbedarfs und Benzin wurden rationiert), es kam zu einer rapiden „Dollarisierung" der Wirtschaft und zu einer Verschlechterung der Zahlungsbilanz.

Dazu kamen mit *Anfang 1991 externe Schocks:* Die Belastungen aus der Umstellung des Handels mit den (ehemaligen) RGW-Ländern auf Weltmarktpreise und Verrechnung in harten Währungen (vgl. Altmann) sowie aus den anhaltenden Folgen der Golfkrise wurden Anfang 1991 auf 3,5 Mrd. $ bzw. 17% des damals prognostizierten BIP geschätzt. Selbst unter der Annahme, daß mehr als zwei Drittel durch interne Anpassungen zu absorbieren wären, blieb der geschätzte Bedarf an ausländischen Mitteln (3,8 Mrd. $) zur Finanzierung des Leistungsbilanzdefizits, der Auslandsverbindlichkeiten und der Aufstockung der Devisenreserven relativ hoch. Obwohl von einem weiteren Aussetzen der Bedienung der Schulden ausgegangen wurde, war die Finanzierbarkeit dieses Bedarfs einigermaßen ungewiß.

4. Liberalisierungen und Stabilisierungspolitik

Die vorgenommenen Liberalisierungen (vgl. 4.1) setzten die Abschaffung kommandowirtschaftlicher Koordinationsinstrumente, insbesondere der Plandirektiven bzw. Staatsaufträge, der zentralen Zuteilung von Ressourcen und der administrativ-willkürlichen Festsetzung von Preisen voraus. Ist die Herbeiführung von *Marktpreisen,* die relative Knappheit ausdrücken, das Ziel der binnenwirtschaftlichen Liberalisierungen, sollen die gleichzeitig vorgenommenen Liberalisierungen des Außenhandels, gemeinsam mit der Reform des Wechselkurssystems und der Einführung der internen Konvertibilität eine Anpassung der internen Preis- und Produktionsstrukturen an die *Bedingungen des Weltmarktes* herbeiführen.
Da angesichts der ererbten Übernachfrage ein internes Gleichgewicht kurzfristig nur durch ein Herabdrücken der Nachfrage (mindestens) auf das Niveau des potentiellen Outputs erreichbar ist, steht die begleitende Stabilisierungspolitik im Zeichen der Restriktion der Komponenten der Inlandsnachfrage durch eine *restriktive Geld-, Fiskal- und Lohnpolitik.* Wenn dadurch freigesetzte Ressourcen in Exporte umgesetzt werden (eine Voraussetzung ist ein Mindestmaß an Wettbewerbsfähigkeit), wirkt dies ebenso in Richtung Verbesserung des Außenbeitrags wie die *Abwertung* der Währung. Im konkreten wichen die ersten Ergebnisse der Stabilisierungspolitik vielfach von den Zielsetzungen ab (vgl. 4.2).

4.1 Liberalisierungen

Anfang Februar 1991 wurden 92% der Produzenten- und Einzelhandelspreise für *Güter und Dienstleistungen* freigegeben. Die Einzelhandelspreise einer Untergruppe von 13 Grundnahrungsmitteln und der öffentliche Transporttarif (insgesamt etwa 18% des Einzelhandelsumsatzes) unterliegen ebenso einer Kontrolle durch den Staat wie die Preisbildung von 117 nationalen und einer Reihe lokaler Monopolunternehmen. Die Preiskontrollen beruhen auf Obergrenzen für die Profitrate der Produzenten (20%) und die Handelsspannen, sind aber offenbar nur beschränkt wirksam. Die genannten Preisliberalisierungen gingen Hand in Hand mit einer Abschaffung der betreffenden Subventionen und – im Sinne einer Koppelung der verschiedenen Preisstufen unter einheitlicheren Bedingungen – einer Vereinfachung des Umsatzsteuersystems.

Einzig die Preise für Energieträger blieben zunächst staatlich festgesetzt, wurden jedoch auf das Drei- bis 14fache angehoben. Anfang Juni 1991 wurden für flüssige Brennstoffe Höchstpreise eingeführt, die gegenüber den alten Festpreisen Steigerungen um 46–141% bedeuteten und seitdem monatlich der Entwicklung der internationalen Preise und des Wechselkurses angepaßt werden. Die Festpreise für Elektro- und Wärmeenergie sowie für Kohle wurden gleichzeitig um weitere 70% angehoben. Diese Maßnahmen wurden als unumgänglich betrachtet, da die über Erwarten starke Abwertung des Wechselkurses die Energiesubventionen in die Höhe getrieben hatte, wodurch die Preissignale verzerrt und die Budgetausgaben unter Druck gekommen waren.

Der erste Preisschock fiel deutlich höher aus als im Programm erwartet (Verbraucherpreise auf Monatsbasis: Februar +123%, März +51%), danach beruhigte sich der Inflationsdruck zusehends (April +2,5%, Mai +0,8%). Die Energiepreiserhöhungen setzten jedoch über Sekundäreffekte um die Jahresmitte einen neuen Inflationsschub in Gang (Juni +5,9%). Im August zeigten die Nahrungsmittelpreise starke Auftriebstendenzen: Die vom – bis August 1991 intakt gebliebenen – staatlichen Aufkaufmonopol für Getreide gebotenen Preise wurden von den Produzenten als zu niedrig erachtet, die eingeschränkten Verkäufe führten zu Versorgungsengpässen in der verarbeitenden Industrie und im Einzelhandel. Als Reaktion darauf wurden u.a. die Preiskontrollen, die sich seit Anfang Juni auf offizielle Prognosepreise stützen, auf die Aufkauf- bzw. Produzentenpreise von neun Agrarprodukten ausgeweitet.

Die Bildung der *Zinssätze* (als Preis für die Überlassung von Kapital) wurde ebenfalls liberalisiert. Während der von der Nationalbank anhand von geldpolitischen Kriterien fixierte Refinanzierungszinssatz für Banken („Basiszinssatz“) das Zinsniveau steuert, werden die konkreten Zinssätze zwischen den Banken und ihren Kunden frei vereinbart. Bei einem „Basiszinssatz“ von 45% (Februar bis Anfang Juni 1991) lagen die Sollzinsen der Banken für Unternehmenskredite bei 52–56%, die Habenzinsen für Termineinlagen bei 36–40% und mehr[3].

In der Bildung der *Löhne* (als Preis der Arbeit) soll es in der zweiten Jahreshälfte 1991 zu entscheidenden Liberalisierungen kommen[4]. Kollektive Vereinbarungen sind auf nationaler Ebene (Regierung, Vertreter nationaler Gewerkschafts- und Arbeitgeberorganisationen) und auf Unternehmensebene (Arbeitgeber, Gewerkschaftsvertreter) vorgesehen, auf Wunsch einer der betroffenen Seiten auch auf Ebene von

---

[3] Vgl. Summary on the Present State of the Economic Reform in Bulgaria, Bulgarian Chamber of Commerce and Industry, Sofia, S.4.

[4] Vgl. Dŭržaven vestnik (im folgenden: DV) 55/1991.

Zweigen, Branchen, Gemeinden oder Regionen. Gegenstand der nationalen Vereinbarungen sind die Festsetzung des landesweiten Mindestlohnes (derzeit 620 Lewa und Basis für minimale Sozialleistungen), Empfehlungen für die Differenzierung des Anfangslohnes nach Ausbildung (derzeit 652 Lewa und Koeffizienten bis 1,35), und Fragen der Lohnsummenregulierung (vgl. 4.2) und des Lohnsystems in Organisationen, die aus dem Staatshaushalt finanziert werden. Auf Unternehmensebene werden Mindest- und Anfangsentlohnung, Arbeitsplatzbewertung, Lohnbildung, gegebenenfalls Inflationsbindung und andere interne Fragen ausgehandelt. Die Individuallöhne werden auf dieser Basis in den einzelnen Arbeitsverträgen vereinbart.
Im Februar 1991 wurden die meisten Leistungsbilanztransaktionen, insbesondere Warenexporte und -importe liberalisiert, quantitative Exportrestriktionen und Lizensierungspflicht wurden auf einige Fälle reduziert (vgl. 4.2). War dies eine der Voraussetzungen für die Einführung der (beschränkten) *internen Konvertibilität,* wurde mit der Reform der Devisenordnung und des Wechselkurssystems ein einheitlicher *Wechselkurs* (als Preis einer Währungseinheit) auf Basis von Angebot und Nachfrage auf dem sog. Interbankenmarkt eingeführt und der Lew zum einzigen Zahlungsmittel im Lande erklärt. Der geplanten Einführung eines fixen Kurses geht derzeit eine Phase flexibler Wechselkurse voran – ein wesentlicher Grund für diese Vorgangsweise, die von jener in Polen und in der Tschechoslowakei abweicht, ist das Fehlen von Devisenreserven bzw. eines Stabilisierungsfonds zur Stützung eines festen Kurses. Auf dem Interbankenmarkt können Banken und andere von der Nationalbank berechtigte Institutionen und Privatpersonen[5] mit ausländischen Währungen zu frei vereinbarten Kursen handeln. Auf Basis dieser Transaktionen setzt die Nationalbank täglich einen „zentralen" Kurs fest, der in Statistik, Buchführung und Berechnung des Zollwertes anzuwenden ist[6].
Die Unternehmen können Devisen für Importe und damit verbundene Transportkosten gegen Vorlage der Dokumente kaufen, Exporteinnahmen sind innerhalb eines Monats entweder an eine Bank zu verkaufen oder – eine spezifisch bulgarische Regelung – auf ein Fremdwährungskonto zu überweisen, über welches im Rahmen der Vorschriften frei verfügt werden kann. Bulgarische Privatpersonen können zwar ebenfalls Fremdwährungskonten halten, jedoch nur 50 $ jährlich für Reisezwecke kaufen – letzteres stellt die augenfälligste Beschränkung der internen Konvertibilität dar.
Anfang Februar 1991 war der kommerzielle Kurs bei rd. 7 Lewa je $ gelegen, der Schwarzmarktkurs bei 25–30 Lewa. Nachdem der erste „zentrale" Kurs mit

[5] Bis zur Jahresmitte waren Lizenzen an 12 Banken, acht staatliche Unternehmen und 18 Private vergeben worden (Semi-annual Report January–June 1991, News Bulletin 5/1991, Bulgarian National Bank, Sofia, S. 11).

[6] Vgl. dazu z. B. Parwanowa, R., Petkowa, I.: „Die Wirtschaft Bulgariens – der Öffnung zugewandt?", in: Südosteuropa 5/1991, S. 201 ff.

28,25 Lewa je $ für kommerzielle Transaktionen eine Abwertung auf ein Viertel gebracht hatte, erholte sich das Kursniveau auf 17–18,5 Lewa (Monatsdurchschnitte März bis Juni). Er blieb aber, bei schmalem Marktvolumen, wesentlich stärker abgewertet als im Wirtschaftprogramm erwartet (etwa 10 Lewa).

4.2 Stabilisierungspolitik

Die restriktive *Geld- und Kreditpolitik* ist ein zentrales Element des mit dem IWF vereinbarten Stabilisierungsprogrammes. Das Ziel der Kreditrestriktion soll durch eine drastische Erhöhung des Zinsniveaus, wobei auch bei hohen Inflationsraten ein positiver Realzinssatz angestrebt wird, aber auch weiterhin durch Kreditlimits erreicht werden.

Der „Basiszinssatz" wurde bereits knapp vor der Preisreform auf 15% p. a. hinaufgesetzt, im Februar weiter auf 45%. Angesichts der neuerlichen Beschleunigung der Inflation (Energiepreise) erfolgte im Juni eine weitere Anhebung auf 52%. Einer kurzzeitigen Rücknahme des Basiszinssatzes auf 47% folgte schon im August eine Erhöhung auf 54% als Reaktion auf den Preisauftrieb bei Nahrungsmitteln, während das Stabilisierungsprogramm eine Lockerung der Geld- und Kreditpolitik zugunsten der Wirtschaftsbelebung vorgesehen hatte. Dennoch blieb der Realzinssatz negativ.

Mit dem ersten Preisschock wurde der Geldüberhang zumindest auf dem Haushaltssektor weitgehend abgeschöpft, im ersten Halbjahr lag das nominelle Wachstum der Geldmenge unter der Inflationsrate. Dazu trugen auch massive vorzeitige Tilgungen von Privatkrediten bei, für die bis Ende April noch sehr niedrige Zinsen verrechnet wurden. Mit Ausnahme der Kredite an den Staatshaushalt (vgl. weiter unten) blieb das Kreditvolumen noch hinter den restriktiven Zielen des Programms zurück. Die Gründe dafür dürften in erster Linie im Verhalten der Banken liegen, die, bedingt durch die Belastung ihrer Portefeuilles durch notleidende Unternehmenskredite, bei der Vergabe neuer Kredite ausgeprägte Zurückhaltung zeigten und in monopolistischer Weise mit Erhöhung der Preise (Zinsspannen) und Kürzung der Mengen reagieren. Die Unternehmen wichen in Anbetracht sich ausbreitender Zahlungsunfähigkeit und des hohen Zinsniveaus vielfach auf Tauschgeschäfte aus, die starke Zunahme der erzwungenen zwischenbetrieblichen Kredite (durch Nicht-Bezahlen von Rechnungen), die eine Umgehung der angestrebten Finanzdisziplin bedeutet, kann schwerlich durch eine Politik des knappen Geldes unter Kontrolle gebracht werden. Letzteres gilt auch für inflationäre Entwicklungen, die nicht auf einer Übernachfrage, sondern auf institutionellen Faktoren beruhen, wie es im Sommer im Nahrungsgütersektor der Fall war. Versuche, die genannten Probleme in den Griff zu bekommen, sind im Gange.

Grundsätzliche Ziele der *Fiskalpolitik* sind die Senkung der Staatsquote (Reduktion der Umverteilung durch drastische Senkungen der Ausgaben, insbesondere der Subventionen, und der Einnahmen des Staatshaushaltes in Relation zum BIP), der Abbau des Budgetdefizits als Element der Nachfrage und die Schaffung eines marktgerechten (neutralen) Steuersystems.

Die erste Version des Staatshaushaltes für 1991 hatte eine Senkung des Budgetdefizits in Relation zum BIP auf etwa 3,5% vorgesehen. Da der entsprechende Anteil im Jahr 1990 auf etwa 13% angestiegen war, mutet dieses Ziel nur vordergründig gemäßigter an als die in Polen und der Tschechoslowakei angestrebten Budgetüberschüsse. Das mit erheblicher Verspätung im Juli verabschiedete revidierte Budget brachte zwar eine leichte Lockerung im nominellen Defizitziel, seine Realisierung, die fraglich ist, würde aber immer noch eine ambitiöse fiskalische Anpassung bedeuten.

Im ersten Halbjahr 1991 gerieten die Einnahmen des Staatshaushaltes durch die unvorhergesehene Tiefe der Rezession, die reduzierte Steuerbelastung der Unternehmen und die sinkende Steuerzahlungsmoral unter Druck, während die Ausgaben – trotz der Subventionskürzungen – über den Ansätzen lagen. Letzteres ist in erster Linie auf höhere Sozialaufwendungen, Energiepreissubventionen (bis Anfang Juni) und Ausgleichszahlungen für verbleibende RGW-Verträge zurückzuführen. Im ersten Quartal des Jahres lag die Kreditaufnahme des Staates über dem Ziel des Stabilisierungsprogrammes, eine diesbezügliche Verzichtserklärung des IWF ermöglichte das Weiterlaufen des Standby-Kredites. Zur Finanzierung der Sozialversicherung gewährte die Nationalbank dem Staatshaushalt im ersten Halbjahr zwei Überbrückungskredite, durch das neue Nationalbankgesetz sind solche Finanzierungen gesetzlich begrenzt worden (offene Forderungen aus Überbrückungskrediten an den Staatshaushalt dürfen zu keinem Zeitpunkt 5% der Jahreseinnahmen des Staatsbudgets überschreiten). Die Finanzierung durch die Emission von Staatspapieren, die erheblichen Verzögerungen und Schwierigkeiten unterlag, ist im Anlaufen.

Während eine umfassende Reform des Steuersystems noch aussteht, wurde der allgemeine Gewinnsteuersatz von 50% auf 40% reduziert (die Gewinnsteuerbasis wird entsprechend dem neuen Buchführungsgesetz gebildet), der Umsatzsteuertarif, wie angeführt, vereinfacht (neben der Umsatzsteuer werden für einige Waren auch Akzisen eingehoben) und ein einheitlicher progressiver Einkommenssteuertarif mit einem Grenzsteuersatz von 40% eingeführt (Befreiungen bzw. Begünstigungen gelten im Landwirtschafts- bzw. Konsumgütersektor).

Vorrangiges Ziel der *Lohnpolitik* im Rahmen des Stabilisierungsprogrammes ist eine Begrenzung des laufenden Nominallohnwachstums (ein nomineller Anker des Programmes) im Sinne einer Reallohnsenkung und Einschränkung der nominellen Inlandsnachfrage.

Im ersten Halbjahr 1991 waren sog. Einkommenskompensationen als Zusatzzahlungen auf Löhne und Sozialleistungen in Kraft, die einen Teil der Auswirkungen des ersten Preisschocks auf die Realeinkommen abfangen sollten (die Grundzüge der Einkommenspolitik, insbesondere im Hinblick auf die Realeinkommenssenkungen, waren mit den Gewerkschaften abgesprochen worden). Die im Herbst 1990 eingeführte Inflationsindexierung der Einkommen wurde Anfang Februar 1991 abgeschafft, das laufende Wachstum der Lohnsumme in Unternehmen mit staatlicher Mehrheitsbeteiligung ist einer steil progressiven Besteuerung (Lohnsummenregulierung) unterworfen. Diese wird auch nach dem Übergang zur Bildung der Löhne durch Vereinbarung erhalten bleiben, wogegen die Einkommenskompensationen auslaufen.

Das Wachstum der Nominallöhne (inkl. Kompensationen) war im ersten Quartal 1991 (wie jenes des nominellen Geld- und Kreditvolumens) hinter dem restriktiven Ansatz des Stabilisierungsprogrammes zurückgeblieben, da den Unternehmen vielfach die Mittel zur Auszahlung der Kompensationen in der vorgesehenen Höhe fehlten (die Aufstockungen der Beamtengehälter, Renten und Sozialtransfers wurden vom Staatshaushalt getragen). Gleichzeitig lag der erste Preisschock deutlich über den Erwartungen, auf deren Basis das Paket der Einkommenskompensationen konstruiert worden war. Infolgedessen gingen die Reallöhne weit stärker zurück (−55%) als erwartet. Dieser Rückstand und die erwartete Inflationsbeschleunigung durch die Anhebung der Energiepreise führten zu weiteren Kompensationsrunden. Im Juni 1991 machten die – nicht leistungsbezogenen – Kompensationen bereits fast die Hälfte des Einkommens der Beschäftigten aus, das im ersten Halbjahr durchschnittlich 14% unter dem sozialen Minimum lag[7].

Der Aufbau eines sozialen Netzes, das auch ein auf Gemeindeebene abgewickeltes Sozialhilfesystem umfaßt, soll angesichts der restriktiven Fiskalpolitik gezielt auf die Unterstützung der bedürftigsten Bevölkerungsschichten und auf die Sicherung des Existenzminimums ausgerichtet werden. In Anbetracht der zunehmenden Armut erfordert auch eine solche Politik steigende Aufwendungen.

In der *Außenhandelspolitik* wurden konkrete Maßnahmen zur Exportsteuerung in erster Linie im Hinblick auf die Inlandsversorgung getroffen (Ausnahme sind die Beschränkungen entsprechend den Importquoten der EG). Im Februar wurden 16 Gruppen landwirtschaftlicher und chemischer Produkte mit Exportverboten belegt, auf zwei weitere Gruppen von sechs agrarischen und 27 industriellen Erzeugnissen wurden vorübergehend Exportabgaben von 30% bzw. 20% erhoben. In den folgenden Monaten wurden Exportverbote und -abgaben sukzessive abgebaut. Seit Juni 1991 gelten für Lebendvieh, Fleisch, Milchprodukte und Holz Mindestexportpreise. Lizenzen sind u. a. erforderlich für Exporte von Waren auf einer Negativliste (z. B. Tabak, Alkoholika, Antiquitäten, Militärgüter), für Ausnahmefälle im Hinblick auf die Exportverbotsliste und für Exporte im Rahmen von externen Importquoten (im Falle der EG: Fleisch, Stahl, Textilien).

Infolge der Liberalisierungen hat auf der Importseite der Zolltarif an Bedeutung gewonnen. Er ergibt für Importe aus Entwicklungsländern eine Zollbelastung von 6%,

[7] Vgl. Semi-annual Report January–June 1991, News Bulletin 5/1991, Bulgarian National Bank, Sofia, S. 4.

aus Ländern mit Meistbegünstigungsstatus 8,7% (ungewichtete Durchschnitte) und ermöglicht eine Staffelung nach Produktgruppen (in steigender Reihenfolge: Vorprodukte, Investitionsgüter, Konsumgüter). Die Zollbefreiungen für 21 Warenpositionen der Gruppen Nahrungsmittel, Konsumgüter, landwirtschaftliche Inputs und Medikamente im dritten Quartal erfolgten wieder mit Blick auf die Inlandsversorgung. Eine umfassende Reform des Zolltarifs ist vorgesehen. Im Februar wurde vorübergehend auf Importe eine zusätzliche Abgabe von 15% festgesetzt (wobei die Berechnungsgrundlage auf dem stark abgewerteten Wechselkurs basiert), bis zur Jahresmitte wurden Listen von 200 und 240 Warenpositionen von dieser Zusatzabgabe befreit.

5. Institutionelle Systemtransformation

Die Schaffung funktionsfähiger Märkte (für Güter, Arbeit und Kapital) mit Wettbewerbsstrukturen erfordert neben den genannten Liberalisierungen den Aufbau von Rechtsgrundlagen, welche marktgerechte, konsistente und stabile Spielregeln festlegen, sowie den Aufbau von Institutionen, Strukturen und Instrumenten zur Umsetzung dieser Regeln. Ein entsprechender institutioneller Rahmen ist, vermittelt über das Verhalten der Wirtschaftssubjekte, eine wesentliche Voraussetzung für die Wirksamkeit des wirtschaftspolitischen Instrumentariums.

Die institutionellen Reformen sind, nicht zuletzt bedingt durch die politischen Auseinandersetzungen, nur *schleppend* vorangekommen – dies gilt insbesondere für die sensiblen Bereiche Privatisierung und Kommerzialisierung von Staatsunternehmen. Erst in den ersten sieben Monaten des Jahres 1991 wurden die neue Verfassung[8] und einige wichtige Wirtschaftsgesetze verabschiedet, die sich an vergleichbare Gesetze in entwickelten Marktwirtschaften anlehnen. Es sind dies – in chronologischer Reihenfolge der Verabschiedung – Buchführungsgesetz, Bodengesetz, Gesetze für Statistik und Auslandsinvestitionen, Wettbewerbs-, Handels-, Nationalbank- und Genossenschaftsgesetz. Gleichzeitig sind noch übernommene, nur teilweise korrigierte *Rechtsgrundlagen,* insbesondere Dekret Nr. 56 von Anfang 1989[9], sowie alte und neue Verwaltungsakte in Kraft. Bis zur Bereinigung und Ergänzung der Rechtsbasis wird diese mit Unübersichtlichkeiten, Inkonsistenzen und Lücken behaftet bleiben.

---

[8] Vgl. DV 56/1991.

[9] Vgl. Grosser, I.: „Bulgarien“, in: Die Wirtschaft der osteuropäischen Länder an der Wende zu den 90er Jahren, Veröffentlichungen des HWWA-Institut für Wirtschaftsforschung – Hamburg, Hrsg. Klaus Bolz, Hamburg 1990, S. 23 ff.

5.1 Privatisierung

Bereits mit der Verfassungsänderung vom April 1990 war Privateigentum mit anderen Eigentumsformen gleichgestellt worden[10]. Die neue *Verfassung* von 1991 erklärt privates Eigentum für unantastbar und sieht die gesetzliche Schaffung und Garantie einheitlicher Rechtsbedingungen und verfassungsrechtlichen Schutz für die Wirtschaftstätigkeit bulgarischer und ausländischer Bürger und Rechtspersonen vor. Tatsächlich befindet sich die Privatisierung der Wirtschaft noch in einem sehr frühen Stadium.

Relativ am weitesten vorangekommen sind bislang die Vorbereitungen für die (Re-)Privatisierung der *Landwirtschaft:* Ein entsprechendes Gesetz wurde im Februar 1991 verabschiedet, die Durchführungsbestimmungen folgten im April[11]. Stichtag für die Reprivatisierung ist der 9. April 1946, die Anmeldung entsprechender Ansprüche ist bis September 1991 befristet. Das Gesetz setzt Obergrenzen je Haushalt von 20 Hektar im Flachland und 30 Hektar im Berg- und Hügelland fest. Reprivatisierter Boden darf drei Jahre lang nicht verkauft, wohl aber sofort verpachtet werden, Ausländer können an Grund und Boden nur Nutzungsrechte erwerben.

Allerdings ist das Bodengesetz heftig umstritten geblieben, die Reprivatisierung landwirtschaftlich genutzten Bodens stößt nicht nur auf Widerstände seitens der etablierten Bürokratie, sondern auch auf andere Schwierigkeiten. Dazu gehören insbesondere die gegenüber dem Stichtag verringerte landwirtschaftliche Nutzfläche und Bodenbonität sowie die damals ausgeprägte kleinbetriebliche Struktur und Zersplitterung der Parzellen in der Landwirtschaft. Zur Erreichung rentabler Betriebsgrößen zählt man auf Pachtverträge und auf die Gründung neuer – freiwilliger – Genossenschaften nach dem neuen Genossenschaftsgesetz[12]. Die Reprivatisierung von Agrarland soll bis Ende 1992 im wesentlichen abgeschlossen sein – mindestens bis dahin wird die Landwirtschaftsproduktion, von der rasche positive Reformeffekte erhofft wurden, weiter von ungeklärten Eigentumsrechten beeinträchtigt werden.

Im Bereich der *kleinen Privatisierung* waren Neugründungen privater Unternehmen die dynamischste Komponente: Zur Jahresmitte 1991 waren etwa 140 000 Privatunternehmen registriert, davon die Mehrzahl Einpersonenfirmen. Ausgehend davon, daß es sich überwiegend um Kleinstbetriebe handelt, die nur zu einem Teil tatsächlich operativ sind, ist ihr gesamtwirtschaftliches Gewicht erst marginal. Trotz der formalen Beseitigung der meisten Einschränkungen und Diskriminierungen werden diese Unternehmen durch bürokratische Prozeduren (wie überlange Registrierungsverfahren) sowie Probleme bei der Sicherung von Räumlichkeiten, Rohstoffen, Materialien und Bankkrediten behindert und klagen über die hohe Steuerbelastung.

---

[10] Vgl. DV 29/1990.

[11] Vgl. DV 17/1991 und 34/1991.

[12] Vgl. DV 63/1991.

Die kleine Privatisierung im Sinne einer Veräußerung kleiner Objekte aus staatlichem Eigentum war von August 1990 bis Anfang 1991 durch ein politisch bedingtes „Moratorium" blockiert gewesen und kam tatsächlich erst um die Jahresmitte 1991 wieder in Gang. Voraussetzung für die Aufhebung des „Moratoriums" war die Einführung eines Verbotes für leitende Staats- und (bei gleichem oder verbundenem Betriebsgegenstand) Wirtschaftsfunktionäre, sich an Privatunternehmen zu beteiligen. Mangels eines Privatisierungsgesetzes beruhen diese Privatisierungen auf den novellierten Bestimmungen des Dekrets Nr. 56. Demnach können die Staatsunternehmen bewegliches und – mit Zustimmung des zuständigen Staatsorganes – unbewegliches Vermögen (außer durch Enteignung zugefallenes) und einzelne Objekte (Läden, Restaurants, Werkstätten, Tankstellen, Lagereinrichtungen und Büros) verkaufen oder verpachten. Dies hat durchweg über Versteigerungen zu erfolgen, an denen sich ausländische physische und juristische Personen beteiligen können[13]. Die entsprechenden Einnahmen sind zu 40% für Investitionen in dem veräußernden Unternehmen zu verwenden, je 30% sind für den staatlichen Investitionsfonds und die Tilgung der Staatsschulden vorgesehen.
Während bereits im Februar 1991 die Errichtung einer Privatisierungsagentur als ein dem Ministerrat verantwortliches Organ beschlossen wurde[14], fehlt für die Vorgangsweise bei der *großen Privatisierung* selbst noch eine Grundsatzentscheidung. Umstritten sind insbesondere die Fragen der Restitution und der sog. Voucher-Methode. Die Verabschiedung eines Privatisierungsgesetzes wird eine der ersten Aufgaben des neugewählten Parlaments sein, es könnte die Ausgabe von Anteilen an neu zu schaffenden Investmentfonds an die Bevölkerung vorsehen.

5.2 Umstrukturierung des Staatssektors

Angesichts der, wie abzusehen ist, langwierigen Privatisierung ist die Umstrukturierung des staatlichen Unternehmenssektors im Sinne einer Kommerzialisierung und Entmonopolisierung von großer Bedeutung.
Die *Kommerzialisierung* von Staatsunternehmen (Unternehmen im Eigentum des Zentralstaates und der Gemeinden) umfaßt die Schaffung harter Budgetbeschränkungen und gleicher Rahmenbedingungen wie für Privatunternehmen sowie die Klärung und Wahrung der Eigentümerrechte des Staates und eine Verselbständigung der Unternehmensleitung gegenüber der Staatsbürokratie. Eine wesentliche institutionelle Maßnahme in dieser Richtung ist die Umwandlung der Unternehmen in Gesellschaften, die im August 1991 unter dem Anwurf von Manipulationen zugunsten der alten Nomenklatura gleichfalls durch ein „Moratorium" blockiert worden war. Nach dessen Aufhebung können Staatsunternehmen mit Beschluß des Minister-

[13] Vgl. DV 23/1991.
[14] Vgl. DV 12/1991.

rates bzw. des Gemeindevolksrates in Aktiengesellschaften und Gesellschaften m. b. H. nach dem neuen Handelsgesetz umgewandelt werden, wobei der Staat zunächst Allein- eigentümer bleibt[15]. Die Umwandlungen können mit Umstrukturierungen der Unternehmen verbunden werden, die Staatsunternehmen dürfen jedoch bis zur Verabschiedung eines Privatisierungsgesetzes untereinander keine Aktien und Anteile übertragen.

Unter dem bulgarischen Modell des Selbstverwaltungssozialismus war die Zuordnung der Eigentümerrechte unklar, die Unternehmensleitungen waren de facto vielfach von den Belegschaften dominiert. In Hinkunft sollen Rechte des Staates als Eigentümer durch Anwendung des Gesellschaftsrechts gewahrt werden. Spezielle Regelungen gelten im Hinblick auf die Leiter von Staatsunternehmen, die über öffentliche Ausschreibungen zu bestellen sind und auch ausländische natürliche und juristische Personen sein können[16]. Ob die Voraussetzungen, darunter die Befristung der Verträge auf maximal drei Jahre, hinreichend attraktiv für qualifizierte Bewerber sind, erscheint fraglich.

Die Wirtschaftsbereiche, in welchen ein staatliches Monopol grundsätzlich zulässig ist, wurden durch die neue Verfassung taxativ eingeschränkt[17]. Unabhängig von der Umwandlung wurde Ende 1990 mit der administrativen *Entmonopolisierung* bzw. Dezentralisierung staatlicher Einheiten in den Bereichen Versorgung, Aufkauf und Verteilung (besonders in Teilen des Agrarsektors), Binnenhandel, Bauwirtschaft, Transport und Tourismus begonnen. Eine weitere Welle ab Frühjahr 1991 erstreckte sich auch auf die Industrie. Die Entmonopolisierungen bestehen vielfach in der Auflösung von Vereinigungen, Kombinaten und anderen Strukturen der mittleren Ebene, wobei deren ehemalige Abteilungen zu selbständigen Unternehmen werden. Dabei blieben einerseits oft regionale Monopole erhalten, andererseits entstehen durch derartige mechanische Zerschlagungen nicht unbedingt wirtschaftliche Größen- und Produktionsstrukturen von Unternehmen, wie sie einer späteren Privatisierung dienlich wären.

Konzepte für die *Umstrukturierung und Liquidierung* von Staatsunternehmen sollen in Zusammenarbeit mit der Weltbank bis Jahresende fertiggestellt werden. Die Konkursbestimmungen des Dekrets Nr. 56 sind in der Praxis nie angewandt worden, ein neues Konkurs- und Vergleichsrecht steht noch aus.

---

[15] Vgl. DV 55/1991.

[16] Vgl. DV 67/1991.

[17] Neben dem ausschließlichen Staatseigentum an Bodenschätzen, Bundesstraßen, national bedeutsamen Gewässern, Forsten u. ä. kann per Gesetz ein Staatsmonopol für Bahntransport, nationale Post- und Fernmeldenetze, Nutzung von Atomenergie und Produktion von radioaktiven Materialen, Waffen, Sprengstoffen und biologisch hochaktiven Substanzen geschaffen werden.

5.3 Wettbewerbsrecht und Unternehmensformen

Das Prinzip der „freien Wirtschaftsinitiative", von der Verfassung als Grundlage der Wirtschaft festgeschrieben, wird durch Regelungen des Wettbewerbsschutzes ergänzt. Das neue *Wettbewerbsgesetz*[18] definiert und verbietet den Mißbrauch von Monopolpositionen (als Kriterium gilt ein Marktanteil von mehr als 35%), unlauteren Wettbewerb und anderen Handlungen, die zur Einschränkung des Wettbewerbs führen können. Institutionell soll die Umsetzung durch eine unabhängige, vom Parlament zu wählende Kommission erfolgen. Eine Liste wettbewerbsgefährdender bzw. -einschränkender Handlungen sind melde- und genehmigungspflichtig. Die Kommission hat ferner Vorschlags- und Antragsrechte gegenüber der Staatsverwaltung und den Gerichten, welche entsprechende Maßnahmen und Sanktionen setzen können.
Das neue Handelsgesetz[19] sieht, in Anlehnung an westliche Muster, folgende *Rechtsformen* von Unternehmen vor: Einzelkaufleute (natürliche Personen mit Wohnsitz in Bulgarien), offene Handelsgesellschaften, Kommanditgesellschaften, Gesellschaften m.b.H. (Mindestkapital Lewa 50000), Aktiengesellschaften (Mindestkapital Lewa 5 Mio. bzw. 1 Mio. bei Gründung mit bzw. ohne Zeichnung) und Kommanditgesellschaften auf Aktien. Ebenfalls dem Handelsgesetz unterliegen Genossenschaften (mit Ausnahme von Wohnbaugenossenschaften).

5.4 Bankensystem und Kapitalmarkt

Als Ergebnis der 1987 begonnenen Reformen des Bankensystems existieren mehr als 70 als Aktiengesellschaften organisierte *Geschäftsbanken*, darunter die Erste Privatbank, eine US-amerikanische und eine gemischte bulgarisch-amerikanische Bank, sowie die Staatliche Sparkasse als bis vor kurzem einziges Institut für die Haushalte. Allerdings leidet der Geschäftsbankensektor an gravierenden Strukturproblemen: die Banken haben meist eine schwache Kapitalbasis und de facto eine lokale Monopolposition, die Verflechtungen mit anderen Unternehmen innerhalb und außerhalb des Finanzsektors sind stark, die Portefeuilles sind regional und branchenmäßig wenig gestreut und zunehmend belastet durch notleidende Unternehmenskredite. Obwohl davon ausgegangen wird, daß die Banken zu zahlreich für die Größe des Landes sind, stehen sie de facto kaum in Konkurrenz zueinander. Eine der Privatisierung der Banken vorangehende Reform soll von einer neu zu schaffenden staatlichen Bankholdinggesellschaft durchgeführt werden und zu Umstrukturierungen und Konsolidierung (inkl. Fusionen) führen, die notleidenden Unternehmenskredite sol-

---

[18] Vgl. DV 39/1991.
[19] Vgl. DV 48/1991.

len durch Staatsgarantien und notfalls Forderungsabschreibungen bereinigt werden. Ein neues Banken- und Kreditwesengesetz wurde noch nicht verabschiedet.
Durch das neue Nationalbankgesetz[20] wird die Schaffung eines zweistufigen Bankensystems stärker als bisher verankert. Die Nationalbank ist in ihrer Tätigkeit unabhängig von der Regierung, sie ist dem Parlament verantwortlich und übt die klassischen Funktionen einer Zentralbank aus. Ihre Hauptaufgaben sind die Schaffung und Erhaltung der inneren und äußeren Stabilität der Währung, die Erleichterung des Zahlungsverkehrs und die Aufsicht und Kontrolle über die Geschäftsbanken. Sie ist die einzige Notenbank und die Bank des Staates, kann Depot-, Diskont-, Offenmarkt- und Lombardgeschäfte tätigen, im Edelmetall- und Devisenhandel und im Auslandsgeschäft tätig werden u.a.m. Als Instrument der Geldmengensteuerung steht ihr auch der Mindestreservesatz (höchstens 15% der Gesamtaktiva) zur Verfügung, sie setzt Refinanzierungszinssatz und gegebenenfalls Kreditlimits für die Geschäftsbanken fest. Im Devisenbereich ist die Nationalbank zuständig für die Erstellung der Zahlungsbilanz, die Festsetzung des zentralen Wechselkurses und die Regelung der Bankaktivitäten (Limits für die Haltung von Gold- und Devisenaktiva seitens zu Devisenoperationen berechtigter Institutionen und für offene Devisenpositionen sowie entsprechende Mindestreserven).
Die Schaffung eines *Kapitalmarktes* i.e.S. setzt die Existenz von Effekten voraus. Das Handelsgesetz beinhaltet Bestimmungen über Unternehmensobligationen und Aktien, ein Wertpapiergesetz steht jedoch noch aus. Während Unternehmensobligationen noch nicht aufgelegt wurden, gibt es schon (wenige) private Aktien – beispielsweise können Aktien der Ersten Privatbank bereits gehandelt werden. Die Emission von Staatspapieren ist, wie angeführt, im Anlaufen. Ein Sekundärmarkt mit nennenswertem Volumen kann jedoch erst bei gewissem Privatisierungsgrad entstehen, die Errichtung einer Wertpapierbörse ist für 1992 in Aussicht genommen.

5.5 Arbeitsmarkt

Die neue *Verfassung* schreibt ein Recht der Bürger auf Arbeit fest, für dessen Realisierung der Staat die Voraussetzungen schaffen soll, ebenso das Recht auf freie Wahl des Berufes und des Arbeitsplatzes und auf die Bildung von Interessenvertretungen von Arbeitnehmern und Arbeitgebern. Wurden die meisten administrativen Beschränkungen für die *Mobilität* von Arbeitskräften bereits aufgehoben, insbesondere im Hinblick auf die Wahl des Wohnsitzes (Zuzugsbeschränkungen) und Beschäftigungsobergrenzen für Privatunternehmen, soll ein neues Arbeitsrecht die rechtlichen Voraussetzungen für eine volle Mobilität schaffen.
Der Aufbau von *Arbeitsämtern* beruht auf einer Umgestaltung der 120 ehemaligen Arbeitsbüros. Nachdem deren Passivität bei der Vermittlung von Arbeitsplätzen

---

[20] Vgl. DV 48/1991.

unter Kritik gekommen war, wurden im Juli auch private Stellenvermittler zugelassen, die beim Ministerium für Arbeit und Soziales (für jeweils ein Jahr) registriert werden[21].
Ein System von *Arbeitslosenunterstützungen* war schon Anfang 1990 installiert und danach wiederholt modifiziert worden. Die Regelung vom Juni 1991 bindet den Anspruch i.d.R. an eine mindestens sechsmonatige Beschäftigungsdauer innerhalb des letzten Jahres, die Höhe der Auszahlung an den landesweiten Mindestlohn (Sockel) und den letzten Monatsbezug und die Anspruchsdauer (6–12 Monate) an Beschäftigungsdauer und Alter der Arbeitslosen[22]. Die Finanzierung erfolgt in erster Linie durch Beiträge der Unternehmen. Zur Jahresmitte 1991 war die Zahl der registrierten arbeitslosen Personen bereits auf 233 000 angestiegen (Jahresende 1990: 68 000), von denen nur 56% Arbeitslosenunterstützung bezogen. Diese Angaben berücksichtigen weder Kurzarbeit noch unbezahlten Zwangsurlaub, wovon im ersten Quartal etwa 4% bzw. 1% der Beschäftigten betroffen waren.
Angesichts der dramatisch ansteigenden Arbeitslosigkeit wurden im Juni erste Maßnahmen einer aktiven *Beschäftigungspolitik* beschlossen; dazu gehören Projektforderungen bei Unternehmensgründung durch Arbeitslose, Zinsbegünstigungen und Steuerbegünstigungen für Unternehmen bei Schaffung neuer Arbeitsplätze bzw. bei Aufrechterhaltung des Beschäftigtenstandes u.a.m. Gleichzeitig wurde ausdrücklich auf die Möglichkeit hingewiesen, in Absprache mit den Gewerkschaftsvertretungen verschiedene Formen reduzierter Arbeitszeit anzuwenden[23]. Programme für die Fortbildung und Umschulung von Arbeitskräften sind erst im Anlaufen.

5.6 Ausländisches Kapital

Haben sich im Zuge der Übergangspolitik die systemaren und ökonomischen Rahmenbedingungen auch für ausländische Investoren erheblich geändert, bringt das neue *Gesetz* über ausländische Investitionen Änderungen in den rechtlichen Rahmenbedingungen[24]. Grundsätzlich gilt nun das Gleichbehandlungsprinzip, Eigentumsgarantien und Transfermöglichkeiten wurden deutlich verbessert. Insbesondere durch die Möglichkeit, Gewinne, Arbeitsvergütungen und Liquidationsquoten bei den Banken zum Marktkurs zu wechseln und ins Ausland zu transferieren, wurde hier der bulgarische Lew praktisch *konvertibel* (gleichzeitig wurde, wie erwähnt, die Möglichkeit abgeschafft, im Inland Geschäfte in ausländischen Währungen zu tätigen).
Während es keine Obergrenzen für ausländische Beteiligungen gibt, wurde eine Untergrenze von 50 000 $, gedacht als Maßnahme gegen spekulative (geringfügige) Ka-

[21] Vgl. DV 67/1991.
[22] Vgl. DV 49/1991.
[23] ibid.
[24] Vgl. DV 47/1991.

pitalbewegungen, neu eingeführt. *Restriktionen* gelten im Hinblick auf Grund und Boden, Bodenschätze u. a., an welchen ausländische Personen und Joint Ventures kein Eigentumsrecht, wohl aber ein Nutzungsrecht für die Dauer von bis zu 70 Jahren erwerben können. Während für ausländische Investitionen grundsätzlich keine Genehmigung, sondern die Registrierung nach dem Handelsgesetz erforderlich ist, legt das Gesetz eine ganze Reihe von Ausnahmen im Hinblick auf Wirtschaftsbereiche, Regionen und Art des zu erwerbenden Vermögens (Nutzungsrechtes) fest. Wie weit sich die Genehmigungspflicht tatsächlich erstrecken wird, hängt wesentlich von den – noch ausständigen – Durchführungsbestimmungen des Ministerrates zum Gesetz ab. In jedem Falle ist der Entscheidungsspielraum der Behörden, die bei der Genehmigung an keine klar definierten Kriterien gebunden sind, ausgeweitet worden. Angesichts massiver Kritik an den restriktiven Elementen des Gesetzes ist eine Novellierung nicht auszuschließen.

Auch nach Inkrafttreten des neuen Gesetzes werden die Rahmenbedingungen für ausländische Investitionen teils noch durch Dekret Nr. 56 (z. B. die steuerlichen Vorschriften) und andere Rechtsnormen geregelt. Die Möglichkeiten für Auslandskapital, sich an der großen Privatisierung zu beteiligen, sind mangels eines entsprechenden Gesetzes noch ungeklärt. Ein spezielles Gesetz ist für Sonderwirtschaftszonen vorgesehen, die von Dekret Nr. 2242 aus dem Jahre 1987 geregelt werden. Seitdem wurde die Errichtung sechs solcher Sonderwirtschaftszonen beschlossen, die allerdings weitgehend auf dem Papier geblieben sind.

6. Zusammenfassende Einschätzung

Der Übergang zu einer Marktwirtschaft begann in Bulgarien relativ spät: Nach einem Jahr politischer Konfrontationen und wirtschaftlichen Verfalls leitete die erste Mehrparteienregierung des Landes Anfang 1991 ein Wirtschaftsprogramm mit den charakteristischen Züge einer sog. Schocktherapie ein. Dies ermöglichte den Abschluß eines Standby-Abkommens mit dem Internationalen Währungsfonds, dem Bulgarien im September 1990 beigetreten war.

Die Vereinbarung mit dem IWF stellte einen wesentlichen Schritt zur *Durchbrechung der finanziellen Isolierung* dar, in welche Bulgarien nach der einseitigen Einstellung der Schuldendienstzahlungen geraten war. Sie bildete insofern eine wesentliche Voraussetzung für die Herstellung einer marktwirtschaftlichen Ordnung und eine außenwirtschaftliche Öffnung, als diese ohne westliche Finanzmittel und Unterstützung nicht denkbar sind. Abgesehen von der Bereitstellung von Mitteln im Rahmen des Standby-Kredites und der CCF-Fazilität des Fonds ebnete das Abkommen den Weg zu einem Umschuldungsabkommen mit dem Pariser Club (April 1991) und zu einer, wenn auch zögernden, Mobilisierung von Finanzmitteln aus anderen offiziellen Quellen. Mit der Weltbank laufen Kreditprogramme in den Bereichen technische Hilfe und Strukturanpassung, die Zahlungsbilanzhilfe der G-24 kam zwar in Fluß, jedoch waren bis Herbst 1991 erst rund drei Viertel des benötigten Umfangs gesichert. Noch ungelöst ist die Frage der Verschuldung gegenüber der bedeutendsten Gläubigergruppe, den westlichen Geschäftsbanken (Londoner Club). Seit März 1990 behalf man sich mit jeweils dreimonatigen Roll-over-Vereinbarungen, jedoch ist eine längerfristige Lösung, insbesondere ein Abkommen über Umschuldung oder teilweisen Schuldenerlaß, Voraussetzung für eine Normalisierung im Bereich von kommerziellen Krediten und für den dringend benötigten Kapitalzufluß aus dem Westen, auch in Form ausländischer Direktinvestitionen, in nennenswertem Maße.

Die Umstellung im Handel mit den ehemaligen RGW-Ländern, besonders mit der Sowjetunion, auf Weltmarktpreise und Verrechnung in harten Währungen bedeutet für Bulgarien nicht nur eine drastische Verschlechterung der Terms-of-Trade, sondern führte auch zu Rückgängen im Handelsvolumen, die die Annahmen des Wirtschaftsprogrammes noch übertrafen. Letzteres gilt auch für den *Außenhandel* insgesamt, wobei sich nach einem Zusammenbruch in den ersten Monaten des Jahres im zweiten Quartal Anzeichen einer – relativen – Besserung einstellen.

Verliefen die Entwicklungen im außenwirtschaftlichen Bereich noch ungünstiger als im Programm erwartet, waren die *Annahmen* über die Effekte der Schocktherapie (wie auch in anderen Ländern) *optimistisch.* Im binnenwirtschaftlichen Bereich führten die vorgenommenen Liberalisierungen zu einem über Erwarten starken Inflationsschock, der durch die restriktive Geld- und Lohnpolitik zunächst einigermaßen abgefangen wurde. Später kam es jedoch erneut zu inflationären Entwicklungen, ohne daß die Austeritätspolitik gelockert worden wäre. Die Einschränkung der Kredite (mit Ausnahme jener an den Staatshaushalt) und der Löhne fiel noch stärker aus als vom Stabilisierungsprogramm vorgesehen bzw. für notwendig erachtet. Die über den Programmansatz hinausgehende Drosselung der Absorption trug zu der unerwarteten Tiefe der Rezession ebenso bei wie der Einbruch in der Exportnachfrage. Die Einführung der (beschränkten) internen Konvertibilität (auf Basis der Liberalisierung des Außenhandels) bei flexiblem Wechselkurs brachte eine wesentlich stärkere Abwertung des Lew als im Programm angenommen. Dennoch gingen die Exporte in den Westen im ersten Halbjahr zu laufenden $ um die Hälfte zurück; dies dürfte auf die verbliebenen Exportrestriktionen und möglicherweise weiteren Ausfälle im Reexport von Erdölprodukten zurückzuführen sein, signalisiert aber auch das bislang weitgehende Ausbleiben von Anpassungsprozessen.

Obgleich die Rezession im Zuge der Reformen zunehmend nachfragebestimmt ist, sind auch Angebotslücken, die sich vor allem aus dem Rückgang der Importe ergeben, wirksam geblieben. Hand in Hand mit dem Schrumpfen der Produktion kam es zu einem rasanten Anstieg der Arbeitslosigkeit. Durch Ausfälle in den Steuereinnahmen und – bei dramatisch sinkenden Realeinkommen – zusätzliche Ausgaben für Soziales sind die Budgetziele in Frage gestellt.

Die ersten Ergebnisse des Jahres 1991 zeigen eine Problematik, welche jener in anderen Ländern vergleichbar ist, die den Übergang zu einer Marktwirtschaft im Rahmen von Akommen mit dem IWF schockartig einleiteten[25]. Im Mittelpunkt solcher Programme stehen Liberalisierungen und das kurzfristige Ziel einer radikalen makroökonomischen Stabilisierung. Im Falle Bulgariens waren einerseits die binnen- und außenwirtschaftlichen Ungleichgewichte zum Ausgangszeitpunkt ungewöhnlich stark[26], andererseits ist die institutionelle Systemtransformation, die ohnehin im Hintergrund des aktuellen Programmes steht, ausnehmend schleppend vorangekommen. Im weitgehenden *Fehlen marktgerechter Strukturen und Institutionen* sowie in spezifischen *Verhaltensweisen* ist ein wesentlicher Faktor für das Verfehlen der Programmziele zu sehen. So beruht der um die Jahresmitte neuerlich einsetzende inflationäre Druck in erster Linie auf Wechselkursentwicklungen (Energiepreise) und monopolistischem Verhalten (Getreideaufkauf), nicht aber auf einer Übernachfrage, die durch orthodoxe geldpolitische Instrumente kontrolliert werden könnte. Zu der über Erwarten starken Schrumpfung des Kreditvolumens trugen das ungelöste Problem notleidender Unternehmenskredite und monopolistisches Verhalten der Banken bei. Das Ausweichen der Unternehmen in erzwungene zwischenbetriebliche Kredite kann schwerlich durch eine Politik des knappen Geldes in den Griff bekommen werden. Die wirtschaftliche Reaktion auf derartige Spannungsfelder sind Ad-hoc-Maßnahmen bzw. die Suche nach Lösungsansätzen, welche wiederum Zeit erfordert.

Die *institutionelle Systemtransformation* wurde vor allem durch die anhaltenden politischen Auseinandersetzungen verzögert. Im legislativen Bereich wurden in den ersten sieben Monaten des Jahres neben der neuen Verfassung eine Reihe von Wirtschaftsgesetzen verabschiedet, weitere Schritte sind jedoch erst nach der Konstituierung des neuen Parlaments und einer neuen Regierung zu erwarten. Es fehlen beispielsweise noch Durchführungsbesimmungen zu den neuen Gesetzen, sowie marktgerechte Gesetze für Bank- und Kreditwesen, Wertpapiere, Steuern und Sozialversicherung, eine umfassende Erneuerung des Arbeitsrechts und nicht zuletzt ein Gesetz für die (große) Privatisierung. Die rechtlichen Rahmenbedingungen des Wirtschaftslebens werden sich noch einige Zeit aus einer Kombination neuer Gesetze, die sich an vergleichbaren Normen in entwickelten Marktwirtschaften orientieren, über-

---

[25] Vgl. z.B. Laski, K.: Transition from Command to Market Economies in Central and Eastern Europe: First Experiences and Questions, Beitrag präsentiert bei der „Conference on Medium Term Economic Assessment" in Wien, 14.–16. Oktober 1991, und Levcik, F.: Zentral- und Osteuropa auf dem Wege zur Marktwirtschaft – Bisherige Ergebnisse und kritische Bemerkungen zur eingeschlagenen Strategie, Vortrag beim Internationalen Symposium des Österreichisch-Französischen Zentrums am 21. und 22. Mai 1991 in Paris.

[26] Vgl. dazu z.B. Hishow, O.: „Struktur und Konjunktur der bulgarischen Volkswirtschaft, Vorhaben der Wirtschaftsreform", in: Südosteuropa 2/1991, S. 81 ff.

nommener (teils korrigierter) Gesetze und übernommener und neuer Verwaltungsakte zusammensetzen.

Die *Privatisierung* der Wirtschaft befindet sich in einem sehr frühen Stadium. Die große Privatisierung von Staatsunternehmen hat mangels eines Gesetzes bzw. angesichts anhaltender politischer Differenzen über die Vorgangsweise noch nicht begonnen. Die kleine Privatisierung von staatlichem Vermögen kam (nach einem „Moratorium") erst gegen Jahresmitte 1991 wieder in Gang. Gesamtwirtschaftlich ist der expandierende private Sektor, bestehend in erster Linie aus einer Vielzahl kleiner Neugründungen, noch von geringer Bedeutung. Relativ fortgeschritten sind die Vorbereitungen für die Eigentumsrestitution in der Landwirtschaft, die allerdings umstritten geblieben ist.

Unter diesen Bedingungen ist die *Umtrukturierung des staatlichen Unternehmenssektors* von besonderer Bedeutung. Im Bereich der Kommerzialisierung war die Umwandlung in Gesellschaft (nun nach dem neuen Handelsgesetz) ebenfalls einem „Moratorium" unterworfen. Die vorgenommenen administrativen Entmonopolisierungen ließen zum einen vielfach regionale Monopole bestehen, zum anderen entspricht die entstandene Unternehmensstruktur nicht unbedingt wirtschaftlichen Kriterien. Für die Herstellung wirksamer Wettbewerbsstrukturen sind abgesehen von der Umstrukturierung des Staatssektors und der Umsetzung des Wettbewerbsschutzes eine Expansion des Privatsektors und Importkonkurrenz erforderlich. Eine Reform des Bankensektors steht bevor.

Die kurzfristigen *Prognosen für das Jahr 1991* insgesamt rechneten zur Jahresmitte bereits mit einem realen Rückgang des Bruttoinlandsprodukts um 20% (zu Jahresbeginn war man von einem Rückgang um 11% ausgegangen) und des durchschnittlichen Reallohns um mehr als 50%. Für die Inflation wurde im Jahresdurchschnitt eine Rate von etwa 470% (Einzelhandelspreise) erwartet, für die Arbeitslosigkeit bereits für Herbst 1991 eine Rate von 12%. Der Zielbereich für den Wechselkurs wurde von ursprünglich etwa 10 auf 15–18 Lewa je $ revidiert. Weitere Korrekturen der Wirtschaftsprognosen sind nicht auszuschließen – die Rezession dürfte noch tiefer ausfallen als in der angeführten Variante.

Auf *längere Sicht* birgt die aktuell verfolgte Übergangspolitik – radikale Stabilisierungspolitik und außenwirtschaftliche Öffnung bei nicht wettbewerbsfähigen Strukturen – das Risiko, durch eine tiefe und anhaltende Rezession den Spielraum für den notwendigen Strukturwandel der Wirtschaft zu verengen (z.B. durch Liquidation grundsätzlich überlebensfähiger Unternehmen), ohne die angestrebte Preisstabilität zu erreichen. In dem Bestreben, die Rolle des Staates auf ein Minimum zu reduzieren, wird in den Bereichen Wachstums-, Struktur- und Industriepolitik ausnehmende Zurückhaltung geübt. Diese Konstellation kann eine Verzögerung in der Wiederherstellung des Wachstumspotentials der Wirtschaft und zunehmende soziale Spannungen mit sich bringen – bislang wurden die massiven Realeinkommensverluste von der Bevölkerung noch relativ ruhig hingenommen. Die soziale (und politische) Stabilität ist ein wesentlicher Bestimmungsfaktor für die Bereitstellung von – für den Übergang kritischen – westlichen Finanzmitteln, an denen Bulgarien auch mittelfristig einen relativ hohen Bedarf hat.

Der Übergangsprozeß im wirtschaftlichen Bereich befindet sich derzeit in der frühen Phase, der politische und gesellschaftliche Hintergrund ist von Unberechenbarkeiten gekennzeichnet, zu denen die nationale Frage zählt. Es ist davon auszugehen, daß die Union der Demokratischen Kräfte mit gestärkten Positionen in Parlament und Regierung aus den *Wahlen im Oktober 1991* hervorgehen wird, wenn auch die Bildung stabiler Mehrheiten schwierig werden könnte. In Abhängigkeit davon wird sich, nach der wahlkampfbedingten Stagnation der Reformen, die konkrete Gestaltung der Übergangspolitik entwickeln. In jedem Falle ist von einer anhaltenden Verpflichtung gegenüber dem Übergang zu einer Marktwirtschaft und einer IWF-gestützten Stabilisierungspolitik auszugehen.

Sofia Davidova[1]
Allan Buckwell[2]

Challenges to Bulgarian Agriculture: Adverse Developments and Reforms

1. Introduction

This paper reviews the current and prospective reforms in Bulgarian agriculture. First, and to provide the context for these reforms, recent problems of agricultural developments are summarised to demonstrate why agricultural reforms have become essential. This is done in section two of the paper. In the third section issues of implementation of new ownership policy to privatise land are assessed. In the fourth part the impact of price liberalization resulting in sharp changes in input/output price ratios in the agricultural sector is analysed. In the fifth part the policy of promotion of competition and trade policy are discussed. In the concluded section an attempt is made to assess whether the preconditions for successful reform are present, and some guidelines are offered to help maximize the chance of success.

2. Adverse agricultural developments

2.1 General Developments

Bulgaria produces three principal kinds of agricultural products. Meat and animal products account for about one half of agricultural production; grain, especially wheat, about an eigth. Other crops, such as fruit, vegetables and tobacco account for the rest (World Bank, 1990).

---

1 Sofia Davidova is head of Department of World Agriculture and Production Forecasts, Institute of Economics and Organization of Agriculture, Sofia, Bulgaria. This paper was prepared while the author was a visiting research fellow at the Centre for European Agricultural Studies (CEAS), Wye College, University of London.
2 Allan Buckwell is Professor of Agricultural Economics and Honourary Director of the Centre for European Agricultural Studies, Wye College, University of London, Ashford, Kent, UK.

Table 1: The Relative Importance of agriculture (% in constant prices, resp. from absolute number for employment)

Share of agriculture in:	1970	1980	1988
Gross Material Product	14.1	12.8	10.0
Net Material Product	16.5	18.9	11.7
Employment in Material Production	40.4	28.7	22.9
Employment in Overall Economy	35.2	23.8	18.7
Fixed Assets in Material Production	20.5	16.3	11.8
Fixed Assets in Overall Economy	13.2	11.1	8.0

Source: Statisticheski Godishnik na Bulgaria, different issues.

Crop land in Bulgaria represents about 4.6 million hectares, and pastures account for 2 million hectares. More than one-third of the cultivated land is under grain crops – wheat, maize and barley. About 85 % of the cultivated area is in the socialised sector. The private sector accounts for the balance.

Macroeconomic indicators of the contribution of agriculture give an insight to the importance of agriculture in the Bulgarian economy. Following the assumptions of Marxist theory, only the so called "material production sphere" contributes towards gross material product and net material product. That is why Bulgarian national statistics include in both macroeconomic indicators only the gross and net output of this sphere[3]. Consequently it seems more correct to present the relative importance of agriculture in the material production sphere, too. However, to make the analysis more informative the share of agriculture in the overall economy (material production plus services) will be shown whenever possible.

The share of agriculture has been decreasing over the years (Table 1).

The high percentage of agricultural employment and the relatively low share of fixed assets suggest lower substitution of capital for labour not only comparing with Western standards but also with some other central European countries, e.g. Germany (East) and the Czech and Slovak Republic (Wadekin, 1990). However, it should be stressed that the production structure in Bulgaria differs in having a sizable labour-intensive fruit and vegetable cultivation.

The annual rate of growth of agricultural net and gross output has been considerably lower than the average of the economy (Table 2).

[3] Net output is roughly equal to gross output less intermediate consumption, depreciation and current expenses, except labour cost. The material production sphere comprises the following economic branches: mining, energy, agriculture and forestry, building industry, manufacturing industries, transport, communications and trade.

Table 2: Annual average rates of growth at constant prices (%) (1982)

	1971–1975	1976–1980	1981–1985	1986–1988
Gross Material Product	7.9	5.7	3.7	4.3
Net Material Product	8.0	6.1	3.5	4.3
Gross Agricultural Output	2.9	1.5	−1.5	2.0
Net Agricultural Output	1.8	−2.4	−5.2	−3.1

Source: Statisticheski Godishnik na Bulgaria, 1989, Sofia, 1990; Central Statistical Office data base.

The decreasing rate of growth of gross agricultural output, including negative growth in the first half of the 1980s, and the persistent negative growth of net output since the mid-1970s have become the main economic problems of the sector. 1989 was marked by a small increase in gross output and a decrease in net terms. Logically the share of material costs, expressed in constant year-prices, has risen from 53.6 % of the gross output in 1970 to 60.5 % in 1988.

Net output per unit of fixed assets in constant prices has also decreased since the mid-1970s. Its index in 1980 was 62 and this dropped to 37 in 1988 (1975=100).

Development of investments in Bulgarian agriculture has some special features compared to some other centrally planned economies. In a report of the FAO Council it is claimed that in several centrally planned economies for most of the last two decades, agriculture's share of investment has been above, and in some countries very considerably above, its share in net output. As one of the reasons for this, relative underpricing of agricultural produce and overpricing of the industrial goods is stressed (FAO, 1990). Developments in Bulgaria during the same period are different (Table 3).

Two factors contribute to this result. First, higher priority is given to non-agricultural investment. Second, there is some price disparity but in favour of agriculture (Wadekin, 1990).

Low substitution of capital for labour resulting from the low priority given to agriculture in investment decisions has resulted in insignificant technological change. This has had a negative impact on production performance and productivity, especially in the 1980s.

Table 3: Difference between the share of agriculture in capital investments in material sphere and in net material product (3)

	Share in Investments (1)	Share in NMP (2)	Difference (1–2)
1970	19.54	21.94	−2.40
1971	20.06	23.05	−2.99
1972	21.45	22.85	−1.40
1973	20.11	21.82	−1.71
1974	21.65	20.07	1.58
1975	19.24	21.43	−2.19
1976	19.78	20.78	−0.99
1977	18.87	17.82	1.05
1978	16.92	17.83	−0.91
1979	17.04	19.01	−1.97
1980	17.41	16.50	0.91
1981	11.73	19.08	−7.36
1982	10.96	19.78	−8.82
1983	11.27	16.46	−5.19
1984	11.33	18.11	−6.79
1985	11.06	13.46	−2.40
1986	9.21	14.74	−5.53
1987	9.35	13.10	−3.75
1988	11.38	12.62	−1.23

Source: Statisticheski Godishnik na Bulgaria, different issues.

2.2. Production Performance and Productivity

In the 1980s the year-to-year variations in yields and output were substantial. In order to average out the peaks and troughs that might otherwise mislead, the World Bank team working on Bulgarian agriculture calculated the average annual growth in production of representative crops during 1982–1989, based on a centred three year average (Table 4).

These negative developments have been ruinous for domestic food supply and for exports.

In the livestock sector, productivity of milk cows has improved but other indicators have not improved recently. A particular poor result was the decrease in livestock numbers in the second half of the 1980s. The feed conversion ratio for beef and veal, which generally has been far behind Western standards and results achieved in some other central European countries, has also shown unfavourable development (Table 5).

Table 4: Growth in production and yield 1982–1989 (% per annum based on 3-year average)

	Production	Yields
Wheat	2.5	– 4.8
Maize	–7.0	–10.7
Barley	0.5	– 5.9
Sugar Beets	–7.6	–11.7
Vegetables	0.2	– 6.5
Tobacco Leaves	–3.2	– 5.5
Grapes	–3.3	– 8.3

Source: World Bank, 1990.

Table 5: Indicators of Livestock Sector[4]

	1971–1975	1976–1980	1981–1985	1986–1990
		(Annual average)		
Animal stock (thousands cattle units)	3767	4267	4666	4056
Average weight[5] (kg)				
Cattle[6]	424	425	424	425
Slaughter pigs	108	102	104	111
Milk per cow[7] (litres)	2192	2368	2991	3397
Feed efficiency5 (oat units per kg live weight)[8]				
Cattle beef6	11.1	12.1	11.6	13.0
Hogs6	6.5	6.0	6.0	6.1

Source: Statisticheski Godishnik na Bulgaria, 1989, Sofia, 1990; Central Statistical Office data base; Otchet na NAPS.

[4] Coefficients used for conversion into standard animal units are: cow 1.0; other cattle 0.6; hogs 0.3; sheep 0.1; poultry 0.02 (USDA, 1990). Buffaloes and goats are not included in the data shown.

[5] Collectivized sector only.

[6] Data for the last period are for 1986–1989.

[7] Data for the last period are for 1986–1988.

[8] In agricultural statistics in Bulgaria feed efficiency is measured in oat units per kilogram. Oat units are different from starch units.

The poor performance of the agricultural sector in providing for domestic consumption and to increase its export potential and efficiency has encouraged policy reforms since the late 1980s. The collapse of the centrally planned system has accelerated this process and has made radical agricultural reforms in Bulgaria feasible.

3. Agricultural Reforms

3.1. Ownership Policy and Privatization

3.1.1. Legislative steps

In February 1991 a Law for Agricultural Land Ownership and Land Use was passed through the Parliament (referred to as the Great National Assembly in Bulgaria). It deals with five main issues: agricultural land re-privatization, land settlement, transferability of property rights, ownership of other assets of collective farms, and institutions dealing with land ownership (Durzhaven Vestnik, 1991). The Law for Land Ownership and Land Use has been translated into rules and procedures in the so called 'Pravilnik' (Durzhaven Vestnik, 1991). In the following discussion on land ownership, the legal provisions and some of the rules are considered.

Property rights. Property rights on agricultural land are permitted for the state, municipalities, Bulgarian citizens and Bulgarian legal entities. Property rights are disallowed for foreign states, foreign legal entities, foreign citizens, and joint ventures. Rights for the use of agricultural land, under a licensing regime, are provided for foreign legal entities, foreign citizens and Bulgarian citizens with permanent residence abroad.

Land re-privatization. The main provision in the law is to give the land back to the original owners, or their heirs, before the collectivization in the late 1940s and 1950s. Only these owners will be recognized and not those whose land was expropriated by virtue of the Law for Labour Land Ownership, passed in 1946 (Durzhaven Vestnik, 1946).

The land ownership of a household is limited to 20 hectares in areas with intensive agriculture and to 30 hectares in other areas. These limits are similar to those provided by the Law for Labour Land Ownership of 1946. If, after the recognition of the ownership of all members of the household the latter owns more land than the legal limits, property rights on excess land should be transferred within two years period. There are also fixed minimum sizes under which land can not be fragmented as a result of transactions or in case of inheritance. They are the rather small amounts of 0.3 hectare for fields, 0.2 hectare for meadows, and 0.1 hectare for permanent crops.

Land Settlement. Land settlement applies to landless individuals and households or to owners of very small pieces of land. For this purpose, land from the state land fund and municipal land funds will be used. Priorities for land settlement have been decided. They are: people engaged in agriculture in the area they apply for land; residents in the area; people with an educational background in agriculture. The procedure of land settlement is administrative. It is managed by Municipal Land Commissions. If after the settlement of people in these priority groups there is excess land, there is a tendering system to distribute the rest. The Municipal Land Commission can also allocate marginal land with low productivity for use by individuals and households free of charge. After ten years of cultivation, property rights will be recognized.

Transferability of property rights. For a three year period from the date of recognition of the ownership, transfers of property rights are restricted. Transfers in this period are only permitted to relatives, co-owners, and the state and municipalities. There are no explicit provisions yet beyond this period. Because there is no ban on transfers, there is a presumption that transactions will then be allowed. However, it is unlikely that there will be a completely free market because priorities have already been set for buyers of land. First priority is given to relatives, second to tenants, third to neighbouring owners, fourth to the state and municipalities.

Owners are allowed to rent and lease the land immediately after the recognition of property rights.

Individuals and households subjected to land settlement are forbidden from transferring land for ten years following the settlement, with the exception of transfers to the state and municipalities. In the first five year period they are disallowed from leasing or renting the land.

Distribution of other assets of collective farms. Existing or former members of collective farms or their heirs have rights to shares in the farms' capital stock. The size of each individual share will be determined in accordance to land and other physical or financial assets which the owner had pooled in the farm, and his labour contribution. In order to reach some balance minimum weights of 40 % for property that had been pooled in and 40 % for labour contribution legally are determined. The exact distribution of the remaining 20 % will be set by the General Assembly of each collective farm.

In case of cancellation of membership, the former member of a collective farm has the right to receive his share in the form of physical assets or money. In the case of indivisible assets the former member receives shares in them.

Institutions. Institutions, dealing with agricultural land ownership are at two levels – national and regional. They are the National Land Council and Municipal Land Commissions. All legal and administrative procedures, provided by the law, are free of charge.

3.1.2. Problems of Privatization

The Law for Land Ownership and Land Use may bring about a reversal in farm structure from that existing in 1991 to structure in the 1940s. The best way to illustrate the magnitude of the likely change and to indicate the difficulties is to state the changes in numbers and average size of holdings. By November 1990 971 agricultural units were officially registered – 930 of them as labour agricultural co-operatives (referred to as TKZS in Bulgaria) and 41 as agro-firms, having some agricultural activity but primarily engaged in agricultural services. It is estimated that there were an additional 230 labour agricultural co-operatives, which were not registered. Thus the total number of the agricultural units in the socialized sector was nearly 1200 (Ministry of Food and Agriculture, 1990). The average arable area of these units was some 3250 hectares. The number of the private plots in 1990 was about 1,6 million, with an average arable area of 0.4 hectare.

The farm structure, prevailing up to the end of World War II, was created at the end of the last century. After World War II there were some 885 thousand farms with an average land area of 4.9 hectares. The size distribution was 63 % up to 5 hectares, 26 % between 5 and 10 hectares and 11 % with more than 10 hectares. Agricultural land was fragmented into about 12 million land plots with an average size of 0.4 hectare each (Palagachev et al., 1974).

Consequently, if implemented fully and literally the new law implies a dramatic change back from a highly concentrated structure with very large-sized agricultural units to a peasant structure with very small-sized farms. At least four problems are predictable if this transition proceeds.

First, the outcome from implementation of the law could be excessive fragmentation of agricultural land with consequential reduced opportunities for technological change and for organization of modern and efficient private units. The justification of the provision for a minimum size of plots under which land can not be divided is to prevent agricultural land from excessive fragmentation. However, the sizes approved have been set too small to avoid this problem.

Second, the smooth implementation of the law requires as a precondition a clear and uncontentious ownership pattern. In Bulgaria this does not exist. It is difficult to distinguish state, co-operative and private property. This resulted from the fusion of state and co-operative ownership into agro-industrial complexes, from the substantial state investments in agriculture, from the numerous organizational reforms, and, most recently from the extension of land allocated to households. Current political developments and policy changes in Bulgarian agriculture compound the complications in ownership pattern. For example, the rules, adopted for implementation of the law, give rights to Municipal Land Commissions to continue to allocate land for private use up to 1.0, 1.5 and 2 hectares depending on the region. Individuals and families will use these plots until legitimate owners are recognized. The resulting uncertainty about the period for which the farmer may use the land will be a considerable impediment to investment to improve performance.

Third, intensive migration from rural to urban areas has led to a situation in which information about land rights in rural communities is obscure. The identity of those who possess property rights is not always known to members of the rural community. As a result there is great potential for severe land disputes (Feeder, Feeny, 1991). The situation is aggravated by the bad condition of land records and title documents. Generally records have not been carefully maintained because it was presumed that the question of private property rights on agricultural land had been lost for ever. Very often records were deliberately destroyed. The resulting disputes where ownership is not easily established in law might have long-lasting impact on farmers' behaviour. Following bitter disputes over land ownership the willingness of members of rural communities to co-operate to share inputs or market products could be severely set back.

Fourth, due to large number of property claims expected, and the challenges to claims, it is likely that land reform will involve a huge administrative cost. The absence of any calculation of these potential costs and lack of resources may result in insufficient capacity for the formal procedures. This will slow the process of the recognition and enforcement of property rights in spite of the political resolve and people's motivation or complete this process.

Another group of problems arises from restrictions on transferability of property rights and limitations on the size of land property. In fact, the 1991 land law not only takes farm structure back to the 1940s, but it then freezes it.

However, it must be expected that some re-allocation of land will take place on the basis of illegal, informal transfers. They are especially likely during the three year period when there will be ban on the land market. But even after this period such transactions are still possible, because sellers will prefer to choose the highest bidder and not necessarily to conform to legally set priorities. The lack of mechanisms to regularise property rights resulting from these kinds of transactions will have a negative impact on the propensity of new owners to invest.

Privatization of the other assets of collective farms is complicated, too. Apart from technical problems, two economic features of existing farms might be impediments to privatization: the large concentration of capital stock on non-profitable farms, especially in livestock breeding, and the indebtedness of almost all farms. There is no policy response yet to the question of how to deal with the problem of farm debt during privatization.

These are mostly practical, operational problems. Their resolution is of immense importance politically because of the age old prominence in most societies to the ownership and rights of use over land. In the short run the economic impact will not be great. This is reinforced by the observation that economic structures often have a strong inertia and thus resist change. As a result structural adjustments are difficult to achieve whatever the degree of perfection of policy, and whatever the capacity of government to implement this policy (White, 1990). This could be defined as the inertial constraint to land reform. It could turn out to be one of the main sources of frustration in obtaining results from agricultural reforms. If this inertia results in minimal structural adjustments, the policy response could be further policy change inducing more uncertainty and more inertia. This could, in turn, lead to instability and incoherence in policy, translated into intensive search of new 'more efficient' policy measures. Notwithstanding these problems, the Law will be enacted and changes will result. The next section speculates about the form these changes could take.

3.1.3. Possible Future Developments in Ownership Reform

Two broad patterns of development may be identified. These are not mutually exclusive, each may apply at the same time but to different farms. They are also not principally different in their eventual outcome. The main difference is whether land reforms provide a highly fragmented structure which then undergoes consolidation into more viable farms or aggregations of farms. Alternatively the dissolution of collectives could proceed much more slowly without going to a highly fragmented stage.

To simplify the task the following limitations and assumptions are set:

(i) The process of agricultural restructuring is described in isolation from the rest of the economy. It is obvious that agriculture can not be restructured in a non-restructured environment, especially without restructuring the upstream and downstream sectors. However, because of quite different issues and problems in the industrial branches of input supply and food processing attention is only focused on agriculture.

(ii) For simplicity agriculture itself is assumed to have two sub-sectors, capital intensive and labour intensive. Typical labour intensive farm types in Bulgaria are fruit, vegetable and tobacco cultivation and sheep breeding. Cereals, dairy and meat products are more capital intensive. This distinction is made because it is likely that the type of intensity will be important from the point of view of ownership policy and farm structure, emerging as a result of privatization.

(iii) Ownership policy, impliying privatization, is seen as only one policy involved in the restructuring. Other important policies, for example promotion of private firms and measures to assure freedom of entry, will not be discussed. Privatization is the main focus because public and political choice in Bulgaria has assigned to it a crucial role in the restructuring process. It is also the obvious starting priority given the dominance of the collectivized sector.

(iv) Privatization is discussed in a broad sense to reflect reality following the abandonment of centrally planned agriculture. As a result privatization is seen as a process not limited to the transformation of ownership, but also including some features of the de-centralization of decision-making.

The first possible pattern of development envisages a complete translation into practice of the provisions of the Law for Agricultural Land Ownership and Land Use. In this case the existing big collective farms are dismantled into numerous small, private peasant farms. As many land owners live in the cities, the emergence of widespread tenancy and part-time agriculture is likely, especially until the introduction of a land market. As a result substantial transfers of income from rural to urban areas in the form of ground rent should occur. It should be expected that there would be a small propensity to invest either by tenants or owners. Tenants may wait for the introduction of the land market to buy land and then to invest. This behaviour is likely because of mistrust accumulated under the centrally planned economy. Owners, not engaged in agriculture, will be primarily interested in obtaining income from their land asset and not in new agricultural investments. They may well have numerous competing outlets for any investible funds they can accumulate.

In the labour intensive sector tenants are likely to be families and individuals. The prevailing farm structure would thus be small-sized family farms using rudimentary production methods because of the small propensity or ability of make new investment.

In the capital intensive sector tenants are more likely to come together in groups, co-operatively using land, capital stock and technologies available before privatization which will generally be more advanced.

After the introduction of a land market a slow process of changes in land ownership will emerge resulting in transfers of property rights from the urban population to the rural population. Correspondingly there will be a considerable flow of funds from the rural to the urban areas. This process would result in an increase in indebtedness of farmers and a limitation on farmers' capacity to invest outside land purchase.

Because of the excessive fragmentation of land and the small size of individual units private farmers would be rational if they organized themselves into different kind of co-operatives, partnerships or farming companies. This is especially likely in the capital intensive sector. In the labour intensive sector similar processes will emerge but there the existence of small-sized one-man farms will be more common.

The second pattern of development implies a combination of provisions of the Law for Land Ownership and Land Use and other methods of restructuring agricultural sector. In this scenario the emerging farm structure is similar to that eventually recorded in the first pattern. However, the route is different. In particular it implies a slower break up of some collective farms. Roughly, the steps in this pattern are as follows:

a. The area of land in the collectivized sector decreases as it is allocated to families and individuals to increase their existing plots and transforming them into small farms and as some of the owners will claim their land shortly after the recognition of the ownership.

b. Break up of big collective farms into a few smaller collective farms.

c. Distribution of shares to members of collectives and transformation of these smaller collective farms into autonomous decision-making units having profit maximization as their business objective.

d. Slow transformation of these collective farms into genuine private co-operatives.

In both patterns producers co-operatives are seen as a viable structure in Bulgarian agriculture. Despite the experience of some developed market economies where producer co-operatives in agriculture are not typical, this is one of the ways in which Bulgarian agriculture can cope with the problem of excessive fragmentation emerging in result of restoration of private agriculture. Wadekin (1990) claims that in the eyes not only of inveterate communists truly voluntary production co-operatives, smaller than previous collective farms and based on shareholding, may also be considered private, although cogent proof of their economic viability, except in some religious or ideological communities, cannot be presented for lack of practical experience on a mass scale. However, it is to be hoped that the authorities will have an open mind on this subject, encouraging a variety of business forms to emerge: sole businessman, partnerships, various forms of share farming, contracting, farming companies, provision of management services, as well as a variety of looser or more disciplined co-operatives.

The efficiency gains resulting from each pattern will be different immediately after privatization and thereafter. Shortly after privatization efficiency could be increased due to a better use of existing resources and through a drop in wastage. Afterwards a further increase in efficiency will require investment in new technologies. At that stage many difficulties could arise and special support programmes are likely to be necessary.

3.2. Price Policy

3.2.1. Price Distortions

Price distortions in Bulgarian agriculture are difficult to quantify because of several interwoven factors: poor price and financial statistics; simultaneous subsidization of producers and consumers; lack of market exchange rate to compare domestic prices and world prices.

The simplest measure of distortion commonly used is the nominal protection coefficient (NPC), which measures the ratio between domestic and world prices. There are several problems in calculating NPCs for Bulgaria. First, the very concept of a meaningful domestic price to which either production or consumption has responded does not really exist. Second, the highly controlled foreign exchange regime makes it very difficult to identify the real exchange rate. Therefore NPCs may only be valid when compared to each other for different produce and between years. If NPCs are roughly equal for all produce, the conclusion could be drawn that price distortions within Bulgarian agriculture are small and vice versa (World Bank, 1990).

NPC have been calculated by the World Bank for 17 products (Table 6).

Table 6: Nominal protection coefficients for selected produce

Produce	1979	1984	1989
Wheat (Hard)	1.35	1.31	0.68
Wheat (Soft)	0.74	0.77	0.57
Maize	0.87	0.77	0.87
Sunflower	0.64	0.94	1.18
Rice	0.91	1.19	0.99
Soybeans	2.22	1.61	1.04
Cotton	5.76	6.30	4.34
Tomatoes	1.51	1.06	0.68
Potatoes	1.33	1.65	1.13
Table Grapes	2.41	2.28	2.52
Green Peppers	1.58	1.97	0.97
Calves 2 years	1.49	2.97	1.93
Baby Beef	1.94	3.58	2.19
Beef Meat	2.57	1.60	–
Lambs 16 kg (live weight)	1.13	1.60	1.93
Lamb Meat	2.82	3.07	2.61
Broiler Meat	1.41	1.17	–

Source: World Bank, 1990.

These values of NPCs show large differences between commodities. The coefficients of variation for each year there were 1.37 in 1979, 1.80 in 1984 and 0.98 in 1989. These figures demonstrate that the centrally planned price system created considerable distortions in Bulgarian agriculture which itself varied from year to year. Distortions were biggest in the mid-1980s and decreased at the end of the decade. Consequently, even if there has been some limited producers' response to prices, it has been to strongly distorted signals.

3.2.2. Price Liberalization

The process of price liberalization commenced in February 1991. It was introduced because of the patent failure of centrally fixed prices to give correct signals to producers, but also because of pressure from international financial institutions.

Price liberalization in Bulgaria has been implemented as a part of a more general macroeconomic reform and not as a specific policy of agricultural reforms. As a result almost all producer and consumer prices have been liberalized simultaneously. This has sharply changed input/output price ratios of agricultural produce.

Price liberalization has been introduced into a non-competitive environment. Basic institutional arrangements for the operation of markets do not exist. Thus, normal market reactions have not yet been possible.

Table 7: Selected Producers Prices (leva/ton)[9]

Product	1990 April (1)	1990 November (2)	1991 April (3)	Change (3)/(1) (times)	Change (3)/(2) (times)
Wheat	250	600	1500	6.0	2.5
Maize-grain	300	600	1500	5.0	2.5
Cattle-beef (live weight)	2150	3100	7000	3.3	2.3
Hogs (live weight)	2800	4500	7000	2.5	1.6
Cow Milk (1000 litres)	600	850	1600	2.7	1.9

On the one hand there have been production oriented units which at the plant level have had some flexibility to adjust to changes in centrally fixed output parameters. But there has been no general automatic mechanism for adjustment to prices. On the other hand individuals' behaviour has been marked by high propensity to consume. This resulted in strong disequilibrium between supply and demand, and thus the Bulgarian economy has been typically supply constrained.

Under these circumstances the predictable impact of price liberalization is rapid price adjustment without any ameliorating productivity and capacity expansion.

Agricultural producers prices have risen between two and a half and six fold in the space of one year up to April 1991 (Table 7). However, they have only applied to existing stocks from harvest in 1990.

Thus price liberalization has strengthened the prevailing tendency towards increases in producer prices which had already been started in the centrally planned system. However, the scale and speed of price change is considerably higher.

It is dangerous to focus solely on the dynamics of output prices. Input prices and prices of agricultural services have also risen. Agricultural producers claim that the rise in product prices has not compensated for their higher costs of production.

Lack of reliable cost and price information makes analysis of input/output price ratios very difficult. Nevertheless, an attempt is made here to assess to what degree these claims of agricultural producers are justified.

9 Prices shown for April 1990 were fixed by a Decree of February 1990 of the Council of Ministers. The price for cattlebeef was fixed as minimum purchasing price. Prices shown for November 1990 were fixed by a Decree of the Council of Ministers issued in November. Prices shown for April 1991 are market prices recorded at which agricultural produce were sold between the second half of February until the end of April 1991. They are not weighted by volume of sales and thus can only be used as indicators of orders of magnitude. Consequently some differences might exist depending on marketing channels and regions.

Changes in some input prices since the liberalization are of the following orders of magnitude:

seeds (total)	4–8 times
compound feeds	5–8 times
agricultural machinery (domestic production)	3–4 times
mechanization services	4–5 times
fertilizers and plant protection chemicals	about 7 times

This does seem to provide evidence that the terms of trade for agricultural producers have worsened. This is due to three main factors: insufficient input supplies; the monopolistic structure of the upstream and downstream systems; a large devaluation of the Bulgarian leva resulting in dramatic increase in prices of imported inputs, converted into leva.

The situation of agricultural producers has been aggravated by two other macro economic measures. First, restrictive monetary policy. The basic interest rate has been fixed at 45 %. As a result agricultural producers have had to pay between 48 % and 52 % interest on new credit. Second, since June 1991 some of the remaining centrally determined prices, for example fuel, have been liberalized. This has further increased costs of production.

The degree of difficulty created by these price changes is different depending on the product line. Some produce had a substantial margin between production costs per unit (which do not include land rent and debt service) and the price per unit of output. Others, for example beef production, were already in an unviable situation (Table 8).

Bearing in mind that some expenditures in the crop sector such as seeds and mechanization services have been changed in proportion to changes in output prices, as the latter were in April 1990, it is clear that the livestock breeding sector is in the most difficult situation. This is further proved by farmers' behaviour. Many private farmers as well as some collective farms have tried to sell their livestock and to go out of this business.

To complete this overview of implications of price liberalization on agricultural producers the impact of retail food price liberalization should be assessed.

Retail food price liberalization has resulted in a similar switch from a slow increase in prices in 1990 to a sharp rise in 1991 immediately after price liberalization. Table 9 shows the newly constructed index of prices month on month from January 1991 to April 1991.

Not surprisingly consumers' response has been to cut consumption. According to the official statement of the Minister of Agriculture and Food Industry in the Parliament food consumption has been halved compared to 1989. This year was chosen as the reference year because consumption was considered then to be 'normal'. In 1990

Table 8: Production Costs (leva/MT)[10]

	Wheat	Barley	Maize Grain	Cattle Beef[11]	Hogs10
1 Price[12]	146	156	176	2755	1933
2 Material costs	86	84	124	2620	1463
Fertilizers	18	18	25	–	–
Fodder	–	–	–	1802	1268
Depreciation[13]	9	9	15	93	29
Other[14]	59	57	84	725	166
3 Labour costs	26	25	41	579	160
4 Production costs (2+3)	112	109	165	3199	1623
5 Margin (1–4)	34	47	11	–444	310

Calculated from: "Otchet na NAPS za 1989", Sofia, 1990.

there was above average consumption of some foodstuffs which are storable at home in anticipation of price rises.

The fall in consumption of food products has had two immediate consequences. First, a slower price increase in March comparing to February and some signs of price decreases in April. Second, an increase in stocks held on farms, by processing enterprises and by traders, especially of meat, meat products and dairy products. These increases in stocks are due to consumers' adjustments to new price levels and not to increases in production. The Ministry of Food and Agriculture has announced that during January–March 1991 production of meat has decreased by 63 thousand tons, of meat products by 18.6 thousand tons, and of milk by 43 thousand tons comparing to the same period in 1990. Livestock purchased from agricultural producers dropped by 45 % poultry by 64 % and milk by 27 % (Cheshmedjiev, 1991).

Thus, since price liberalization, agricultural producers have been squeezed by a big rise in input prices and pressure for lower prices of agricultural produce in order to

---

10 1989, collectivized sector only.

11 In live weight, feeding animals only.

12 Price at which produce have been sold to state purchasing organizations.

13 Depreciation rate of buildings, machinery and permanent crops of 8.4 % in 1988 is used.

14 Other material costs include seeds, fuel and lubricants, electric power, repairing and maintenance of machinery, expenditures for services to production, and wastage.

Table 9: Retail Food Price Index

	January/ December	February/ January	March/ February	April/ March
		(Preceding month=100)		
Bread	106.24	239.31	147.68	94.76
Pulses	119.83	141.89	124.84	97.94
Pig Meat	105.41	339.77	105.61	84.85
Veal Meat	103.17	255.63	119.17	86.58
Lamb Meat	103.34	255.38	134.56	87.35
Poultry Meat	101.50	446.77	127.55	90.00
Edible Oils	100.75	359.39	153.88	91.14
Milk	98.97	385.67	165.90	99.42
Milk Product	100.21	432.70	150.41	87.06
Sugar	99.90	190.77	184.48	152.08
Fresh Vegetables	140.23	141.07	129.11	95.46
Potatoes	110.12	158.38	144.03	108.06
Fresh Fruit	127.11	122.27	120.88	96.06

Source: 168 Chasa, different issues.

stimulate demand. Baring in mind the small flexibility at the farm level to use inputs more efficiently, these developments create further serious problems for an agricultural sector which was already in trouble.

3.2.3. Possible Future Developments in Price Policy

Despite the instability and uncertainties in this situation some future developments can be foreseen. If the lack of price intervention is maintained it is possible that the cutback in consumption will shift the agricultural economy from being supply constrained to demand constrained. Consequently policies that have proved to be efficient in such circumstances are the most appropriate. However, this ignores the reactions of farmers and the public to sharp price increases.

It is well-known that measures of economic reforms which are unpopular are rarely long-lasting and sustainable. Reaction to such measures will arise at every point in the process of policy decisions and their implementation. As the implementation of unpleasant medicine proceeds, effects and costs become more visible and stronger opposition should be expected (Thomas, Grindle, 1990).

Thus, it should be foreseen that some period after the introduction of price liberalization, as the unequal burden of costs, which is unavoidable, becomes fully visible, strong public and political pressure against price liberalization will arise. As a consequence complete or almost complete price liberalization will be very difficult to achieve. The very target of total price liberalization could be viewed as a pendulum effect caused by a reaction to nearly totally administrated prices under the centrally planned agriculture. However, as these domestic political pressures work out it must be assumed that there will be continued pressure to maintain price liberalization, originating from international institutions, in their role as donors. Under these circumstances both extreme points, totally administered prices and complete price liberalization, are equally unlikely. It is more realistic to foresee not a straightforward price policy but swings in emphasis between stronger price interventions followed by moves towards limitation of intervention.

Clearly, restructuring is a very complicated process and the full gains in efficiency cannot be reached at once. After each retreat from price liberalization, the resulting slowdown in achieving the intended results is likely to be attributed to the price intervention. Growing state budget expenditures will then urge policy makers to use the new social situation to cut the price intervention. These developments will be the basis for moves back towards price liberalization after each phase of price intervention. Thus liberalization and restructuring will be an erratic, uneven process.

3.3. Other Policies of Agricultural Reforms

Two other policies of reforms are briefly discussed, de-monopolization and foreign trade policy.

The main issue of de-monopolization in the food and agricultural sectors concerns the upstream industries supplying machinery, agrochemicals, feeds, seeds and credit and the downstream processing and distribution industries.

The first policy measures towards de-monopolization were set at the end of 1990. By virtue of a decree issued in November, state trusts involved in purchasing, processing and trade of agricultural produce had to be broken up. The decree also referred to state trusts in mechanization, technical services, chemical services, seeds selection and planting material production.

It was difficult to implement this decree in practice because of the opposition of state trusts who claimed that this step would have negative impact on the agricultural sector. By June 1991 some of these trusts were dismantled. Their sub-units have been registered as state firms and a few municipal firms have been created. The main result from this step has been the transformation of national monopolies into regional ones.

Two of the main state trusts have not yet been dismantled, viz. the Cereals and Feed Industry and Bulgartabac. It is stated officially that the Cereals and Feed Industry will be broken up after the harvest in 1991. For Bulgartabac changes are required in the law passed in 1947 which provided a state monopoly in the tobacco industry.

In May 1991 a Law for Protection of Competition was passed through the Parliament. The definition of monopoly was described as follows: a. an economic agent entitled by a law to exclusive right on some economic activity; b. an agent controlling alone or with dependent agents a market share over 35 % (Durzhaven Vestnik, 1991). Acquisitions and mergers leading to monopoly are banned.

Some tentative conclusions may be drawn from the policy and practice to date of de-monopolization in the Bulgarian food chain. First, the situation in which only one national commodity monopoly has had the right to purchase and process a range of produce is near to an end. Second, the real process of de-monopolization and the introduction of competition is at a very early stage due to the fact that sub-units of former national commodity monopolies have retained monopoly power at the regional level. Third, the Law for Protection of Competition is quite new. Consequently nothing has yet been done to implement it. However, from a legislative point of view it is an important act in the package of laws concerning macroeconomic and agricultural reforms.

The other policy that will have a strong impact on the agricultural sector is foreign trade policy.

This policy has been unstable in the period since 1990. It has been changed according to rather transitory developments in the domestic market. This is well illustrated by the changes in the export regime for live animals, meat and meat products. In February 1991 an export tax of 30 % was fixed, in April it was decreased to 20 % and in May it was abolished. Similar short term changes have been introduced in the import regime of other produce. These changes cannot be interpreted as a move towards trade liberalization. They only are transitory responses to changes in stocks. It might be foreseen that as stocks decrease an export tax will re-appear.

Table 10: Producers Prices ($/MT)[15]

	1990 April[16]	1990 November	1991
Wheat	77	540	90
Maize	108	540	90
Beef Cattle[17]	774	1116	420
Hogs16	1008	1620	420
Cow Milk[18]	216	306	96

[15] Prices in Bulgarian leva are the same as in table 7. For 1990 the so-called basic exchange rate is used. It was introduced by Bulgarian National Bank as an accounting instrument for converting currency flows resulting from trade transactions. Basic exchange rate was 0.36 $ for 1 leva. For 1991 the average exchange rate since the introduction of internal convertibility in February until 15 April is used. It is 0.06 $ for 1 leva.

[16] Price for cattle-beef is a fixed minimum price.

[17] Live weight.

[18] In 1000 litres at 3.4 % fat.

Beneath this short term instability is the fundamental question concerning agricultural exports, what is the impact of price liberalization and currency devaluation on the international competitiveness of Bulgarian agriculture? The problems of appraisal of changes in competitiveness have already been outlined above in relation to the measurement of nominal protection coefficients. Table 10 shows Bulgarian producer prices of five commodities converted to US dollars. Extreme caution should be exercised in interpreting the absolute values of these prices. Their use is to indicate the changes over time and between commodities in Bulgaria.
The changes from late 1990 to April 1991 show how this price rise has been offset by develuation of Bulgarian leva. Consequently it could be claimed that impact to-date on competitiveness of these agricultural products has been favourable.

4. Concluding Remarks

In this concluding section two lines of arguments are pursued. First a realistic, if pessimistic, evaluation is given that the preconditions for smooth reform do not exist in Bulgaria at present. Such a negative approach can be of help by forcing a more realistic evaluation of the problems. It may also help to avoid the creation of excessive expectations, which if not fulfilled would lead to disillusionment and frustration. This evaluation is also offered as a guide to necessary changes which could offer a chance of success. Second, in an attempt to be more positive and constructive five challenges are issued which is felt could encourage an approach to agricultural reforms that could avoid some of the difficulties lying ahead.

4.1. Preconditions for Successful Reform

In many countries of the world agricultural reforms have been implemented, but with varying degree of success. Their experience has proved how difficult it is to make radical reforms and the long period of time it takes to achieve positive results. The Bulgarian case is not exceptional from the point of view of necessary directions and instruments of reform but the magnitude of the changes required poses an exceptionally large challenge. In Bulgaria reforms do not just mean a shift between the public and private sectors, public and private investments, and government intervention and the 'free market,' but rather a complete substitution of a new economic system.
In general four preconditions could be stated for successful smooth reforms. These are listed below.

(I) Full agreement on objectives.

(II) High quality decisions built on a valid theoretical basis and a realistic assessment of resource costs and availability.

(III) Individual reform steps which are simple, incremental, narrow in scope, short in time for implementation and involving the least number of administrative agencies tasks.

(IV) Good communication, coordination and execution of agreed policy (Cleaves 1980; Jackson 1983).

There is some hard evidence that never and nowhere can these requirements be satisfied and consequently reforms will rarely be smooth (Gulhati, 1990). However, it is reasonable to ask to what degree these preconditions exist in Bulgaria.

First, objectives: There seems to be confusion between instruments and objectives of agricultural reforms in Bulgaria. Privatization and the introduction of market systems of exchange are seen as an end in themselves. In reality they are instruments, necessary to achieve the unstated objectives which are presumably to create a more productive, less wasteful food system which provides more higher quality food to the population at reasonable cost and with reasonable incomes to producers. Generally the latter are not well-defined. The situation is aggravated by the fact that the lack of an explicitly formulated objective, or a range of objectives having satisfying degree of consistency, minimizes the chance of choosing the optimal path of reform.

Second, the need for high quality decisions: This precondition is clearly not satisfied. There is a complete lack of a valid theory of the transitional process from central planning to free competitive markets. What is available is the experience of different countries, which under differing conditions have been involved in agricultural reforms. Several analyses of their policy developments and policy implications have been done. However, these pieces of work do not provide a clear general theory.

The second reason for the absence of high quality decisions lies within Bulgaria. The current situation is not conductive to good policy making. Whilst there is a feverish process of policy making at the political level is no time or resources given to rational attempts to assess potential implications of decisions made and to foresee whether the outcome will be close to that intended.

A typical feature of agricultural reforms in Bulgaria is the prevalence of enthusiasm over rationality. Whilst of course necessary to create and maintain political momentum, enthusiasm is no substitute for calm, rational analysis of policy options. It is therefore unlikely that optimal policy choices will be made.

The question of assessment of resource costs of reforms and resource availability is no less confusing. This issue is not even on the agenda for political and public discussions. It is simply ignored. Yet it could be a substantial impediment to implementation of reforms, approved at the political level. A clear case in point is land privatization.

Without going into details it is far from clear that neither of preconditions III or IV are likely to be met in the current situation in Bulgaria.

A further consideration to which too little attention has been paid is the timing and sequencing of reforms. Several very difficult reforms have been carried out simultaneously, in the political system, macroeconomic reforms and sectoral reforms. Of course, they are interrelated and the best results would be obtained if they successfully complement each other. However, at the operational level this approach does not seem to be the best choice because difficulties are multiplied. A typical example is the introduction of macroeconomic reform in Bulgaria in the beginning of 1991. It was clearly indispensable to cope with the increasing macroeconomic disequilibrium. The limited sectoral reforms that had been introduced before the macroeconomic reform resulted in a number of small and weak private businesses. After sharp changes in relative prices as a result of dismantlement of price intervention and introduction of restrictive monetary policy, many of these businesses have been brought close to failure. Such failures have strong negative political and psychological implications as well as a direct economic impact. The failure of the first wave of private businesses would provide ammunition to political groups who are overtly or covertly against privatization. It would also discourage people who are hesitating whether to leave the state sector and to begin their own private business. An additional difficulty is that these developments have happened at a time of very fragile and partially built democratic political institutions.

The unfortunate conclusion therefore that can be drawn from assessing the existence of the preconditions for smooth reform in Bulgarian agriculture is that they are nearly non-existent. It is thus unreasonable to foresee any smoothness! It is likely that considerable discrepancies and time lags will emerge between policies approved and backed by legislation, policies translated into practice and policies implemented. As a result, reforms will not appear as a continuously advancing process of transformation but as an erratic process of advance and retreat.

4.2. Some Challenges facing Bulgarian Agricultural Policy Makers

In an attempt to be more positive and constructive, the following five challenges are offered as guides to action in the liberalisation of agriculture.

4.2.1. Separate Land Ownership and Operation.

The drive to privatization of land is indisputably a political and social imperative. This paper has dwelt at some length on problems which will surround this process. On a more positive note it is important to stress the need to separate as far as possible the ownership and the operation of farm land. Because the only politically feasible allocation of land will be on the basis of historical claims, and because these claims date from a period of quite different technology and market structures for farm produce it is clear that full and rapid implementation of the Law on land ownership could create a chaotic, backward agriculture. This has two implications. The emphasis in the implementation of land privatization should be on the distribution of assets irrespective of where the claimants live and their competence and inclination to be farmers. This should be accompanied by an equally vigorous policy, which is endowed with the same volume of legal and administrative resources, to ensure that farms are operated only by trained individuals who have at their disposal a viable amount of land. The public has a right to expect that its banks and doctors surgeries are operated in a viable way by competent people, there is no justification for taking a different view in respect of food producers.

This may seem at first sight to be an unwarranted interference in the operation of private choice and markets. Such a conclusion betrays a misunderstanding of the power of markets to deliver the socially optimal outcome. Perfectly operating markets may produce an efficient outcome, but this is within the initial endowment and distribution of resources. There is no guarantee that the resource distribution thrown up by historical claims on land will produce the most efficient of all possible outcomes. There is every reason in the case of the economies of central Europe to expect that the reversion to previous land distribution patterns will bring about a reduction in efficiency in the food sector. Hence the importance of divorcing questions of ownership from the operation of farming. Little is offered here on the choices of farming operations, this requires a separate analysis. The choice will differ according to commodity, region and the skills and inclinations of local entrepreneurs. The possibilities range from sole account private businesses, through farming companies, partnerships, tenancies, share farming, loose, small, voluntary cooperatives to large highly disciplined involuntary cooperatives.

4.2.2. Security and Stability in the Legal Provisions for Business

Decentralised markets will only emerge and operate as they are expected to if there is a secure and trusted legal framework of ownership of land and capital, employment of labour and exchange of goods and services. Recognition has clearly been given to this requirement, and the necessary legislative framework is already being put in place. However there is a real danger that the very process of legislation acquires its own momentum and far from creating stability, the political process is responsible for generating such uncertainties that newly emerging businesses become preoccupied with protecting their assets and survival rather than expanding and thriving.

4.2.3. Defining the Optimal Degree of Intervention in Markets

It is well recognised that in most economies the fundamental importance of the food sector justifies some degree of intervention for the greater public good. There are several generally accepted reasons that markets in the food and agricultural sectors either don't exist, fail or work imperfectly.

First, the asset structure in agriculture is often rigid (land is a high proportion of total asset value), resources are immobile (rural labour either will not or cannot move quickly) and yet there is a need for rapid adjustment because of fast changing technology. All these factors define a need for public policies to encourage structural change, by provision of advice, credit and adjustment assistance. This means policies for consolidation and amalgamation of unviable holdings, schemes to encourage the formation of co-operatives, schemes for the business training of farmers and co-op managers, and for retraining of those moving out of agriculture.

Second, because of the biological basis for agriculture and the consequential variability of production depending on uncontrollable influences of weather, pests and diseases, it is reasonable that there should be some action to mitigate the harmful effects of this variability and uncertainty. Some would argue that a perfectly operating market will provide all the necessary means for dealing with these problems. Thus the price mechanism itself deals with shortages and gluts. A harvest shortfall brings about high prices and thus relative income stability. Similarly, if there are risks associated with disease or weather, an insurance market will emerge to share those risks with others in society. Furthermore, trading risks associated with fluctuating markets can be hedged by the creation of futures markets. However, it has to be observed that these mechanisms are only just emerging in the Western industrialised countries after generations of experience in creating and operating markets. In the meantime, to secure the confidence of fledgling capitalist farmers, it seems sensible that government should create the ability to intervene in agricultural markets to reduce the price and income risks to farmers. The principal lesson to learn from, for example the experience of the Common Agricultural Policy of the European Community, is that an attempt to completely isolate farmers from world markets will be a costly failure. The aim of domestic price policy and any accompanying border protection should be to provide a degree of market stability to create the conditions for productivity enhancing investment. That is all.

4.2.4. Policy to deal with Market Failure

It is well recognised, although only comparatively recently, that there is a significant degree of market failure associated with modern agriculture in the liberal market economies of the West. This takes the form of both positive and negative externalities. There are many outputs of the decentralised, atomistic form of agriculture which Western societies value highly yet these are net paid for through the operation of a market. These outputs are the positive externalities of agriculture. They include the very rural landscape itself, many of the artifacts of farming, hedgerows, stone walls, ponds, small shelter woods, farm buildings constructed of local materials with vernacular architecture, and the natural habitats which surround the agricultural industry. Because farmers are not paid to create or maintain these features, they are all too easily lost as market pressures intensify the incentives on farmers to concentrate more on their paid outputs, their farm crops and livestock activities.

Negative externalities are the harmful effects of agriculture not paid for by the individual farmer, but which are real social costs paid by the wider public and perhaps future generations. These include destruction of soil structure, erosion, pollution of rivers and aquifers with fertilisers leached through the soil, pollution of the atmosphere both on a local scale and globally by creation of greenhouse gases, and contamination of natural habitats and even the human food chain with agrochemicals. In the case of both positive and negative externalities, the greater public good requires a degree of intervention to reward production of unpaid-for goods and punish the production of bads. Whilst the practical manifestation of these issues in Bulgaria is likely to be different than in the West, the fundamental issues will still need to be dealt with.

4.2.5. Optimal Use of Scarce Public Funds and Legislative Capacity

It hardly needs stating that in the circumstances of the reforms in Bulgaria to introduce a democratic pluralist political system and a liberal market economy, that public funds to stimulate the required new investments and the capacity to create the needed legislative framework are both extremely scarce. The major lesson from this situation is that all action should be preceded by extremely careful analysis of options and consequences. Naturally there is an intense pressure to take action. However, because resources are so scarce, it is vital that they are only used to relieve the most critical bottlenecks. Time and funds spent on overhasty schemes which have to be continually amended or scrapped would rapidly create frustration with the process of liberalisation itself. This is why all efforts should be made to involve all possible sources of policy analysis to consider all options before decisions are taken, public funds committed and legislation started.

References

Cheshmedjiev, A. (1991). "Targovtsite na Mlechni Stoki Daljat Milioni na Proizvoditelite", *Demokratsia,* 28 May 1991; "Monopolite Produljavat da morat Natsiata ot Glad", *Demokratsia,* 14 May 1991.

Cleaves, P. (1980), "Implementation amidst Scarcity and Apathy: Political power and policy design" in Grindle, M. (Ed.), *Politics and Policy Implementation in the Third World,* Princeton, New York: Princeton University Press.

FAO, Council, Ninety-eight Session (1990). *"Polity Changes affecting European Agriculture",* CL 98/20.

Gershon, F., D. Feeny (1991). "Land Tenure and Property Rights: Theory and Implications for Development Policy", *The World Bank Economic Review,* vol. 5, No 1, pp. 135–153.

Gulhati, R. (1990). "Who makes Economic Policy in Africa and how", *World Development,* vol. 18, No 8, pp. 1147–1161.

Jackson, P. (1983). *The Political Economy of Bureaucracy,* New York: Barnes & Noble Books.

Ministry of Food and Agriculture (1990), data base.

NAPS (1990). *Otchet.*

Palagatshev, N. et al. (1974). *Vazhod na Selskoto Stopanstvo v Balgaria,* Sofia: Zemizdat.

"Pravilnik za Prilagane na Zakona za Sobstvenosta i Polzvaneto na Zemedelskite Zemi", *Durzhaven Vestnik,* No 34, 20 April 1991.

Thomas, J., M. Grindle (1990). "After the Decision: Implementing Policy Reforms in Developing Countries", *World Development,* vol. 18, No 8, pp. 1163–1181.

USDA (1990). *A Brief Analysis of Meat Statistics in the USSR and a Comparison with US Meat Statistics.*

Wadekin, K.-E. (1990). "Current Trends of Agricultural Reform in other East European Countries", paper presented at the conference "*Agricultural Reform in Eastern Europe and the USSR, Dilemmas and Strategies*" held at Budapest, Hungary, 29 August–1 September.

White, L. (1990). "Implementing Economic Policy Reforms: Policies and Opportunities for Donors", *World Development,* vol. 18, No 1, pp. 49–60.

World Bank (1990). *Report on Bulgaria,* Chapter 3, Agriculture.

"Zakon za Sobstvenosta i Polzvaneto na Zemedelskite Zemi", *Durzhaven Vestnik,* No 17, 22 February 1991.

"Zakon za Trudovata Pozemlena Sobstvenost", *Durzhaven Vestnik,* No 81, 9 April 1946.

"Zakon za Zashtita na Konkurentsiata", *Durzhaven Vestnik,* No 39, 17 May 1991.

Magarditsch Hatschikjan

Die außenpolitischen Optionen Bulgariens

Zum Verständnis unserer Erörterung der außenpolitischen Optionen Bulgariens zwei Jahre nach dem Sturz Živkovs sind zwei Vorbemerkungen erforderlich. Die Umbrüche im Osten Europas haben naturgemäß die alten Rahmenbedingungen für die Innen- wie für die Außenpolitik der einzelnen Staaten abgelöst und die Periode der Transformationen eingeleitet, in der neue Rahmenbedingungen heranwachsen. Wir stehen am Beginn dieses Prozesses, dessen Dauer ebensowenig abzusehen ist wie die Strukturen, in die er eines Tages münden wird. Sowohl die inneren wie auch die äußeren Bestimmungsfaktoren befinden sich „im Fluß“ und verändern sich fortwährend; sie wirken auch aufeinander ein und bewirken dadurch wieder neue Veränderungen.
In einer solchen Situation ist Vorsicht vor „Bestands“aufnahmen angebracht, die Fixpunkte suggerieren, wo wechselhafte Konstellationen die Regel sind. Begnügen wir uns also im folgenden mit der Frage, welche Fingerzeige wir in der bulgarischen Entwicklung der vergangenen zwei Jahre ausfindig machen können, die auf *Trends* und *Möglichkeiten* seiner Außenpolitik verweisen. In diesem Sinne wollen wir hier den Begriff der „Optionen“ verwenden und verstanden wissen: als Synonym für Wünsche, Möglichkeiten und allenfalls auch für grobe Zielvorstellungen.
Die zweite Vorbemerkung dient der Erläuterung des Bezugsrahmens. Jede Abhandlung über Entwicklungen in der ersten post-sozialistischen Periode wird unweigerlich auf die sozialistische rekurrieren und den – direkten oder indirekten – Vergleich als einen wesentlichen Bestandteil beinhalten. Aber es bleibt zweifelhaft, ob sie sehr viel zur Aufdeckung längerfristiger Trends beitragen würde, wenn sie sich ausschließlich auf diesen einen Maßstab begründete. Daher stellen wir am Anfang eine kurze Überlegung darüber an, ob es charakteristische Merkmale der bulgarischen Außenpolitik gibt, die als „zeitlos“ zu bezeichnen vielleicht etwas übertrieben wäre, die sich aber doch jenseits der Unterschiede in der inneren Verfassung des Landes während der verschiedenen Perioden seiner neuzeitlichen Geschichte als dauerhaft und prägend erwiesen haben. Vor diesem Hintergrund wenden wir uns im Hauptteil über drei Fragen der post-sozialistischen Außenpolitik zu: *Wer* ist an ihrer Gestaltung beteiligt? *Welche konzeptionellen Orientierungen* sind dabei in Erscheinung getreten? *Wie* stellt sich die bulgarische Außenpolitik in einem ihrer Prioritätenfelder – der Balkan-Politik – dar?

Konstanten bulgarischer Außenpolitik

Das Vorhaben, aus den außenpolitischen Aktivitäten eines Landes über den Zeitraum eines Jahrhunderts hinweg dauerhafte charakteristische Merkmale zu extrapolieren und in gebündelter Form vorzustellen, läßt sich ohne die Bereitschaft zur Vergröberung nicht verwirklichen. Im Falle Bulgariens scheint es uns möglich zu sein – ohne das verantwortbare Maß an Simplifizierung allzu sehr zu strapazieren –, fünf solche Merkmale zu benennen. Daß ihnen in unterschiedlichen Zeiten unterschiedliche Ausprägungen, Gewichte und Einflüsse zukamen, bedarf nicht ausführlicherer Begründung und ist für unser Anliegen die Nebenseite. Was uns hier hauptsächlich interessiert, ist der Umstand, daß sie durchgängig eine wichtige Rolle in der bulgarischen Außenpolitik gespielt haben, kurzum: ihre Eigenschaft als Konstanten.
Da ist zum einen und zuallererst eine enge Anbindung der Außenpolitik an ein Konvolut aus Ideen, Wünschen und Vorstellungen, das im allgemeinen – und auch im allgemeinen Konsens – unter dem Begriff der „nationalen Interessen“ firmiert. An sich ist an dieser Verbindung nichts Außergewöhnliches, und sie wäre gewiß nicht besonderer Hervorhebung wert, wären da nicht zwei Elemente, die sie im Falle Bulgariens besonders geprägt haben: das Verständnis von den „nationalen Interessen“ und das eindeutige Abhängigkeitsverhältnis zwischen den beiden Teilen der Verbindung. Mit dem Begriff der „nationalen Interessen“ war seit der Geburtsstunde des neuzeitlichen Staatsgebildes die Komponente der territorialen Aspirationen verknüpft – das Bestreben nach „Wiederherstellung“ der „nationalen Einheit“ in den Grenzen eines Groß-Bulgarien. Dies verlieh den „nationalen Interessen“ einen inhärent offensiven Zug, unabhängig davon, ob dieser sehr offen oder unterschwellig zum Vorschein kam. Die absolute Priorität der so verstandenen – und historisch nie realisierten – „nationalen Interessen“ brachte es mit sich, daß auch und gerade die Außenpolitik ihnen zu- und unterzuordnen war – pointierter ausgedrückt: ihnen als Erfüllungsgehilfe zu dienen hatte. Ironischerweise war es ausgerechnet ein ansonsten in der Huldigung der Unterordnung bulgarischer Interessen – unter denen des Internationalismus und/oder denen der Sowjetunion – besonders ausgewiesener Experte, nämlich Georgi Dimitrov, der für dieses Abhängigkeitsverhältnis *die* prägende Formel ersann: die „nationale Außenpolitik“. Die logische Konsequenz der beiden genannten Besonderheiten: Bulgarische Außenpolitik kreiste in erster Linie stets um „die Nation“, also um sich selbst, und sie enthielt immer eine offensive Komponente gegen die der „nationalen Einheit“ entgegenstehenden, meist unmittelbar benachbarten Völker, Nationen und Staaten. Mit anderen Worten: Ihr haftete die Neigung zu einem autistischen Innenleben und einer bedrohlichen Außenwirkung an.
Aus der Dominanz der „nationalen Interessen“ ergaben sich zwei weitere Konstanten bulgarischer Außenpolitik: die große Bedeutung der Balkan-Politik und das Anlehnungsbedürfnis an eine „Schutzmacht“. Viele der mit den „nationalen“ Anliegen

zusammenhängenden Aspekte berührten unmittelbar oder mittelbar die Beziehungen zu den Nachbarstaaten, und folgerichtig konzentrierte sich das Augenmerk der „nationalen Außenpolitik“ auf das direkte Umfeld auf dem Balkan. Nun ließen aber die dortigen Konstellationen Sofija nicht viel Bewegungsspielraum, wollte es seine Ambitionen verwirklichen; für einen völligen Alleingang war es zu schwach, für dauerhafte und erfolgversprechende regionale Koalitionen gab es zu viele Interessenkollisionen. Als vermeintlicher Ausweg bot sich die Möglichkeit an, unter den Großmächten nach Patronaten Ausschau zu halten und in ihrem Windschatten den „nationalen Interessen“ zum Durchbruch zu verhelfen. Im Laufe der vergangenen 100 Jahre wandte sich Bulgarien insgesamt drei „Schutzmächten“ zu: zuerst Rußland, dann Deutschland, schließlich der Sowjetunion. Am Rande sei vermerkt, daß die Bemühungen aus der Sicht der „nationalen Außenpolitik“ unter dem Strich stets vergeblich blieben. Zwei Mal, für jeweils kurze Perioden während der Weltkriege, schien das „nationale Ideal“ – Groß-Bulgarien – greifbar nahe. In beiden Fällen wählte Bulgarien die zunächst gewinnbringend erscheinende Seite, und in beiden Fällen mußten Volk und Nation dafür teuer bezahlen.

Einige der bisher genannten Aspekte weisen schon implizit auf eine weitere – die vierte – Konstante hin: die relative Unabhängigkeit der bulgarischen Außenpolitik von Ideologie und Innenpolitik. Die ideologische Ausrichtung der jeweils Herrschenden determinierte keineswegs automatisch die außenpolitischen Grundlinien, ebensowenig wie aus innenpolitischen Konstellationen die Adressaten- und Partnerprioritäten nach außen geradlinig abzuleiten waren. Die wichtigste Ursache hierfür lag darin, daß sich die „nationale Außenpolitik“ in ihren Kernelementen auf einen allgemeinen Konsens gründete. Zwei Abschnitte der neueren bulgarischen Geschichte erscheinen allerdings auf den ersten Blick hin als Widerspruch hierzu: die Regierungszeit des Führers des Bauernverbandes Stambolijski 1919–1923 und die sozialistische Ära. Tatsächlich wirkten in diesen beiden Perioden ideologische und innenpolitische Motive stärker als sonst in die Außenpolitik hinein. Indes wurde auch hier nicht das Leitmotiv der bulgarischen Außenpolitik – unsere erste Konstante – aus den Angeln gehoben und etwa durch ein neues ersetzt. Weder wurde ein dauerhaftes Primat der Innenpolitik geschaffen noch gar die Außenpolitik zu einer schlichten Funktion der Innenpolitik „degradiert“.

Die fünfte Konstante schließlich hat mehr mit der inneren Verfassung und Entwicklung des Landes zu tun und gilt daher nicht nur für die Außenpolitik: Diese wurde stets von einzelnen Persönlichkeiten und nicht von Institutionen geprägt. Darin drückte sich die allgemeine institutionelle Schwäche im politischen System Bulgariens aus, und diese machte sich auf allen politischen Feldern bemerkbar. Ausschlaggebend waren nicht Parteien, Parlamente, Regierungen, das Königshaus oder gar die Presse qua ihrer institutionellen Funktion, sie schöpften vielmehr ihre jeweilige Position im Kräftefeld aus der Stärke einzelner Führer. In der Außenpolitik kam hinzu, daß über die Grundlagen der „nationalen“ Auffassungen Konsens herrschte; folglich bestand hier nicht viel inhaltlicher oder gar konzeptueller Anlaß zur institutionellen Diversifikation.

Die postsozialistische Außenpolitik

a) Wer ist an Konzeptionierung und Gestaltung federführend beteiligt?

Die äußeren Koordinaten für die bulgarische Außenpolitik hatten sich durch die Entwicklungen in der Sowjetunion und in Osteuropa schon vor dem Sturz Živkovs im November 1989 erheblich gewandelt. Aber erst die Entfernung des 35½ Jahre amtierenden KP-Chefs schuf die Voraussetzungen dafür, daß sich auch ihre inneren Bedingungen zu verändern begannen und somit die Grundlagen für einen Kurswechsel heranwuchsen. In den ersten beiden Jahren nach Živkovs Entmachtung durchlief dieser Prozeß drei Phasen: die erste erstreckte sich vom November 1989 bis zum Sommer 1990; die zweite dauerte vom Sommer 1990 bis Oktober 1991; die dritte, an deren Anfang wir stehen, leitete der Ausgang der Parlamentswahlen im Oktober 1991 ein.

Die erste Phase können wir hier vernachlässigen, da sie zu stark von den rein innenpolitischen Angelegenheiten bestimmt war, als daß gewichtige unmittelbare Entscheidungen über die Außenpolitik möglich gewesen wären. Die BKP, die sich im April 1990 zur Bulgarischen Sozialistischen Partei (BSP) umtaufte, beherrschte noch weitgehend die außenpolitische Szene, zumal sie mit Mladenov auch den Staatspräsidenten stellte. Allerdings ermöglichte die Herausbildung legaler nicht-kommunistischer und regimeunabhängiger Organisationen vor allem im Vorfeld der auf den 10. und 17. Juni 1990 angesetzten Parlamentswahlen erstmals seit mehr als 40 Jahren publik ausgetragene Auseinandersetzungen um den außenpolitischen Kurs des Landes, auf deren Inhalte wir noch zurückkommen werden. Zur wichtigsten oppositionellen Kraft entwickelte sich die „Union der Demokratischen Kräfte“ (SDS), ein im Dezember 1990 geschaffener Zusammenschluß mehrerer Organisationen. Naturgemäß beschäftigten aber in dieser Phase innen- und wirtschaftspolitische Fragen in besonderem Maße das öffentliche Interesse, so daß sich der Opposition – zumal angesichts der kurzen Zeitspanne seit ihrer Gründung – wenig Gelegenheit zur außenpolitischen Profilierung bot.

Eine deutliche Änderung bewirkten die Ergebnisse der Parlaments- und der Staatspräsidentenwahlen im Sommer 1990, mit denen die zweite Phase eingeleitet wurde. Im Juni errang die Nachfolgepartei der KP bei den Parlamentswahlen noch die absolute Mehrheit, doch Anfang August wurde der Leader der Opposition Želju Želev nach fünf vergeblichen Anläufen (anderer Kandidaten) zum neuen Staatsoberhaupt gewählt. Mehrmonatige Versuche der BSP, eine handlungsfähige Regierung unter der Leitung Andrej Lukanovs auf die Beine zu stellen, scheiterten am unnachgiebigen

Widerstand der SDS; schließlich kam Ende 1990 ein Kabinett unter Einschluß von BSP, SDS und dem früher mit der BKP verbündeten und seit Anfang 1990 unabhängigen Bauernverband BZNS zustande, der im übrigen mit seinem Vorsitzenden Viktor Vŭlkov auch den Außenminister stellte.

Aus dieser Entwicklung resultierte (naturwüchsig und keineswegs so intendiert) eine Multipolarisierung in der Außenpolitik. Auf deren Gestaltung hatten nun vor allem vier Personen bzw. Institutionen maßgeblichen Einfluß: der Präsident (und sein Büro), der Ministerpräsident (zunächst Lukanov, später der parteilose Dimitŭr Popov), der Außenminister (und sein Amt) sowie die BSP. Zwei weitere Institutionen – Parlament und SDS – hätten theoretisch ebenfalls eine bedeutungsvolle Rolle spielen können. Doch widmete die SDS der Innenpolitik erheblich mehr Aufmerksamkeit, und das Parlament – für das im übrigen dasselbe galt – erlangte nie die Handlungsfähigkeit, die für außenpolitische Wirkungskraft vonnöten gewesen wäre; sein außenpolitischer Ausschuss etwa war monatelang blockiert, da sich beide Seiten (BSP und SDS) nicht über die Besetzung des Vorsitzes einigen konnten. So blieb es bei dem bereits genannten Vierecksverhältnis Präsident-Ministerpräsident-Außenminister-BSP, worin Želev und die (zahlenmäßig) nach wie vor stärkste Partei die Kristallisationspunkte der Konfliktlinien bildeten, von denen aus auch um den „Gewinn" von Popov und Vŭlkov zum Bündnispartner oder wenigstens um ihre Neutralisierung gerungen wurde.

Tatsächlich gelang es Želev innerhalb von kurzer Zeit, die außenpolitische Initiative an sich zu ziehen und Sofijas Positionen neue Akzente zu verleihen. Da hierbei durchaus nicht der Eindruck entstand, als werde die Außenpolitik zum Nutzen von engen partei(bzw. lager-)taktischen Interessen mißbraucht, wurde dieser Erfolg auch nicht mit einer Beschädigung des Präsidentenamtes oder des Präsidentenansehens erkauft. Das Ergebnis – befördert durch den Niedergang der außenpolitischen Partner und Präferenzen der BSP und ihre offensichtliche Schwäche bei den Bemühungen um die Bildung einer handlungsfähigen Regierung – war eine deutliche „Präsidialisierung" der Außenpolitik. Hierzu trug auch der Umstand bei, daß in der ersten Periode der Transformation die wichtigste Aufgabe der bulgarischen Außenpolitik darin bestand, das Ausland von der Ernsthaftigkeit, Tiefe und Dauer der Transformation in Bulgarien und damit auch von der Notwendigkeit und Zweckmäßigkeit ihrer Unterstützung zu überzeugen – und wer wäre als Repräsentant des neuen Bulgarien dazu mehr prädestiniert gewesen als die gewiß am meisten profilierte und anerkannte Persönlichkeit unter den ehemaligen Dissidenten? Entscheidend aber war, daß Želev sich in der Lage zeigte, die sowohl innerhalb wie außerhalb des Landes vorherrschenden Strömungen und Bestrebungen aufzugreifen und Umorientierungen in dieser Richtung einzuleiten. Dadurch kam es zu einer gewissen „Verwestlichung" der Positionen Želevs, mithin auch zu einer „Verwestlichung" der bulgarischen Außenpolitik insgesamt.

Obwohl Želev Zug um Zug sein (nicht nur außen-) politisches Übergewicht ausbaute, blieb für die zweite Phase die Kluft zwischen Präsident und Regierung der sichtbarste und wichtigste innere Faktor, der den außenpolitischen Bewegungsspielraum des Landes einengte. Die Voraussetzungen für die Beendigung der Kohabitation schufen die Ergebnisse der Parlamentswahlen im Oktober 1991, die die dritte, gegenwärtige Phase einleiteten – auf der Basis von Kräfteverhältnissen allerdings, die eher einer dünnen Eisfläche gleichen. Nur drei Parteien zogen ins Parlament ein – die SDS mit knappem Vorsprung vor der BSP sowie die vor allem von den in Bulgarien lebenden Türken (zwischen 8 und 10 % der Bevölkerung) unterstützte „Bewegung für Rechte und Freiheiten" (DPS). Immerhin gelang es der SDS, die DPS für eine Zusammenarbeit ohne direkte Regierungsbeteiligung zu gewinnen. Damit war zunächst sowohl eine Parlamentsmehrheit für das allein von der SDS gestellte Kabinett gesichert als auch die Gefahr einer zusätzlichen Verschärfung der nationalen Konflikte – die mit der Hetze gegen die Aussicht auf „Türken-Minister" schon geschürt wurde – eingedämmt.

Für die Außenpolitik haben die neuen Konstellationen zunächst einmal und vor allem anderen zur Folge, daß nun eine politische Harmonisierung zwischen Präsident und Regierung überhaupt erst möglich geworden ist. Ob daraus auf geradlinigem Wege eine Konzentration der Kräfte und Initiativen erwächst, bleibt freilich offen. Das Orchester steht – aber zu einem konzertablen Ensemble muß es erst noch werden. Und es sind nicht nur die störenden Nebengeräusche der Konkurrenten von außen, die den Ton verderben könnten.

Die Veränderung der Machtverhältnisse hat naturgemäß das Spektrum der Außenpolitik mitgestaltenden Akteure aus den Reihen der SDS deutlich verbreitet. Gewiß wird Želju Želev weiterhin eine zentrale Rolle spielen, sofern er, wovon auszugehen ist, als Präsident wiedergewählt wird. Daß er auch über das neue Kabinett Einfluß auf die Außenpolitik auszuüben gewillt ist, lassen verschiedene Entscheidungen bei der Regierungsbildung vermuten, mit denen einige seiner engsten Vertrauten auf hierfür besonders geeignete Posten plaziert wurden. So übernahm ein langjähriger Mitstreiter aus Oppositionszeiten, Dimitŭr Ludžev, das Verteidigungsressort, und dem Außenminister wurde als Stellvertreter der bis dahin als persönlicher Referent Želevs fungierende Stefan Tafrov zur Seite gestellt.

Dennoch sind die Zeiten einer gleichsam allein ausschlaggebenden Instanz vorbei, was rasch zu dokumentieren das neue Kabinett nicht versäumte. Kaum hatte es die Amtsgeschäfte übernommen, meldeten zwei Regierungsmitglieder unüberhörbar weitergehende außenpolitische Kompetenzansprüche an: Außenminister Stojan Ganev und der bereits erwähnte Verteidigungsminister Dimitŭr Ludžev. Von mindestens einem weiteren Akteur, der sich zunächst nicht direkt einschaltete, ist ein ähnliches Signal mit Sicherheit zu erwarten – nämlich vom Ministerpräsidenten Filip Dimitrov.

Nun wäre der Schluß gewiß voreilig, daraus ließen sich die Determinanten künftiger außenpolitischer Entscheidungsprozesse ableiten. Die genannten vier Namen – Želev, Ganev, Ludžev, Dimitrov – repräsentieren (bislang) nicht ausgeprägt differierende oder gar konträre außenpolitische Konzepte, und Profilierungsbestrebungen in der Form öffentlicher Hinterlegung persönlicher Kompetenzansprüche scheinen ohnehin zum unverzichtbaren Inventar neuer Amtsinhaber zu gehören. Im übrigen ist es, da ressortbedingt, nicht ungewöhnlich, daß an der Formulierung und Gestaltung der Außenpolitik vor allem der Präsident, der Premier, der Außenminister und der Verteidigungsminister beteiligt sind. Aber in der Kontroverse zwischen Ganev und Ludžev, auf die wir noch ausführlicher eingehen werden, wurden zwei weitere Elemente sichtbar, die sich im Falle ihrer Vertiefung zu größeren Störungen auswachsen könnten.

Da ist zum einen der persönliche Faktor. Die brüsken Anwürfe Ganevs und einiger seiner Mitarbeiter an die Adresse Ludževs, er möge sich nicht in die Außenpolitik einmischen oder gar die Politik des Außenministers torpedieren, weisen auch auf ein Element der persönlichen Beziehungen hin, das sich eines Tages vielleicht als Quelle schärferer Konflikte oder gar Spaltungen erweisen könnte. Von seiner Biographie her stellt Ganev innerhalb des Kräftevierecks eine Art Außenseiter dar. Želev und Ludžev waren als regimeferne Wissenschaftler seit langem miteinander verbunden, Filip Dimitrov kam in frühen Oppositionszeiten hinzu. Diese drei wurden von ähnlichen politisch-geistigen Milieu-Merkmalen geprägt und vertraten in der Anfangsphase der Oppositionsbewegung Standpunkte, die man als links-liberal kategorisieren könnte. Ganev hingegen gründete eine – der SDS angehörende – Organisation („Vereinigtes Demokratisches Zentrum"), die den Keim eines Zusammenschlusses der Mitte-Rechts-Kräfte zu einer konservativ-christlich-demokratischen Partei bilden sollte. Inzwischen sind sich die außenpolitischen Positionen Ganevs und Želevs einander näher als diejenigen Ludževs und Želevs. Dennoch könnte die Offensive gegen Ludžev auch als Wink an den Präsidenten verstanden werden, mit dem Ganev seine keineswegs gegen Želevs Linie gerichtete, aber doch eigenständig Akzente setzende Position untermauert. In die selbe Richtung deutet auch der Umstand hin, daß Stefan Tafrov nach seinem Wechsel vom Präsidentenamt zum Außenministerium dort fast demonstrativ geschnitten und de facto isoliert wird. Insofern stellt das Verhältnis zwischen Ganev und Ludžev zwar den kurzfristig wichtigsten Seismographen für die Fähigkeit der neuen Regierung zur Bewältigung ihrer Binnenkonflikte dar. Aber auf längere Sicht dürfte entscheidend sein, ob Konkurrenz oder Koordination die Beziehungen zwischen dem Präsidenten und dem Außenminister bestimmen werden. Einen wichtigen Hinweis auf den Ausgang dieser Kontroversen könnte die Beantwortung der Frage liefern, auf welchem Kurs der Premier darin eingreifen wird.

Zum zweiten ist neben dem persönlichen der institutionelle Faktor zu nennen. Aus der neuen Aufgabenverteilung resultieren unweigerlich neue institutionelle Beziehungsgeflechte, insbesondere neue Interessen- und Klientelverhältnisse, die ihrerseits zumindest zu einer Ausweitung der Konfliktpotentiale beitragen. Pikanterweise haben wir es hier wiederum mit einer Konstellation zu tun, die Ganev und Ludžev in den Mittelpunkt der aktuellen Divergenzen stellen. Verteidigungsministerium und Armee gehören zu den Zitadellen des alten Establishments in Bulgarien. Zwar haben sich davon im ganzen Land noch reichlich viele erhalten, doch dürfte sich schwerlich eine staatliche Institution finden, die die Armee in einem Punkt übertrifft: in der Hartnäckigkeit des anti-türkischen Ressentiments und in der Besessenheit der Vorstellung von der „türkischen Gefahr". Das bisherige Auftreten Ludževs legt die Folgerung nahe, daß er sich entschlossen hat, dieser Sachlage durch Entgegenkommen an das alte Establishment Rechnung zu tragen – d. h. in der Außenpolitik, Griechenland weiter zu hofieren und die Türkei deutlich herabgestuft zu behandeln. Auch Ganev hat es mit einem BSP-durchsetzten Apparat zu tun, aber er hat sich eindeutig für einen anderen Ansatz entschieden – nämlich nicht seine Politik dem Apparat, sondern umgekehrt den Apparat seiner Politik anzupassen. Organisatorisch läßt sich dies weder leicht noch rasch verwirklichen, aber der eingeschlagene Trend ist nicht zu übersehen. Aus diesem Gegensatz resultiert eine weitere Quelle des Konflikts, wiederum mit Ganev und Ludžev als Antipoden, und es liegt auf der Hand, daß dadurch die oben beschriebenen persönlichen Fehden weiter angestachelt werden. Auch hier bleibt abzuwarten, für welche Linie sich Želev und Dimitrov schließlich entscheiden werden.

Neben den aus der SDS stammenden Akteuren sind einige weitere Kräfte zu nennen, die Einfluß auf die Außenpolitik ausüben können. Da ist zunächst einmal die BSP, die im Parlament fast ebenso stark vertreten ist wie die SDS. Das größte Handicap für die Sozialisten besteht darin, daß alle ihre für die Außenpolitik relevanten Präferenzen und Partner entweder verschwunden oder desavouiert und heruntergewirtschaftet sind. Was ihnen allerdings bleibt, ist die Möglichkeit zur negativen Einflußnahme durch eine Obstruktionspolitik im Parlament und vor allem in den mit ihren Mitgliedern und Anhängern großzügig ausgestatteten staatlichen Apparaten. Auf die Bedeutung dieses Umstands vor allem in Zusammenhang mit dem Außen- und dem Verteidigungsministerium ist bereits hingewiesen worden. Besonderes Augenmerk wird die Partei weiterhin auf die Balkan-Politik legen, dies aber aus innen- und machtpolitischen Motiven, d.h. zur chauvinistischen Mobilisierung des anti-türkischen Sentiments und seiner Instrumentalisierung gegen Präsident, Regierung, SDS und DPS. Ob die BSP damit neben kurzfristigen innen- auch dauerhafte außenpolitische Konsequenzen bewirken kann, bleibt indes unwahrscheinlich. Zudem muß sich erst erweisen, ob sie als Partei überhaupt in der Lage ist, sich im neuen europäischen Umfeld zurechtzufinden und ein Konzept positiver Alternativen zur Außenorientierung der SDS zu entwickeln.

Spürbaren Einfluß auf die Außenpolitik übt heute schon die DPS aus. Ihre Behandlung wird Ankara stets als Gradmesser für seine Politik gegenüber Sofija dienen, und umgekehrt sorgt allein schon ihre Position als Mehrheitsbeschafferin für die SDS – unausgesprochen – dafür, daß auch die Außen- und speziell die Balkan-Politik der Regierung sich nicht einfach über ihre Interessen hinwegsetzen kann. Allerdings ist

die Effektivität der DPS-Wirkung auf die Außenpolitik bislang untrennbar damit verbunden, daß die Organisation zurückhaltende Formen und mittelbare Wege bevorzugt, und dies dürfte sich zumindest in absehbarer Zukunft nicht ändern.
Es ist schwer vorstellbar, daß über die genannten Akteure und Kräfte hinaus weitere Personen oder Institutionen in nächster Zeit in der Lage sein werden, nachhaltigen Eindruck auf die bulgarische Außenpolitik zu hinterlassen. Im Parlament und seinem Auswärtigen Ausschuß werden die Auseinandersetzungen zwischen SDS und BSP die Debatten prägen. Verschiedene Institutionen – wie etwa die Armee oder Teile der Ministerialbürokratie – könnten Blockade-Funktionen wahrnehmen, doch kaum als solche ein selbständiges Gewicht im Kräftespiel erlangen. Daneben werden sicherlich einzelne Persönlichkeiten den Bestrebungen etwa des früheren Ministerpräsidenten Dimitŭr Popov oder des Präsidentschaftskandidaten Velko Vŭlkanov nacheifern und versuchen, sich als „nationale“ (Außen-)Politiker jenseits des Parteien„gezänks“ zu empfehlen. Sollten sich die sozialen, wirtschaftlichen oder politischen Probleme verschärfen, so dürfte solchen Politikern größerer Zulauf sicher sein. Doch unter den gegenwärtigen Umständen – ohne eigenständige Organisation, ohne Parlamentsvertretung und ohne direkte Kanäle zur Macht – verbleibt ihnen als Einflußmittel nur der „Umweg“ über einen der Hauptakteure in der Außenpolitik; als wichtigster Adressat hierbei bietet sich bislang – wie beim Präsidentschaftswahlkampf gegenüber Vŭlkanov, indirekt auch gegenüber Popov und Šendov demonstriert – die BSP an. Schließlich sind auch einzelne Organisationen zu nennen, die zwar der SDS angehörten, aber auf eigenständigen Listen – vergeblich – für das Parlament kandidierten. Namentlich aus dem Bauernverband „Nikola Petkov“, der Sozialdemokratischen Partei und dem Zusammenschluß „SDS-Liberale“ sind Initiativen denkbar, die verschiedene Elemente der traditionellen „nationalen Außenpolitik“ – etwa die Rußland, Mazedonien und die Türkei betreffenden – aufgreifen, ohne die „Europäisierung“ und eine gewisse Westorientierung aufgeben zu wollen. Hier könnten sich neue Schnittlinien und wechselnde Koalitionen mit den formell unabhängigen Einzelpersönlichkeiten und selbst mit Teilen der BSP ergeben, die diesen Kräften im Falle eines konzertierten Vorgehens mittelfristig Chancen für eine stärkere Einflußnahme auf die Außenpolitik eröffnen würden.

b) Welche konzeptionellen Orientierungen haben sich angeboten?

In der sozialistischen Periode war die Außenpolitik Bulgariens unübertrefflich einfach, klar und übersichtlich. An der Prioritätenliste war nicht zu deuteln: Die Sowjetunion zuvörderst, mit einigem Abstand die anderen sozialistischen Staaten, dahinter die Nachbarländer auf dem Balkan, schließlich die Beziehungen zu einigen ausgesuchten Partnern in der Dritten Welt (namentlich im Nahen und Mittleren Osten) sowie zu den westeuropäischen Staaten. Zwar wurde dem Verhältnis zu Westeuropa seit den 70er Jahren vor allem aus ökonomischen Gründen mehr Aufmerksamkeit

gewidmet, doch blieb die genannte Reihenfolge auch dann ein Spiegelbild der außenpolitischen Präferenzen der KP-Spitze.
Die Gelegenheit zu einer ersten globalen außenpolitischen Debatte nach Živkovs Sturz bot der Wahlkampf im Frühjahr 1990. Allerdings wäre es übertrieben, den dort präsentierten Ansichten ausgesprochen konzeptionelle Eigenschaften zu attestieren. Im wesentlichen standen sich zwei Bündel von Vorstellungen gegenüber, in denen sich die Veränderungen des Jahres 1989 schon deutlich niedergeschlagen hatten, indes auch ideologisch bedingte Vor-Festlegungen sowie geopolitisch begründete Selbstbeschränkungen ihre Wirkung hinterließen. Da war auf der einen Seite die Wunschliste der zu dieser Zeit immer noch dominierenden BSP: Öffnung Bulgariens nach Europa und Teilnahme des Landes an den kulturellen, wirtschaftlichen und politischen Integrationsprozessen, doch Beibehaltung der Priorität von Sonderbeziehungen zur Sowjetunion und Aufrechterhaltung des Warschauer Pakts als Bündnisrahmen. Dies verhieß keinerlei strukturelle Umorientierung, sondern allenfalls einen Schwenk zum Gorbačovismus und die Adaption an veränderte Realitäten durch den Umschwung von einem sowjetisch-europäischen zu einem euro-sowjetischen Kurs. Auf der anderen Seite stand der Forderungs-Katalog der SDS: an erster Stelle die Hinwendung Bulgariens zu den (west)europäischen politischen und ökonomischen Institutionen, keine Sonderrolle für die Beziehungen zur Sowjetunion, Überprüfung der Mitarbeit im RGW, gleichzeitige und baldmögliche Auflösung von Warschauer Pakt und NATO, bis dahin Erfüllung der Bündnisverpflichtungen. Die außenpolitischen Vorstellungen der Opposition waren mithin in dieser Phase keineswegs das spiegelbildliche Pendant zur Ostorientierung der BSP; vielmehr vermischten sich darin Elemente der Westorientierung mit Tendenzen eines blocktranszendierenden „Dritten Wegs".
Im Laufe des ersten Amtsjahres von Želev als Präsident machte sich aber die bereits erwähnte Verwestlichung seiner Positionen bemerkbar. Als Prioritäten der bulgarischen Außenpolitik apostrophierte er nunmehr – in dieser Reihenfolge – die Integration in den Europarat und die EG, die Verbindungen mit der NATO und die Tätigkeit im Rahmen der KSZE. Dies wies auf eine euro-westliche Linie hin, die sich grundlegend von der euro-sowjetischen Ausrichtung der BSP unterschied, die engere Beziehungen zu Westeuropa mit der Aufrechterhaltung von erstrangigen Sonderbeziehungen zur Sowjetunion zu verknüpfen trachtete. Allerdings stellte sie auch eine partielle Modifikation der in der Frühphase der Präsidentschaft von Želev eingeschlagenen Orientierung dar, bei der im Bestreben nach intensiven Westbeziehungen eine auffällige Konzentration auf die USA und Frankreich nicht zu übersehen war. Die BSP versuchte, daraus Kapital zu schlagen, indem sie folgende Trennlinie suggerierte: auf der einen Seite die Verfechter eines „europäischen Charakters" der bulgarischen Außenpolitik (zu denen selbstverständlich die BSP, aber auch ausdrücklich Vŭlkov gezählt werden), auf der anderen Seite der „utopische, planetarische, transozeanische" Ansatz Želevs. Dies war zwar stark übertrieben und offensichtlich von taktischem Kalkül inspiriert. Immerhin veranlaßte es den bulgarischen Präsidenten

zu einer Reaktion, als er nach den Besuchen von Dan Quayle, Manfred Wörner und Chaim Herzog im Sommer 1991 demonstrativ versicherte, die „Präsenz in den europäischen Anliegen" stehe an erster Stelle der Prioritätenliste, und hierüber bestehe „zwischen den europäischen Kräften in Bulgarien ein Konsens".

Diese Verwestlichung in den Positionen Želevs, die von einer ähnlichen Veränderung bei der SDS-Mehrheit begleitet wurde, hatte weniger mit einem von vornherein geplanten Kurswechsel zu tun als mit einer naheliegenden Anpassung an die sich sukzessive wandelnden äußeren Realitäten. Diesen Umstand verdeutlicht ein Rückblick auf die Debatte um die nationale Sicherheit, die ihren Höhepunkt in den ersten 8 Monaten des Jahres 1991 erreichte – in der Zeit zwischen den sowjetischen Übergriffen im Baltikum und dem August-Putsch in Moskau. In dieser Phase zeichnete sich das Ende des Warschauer Pakts ab und wurde dann auch besiegelt, aber noch nicht der endgültige Kollaps der Sowjetunion. Die offensichtlichen und rascher als erwartet kulminierenden Auflösungserscheinungen im sowjetisch-osteuropäischen Verbund führten zu ebenfalls raschen Paradigmen-Wechseln bei allen politischen Kräften Bulgariens, doch ließ die „fließende" Situation und vor allem die Fortexistenz der Sowjetunion nach wie vor mehrere deutlich differierende Optionen zumindest theoretisch möglich erscheinen, zumal die Debatten um die nationale Sicherheit in starkem Maße von der Frage der Bündnis-Zugehörigkeit bzw. Nicht-Zugehörigkeit geprägt wurden. Zwischen Januar und August 1991 wurden denn auch die verschiedensten Varianten ventiliert, von denen 4 wegen ihrer Bedeutung und Basis besondere Erwähnung verdienen:

a) Bestreben nach *sofortigem* Beitritt zur NATO; dies wurde von (radikal anti-kommunistischen) Teilen der SDS vor allem unmittelbar nach der Januar-Intervention im Baltikum stark vertreten, war aber stets wenig realitätsnah und blieb daher im Bereich der zunächst einmal folgenlosen Wünsche und Absichtserklärungen;

b) Kein Beitritt zu irgendwelchen Militärbündnissen, aber Bewahrung von Sonderbeziehungen zur Sowjetunion, von der auch die militärischen Garantien für die nationale Sicherheit zu erwarten seien; dies war die Linie der BSP nach der Einsicht in die Existenzunfähigkeit des Warschauer Paktes;

c) Ausdrückliche Erklärung einer „positiven Neutralität" mit dem Ziel einer neutralen Zone auf dem Balkan, der Schaffung eines regionalen Systems der Sicherheit und Zusammenarbeit und der Fortentwicklung des Landes und des Balkan zu einer Brücke und Pufferzone zwischen Europa und dem Nahen Osten, zwischen Nord und Süd. Diese Option wurde in verschiedenen Parlamentarier-Kreisen (teils unabhängig, teils BSP-nahe) vertreten, ohne daß hierbei der Sowjetunion eine Sonderrolle zugewiesen wurde. Die für sie ins Feld geführten Argumente nährten jedoch den Eindruck, daß ihre Verfechter damit indirekt auf etwas ganz anderes zielten (Verhinderung einer engeren Verbindung mit der NATO, Verbot der türkischen bzw. protürkischen Organisationen, da sich die Existenz dieser nicht mit der Neutralität des Landes vereinbaren ließe);

d) Die vierte Option vereinigte verschiedene Elemente, wobei sie eindeutige Präferenzen, nicht aber endgültige Festlegungen erkennen ließ; sie setzte auf ein System wechselseitiger Beziehungen und Strukturen, innerhalb dessen die KSZE (als globaler Rahmen, nicht als Garant der nationalen Sicherheit), erheblich intensivierte Beziehungen zur NATO und zur WEU sowie der Ausbau eines Systems multilateraler und bilateraler Verbindungen auf dem Balkan als herausragende Faktoren galten; der prononcierteste Vertreter dieser Option, die in der operativen Außenpolitik eindeutig die Oberhand gewann, war Želju Želev. In eine ähnliche Richtung verwiesen im Juli 1991 präsentierte Überlegungen des damaligen Vorsitzenden des SDS-Koordinationsrats (und heutigen Ministerpräsidenten) Filip Dimitrov, die er unter den Leitbegriff der „modernen regionalen Offenheit" stellte.

Vor dem Hintergrund dieses Rückblicks und in Kenntnis der auf den August-Putsch folgenden Entwicklungen sind im Hinblick auf die konzeptionellen Orientierungen der bulgarischen Außenpolitik zwei Aspekte besonders bemerkenswert. Zum einen machte das Auseinanderfallen der Sowjetunion die von uns an zweiter Stelle genannte Variante – die Hauptoption der BSP – zunichte und die bis zum August-Putsch domierende Auseinandersetzung über Sonderbeziehungen zur Sowjetunion obsolet. Da die erstgenannte Formel – sofortiger Beitritt zur NATO – ohnehin nicht realisierbar ist und zudem nur von einer kleinen Minderheit verfochten wurde, verengte sich die ursprüngliche Bandbreite schließlich auf die Alternative zwischen den beiden letztgenannten Optionen. Es entsprach der innenpolitischen Polarisierung im Lande, daß sich die Entwicklungen dann auch in bezug auf die Außenpolitik auf eine bipolare Konzentration einpendelten, deren Quintessenz beim Präsidentschaftswahlkampf sehr kraß zutagetrat und auf die grobe Formel gebracht werden könnte: alle anderen gegen Želev, die SDS und die DPS.

Damit soll allerdings – und hier kommen wir zum zweiten Aspekt – keineswegs suggeriert werden, dies erlaube uns heute schon eine definitive Aussage über das Konzept der bulgarischen Außenpolitik, auf das wir uns für die nächste Zukunft einrichten könnten. Die beiden Hauptlinien, die sich heute entgegenstehen, sind zwar eindeutig divergent, was aber nicht heißt, daß sie in allen Teilelementen in unversöhnlichem Gegensatz zueinander stehen. In verschiedenen Fragen – etwa den Beziehungen zum Europarat, zur EG oder in bezug auf die KSZE – existieren durchaus Berührungspunkte, was kaum merkliche Verschiebungen schon durch einzelne Gewichtsverlagerungen möglich macht. Die Kräfte- und Mehrheitsverhältnisse sind zwar – for the time being – übersichtlich, doch könnten sie durch innere – soziale, wirtschaftliche und nationale – Probleme ins Wanken geraten und über diesen Umweg Rückwirkungen auf die Außenpolitik schon vor größeren Veränderungen nach sich ziehen. Schließlich wird es von den führenden Akteuren der SDS selbst abhängen, ob die gegenwärtige Kongruenz in konzeptionellen Grundfragen auf Dauer gewahrt, mithin die entscheidende Voraussetzung für die Ausreifung und Durchsetzungsfähigkeit des Ensembles ihrer außenpolitischen Vorstellungen geschaffen werden kann. Die alleinige Verantwortung für die operative Leitung der Außenpolitik hat natürlich überhaupt erst die Bedingungen für die Beantwortbarkeit dieser Frage herbeigeführt, aber mit ihnen auch die härteste Probe aufs Exempel.

c) Balkan-Politik

Aus den Anmerkungen über die konzeptionellen Vorstellungen lassen sich unsere Beweggründe dafür entnehmen, daß wir uns bei der Erörterung der konkreten Ausprägung der bulgarischen Außenpolitik auf die Balkan-Politik beschränken. Gewiß verdienen andere Prioritätenfelder wie etwa die Beziehungen zu EG und NATO oder zentrale Fragen wie die nach dem Verhältnis zu Rußland ebenfalls Beachtung. Allein, zum jetzigen Zeitpunkt scheinen uns diese Themen in Zusammenhang mit unserem Zweck weniger ergiebige Hinweise liefern zu können. Unklare Situationen (wie im Falle Rußlands) oder relativ klar umrissene vorgegebene Rahmenbedingungen (wie im Falle der EG und der NATO) lassen Sofija nicht viel eigenen Gestaltungsraum, und im übrigen konzentrieren sich zumindest die aktuellen innerbulgarischen Kontroversen nicht auf diese Felder. Das mag sich bezüglich Rußlands und auch der NATO durchaus ändern, aber zum jetzigen Zeitpunkt sind hierüber allenfalls spekulative Erwägungen möglich. Anders sieht es hinsichtlich der Balkan-Politik aus. Hier bündeln sich die aus unterschiedlichen Grundoptionen rührenden Divergenzen, hier kann Sofija eigenständige Akzente setzen, und vielleicht nirgendwo deutlicher als an der Balkan-Politik wird sich messen lassen, ob auch die bulgarische Außenpolitik in einer grundlegenden Transformation steht.

Wenn es um den Balkan ging, hatten zwei Themen seit jeher die „nationale Außenpolitik" in überragendem Ausmaße beschäftigt: das Dreiecksverhältnis mit Griechenland und der Türkei sowie die Mazedonien-Frage. Vor der Machtergreifung durch die KP waren beide Themen mit offenen territorialen Ansprüchen verbunden, in der sozialistischen Periode eher mit regionalen Kräftekonstellationen und innen- bzw. nationalitätenpolitischen Problemen im trilateralen Verhältnis und latenten Kontroversen in der Jugoslawien- bzw. Mazedonien-Politik. In der Spätphase der Živkov-Ägide wurde die Achsen-Mentalität endgültig zur bestimmenden Leitlinie der bulgarischen Balkan-Politik. Das sozialistische Regime suchte die Koalition mit Griechenland, um griechisch-türkische und griechisch-jugoslawische bzw. griechisch-mazedonische Widersprüche für sich auszunutzen, und diese Konstellation verschärfte sich noch durch die rabiaten Zwangsmaßnahmen zur Bulgarisierung der im Lande lebenden Türken.

Bevor wir uns nun der post-sozialistischen Balkan-Politik zuwenden, ist allerdings auf einen weiteren Umstand hinzuweisen, dem sie Rechnung zu tragen hatte. Auf der einen Seite waren ihr Erblasten aus der prä-sozialistischen und der sozialistischen Periode aufgebürdet, die abzutragen bevorstand. Auf der anderen Seite fand sie eine neuartige Situation vor, die aus bulgarischer Sicht *auch* neue Unsicherheitsfaktoren enthielt. An einer einstigen Nahtstelle zwischen den Blöcken gelegen, stand das Land mit der Auflösung des Warschauer Pakts ohne äußere Sicherheitsgarantien einem Umfeld von verbündeten (Griechenland, Türkei), instabilen (Rumänien) und krisengeschüttelten (Jugoslawien) Staaten in einer ohnehin unruhigen Region gegenüber. Nicht, daß daraus – abgesehen von der BSP – eine Sehnsucht nach dem Ostblock genährt worden oder die Perzeption einer realen, imminenten handfesten Bedrohung erwachsen wäre. Aber die Bündelung von Spannungsherden und Quellen der Unsicherheit in der unmittelbaren Nachbarschaft verstärkten die Sorge vor einem schutzlosen Treiben im Sicherheitsvakuum und den Ruf nach neuen Garantien. Hinzu kam, daß das militärische Kräfteverhältnis insbesondere gegenüber der Türkei, aber auch gegenüber Griechenland nach den Vereinbarungen zur konventionellen Abrüstung noch stärker zuungunsten Bulgariens ausfällt. Nicht nur aus der notorischen Gilde der Turkophopie wurde Klage darüber geführt, daß drei der insgesamt 10 türkischen Armee-Korps und zwischen 50 und 70 % der Streitkräfte der Ersten Türkischen Armee im europäischen Teil der Türkei stationiert seien – auf einem Territorium, das 3 % des gesamten Landes ausmacht und unmittelbar an Bulgarien (aber eben auch an Griechenland) angrenzt. Hier stand die neue politische Führung vor der delikaten Aufgabe, die hauptsächlich vom sozialistischen Regime verschuldeten Störungen in den Beziehungen zur Türkei zu überwinden und sich zugleich um die Bereinigung des Ungleichgewichts und der sich daraus ergebenden Sorgen zu kümmern, da beides tatsächlich im – wohlverstandenen – nationalen Interesse liegt.

Vor dem Hintergrund dieser komplizierten Ausgangslage fällt die Zwischenbilanz der bisherigen post-sozialistischen Balkan-Politik bemerkenswert ansehnlich aus. Schon zu Kohabitationszeiten gelang es Želev, sich erfolgreich gegen eine Fortsetzung der Achsenpolitik in neuer, verschleierter Form zu stemmen und wichtige Initiativen einzuleiten, die auf mehr Balance in den Beziehungen zu den Nachbarn zielten. Durch die Abkehr von den Živkovschen Auswüchsen der Bulgarisierungs- und Unterdrückungsmaßnahmen gegenüber den im Lande lebenden Türken schuf Sofija die unabdingbaren Voraussetzungen für eine Normalisierung des Verhältnisses zu Ankara. Dies ermöglichte bereits 1990 eine spürbare Aktivierung der bilateralen diplomatischen und wirtschaftlichen Beziehungen und erste Schritte zum Aufbau einer militärischen Kooperation – wobei parallel am Ausbau der ohnehin guten Beziehungen zu Griechenland festgehalten wurde. Hier wie auch in den Beziehungen zu Rumänien und Jugoslawien trug das Bestreben Bulgariens nach einem Rapprochement mit all seinen Nachbarn Früchte, zumal vor allem Želev mehrfach pointiert Stellung gegen jedes Ansinnen auf territoriale Änderungen bezog. Diese Orientierung war allerdings nicht unumstritten, und potentielle Gefährdungen drohten nicht nur von seiten der BSP, sondern auch von einflußreichen Teilen der SDS, in denen ausgesprochen traditionalistische Auffassungen etwa über den „bulgarischen" Charakter von Mazedonien und der gesamten Dobrudža vorherrschen.

Nun erlaubt die Übernahme der alleinigen Regierungsverantwortung durch die SDS erstmals, die Orientierungen in dem breiteren Spektrum ihrer führenden Akteure an ihrer eigenen operativen Balkan-Politik zu messen. Zwar ist seit der Amtsübernahme noch nicht einmal die ominöse 100-Tage-„Schonfrist" vergangen, eine kurze Zeitspanne also, die per se nahelegt, den vorläufigen Charakter jedweder „Befunde" hervorzuheben. Indes hat die neue Regierung binnen weniger als zwei Monaten so viele Aktivitäten entfaltet und Spuren hinterlassen, daß bei aller Vorsicht einige wichtige Schlüsse angebracht erscheinen.

Fassen wir zunächst die Initiativen zusammen, die die Beziehungen zur Türkei und zu Griechenland betreffen. Die ersten Adressen auf dem Balkan, die Stojan Ganev in seiner Eigenschaft als Außenminister aufsuchte, waren – nicht zufälligerweise in einer Tour und in dieser Reihenfolge – Ankara und Athen. In der Türkei schien der gute Wille beider Seiten allgegenwärtig zu sein. Ankara zeigte sich höchst befriedigt über die Behandlung der DPS und ihre Einbeziehung in das politische System Bulgariens. Als ebenfalls äußerst hilfreicher Beitrag zur Verständigung wurde beiderseits der Umstand hervorgehoben, daß in der Beurteilung der Lage in Jugoslawien keinerlei ernsthafte Differenzen bestünden. Die Gespräche drehten sich um fünf bis sechs für das bilaterale Verhältnis zentrale Fragen, zu denen etwa die Demilitarisierung an der Grenze und die Kontrolle des Luftraumes über dem Schwarzen Meer gehörten. Zur weiteren Diskussion dieser Angelegenheiten wurde die Einsetzung bilateraler Kommissionen beschlossen; es ist offensichtlich, daß konkrete Ergebnisse dieser Gremien den Abschluß eines Kooperations- und Sicherheits-Abkommens befördern würden. Schon um die Jahreswende 1991/1992 materialisierte sich als Folge der Ganev-Visite das erste vertragsähnliche Resultat. Beim Gegenbesuch des türkischen Generalstabschefs Dogan Gures bei seinem bulgarischen Pendant Ljuben Petrov wurde ein Dokument über reziproke Sicherheit, vertrauenbildende Maßnahmen und militärische Kontakte unterzeichnet – das erste dieser Art zwischen Sofija und Ankara. Es sieht Ankündigungen von Manövern im Grenzgebiet (15 km, wenn die beteiligten Einheiten Regimentsstärke nicht überschreiten, 60 km bei größeren Übungen) sowie den Austausch militärischer Beobachter vor; darüber hinaus regelt es die militärischen Kontakte auf verschiedenen Ebenen. Obwohl das Dokument nicht die notwendigen Klauseln enthält, die es zu einem Militär-Abkommen erheben würde, stellt es einen wichtigen Schritt zur Normalisierung der bilateralen Beziehungen in diesem äußerst sensitiven Bereich dar. Allerdings mußte sich die bulgarische Seite mit einer sehr allgemein gehaltenen Zusage der Türkei begnügen, im Laufe des Jahres 1992 die Streitkräfte zu reduzieren und einen Teil zu verlegen. Außerdem machte Ankara unmißverständlich klar, daß es nicht gewillt ist, der von Sofija geforderten Angleichung der Truppenstärken auf beiden Seiten der Grenze zuzustimmen. Hier argumentierte es vor allem mit der über türkisch-bulgarische Gesichtspunkte hinausgehenden Rolle seiner Streitkräfte in der NATO.

Mit Athen hatte sich noch das Kabinett Popov kurz vor Auslauf seiner Amtsperiode über einen Freundschaftsvertrag – dem ersten dieser Art mit einem EG-Staat – einigen können, der dann Anfang Oktober unterzeichnet worden war. Er enthält u.a. Vereinbarungen über die wirtschaftliche Zusammenarbeit, die Reduzierung der Truppen im Grenzgebiet und andere sicherheitsrelevante Fragen sowie die Einrichtung eines „heißen Drahts" zwischen den Präsidenten-Büros. Nach der Bildung der SDS-Regierung, aber noch vor der Visite Ganevs in Athen, wurde in der griechischen Hauptstadt anläßlich des Besuchs von Verteidigungsminister Ludžev ein Militärabkommen unterzeichnet – auch ein Novum dieser Art in den Beziehungen zwischen einem einstigen Warschauer-Pakt- und einem NATO-Mitglied. Es führt allerdings im sicherheitspolitischen Teil keine konkreten Verpflichtungen an (die aber teilweise durch den Freundschaftsvertrag abgedeckt sind) und beschränkt sich auf die Formulierung eines Pakets von Maßnahmen, die dem beiderseitigen besseren Verständnis und Kennenlernen der Armeen und anderer militärischer Einrichtungen dienen soll. Darüber hinaus erwecken einige Passagen den Eindruck, daß eine ambitiöse, strategisch orientierte Zusammenarbeit angestrebt wird.

Die SDS-Regierung hatte also gute Gründe, die konkreten Ergebnisse ihrer Initiativen auf diesem Feld in den ersten 50 Tagen ihrer Amtszeit als Erfolge zu verbuchen. Indes tauchten auch unübersehbare neue Klippen auf, die mehr als nur zeitweiliges Störpotential in sich bergen könnten. Insbesondere die drei folgenden Aspekte sind dabei in Erscheinung getreten:

1. Sowohl Ludžev als auch Ganev bekamen bei ihren Besuchen in Griechenland eine kühle – vom Verteidigungsminister war über den Beginn sogar zu hören: eine „vergiftete" – Atmosphäre zu spüren. Wie zu erwarten stand, brachte Athen der Zusammenarbeit der neuen bulgarischen Regierung mit der DPS die zu Ankaras Standpunkt diametral entgegengesetzten Gefühle zum Ausdruck. Am Rande der Gespräche mit Ganev war aus griechischen Kreisen gar der Verdacht zu hören, Bulgarien würde womöglich eine Kehrtwende vollziehen und nunmehr, unterstützt von den USA, die Türkei zum privilegierten Partner in der Region erwählen. Auch wenn diese Skepsis eher aus der griechischen Variante der Achsen-Mentalität denn aus den realen Tendenzen im Vorgehen Sofijas quillt, muß die bulgarische Führung sie ernstnehmen. Sie verweist auf die Notwendigkeit, beide Nachbarstaaten gleichrangig zu behandeln und auch einem potentiellen, vielleicht schleichenden innenpolitischen Druck in Richtung auf einen schließlichen Achsen-Wechsel zu widerstehen. Gewisse Dissonanzen im bulgarisch-griechischen Verhältnis werden aber auch in einem solchen Fall in nächster Zukunft unvermeidlich sein – zumal angesichts der Differenzen in der Haltung gegenüber Mazedonien, auf die wir zurückkommen werden.

2. Das zweite Problem hängt mit potentiellen Rückwirkungen türkisch-griechischer Kontroversen auf das trilaterale Verhältnis und als Folge davon mit der Möglichkeit zusammen, daß Bulgarien dabei unversehens in die Konfliktlinien hineingezogen wird. Ein warnendes Beispiel hierfür trat schon kurz nach dem Amtsantritt der SDS-Regierung zutage. Im Sommer 1991 war Athen mit zwei Balkan-Initiativen vorstellig geworden: Es schlug trilaterale Gespräche zum Abbau der Offensivwaffen im tür-

kisch-griechisch-bulgarischen Grenzgebiet sowie eine Vierer-Runde (unter Einbeziehung Serbiens) auf der Ebene der Ministerpräsidenten zur Erörterung der wichtigsten politischen Fragen in der Region vor. Der damalige bulgarische Premier Popov unterstützte – ohne Abstimmung mit dem Präsidenten und dem Außenminister – die Vorschläge, die sich aber nicht realisieren ließen, da Ankara Ablehnung und wichtige NATO-Verbündete (darunter die USA und auch Deutschland) Vorbehalte signalisierten. Als Želev dann im November mit einigen Mitgliedern des neuen Kabinetts – darunter Ganev und Ludžev – den ersten Besuch eines bulgarischen Staatspräsidenten im NATO-Hauptquartier absolvierte, überraschte er mit zwei eigenen Vorschlägen: trilaterale Gespräche zwischen Bulgarien, Griechenland und der Türkei zu starten und Sofija als Gastgeber einer Internationalen Konferenz über regionale Sicherheit (unter Teilnahme der NATO) im Juni 1992 fungieren zu lassen. Das Ziel Želevs war unschwer zu erraten: Die durch den Wahlsieg der SDS eröffneten Möglichkeiten Bulgariens zu demonstrieren, eine klare langfristige Strategie und Selbst-Zuordnung im Sinne der West-Orientierung zu formulieren, auf dieser Basis auch breiter angelegte Prozesse einzuleiten und darin, d. h. auch regional, eine aktivere Rolle einzunehmen. Aus Kreisen des bulgarischen Außenministeriums wurde nicht bestritten, daß die Initiative Elemente der Improvisation enthielt, was sich aber mehr auf die Form, die Zeit und den Ort ihres Starts als auf ihre Essenz bezog. Immerhin wurde sie von der NATO und den USA mit Sympathie aufgenommen und mit vorsichtiger Unterstützung bedacht.

Allerdings machten die griechischen Reaktionen deutlich, daß sich Sofija bei Vorstößen, die die trilaterale oder gar die regionale Ebene tangieren, auf Rückschläge gefaßt zu machen hat, die einigen Derivaten der griechisch-türkischen Beziehungen entspringen. Athen apostrophierte Želevs Vorstellungen zunächst einmal als „logische Fortsetzung“ der eigenen Initiative – und machte danach vorbereitende trilaterale Gespräche zwischen den Außenministern von der Bedingung abhängig, daß dort der griechische Vorschlag auf die Tagesordnung zu setzen sei. Wie zu erwarten war, kam daraufhin ein gesondertes Dreier-Treffen am Rande der Europarats-Tagung im Dezember entgegen einigen zuvor geäußerten optimistischen Erwartungen nicht zustande.

Der Fall veranschaulichte, auf welch schmalem Grat sich die bulgarische Politik auf diesem Feld zu bewegen hat. Auf der einen Seite bietet sich die reizvolle Aussicht, die aus der inneren Entwicklung gewonnenen Kapazitäten für außenpolitische Offensiven zu nutzen, die sowohl der regionalen Entwicklung als auch den West-Verbindungen des Landes zugutekommen sollen. Auf der anderen Seite können solche Initiativen kontraproduktiv sein, wenn sie bekannte Empfindsamkeiten in der Region – die sich z. B. zuweilen mehr an der Autorenschaft denn an den Inhalten eines Vorschlags entzünden – nicht genügend in Rechnung stellen und den Eindruck erwecken, daß Sofija zu einer Überschätzung seiner Rolle und Möglichkeiten neige. Dieses Risiko ist zumindest einigen der führenden Akteure sehr rasch deutlich geworden, wie die Äußerungen von Außenminister Ganev nach seiner Rückkehr aus Ankara und Athen – wo er massiv mit den griechischen Vorbehalten konfrontiert worden war – belegen. Mehrfach unterstrich er, daß der trilaterale Aspekt weder das einzige noch das wichtigste Thema seiner Gespräche gewesen seien. Und vor allem fügte er hinzu, daß Bulgarien keineswegs die Intention habe, als Vermittler zwischen der Türkei und Griechenland zu agieren.

3. Zum folgenschwersten inneren Problemherd könnte sich die politische Quelle der Dissonanzen zwischen Ludžev und Ganev erweisen, die wir bereits ansprachen. Verschiedene Äußerungen des Verteidigungsministers während und nach der Rückkehr von der Athen-Visite wurden mit einiger Berechtigung als ein Plädoyer für eine modifizierte Wiederauflage der bekannten Griechenland-Präferenz in der bulgarischen Balkan-Politik interpretiert. So erklärte er, daß seine Begegnung mit dem griechischen Premier Mitsotakis eine neue Etappe eröffnet hätten, in der die bilateralen Beziehungen zum Ausgangspunkt für trilaterale Gespräche und den gesamten Abrüstungsprozeß auf dem Balkan würden. Erhärtet wurde dies durch die Liste der Gesprächsthemen: Probleme des Dreiecks Athen-Sofija-Ankara vor dem Hintergrund der Positionen der NATO und der USA, die Mazedonien-Frage und die Krise in Jugoslawien, Überlegungen über ein Paket von Sicherheits- und vertrauensbildenden Maßnahmen in der Region und in diesem Zusammenhang auch ausdrücklich die an die Adresse der Türkei gerichtete Wiederholung des griechischen Vorschlags zur Demilitarisierung des Grenzgebiets. Dies deutete nicht nur auf Versuche der Wiederbelebung der Achse Sofija-Athen hin, sondern auch auf eine Art Führungsanspruch gegenüber Ankara und der gesamten Region. Offenbar zur Stärkung der Positionen Ludževs lieferte das bulgarische Verteidigungsministerium dann in Form einer lancierten Nachricht eine besonders pikante Note nach. Der griechische Verteidigungsminister habe seinem Amtskollegen aus Sofija als „persönlichen Ratschlag" die Meinung mit auf den Weg gegeben, daß die bulgarische Armee nicht radikale Veränderungen brauche. Vielmehr sollten diese schrittweise vollzogen und damit die von Ludžev geplanten Reformen allmählich, nach und nach eingeführt werden. Es lag auf der Hand, welche Empfindungen Athen dabei Pate standen: der Herzenswunsch nach Aufrechterhaltung des anti-türkischen Sentiments in der bulgarischen Armee und die Sorge vor einer Minderung ihrer Stärke und Kampfkraft.

Die Antwort Ganevs erfolgte prompt und fiel geharnischt aus. Es gehe nicht an, erklärte er, daß der Verteidigungsminister die Balkan-Politik des Außenministeriums unterminiere. Bulgarien verwerfe kategorisch jede Spielart der Achsen-Politik und werde unbedingt gleichmäßig intensive Beziehungen zu den beiden südlichen Nachbarn pflegen. Aus dem Büro Ganevs wurden noch schärfere Vorwürfe gegen Ludžev an die Öffentlichkeit gebracht. Welch tiefe Spuren der Konflikt hinterlassen hat, zeigte sich noch Wochen später, als Ganev bei seiner Deutschland-Visite auf entsprechende Fragen unmißverständlich signalisierte, daß sich der Verteidigungsminister nicht in die Außenpolitik einzumischen habe. Es war kein Wunder, daß bei Ganevs Besuch in Athen – im Unterschied zu Ludževs dortigem Aufenthalt kurz zuvor – die Atmosphäre bis zum Ende kühl und der Außenminister von den persönlichen „Ratschlägen" und dem Lob ausgespart blieb, wie sie Ludžev schließlich zuteil geworden waren.

Stojan Ganev hat mit der eindeutigen Ablehnung der Achsen-Mentalität auf den Kern der Kontroverse verwiesen. Es mag sein, daß die von Ludžev eingenommene Position dem Kalkül entspringt, das in der Armee überaus präsente alte Establishment, das weiterhin Hoffnungen auf Präferenz-Beziehungen zu Griechenland hegt, zu besänftigen oder wenigstens nicht zu antagonisieren. Manchem könnte der Dissens vielleicht sogar als die vordergründige Ausdrucksform einer geschickten Aufgaben- und Funktionenverteilung erscheinen, bei der Ganev die Hauptlinien der Außen- und speziell der Balkan-Politik zieht und Ludžev für die beruhigende Wirkung eines kompensierenden Gegengewichts sorgt. Wenn dem so wäre – unabhängig davon, ob es sich um eine bewußt angelegte oder ungeplant zustandegekommene Konstellation handelte –, dann könnte dies kurzfristig zur Abfederung einiger Widersprüche beitragen, aber es bliebe – nach innen und nach außen – ein schwer im Griff zu behaltendes Spiel mit dem Feuer. Sollte sich allerdings die Existenz zweier konträrer konzeptioneller Ansätze zur Dauer-Einrichtung etablieren, dann wäre der von der SDS betriebenen Außenpolitik die wenig beneidenswerte Zukunft einer zwischen altem und neuem Denken schwankenden Mixtur beschieden.

Was den zweiten der zentralen und äußerst sensitiven Bereiche anbelangt – die Mazedonien-Politik –, so gilt hier Ähnliches wie im Hinblick auf das trilaterale Verhältnis: Die bulgarische Führung hat einige bemerkenswerte neue Akzente gesetzt, und zugleich sind einige – teils alte, teils neue – Facetten dieses Problemfeldes noch schärfer hervorgetreten.

In ihren Reaktionen auf die Entwicklungen in Jugoslawien erlegte sich die bulgarische Führung von Beginn an – also schon während der Kohabitation – ausgeprägte Zurückhaltung auf. Sofija verhehlte nicht seine Sympathien für die Unabhängigkeitsbestrebungen der Republiken. Aber es hütete sich sorgsam vor Erklärungen oder gar Maßnahmen, die den daran interessierten Seiten einen Anlaß oder Vorwand dafür hätten liefern können, Bulgarien der Anstachelung der Konflikte und der Mittäterschaft an der Zerstückelung Jugoslawiens zu bezichtigen. So unterließ die bulgarische Führung etwa demonstrative Schritte zur Sicherung der Grenze, wie sie in Ungarn unternommen wurden. Obwohl starkem inneren Druck ausgesetzt, enthielt sie sich lange Zeit einer vorauseilenden diplomatischen Anerkennung der Republiken, die ihre Unabhängigkeit erklärt hatten, und machte deutlich, daß sie eine entsprechende Entscheidung der EG als Startsignal bevorzugen würde. Zugleich unterstrich sie, daß sie die Souveränität Mazedoniens respektierte. Sie verweigerte sich unmißverständlich serbischen und griechischen Ansinnen, Sofija – unter Ausschluß Skopjes – zum Zwecke trilateraler Vereinbarungen über Mazedonien an den Verhandlungstisch zu bringen. Auch plädierte sie frühzeitig für eine umfassende Lösung bei der

Behandlung der neuen Staaten – d. h. für die gleichzeitige Anerkennung von Slowenien, Kroatien, Mazedonien und Bosnien-Herzegowina. Erst als unzweifelhaft feststand, daß die EG vorläufig nicht gewillt war, das griechische Veto gegen eine Anerkennung Mazedoniens zu übergehen, rang sich Sofija zu einem Alleingang gegenüber Skopje (und auch Sarajevo) durch.

Damit haben wir aber nur den vordergründigen Teil des bisherigen bulgarischen Vorgehens skizziert, hinter dem sich eine weitaus komplexere Problemlage verbirgt. Die gegenwärtigen offiziellen Positionen der drei unmittelbar involvierten Nachbarstaaten der vardar-mazedonischen (d. h. der einstigen jugoslawischen Teil-)Republik können wie folgt zusammengefaßt werden: Serbien erkennt die mazedonische Nation(alität) an, nicht aber das Recht der Mazedonier auf einen souveränen Staat; bei Bulgarien verhält es sich genau umgekehrt, es akzeptiert das eigenständige staatliche Gebilde, negiert aber die Existenz einer gesonderten Nation(alität); Griechenland schließlich gesteht Mazedonien weder den Rang einer Nation(alität) noch das Recht auf einen Staat zu, sondern betrachtet es als einen rein geographischen Begriff. Nun decken sich diese Positionen nur im Falle Griechenlands mit dem Fundus der tatsächlichen Überzeugungen der einzelnen Eliten und Staatsvölker im Hinblick auf die historische, kulturelle und ethnische Zuordnung Mazedoniens und der Mazedonier. Für die Griechen handelt es sich bei dem großen Teil der in dieser Region lebenden Menschen um slawophone Griechen, die Serben sprechen von Süd- bzw. Bergserben, und für die Bulgaren steht ohnehin fraglos fest, daß alle Mazedonier schlichtweg Bulgaren sind. In Vardar-Mazedonien selbst wird von einer eigenständigen Nation ausgegangen, zu der auch die Mazedonier in Bulgarien und dort speziell das pirin-mazedonische Gebiet sowie das griechische Ägäisch-Mazedonien gerechnet werden. Es versteht sich, daß aus dieser Gemengelage ein allseitiger Wust an unterschiedlichsten territorialen Ansprüchen hervorgegangen ist, die sich seit nun mehr als einem Jahrhundert fast durchweg konserviert haben. *Jede* Seite versuchte die eigenen Ambitionen mit dem Hinweis zu kaschieren, sie habe ihnen offiziell entsagt, sehe sich aber permanent ungerechtfertigten fremden Forderungen gegenüber. Dafür unternahm *keine* den ernsthaften Versuch, am Fundus der eigenen Überzeugungen zu rütteln, d. h. auch den Grundlagen für die latenten oder impliziten Ansprüche das Wasser abzugraben.

Vor diesem Hintergrund ist die bulgarische Mazedonien-Politik in der jüngsten Vergangenheit einzuordnen. Dabei ist zunächst einmal zu berücksichtigen, daß die Grundüberzeugungen von Führung und Mitgliederschaft der SDS in dieser Frage nicht vom allgemeinen Konsens abweichen. Es ist bislang auch von führenden Akteuren nicht ein einziger ernsthafter Zweifel am „bulgarischen" Charakter Mazedoniens aufgetaucht, von der Basis ganz zu schweigen. Bei den Wahlen im Juni 1990 erzielte die SDS nicht zuletzt deswegen ein überdurchschnittlich gutes Resultat, da einige ihrer dortigen Funktionsträger am vehementesten gegen den Mazedonismus zu Felde zogen. Zum zweiten ist aber in Rechnung zu stellen, daß die bulgarische

Öffentlichkeit auf das Thema Mazedonien noch gereizter reagiert als auf das Thema der im Lande lebenden Türken. Schon die Gründung einer winzigen, politisch völlig bedeutungslosen Gruppe, deren Mitglieder sich als „bulgarische Bürger mazedonischer Nationalität" apostrophierten, genügte für die Entfachung einer hysterischen Kampagne. Die bloße Anerkennung einer selbständigen mazedonischen Nation in der Vardar-Republik und einer mazedonischen Minderheit im Lande, so deren Tenor, bedeute den endgültigen „Verzicht" auf Vardar-Mazedonien und darüber hinaus die Prélude zur „Preisgabe" des Pirin-Gebiets. Auch Želev bekam die allgemeine Meinung unmittelbar zu spüren, nachdem er einmal von der „sogenannten" Mazedonien-Frage zu sprechen gewagt hatte; daraufhin fiel fast die gesamte Presse über ihn her[1].

Angesichts dessen dürfte die Wertung nicht übertrieben sein, daß sich die bisherige Mazedonien-Politik der führenden SDS-Akteure am äußeren Rand ihrer Möglichkeiten für einen moderaten Kurs bewegt. Ähnliches gilt, zumal wenn man ihre Grundüberzeugungen berücksichtigt, für die von Želev ausgegebene Linie „Ein Staat, aber keine Nation". Diese Parole enthält, wenn sie auf Dauer angelegt ist, viel Sprengstoff. Aber unter den gegebenen Bedingungen trägt sie zur Beruhigung nach innen bei, ohne dabei unbedingt den Maximalismus festzuschreiben.

Dieser Widerspruch wird für einige Zeit den bulgarischen Kurs mitbestimmen. Auf der einen Seite legt das bulgarische Interesse an der West-Verbindung und an regionaler Entspannung eine Mäßgung in den „nationalen" Angelegenheiten nahe. Auf der anderen Seite würde es gewiß von einer gewaltigen Überschätzung der Positionen der neuen bulgarischen Führung nach innen zeugen, ginge man davon aus, sie könnte jetzt schon eine umfassende Offensive gegen den Nationalismus an mehreren Fronten weitgehend unbeschadet zum Erfolg führen. Es ist offensichtlich, daß sie – wie wir meinen, in richtiger Einschätzung der Lage – das Verhältnis der Bulgaren zu den im Lande lebenden Türken in der gegenwärtigen Phase für das Hauptproblem an der „nationalen" Front hält, sich auf dessen Bewältigung konzentriert und tunlichst darum bemüht ist, sich nicht gleichzeitig eine weitere Last von ähnlicher Schwere aufzuhalsen.

Damit ist nicht gesagt, unter welchen Prämissen sie antreten wird, wenn eines Tages die Mazedonien-Politik in den Vordergrund rückt. Ihre gegenwärtige Zurückhaltung ist nicht aus einem Paradigmen-Wechsel in dieser Frage erwachsen, ja es ist sogar nicht auszuschließen, daß ihr eine Überlegung mit äußerst traditionellem Kern zugrundelag: die Hoffnung nämlich, ein selbständiges Mazedonien werde sich aufgrund der kulturellen und historischen Verbindungen – in der Sofijoter Gedanken-

---

[1] Siehe hierzu und zum gesamten Nationalismus-Problem Stefan Troebst, Nationalismus als Demokratisierungshemmnis in Bulgarien (Oktober 1989–Oktober 1991). Unveröffentlichtes Manuskript. Berlin, 21.11. 1991.

welt: aufgrund seines „bulgarischen“ Charakters – ohnehin zu Bulgarien neigen, und dies erst recht im Falle einer maßvollen Politik Sofijas als positiver Kontrast zu den Ansprüchen der anderen Nachbarstaaten. An der künftigen Mazedonien-Politik wird sich messen lassen, ob sich die bulgarische Führung – wenigstens Minimal-Schritt um Minimal-Schritt – von dem traditionellen Nukleus löst oder ob sie – in welcher Äußerungsform auch immer – an ihm haften bleibt. Allerdings sei vor der Erwartung rascher und eindeutiger Entscheidungen gewarnt. Dem könnte nicht nur das bulgarische Erbe entgegenstehen. Es kann nicht als gesichert angenommen werden, daß sich die unausgesprochenen Hoffnungen Sofijas auf eine Hinwendung Mazedoniens zu Bulgarien in allen Aspekten als trügerisch erweisen werden. Der erste souveräne mazedonische Staat in der Geschichte steht vor der wahrlich nicht einfachen Aufgabe, in einem komplizierten Umfeld seinen dauerhaften Platz zu finden. Wie immer dies ausgeht, wird es das Antlitz dieser Region verändern. Schon im Falle einer leichten pro-bulgarischen Tendenz würden sich die Erneuerer der bulgarischen Politik in einer weitaus schwierigeren Situation wiederfinden.

* * *

Stehen wir nun vor oder gar schon in einer fundamentalen Transformation der bulgarischen Außenpolitik? Es liegt auf der Hand, daß wir uns einer Beantwortung dieser Frage entlang der eingangs vorgestellten Überlegungen über die bisher charakteristischen Konstanten anzunähern versuchen. Nehmen wir das Ergebnis vorweg, das auf den ersten Blick als buntes Durcheinander erscheinen mag: Eine Konstante ist obsolet geworden, einige sind schon spürbar in den Sog des Wandlungsprozesses geraten, doch ist noch unklar, wohin dieser sie treiben wird, und eine weitere Konstante schließlich befindet sich in einem Spannungsfeld von allerersten Ansätzen zu ihrer Modifikation und ihrer weiterhin vorherrschenden Wirkungskraft.
Konkret: Der äußere Faktor hat sich fundamental verändert, und damit hat die „Schutzmacht“-Konstante vorerst ihre Rolle ausgespielt. Auch wenn sich prononcierte Anlehnungs-Bestrebungen halten sollten, wären sie entweder (wie im Falle der EG als Adressat) von anderer Essenz oder (im Falle Rußlands) vorerst unrealistisch. Drei frühere Konstanten zeigen bereits Bruchstellen. Ideologische und innenpolitische Erwägungen wirken stärker in die Außenpolitik hinein, eine Folge der Pluralisierung von Gesellschaft und Politik. Dies hat auch Konsequenzen für das Verhältnis zwischen persönlichen und institutionellen Einflußfaktoren. Der persönliche spielt zwar weiterhin eine wichtige Rolle, aber das relative Gewicht unterschiedlicher Gruppeninteressen ist gestiegen. Schließlich hat sich nicht die Bedeutung der Balkan-Politik per se verändert, wohl aber die Konstellation der ihr zugrundeliegenden Motive. Es gibt eben nicht mehr nur das „nationale Interesse“ im traditionellen Sinn, das ihre Gestaltung bestimmt; hinzugekommen ist eine breiter angelegte Perspektive, die aus dem Blickwinkel der gesamteuropäischen Integration argumentiert.

Dies führt uns zum wichtigsten Punkt, der eingangs erstgenannten Konstante. Hier ist die Sachlage am kompliziertesten. Die geistigen Wurzeln der „nationalen Außenpolitik" bestehen fort, doch wird erstmals ernsthaft an der Eindämmung ihrer aggressiven Komponente gearbeitet. Zwischen einem Teil der Elite und dem Staatsvolk ist in dieser Frage die vielleicht größte Kluft angelegt, und es ist nicht entschieden, nach welcher Seite hin deren Überwindung erfolgen wird. Mit anderen Worten: Bulgarien hat sich, vermutlich zum ersten Mal in seiner neuzeitlichen Geschichte, die reelle Chance auf eine grundlegende Transformation seiner Außenpolitik eröffnet. Die Übersetzung dieser Aussicht in eine Tatsache wird noch weit größere Zeitspannen erfordern, als die meisten Beobachter annehmen. Wer in „nationalen" Fragen in kurzen Fristen kalkuliert, wird zumeist jahrhundertelange Rechnungen präsentiert bekommen.

Ekaterina Nikova

Bulgaria's Balkan Policy for the Nineties

Foreign policy forecasts tend to be even less reliable than weather forecasts. More and yet more this is true when they refer to a region like the Balkans and to a period like the Nineties.

Theoretically any attempt to predict Bulgarian Balkan policy for the decade ahead should determine the correlation between continuity and change, i. e. it should trace back the course of this policy during the previous period, outline its basic trends, problems and principles and on this ground it should try to portray its probable future developments. In the present case, however, this approach is hardly applicable. The Nineties are not simply a new consecutive decade. It seems as if they will represent a crucial transitionary period in European and world history, a period of great fluidity when revolutionary changes will outweigh the legacy of the past. Bulgaria is certainly where it has always been – at the stormy historical crosswards called the Balkans, and this is one of the few indisputable and unchangeable facts of its present day. But ever since 1989 the changes in the country and around it have been so dramatic and thorough that we can speak of a unique and principally new situation.

The difficulty and even the impossibility to forecast the eventual Bulgarian Balkan policy for the Nineties stems from the fact that it depends upon three (at least) variables, each equally unpredictable:

a. the country itself: the domestic sources of its foreign policy in the 1990s will remain a function of the speed and the price of the outcome of the current crisis and the transition to democracy and market economy, of the time needed for moving away from isolation towards greater involvement in the international system, in a word – a function of how quickly Bulgaria will get back on its feet again.

b. the Balkans: Very soon after the 1989-euphoria it became obvious that the democratization of the post-communist Balkans will be more difficult and painful than the democratization of Central East Europe. The political instability and economic crises have opened old wounds. The never resolved Balkan territorial, ethnic, minority and national problems re-appeared, defrozen with the Cold War. The legitimate and explicable drive of peoples for national self-determination and pride in this part of Europe turned out to be nationalistic and ready to indulge in ethnic hatred and most of the cases, even in violence. The eternal aggressive Balkan nationalism in addition to the serious economic and political problems have made the South Eastern corner the most dangerous and instable part of Europe, threatening the peace and the prospects of the whole continent. Which way will the Balkans take in the 1990's? Will they be able to overcome the century-long prejudices and fears and accept the tested models of the postwar European cooperation?

c. *Europe:* The answers to these questions depend greatly upon the processes of European unification, upon the degree of practical economic and political support for the new democracies and the aptitude of incorporating them to the European structures.

The historical background

For Bulgaria its Balkan policy has always been much more than the most important direction of its foreign policy; in fact, this has been not a policy but a vital and painful national issue, a focus of the country's hard historical fate. No matter how openly this is acknowledged, from Bulgarian point of view the territorial, political and national status-quo in the Balkans, estabilished through a number of international treaties in the 19–20 C., has been largely unsatisfactory. The Bulgarian national task from the time of the Renaissance – the unification within ethnic boundaries – has remained unaccomplished.

The national question did not find a solution elsewhere in the Balkans either. No country could achieve a coincidence between nation, territory and state. The contradictions were set up as early as the dissolution of the Ottoman and the Austro-Hungarian Empires, when the Great Powers drew the political map of the Peninsula mostly according to their own considerations. A whole century passed in futile attempts to solve the conflicting territorial claims, each of the Balkan countries seeking the support of temporary and changing allies in the region or out of it.

Throughout its modern history Bulgaria has been haunted not only by the vision of the vast, strong and civilised medieval Bulgarian kingdom, but also by the vision of San Stefano. The Peace Treaty of San Stefano (1878) – provisionary and valid only for three months – unified most of the Bulgarians within a large state stretching to the Aegean Sea. The subsequent Treaty of Berlin (1878) distroyed this Greater Bulgaria and predetermined to a great extent the further course of events. Bulgarian historiography unanimously maintains that at the Berlin Congress the Western Powers rejected the creation of a strong Slav state in the heart of the Balkans out of fear that it would be Russia's stronghold, thus obtaining a half-way and unjust balance of interests – the chief reason for the future complications in the inter-Balkan relations[1].

[1] For a review of Bulgaria's Balkan policies prior to W. W. 2, see Dimitrov, Ilčo: Bulgarija na Balkanite i v Evropa. Sofia 1980: Mančev, Krustju, Valerian Bistricki: Bulgarija i

In the beginning of the 20th C. (1912–1919) the Bulgarian army waged three wars – the two Balkan Wars and World War I – in the name of the national unification within the San Stefano boundaries. They finished in the two terrible national disasters (1913 and 1918), when Bulgaria lost 4/5 of Macedonia, Southern Dobrudja, the Western districts, its outlet to the Aegean Sea and Eastern Thrace. Althogether after the Bucharest (1913) and the Neuilly (1919) treaties the country was deprived of territories amounting to 11 thousand square km, 2 mln of Bulgarians rested outside of the borders, 500 thousand refugees escaped to the country, causing further economic and political strain. The Versaille system punished severely Bulgaria, robbing and ruining it in favour of the expansion of its neighbours (Serbia, Greece and Romania). It dealt the heaviest blow on the nation, of which it never recovered; it put an end to the spiritual and the material upsurge of the Renaissance period. To top the injustice, Bulgaria won the name of a troublemaker and warmonger, which should be kept in sight.
The shadow of this defeat hung over the entire interwar period. Bulgaria's position in the Balkans, although less dramatical, became even more complicated. In vain were the hopes connected with the Minorities Protection Act: Bulgarian population in Macedonia, Thrace and Dobrudja was subjected to systematic denationalization and assimilation. The result of this, together with the action of several conventions for the exchange of population with Greece and Yugoslavia, was the total de-Bulgarization of vast areas. In these years Sofia could not undertake almost anything. Surrounded by bigger and stronger neighbours, all unified by common interests against it, without the support of any of the Western Powers, all in favour of the Balkan status-quo, wounded and humiliated, Bulgaria stuck strictly to its obligations and tried to establish good relations with each of the Balkan states, hoping in vain to break the isolation and to get some reasonable concessions. During the whole period the memory of the national catastrophes was exercising a paralysing effect on Bulgarian Balkan policy; this memory and the fear of new conflicts were stronger than any aspirations, as vital and lawful as they could be. Tzar Boris III and the diplomacy tried to win the confidence of the Balkan and the European governments by demonstrating self-restraint, caution and loyality. Peaceful revision of the Treaty of Neuilly was proclaimed to be the country's only intention, which was enough to keep the suspicions and the hostility of its guilty-conscience neighbours.

It was therefore no wonder that in the 1930s Bulgaria turned to the Third Reich – the only and natural ally of all European revisionists, hurt by the Versaille system. Half-heartedly and half-forcibly it joined the Tripartite Pact, hoping first to avoid occupation and second, to seek solution of the national question. Bulgarian army marched in Macedonia and Thrace, Bulgarian rule was restored fully or formally over most of

neijnite susedl, Sofia 1978; Micev, Dobrin: Bulgarskijat nacionalen vupros mezdi dvete svetovni vojni, in: Jubileen sbornik v cest na akad. Dimitur Dosev, Sofia 1985.

the coveted territories. But this attempt of national unification also turned to be short-lived and ill-fated. The country lost its fourth war in the course of half a century.

Thus, the balance sheet of Bulgarian Balkan policy looks rather glommy. With the exception of Southern Dobrudja, received back following the Agreement of Craiova (1940), Bulgaria could not achieve any other 'peaceful revision' of the unjust Treaty of Neuilly. Bulgaria had fought in four wars, sustained heavy material, territorial and human losses and gained nothing but the reputation of a looser and aggressor. Who was to be blamed – the Great Powers, whose notion of balance in the Balkans excluded the possibility of a strong Bulgarian state, the neighbours, defending their acquisitions, or maybe Bulgaria itself, notorious for its wrong allies, wrong steps, wrong policies[2]? There is certainly no easy answer to this question.

The Balkan Policy of 'Socialist Bulgaria' (1944–1989)

The Balkan policy of Bulgaria in the years 1944–1989 emerges clearly as a separate and very specific episode. This policy has been conditioned by two factors mainly: a. the theoretical mess of the ruling Communist Party concerning the national question; and b. Bulgaria's position as the most faithful ally of the Soviet Union in the Balkans. Even compared to other communist parties, the Bulgarian Communist Party has a remarkable record of mistakes and crimes in regard to the national question. Especially rich in contradictions, extremities and inconsistency, this record includes, for instance a forcible creation of a nation (the Macedonian in the Pirin Macedonia in 1947) and a forcible assimilation of an ethnic minority (the Bulgarian Turks in 1984–1989), a servile submission to Soviet and Comintern orders (the theory of the three nations – Macedonian, Thracian and Dobrudjian) but also headstrong autonomous actions, like the Renaming act of 1984–1985. The only stable and constant element in this policy has been the typical for Marxism-Leninism underestimation of the national problems, subordinated to the social ones. National nihilism has been presented like consistent proletarian internationalism, but it has been common practice to use elementary nationalism and chauvinism when necessary.

The 9th of September 1944 has been usually reported as the watershed between two mutually exclusive foreign policy courses[3]. The new people's power pretended to have drawn the right conclusions from the country's wrong Balkan policies; all former misfortunes were seen as a consequence of the criminal adventurism and

---

[2] Dimitrov, I.: Bulgarija, pass.

[3] Todorov, Nikolaj: Za suvremenenite bulgaro-grucki otnosenija, in: Jubileen sbornik v cest na akad. D. Kosev, S. 480–483.

revanchism of the monarchy and the bourgeoisie. The BCP proclaimed a decisive and final break with Great Bulgarian chauvinism and a new approach when revolutionary-democratic solutions of the eternal Balkan problems would be sought hand in hand with the brotherly parties of the neighbouring countries. The whole set of inter-Balkan relations has been divided into two groups: the first, relations between the socialist countries of the Balkans, based upon the proletarian internationalism; and second, relations between the capitalist and the socialist Balkan countries, based upon the principle of the peaceful co-existance[4]. Needless to say that whatever problems could arise among the socialist states, the relations of the first group were much more 'progressive' than the relations of the second one; no territorial, ethnic or in general, national conflicts could be more important than the fraternal solidarity in building socialism.

From the 5th congress of the BCP to its last 13th congress the Balkans were defined to be the most important direction of the Bulgarian foreign policy. And this is not only a propaganda cliché. Compared to the other Eastern bloc countries, Bulgaria was more bound economically and politically to the Soviet Union, the CMEA and the Warsaw Pact, it did not dispose of any traditional friends in the West, consequently it had very limited opportunities for pursuing its own policies. The Balkans were in fact one of the few places where it could manifest a certain degree of autonomy and initiative.

Axiomatically it has been proclaimed that the Balkan policy of socialist Bulgaria aimed to turn the Balkans into a zone of peace, security, understanding and good neighbourliness, of mutually beneficial cooperation among the states of the region. The country has given itself a very high self-estimation of this policy, characterizing it as constructive, innovative, principled and consistent, never guided by consideration of conjuncture. Bulgaria boasted to be one of the main factors for the peace and the stability of the Peninsula.

This claim is equally difficult to accept and to reject. It is true that the Balkans – Europe's historical powder keg – have remained remarkably calm during the whole postwar period. But in the light of the later developments this calmness has been relative and misleading. Similarly to the most neuralgic European region – Germany – the Balkans were divided and solidly integrated into the two confronting blocs (Yugoslavia and Albania being relatively independent). Sparkles between the blocs or within them like the Greek-Turkish, Bulgarian-Yugoslav, Greek-Yugoslav contradictions notwithstanding, Balkan conflicts including Balkan aggressive nationalism remained under control and dormant.

Western observers are often strongly neglectful to the Bulgarian Balkan policy. Some

[4] Grigorova, Žoržetta: Balkanskata politika na socialističeskesa Bulgarija 1944–1970. Sofia 1985.

authors advise; that no attention needs; to be paid to it – "It is completely unimportant whether it is friendly or hostile toward its Balkan neighbours[5]." This is a far-fetched assertion. There can be no doubt that each step of Bulgaria's Balkan policy has been reported, coordinated and approved by Moscow. There can be no doubt that under its limited sovereignty Bulgaria's foreign policy has been completely dominated by the Soviet Union. A special paragraph of the treaty between the two countries of 1967 obliges them both to undertake combined measures in order to preserve the peace in the region of the Black Sea and the Balkans. But still while following the general pro-Soviet line, Bulgaria has managed somehow to play its own modest game. The point is that there has been a parallelism between the Soviet and Bulgarian interests in the region. Both sides needed peaceful and secure Balkans[6]. This was evident in the case of support for the proposal to turn the Peninsula into a zone free of nuclear and chemical weapons or the self-restraint; imposed in regard; of the numerous national problems. In the limited space left for manoeuvring, keeping to the general Soviet line Bulgaria has been trying to carry out its proper policy with special nuances and emphases. In most of the cases this attempts were successful. Generally speaking, the country gradually created a rather satisfactory network of bilateral and after the gaff of the Athens conference (1976) - of multilateral relations. It is curious to note that two of Bulgaria most far-reaching actions in the Balkans – the rapid move to rapprochment with Greece in 1963–1964 and the renaming of the Bulgarian Turks in 1984–1985 occurred in periods of weakened Soviet leadership (the fall of Khrushchev and the illness of Chernenko). The coincidence was not accidental and it hints that under certain circumstances for better or for worse Bulgaria could have pursued a much more active and ambitious policy in the Balkans.

The 'National Problem' and Nationalism

The 'National Problem' – the obsession of three generations of Bulgarians after the Liberation – has been completely forgotten as a notion in the years 1944–1989. Following the classical rule that it reappears in times of crises and wars, it was mentioned for the first time again in January 1990 in connection with the mass anti-Turkish demonstrations.

As mentioned above, the victory of the socialist revolution in the country was supposed to put an end to the 'bourgeois nationalism' and 'reactionary chauvinism', replacing them by the 'proletarian internationalism', which in its turn was seen as the

---

5 Meier, Viktor: The Political Dynamism of the Balkans. in: W. Griffith (Ed.): The World and the Great Power Triangles, Cambridge 1975, S. 88.

6 Grothusen, Klaus-Detlev; außenpolitik, in: Südosteuropa-Handbuch Bd. VI: Bulgarien, Göttingen 1990, S. 90.

magic formula to solve all the Balkan problems. The years immediately after the 9th of September, 1944 were a period of active de-nationalization, absolutely indispensable for a country subjected to foreign domination, i. e. Sovietization. Classical writers, like I. Vazov or historians like P. Moutafchiev were anathematized as bourgeois nationalists; war songs from the time of the Balkan and the World Wars were banned for their patriotic pathos and also for mentioning the Bosphorus, or the rivers Timok and Vardar. The acknowledgement of the existence of a Macedonian nation and the consequent forcible de-Bulgarization of the population of Pirin Macedonia – a blind commitment to the Comintern line – is in full conformity with this policy of the ruling Communist Party.

The much-publicized April Plenum of the BCP has been often pointed as the turning point, besides other things, to a new approach to the country's past. But the return to the national values should be probably dated as late as the mid 1970s. This return was, however, very specific – it was limited and carefully channelled. A special kind of "surrogate nationalism" (to use the expression of J. F. Brown) was encouraged, which took the form of pompous celebration of different anniversaries, a series of films dedicated to the great Bulgarian kings or a number of huge monuments all over the country. The culmination of this national exaltation was the celebration of the 1300th anniversary of the foundation of the Bulgarian state (681–1981).

Like elsewhere in Eastern Europe, after a certain period of oppression the communist party stimulated the spread of nationalistic feelings, hoping to use them for its own purposes. These feeling were to consolidate and to legitimize the communist rule in the public mind, presenting it as the lawful heir and successor to the country's glorious past.

Historiography was also taking part in this manipulations with the past simply by changing the emphases. Well aware of their own professional and personal interests, most of the Bulgarian historians used to choose carefully the topics of their researches, avoiding dangerous and taboo themes. Unfortunately most of the Balkan history comes into this category. Accusations of nationalism or even angry diplomatic notes cooled the enthusiasm of the few courageous explorers of the Bulgarian-Yugoslav relations, of the Balkan wars, of Macedonia, etc. – the list is very long. Balkan studies did continue to develop but within the limits of a self-imposed censorship in order "not to irritate" friendly or unfriendly governments of the neighbouring states. With few exceptions Bulgarian historiography either kept a noble silence in regards to the numerous disputable Balkan issues, or participated in well orchestrated campaigns, like the one which followed the renaming of the Turks in 1984–1989. Some important historical or current Balkan problems were analysed in special classified editions, addressed to high officials from the party, the government or the information and propaganda services. In sum, Bulgaria disposed of a traditionally good school in Balkan studies and of a number of good scholars, but whose lists of publications were rather short. Most of the controversial Balkan historical problems were considered to be a foreign policy issue and given up to the omniscient party and state functionaries.

Similarly to the rest of Eastern Europe, the collapse of communism in Bulgaria left an ideological and spiritual vacuum, in which the 'demons of the past' (A. Michnik) – nationalism, xenophobia, ethnic hatred shot up.

The nationalistic outbursts in Bulgaria in the winter of 1990 and later shocked many of the country's intellectuals. Crowds of angry people were demonstrating against the restoration of the civil rights (the right to restore their names, to use their language and to practise their religion) of their Turkish compatriots, carrying slogans like "Bulgaria for the Bulgarians". What had happened to the most tolerant people in this part of the world – the people proud to have saved its Jews during the Second World War, proud of its long history of no pogroms and ethnic and religious tolerance, unusual for the Balkans? In the course of one year some 30 ethnic political and cultural organizations were formed, the most important among them being: the Movement for Rights and Freedom (the political party of the ethnic Turks), the nationalistic National Interests Defence Committee, National Radical and National Democratic Parties and the Fatherland Labour Party, the Macedonian OMO "Ilinden", Internal Macedonian Revolutionary Organization – Union of the Macedonian Societies and Vardar.

The Bulgarian nationalist parties were the first to revive the 'national question', defining it partially and wrongly as the question of the Turkish minority. Gradually broad circles of society were involved in the debate. Demands were addressed to the Grand National Assembly and to the main political forces to elaborate a national doctrine, to find out a 'global and final solution' to the Bulgarian national problem. Naturally the rise of nationalism put the Balkans, the Balkan history and politics in the center of public attention.

It is difficult to characterize in one word the Bulgarian nationalism of the beginning of the Nineties. Apparantly it can be seen as a typical phenomenon repeated throughout post-communist Eastern Europe. The activization of the national feelings is a part of the peoples' legitimate drive for self-determination, a part of the ongoing process of new identity building. There is a positive, healthy and normal aspect of this nationalist wave. A 1991 Gallup inquiry proves that, contrary to wide spread impression of nihilism, compared to West Europeans Bulgarian have a very strong sense of self-identification and self-respect, to number of people proud to belong to their country is twice as big as the average European. The rise of the nationalism can be explained by the "return of the repressed" – and this is true not only about the Bulgarian Macedonians or Moslems, but also about the Bulgarians themselves. With the process of the democratisation many taboos fell, many forgotten and forbidden names or events were revived. Patriotic pathos marked the celebrations of the anniversaries of the Ilinden and the April uprisings, of T. Alexandrov, V. Mihailov, Y. Sandanski. The 3rd of March was restored as the Bulgarian national holiday, and this was a kind of symbolic return of the 'San Stefano' syndrome in the nation's conscience. A new generation of Bulgarians became aware of the difficult historical fate of its motherland, of the simple fact that having lost four (plus the cold) wars in the course of half a century the sometimes most numerous ethnos in the Balkans disposes of the smallest territory, that most of the Bulgarian minorities have been assimilated or forgotten, that the Bulgaria of Simeon, Ivan Assen, or San Stefano is a myth beyond retrieve. This bitter balance of the past is added to the current deepest economic, political, social and spiritual crisis of the country. The fall of the communist regime in Bulgaria brought a feeling of a total failure, unusual even for Eastern Europe; it is considered that Bulgaria has suffered its thirt national catastrophe.

With the collapse of the Warsaw Pact and the CMEA Bulgaria lost its allies, lost the Soviet protective umbrella, lost all the guarantees of its national security. And this is another explanation to the nationalistic outbursts. It is true that a number of people participating in the anti-Turkish demonstrations, movements or parties are manipulated by the local nomenclatura, guilty for crimes and robbery during the 'revival process' or the hasty exodus in 1989. Another number of people were engaged in the 1984–1989 campaign willynilly or out of discipline and sense of duty – thus, many historians who had contributed to the 'scientific grounding' of the renaming sided with the nationalists too. But a considerable part of the people who are with or sympathize to these movements are motivated by the sense of threat and vulnerability. In the years 1984–1989 public opinion was actively brainwashed about Turkey and the Turks; the lie about the supposed Moslem demand for autonomy was deeply rooted. The incorrect comparisons with Cyprus and later with Kuwait added fuel to the flames. Bulgarian genetic fear of the Ottomans was transformed into fear of the numerous, economically dynamic, well-armed and solidly integrated in the Western alliance contemporary Turkey.

Thus, for a number of reasons nationalism is alive and active on the Bulgarian political scene of the beginning of the 1990s. On several occasions (e.g. the Turkish language training) its ugly hysterical manifestation has shaken the country and has put on trial its young democracy and social peace. The continuing ethnic differentiation in the regions of mixed population delays the reconciliation and potentially represents the most dangerous threat to the country's stability. And yet the scope and the magnitude of Bulgarian nationalism should not be overestimated. Put in an East European and especially in a Balkan context, it is definitely less important and less strong. In most of the countries of the region the national idea had been a driving force of the democratic revolutions, one of the few ideas capable of mobilizing and consolidating the nation. This was not the case of Bulgaria, however, Bulgarian opposition forces did not appeal to the national feelings to the degree these feelings were embraced by the opposition in Poland, Hungary, Czechoslovakia, not to mention Yugoslavia or the USSR. The slogans of the Union of the Democratic Forces were back to Europe, back to the world; the image they built has been of a cosmopoeitan,

European- and U.S.-oriented opposition. Paradoxically, in Bulgaria it has been the communist/socialist party which resorted slogans like "Bulgaria above all" – one of the leading mottoes of the BCP in the electoral campaign. It is a public secret that most of the Bulgarian nationalist parties are directly supported and financed by the socialist party, that most of their activists are former high and middle level nomenklatura or secret service officers. Bulgarian opposition in the face of the UDF can be accused of being rather indifferent to the national question, as it is understood as an ethnic tension. Obviously it is reluctant to handle this dangerous matter, which is entirely the result of the criminal national policy of the former communist regime. The Movement for Rights and Freedom was not admitted to the UDF, although later it was invited to join the 'unified opposition'.

It is important to unterline the face the pro-Bulgarian nationalist formations suffered a heavy loss at the elections of June 1990; altogether they got about 40 thousand votes and only one deputy in the parliament. This is a proof that nationalistic feelings in the country are not so deeply rooted and widely spread. They are mainly due to the trauma of the renaming of the Bulgarian Turks with all the unfortunate consequences. It can be expected that time will heal the wounds, that democracy and prosperity will bring a natural and organic solution to the national question. The 'Re- vival Process' has distorted the national feelings of both Bulgarians and Bulgarian Moslems, but also the age-long history of tolerance. Historically, nationalism in Bulgaria has been different from the nationalism of its neighbours – this has been the nationalism of a beaten country, constantly loosing population and territories and having never acquired lands with alien minorities. Therefore it is logical to conclude that if things go well in Bulgaria in the decade ahead, nationalist outbursts will calm down; democracy will solve little by little the problems of human rights and the ethnic conflicts – mosty artificially stirred – will be avoided. Nationalism will hardly exercise an important impact on the country's policy, including on its relations with the neighbouring Balkan states. The healthy nationalism of some of the ethnic-cultural organizations will continue to be important (e.g. the IMRO), the voice of the moderate nationalists will be heard as it is in all democratic countries but it will hardly have any political implications.

Bilateral Relations

From Bulgarian, but also from Greek point of view, *Bulgarian-Greek relations* have probably been the must successful pair of bilateral relations in the postwar Balkans. Following the Cold War freeze and a long period of normalization (1953–1964), 11 important agreements were signed in 1964 in Athens which settled most of the controversial issues; the two governments declared categorically that they do not have any territorial or minority claims on each other. Eversince the relationship has demonstrated a remarkable degree of confidence, stability and progress. Despite their belonging to different military-political unions, despite the negative legacy of the past abundance in religious fights, wars, and prejudices, the two countries cooperated actively in many fields, both attaching each other priority among the Balkan states. The good relations survived several political changes: out of pragmatism they were preserved even during the rule of the military junta (1967–1974); activated by K. Karamanlis in 1974, they were especially cordial in the Eighties during the leadership of the socialist A. Papandreou. Various Greek political forces welcame and supported the democratic revolution in Bulgaria. K. Mitzotakis was the first foreign prime minister who spoke in front of the newly elected Bulgarian parliament, stating that Bulgarian-Greek cooperation had gained an importance above any party or political changes in the two countries. Greece was the first country which rendered massive humanitarian aid to Bulgaria in addition to the 50 mln dollar government credit in the cold and hungry winter of 1990/1991.

The postwar Bulgarian-Greek reconciliation is such an unusual fact for the Balkans that it is often compared to the reconciliation between France and Germany. The century-long hostility has been forgotten in the name of the present and the future. A long list of documents regulates all aspects of the relations, including a Declaration of Friendship, Goodneighbourliness and Cooperation of 1986; there is a tradition of regular meetings of officials on every level, as well as of a fruitful economic cooperation.

It is true that the progress in the Bulgarian-Greek relations has been greatly determined and stimulated by the problems they both had with the other Balkan states. Bulgaria's and Greece's notions of Macedonia do not coincide (there is no 'Macedonian question' for Greece.), but objectively the two countries stand together against Skopje's nationalist extremism and Belgrade's policy of pressing for recognition of 'Macedonian' minorities in Yugoslavia's neighbours. As to the Greek-Turkish dispute, Bulgaria has tried to stay at equal distance from the two adversaries and was never tempted to take advantage of their difficulties. The sharp deterioration in the Bulgarian-Turkish relations after 1984, however, brought Bulgaria and Greece even closer together. Some circles in both countries have spoken of an axis Sofia-Athens – an idea rejected by other as contra dicting the all-Balkan and all-European cooperation.

Regardless of its motivation, Bulgarian-Greek rapprochement is a precious achievement of the two countries and an excellent basis for future development. Opinion polls show that public opinion is strongly in favour of this: 80 per cent of the Bulgarians and 75 per cent of the Greeks point respectively Greece and Bulgaria as their country's preferable partner in the Balkans.

In the Nineties the significance of Greece to Bulgaria will probably grow even more. As the only Balkan member of the European Community, Greece has the ambition to play the role of an intermediary and representative of its neighbours to the European institutions. By helping the transformation of the post-communist Balkans within the framework of the EC, Greece will contribute not only to avoiding possible chaos, poverty and unrest in the region, but will also raise its own prestige. In this connection excellent prospects exist for Bulgarian-Greek economic cooperation. The structure of Greek economy is very appropriate for the establishment of small and medium scale joint ventures; Greek experience with marketing, banking, transfer of technologies and know-how or investment can be extremely helpful for the restructuring of the over-centralised and hyper-concentrated Bulgarian economy. The first steps have been already taken for channeling the EC funds from the PHARE or the different regional and development programmes to Bulgaria and the other South East European states through Greek banks and companies, which have good knowledge of the region. The opening of the Bulgarian economy and its free market liberalization opes broad possibilities for cooperation in the fields of transport, light industry, tourism, border trade, etc.

The relations between *Bùlgaria- and Turkey* should be probably placed on the other pòle. But hadn't it been for the campaign to Bulgarize Turkish ethnic minority and the consequent crisis, the postwar ties between the two countries could have been judged as normal – with regular inter-government contacts, active economic cooperation, plus the Declaration of the Principles of the Goodneighbourliness, signed in 1975. There had never been strong anti-Turkish feelings in Bulgaria (of the scope they exist in Greece for instance) and the 1 mln Moslem minority had been more or less successfully integrating into the Bulgarian society despite the contradictions and the zig-zags of the official national policy of the BCP. In view of the Ottoman legacy, Bulgarian-Turkish relations have been historically better than one might expect. For this reason the Renaming Act of 1984–1985 was, to use the famous expression, more than a crime – it was a mistake. By its importance and tragic consequences it is often compared to Ferdinand's move to declare the Second Balkan War. In the course of 5–6 years the two countries' propaganda has been concentrated on blackening each other, creating mutually the image of 'enemy Nr. 1'. In the summer of 1989 the events brought them to the brink of the war: some 320 thousand Bulgarian Turks fled in panic before Turkey closed the frontier, half of them returned afterwards.

The fall of the communist regime in Bulgaria put an end to this most painful period in their relations. In December 1989 the BCP admitted its wrong policies vis-a-vis the Turkish ethnic minority, which was promised to be given back all civil rights. The process, however, turned to be much more difficult than it had been thought from the beginning. As mentioned above, the 'Revival Process' and its following rejection had awaken the irrational fear of Turkey and cultivated aggressive Bulgarian nationalism. Whatever the impact of this nationalist upsurge has been on the country's domestic life (and this impact was serious), it was not allowed that it should put obstacles to the improvement of the state-to-state relations.

Serious efforts have been undertaken on both Bulgarian and Turkish side to overthrow the memory of the close past. An impressive series of high level contacts and visits has been accomplished in 1990–1991, including three meetings of the presidents Zhelev and Özal, of the ministers of foreign affairs, transport, economy, of military delegations, etc. Negotiations have been held for the elaboration of a new declaration of friendship or even a non-aggression pact.

Governmental effort, however, come into collision with mistrust and suspicion on both sides. Thus, public opinion in Bulgaria was shocked by the first statement of the leader of the Bulgarian Turk's Movement for Rights and Freedom that Bulgaria's road to Europe passed through the Bosphoros, i.e. through Turkey, Islam and the Near East. Many people in Bulgaria are scared by the prospect of engagement with Turkey not only because of the unfavourable present day correlation between the two economies – one weak and crisis-striken, the other – dynamic and aggressive, but also because they fear that this engagement is in the wrong direction and it could deviate the country from its most desirable European vector. Bulgarian-Turkish relations tend to be seen in a much broader context. The nationalist but also the communist/socialist press speaks of a far-reaching American-Turkish project to use Bulgaria as a strategical stronghold in the Balkans against uniting Europe. They evoke the memories of the Bulgarian-Soviet connection and point that in the triangle Sofia–Washington–Ankara the Bulgarian cathetus is very weak, and that Bulgarian national interests could be sacrificed to the interests of U.S. most valuable and strong ally in the region – Turkey. Both the nationalists and the socialists/communists (and in many cases they are the same) accuse both the government and the president of naiveté and short-sightedness in pushing the country into the hands of the Americans and pledge openly for Soviet guarantees instead. The arguments around Bulgarian participation in the Black Sea Free Economic Zone reflect most of these fears. It is often argued that being the strongest economy in the region Turkey will flood the markets of its weaker and disarmed partners, enslaving them first economically and later politically. These fears have influenced in one way or another the course of the negotiations between the four Black Sea states. Bulgarian government has proceeded realistically and pragmatically to the initiative, it has participated in all the stages of the preparation of the final documents which are to be signed by the end of 1991, exhibitting at the same time a certain degree of caution and reserves in regard of the supranational prerogatives or stressing the predominant importance the countries attach to the all European structures.

Bulgarian-Yugoslav relations are most difficult to foresee in the decade ahead as the future of Yugoslavia itself is beyond any prediction. After the ill-fated idea of a Tito-Dimitrov Balkan federation and the total split in 1948–1953, during the entire postwar period Bulgarian-Yugoslav relations have remained tense, poisoned by the 'Macedonian question'. Up to a certain degree and to a certain moment the relationship reflected the state of the Soviet-Yugoslav relations but ever since the 1970's Bulgaria pursued its more or less independent policy towards the painful and emotional Macedonian controversy. The Yugoslav side accused Bulgaria that by refusing to admit the existence of a Macedonian nation and consequently, of Macedonian minority in Pirin Macedonia it makes territorial claims and intends to incorporate the territory of the Republic of Macedonia. Bulgaria in its turn, despite frequent shifts in the attitude to the character of the Macedonians, has always been suspicious of Yugoslav claims of the presence of a Macedonian minority on its territory and strongly resents the distortion and the 'macedonization' of Bulgarian history, carried out by the historians in Skopje. The official recognition of the political reality of the Socialist Republic of Macedonia from Bulgaria did little help. The sharp polemic outbursted anew on various occasions.

The era of democratization in Eastern Europe caused new complications in the already very complicated Bulgarian-Yugoslav relations. If democratic changes in Bulgaria followed the general rule, in the multinational Yugoslavia they were very specific. The actual winner in the first free elections was nationalism; democratization inspired a mightful drive to national self-determination.

The rise of national feelings in Bulgaria, the fact that with the country's democratization the former cautious, mostly defensive policy towards the Macedonian issue was definitely over irritated central authorities in Belgrade. As the process of desintegration of the federation was going on, Bulgaria chose a reserved position in favour of the territorial integrity and unity. Anti-Bulgarian reflexes, however, proved to be alive – the Yugolslav side reacted rather nervously to the declaration of the Bulgarian foreign ministry was seen as subversive encouragement for Macedonia to quit the federation. The electoral victory of the oppositional IMRO-Democratic Party of the Macedonian Unity gave occasion for a new active anti-Bulgarian campaign. Bulgaria was accused of supporting separatist tendencies in Macedonia, Croatia and Slovenia, participating in conspiracies against Yugoslavia. Immediately after the intervention of the federal army in Slovenia, Bulgarian president Z. Zhelev announced a change in the country's position – it had evoluted from support for the integrity chiefly to support for the right of self-determination and the further development of the democratic processes among the Yugoslav peoples. Democratic press in Bulgaria expressed sympathy for the struggle of Slovenia and Croatia and the nationalist National Democratic Party even began to enroll volunteers.

Bulgaria's greatest concern is, of course, Macedonia. No prophet can tell the future of Yugoslavia – the artificial creation of the Versaille system. The alternatives vary from a peaceful transformation into a loose confederation to a bloody civil war. There is very little Bulgaria could do. The dissolution of Yugoslavia risks to return the nightmare of the Macedonian question – the European eternal apple of discord. The rise of anti-Serbian feeling in Macedonia does not mean an automatical rise of pro-Bulgarian feelings. At the same time, both socialists and opposition (V. Draskovic's Movement for Renewal) tend to treat Macedonia as part of Greater Serbia, or Southern Serbia. The attitude of Albania and Greece to the independence of Macedonia is also difficult to predict. It is well known from history that the Macedonian question has no solution; paradoxically its solution can be found not in the past or in the present but in the future – a Balkan Benelux, utopian and fantastic, but still the only final and just settlement.

Bulgarian-Romanian relations have been determined by the fact that the two countries were the only Balkan members of both the Warsaw Pact and the CMEA. The difference in their positions vis-a-vis the 'socialist community' – Bulgaria being its most enthusiastic member and Romania its most reluctant – did not impede the development of very active multidimensional cooperation, including frequent meetings of their leaders, economic ties and also mutual support for their Balkan initiatives. Regulated by two treaties for friendship, cooperation and mutual assistance (1948 and 1970), the relations developed unclouded up to the late Eighties Bulgaria tried not to remark either Romania's dissident behaviour in the bloc, or the constant violation of human rights in the country. Bulgarian side avoided any criticism of the Ceausescu regime and it quickly suppressed the nascent ecologist movement protesting against the systematic pollution of the Bulgarian city of Russe from the Romanian side of the Danube.

The collapse of the Eastern bloc reduced the Bulgarian-Romanian relations to a minimum. It is difficult to predict their future development: there must be certainly aspects of this former cooperation which are worth preserving. Obviously its future depends upon the outcome of the democratization processes in the economic crisis in the two countries.

The nationalistic wave in Romania did not pass a neighbour like Bulgaria. The Southern Dobrudja issue, mentioned on several occasions, provoked the angry reaction of Sofia, when foreign minister A. Nastase connected it to the Ribbentrop-Molotov pact. In the ensuing explanations the Romanian side stated that it had no territorial claims to Bulgaria.

Bulgarian-Albanian relations may be described as promising. Very active in the years 1948–1961 when Bulgaria rendered help, gave credits and trained Albanian students, they were kept during the following period although at a minimal level. In this case too the rate of the development of the mutual ties is a function of the rate of the transition to market economy and democracy.

A Balkan or a European Policy

In the beginning of the 1990s, as a result of its democratic revolution Bulgaria found itself in a unique situation. With the break-down of its former foreign policy and national security models, abandoned by its ex-allies, deprived of the protection of the Soviet Union, without any traditional friends in the West, the country has been left alone, to act on its own account, with no one to rely upon and no one to blame. Like never in its history Bulgaria is free to take its own foreign policy decisions, to decide autonomously its priorities, to choose friends and allies.

Against this background the Balkans come up as one of the top priority directions of Bulgarian foreign policy for the Nineties. It is here, amidst its specific surroundings that the country should and might prove the new principles of this policy, should and might persuade the world of its new image and win prestige and respect. Situated in the very center of the turbulent Balkans, Bulgaria is bound to act as the initiator, coordinator and intermediary of a regional security system or any other form of multilateral cooperation. By sticking to an open, active but cautious, honest and transperant policy towards its neighbours, it can become an example of good will and predictability, a stabilizing and balancing factor in the Balkans. There are many available prerequisites for that: Bulgaria has a good credit in most of the Balkan states, with the exception of the special case of Turkey there are no domestic moods against any of them, the nationalist upsurge is not as dangerous and aggressive as elsewhere.

The question is whether Bulgaria needs a Balkan policy at all. Certainly not, if this policy is understood as a set of cunning combinations, enterring into alliances with some country against the others. Some new type of 'Balkanization' is the least desirable development for the region. A number of variants do exists and they might seem for the Bulgarian diplomacy very tempting: the dissolution of Yugoslavia or its restructuring into several independent sovereign states offers the possibility of preferential relations with the traditionally friendly Croatia and Slovenia, not to speak about Macedonia. The idea of an axis Athens-Sofia has many supporters too. A possibility exists for a special relation with Turkey, which seems realistic and promising considering the dynamism of the Turkish economy and the role of the Bulgarian Turkish minority.

And yet what Bulgaria needs for the Nineties is not a Balkan but a European policy – a policy submitted to European and not to Balkan standards, as abstract and alien they might look at the present moment. The lesson of Bulgaria's past is bitter. It is exactly the result of the several bloc policies (its joining the Balkan Union, the Central Forces, the Third Reich and the Warsaw Pact) which have brought it to three national catastrophes and gambled away irreparably its chances for national unification. To become part of Europe for Bulgaria, as well as for the other Balkan states, would mean among other things also a new attitude to the historical legacy. No historical arguments, no Balkan parallels no matter how logical and well grounded they maybe can offer solutions to the problems of the Peninsula. The key to the future of the Balkans is not in the past but in Europe's present day. The hatred and the bloodshed, dividing the West Europeans, had not been less than in the Balkans. Europe of nowadays proves that some peoples do read the lesson of historys and this lesson says that no confrontation can bring the fruits that cooperation can. Bulgarian Balkan policy should escape from "the blind alley of the Balkan policy" (R. Petkovic) and turn to the European institutions standards and criteria, accepting them wholeheartedly and unquestionably.

European unification offers a unique chance for the Balkan peoples. Like never in their stormy history they all look in the same direction, they all declare readiness to follow the same 'old truths and tested models' (T. Gorton Ash), of the Europe of nowadays. The more so as it is not a question of a new super power, but of a principally different community of nations and principally new structures of cooperation. What kind of Balkans emerges will depend crucially on what happens with the EC and on whether the Pan-European Conference on Security and Cooperation is given real authority to deal with potential threats, subsuming thus the role of the NATO and the Warsaw Pact. The optimistic guess is that by the end of the Nineties a strong European Community will unite or associate most of the European nations in a well developed supranational decision-making structures. Better times are coming for the small and complexed Balkan countries – the times for their real security and independence. As the German problem was solved under the European roof, maybe this will be the roof to solve under the numerous burning Balkan problems. As it can be seen from the example of Spain, Portugal and Greece, the political effect of the countries' membership in the EC has turned out to be more important than the economic one; it has not only backed its fledging democracies, but has brought them a clear and enlarged international role[7].

A critical appraisal of the Balkan history proves that by today's European standards Balkan cooperation has failed. Most of the attempts to establish such a cooperation – beginning from the utopian federations, political unions, economic chambers, various initiatives – have been abandoned or have brought little fruits. The balance sheet of more than a hundred years of such attempts is unsatisfactory. Regional cooperation in the Balkans has future but only in an European framework, as an integral part of the all-European cooperation in various spheres. Most of the issues should be decided at European level: these include security, defence, trade, environment protection, transport, technology, etc. and then implemented concretely in the Balkans.

As to Bulgarian Balkan policy for the Nineties, the maxim should be reminded that the best foreign policy of a small country is to keep in order its domestic affairs. A democratic, stable, prosperous and self-confident Bulgaria would pursue a reasonable Balkan policy – an integral part of its European policy.

---

[7] Williams, Adam (Ed.): Southern Europe Transformed, London 1984, S. 25.